马洪文集

第 五 卷

中国社会科学出版社

作者像

作者简历

马洪，1920年5月18日出生于山西省定襄县待阳村。原名牛仁权，1938年春在延安时改名马洪。曾用名牛黄、牛中黄。

他出身贫寒，13岁时被当地小学聘为教员，开始自食其力。他自学中学课程，并协助当地著名爱国人士、族人牛诚修先生修订《定襄县志》。从那时起，他阅读了大量书籍，开始接触进步思想。九一八事变和一二·八事变爆发后，他参加了学生的抗日示威游行和集会，爱国思想日益浓厚。1936年年初，马洪经人介绍到太原同蒲铁路管理处（局）工作，先当录事（即文书），后考入同蒲铁路车务人员训练班（半工半读）。在此期间，他当过售票员、行李员、运转员等。他努力自修学业，阅读进步书刊，不断开阔眼界。

1936年冬，马洪参加了"牺盟会"，积极参与同蒲铁路职工的抗日救亡工作。1937年冬，太原失守，他跟随同蒲铁路局迁到侯马。11月，在侯马加入中国共产党，时年17岁。由于他工作努力，具有出众的组织才能，被推选为同蒲铁路总工会的负责人之一。他在同蒲铁路沿线的各段站建立和发展工会组织，展开对敌斗争，并参与统一战线的工作。

1938年，马洪到延安，先后在中央党校和马列学院学习和工作。抗日战争胜利后，马洪从延安被派往东北，在中共中央东北局工作。新中国成立以后，曾任东北局委员、副秘书长。后调任国家计划委员会委员兼秘书长。因受"高饶事件"的牵连，被下放到北京市第一和第三建筑公司工作。后又担任国家经济委员会政策研究室负责人。

1978年后，历任中国社会科学院工业经济研究所所长、中国社会科学院副院长。

1982年后，任中国社会科学院院长、国务院副秘书长、国务院技术经济研究中心总干事。同时兼任国家机械工业委员会副主任、国家计划委员会和国家经济体制改革委员会顾问、国家建委基本建设经济研究所所长。

1985年，任国务院经济技术社会发展研究中心（后更名为国务院发展研究中心）主任。1993年改任名誉主任。并任中国社会科学院研究生院教授、博士生导师，被北京大学、清华大学、中国人民大学、复旦大学、南开大学等学校聘为教授及上海交通大学聘为名誉教授。

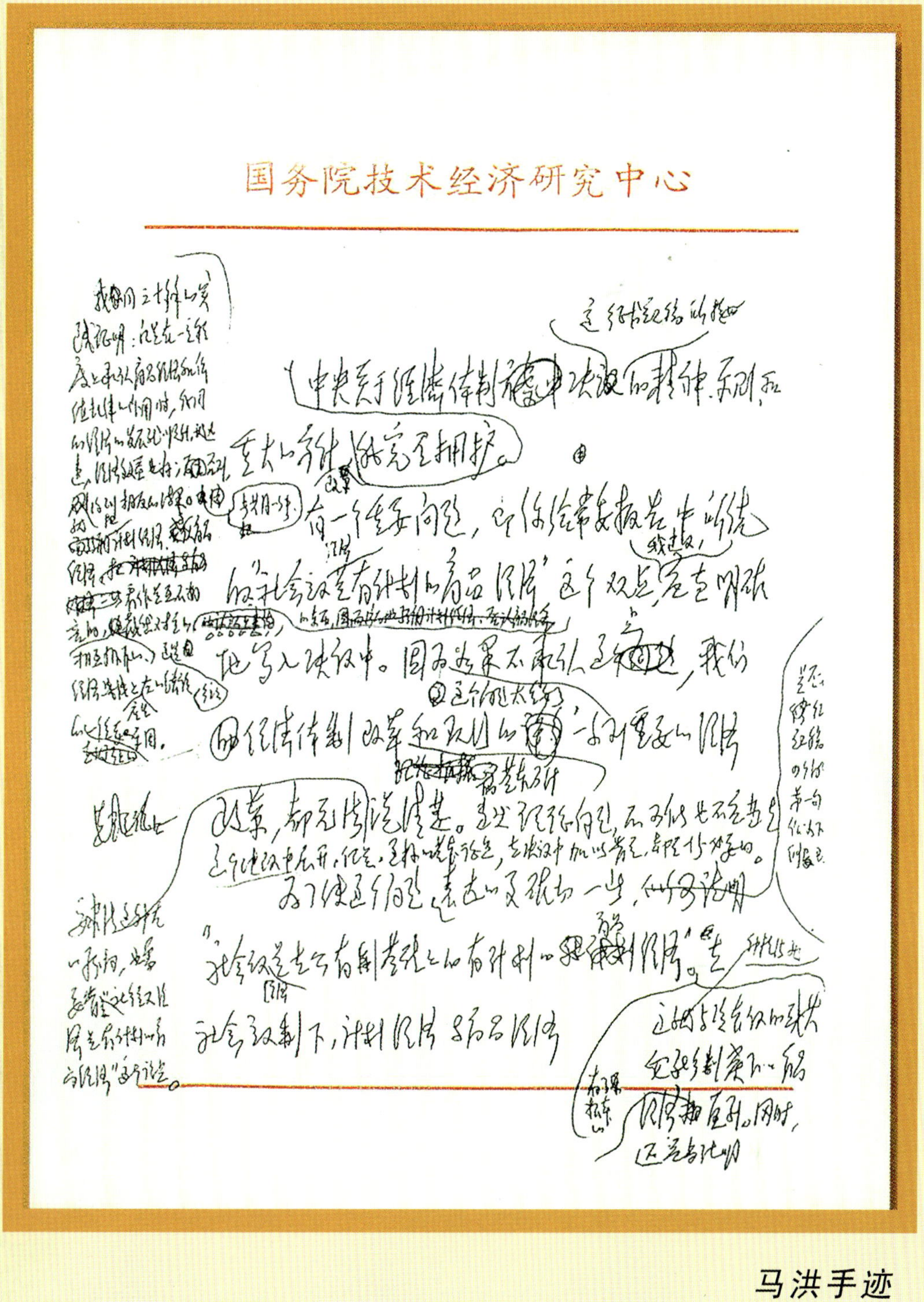

马洪手迹

目　录

加强技术经济研究为四化服务[*]

技术经济研究中心是国务院领导下的研究咨询机构，它不同于一般的行政机构，也不同于一般的学术研究单位。它的工作，有这样一些特点：

第一，技术经济研究中心的研究对象是跨部门、跨学科的，解决的问题不是哪一个专业的问题，或虽是专业问题，但必须从国民经济全局来考虑解决的重大问题。如管道输煤就不是一个单纯的运输问题，它涉及到国民经济的很多方面，既有技术问题又有经济问题，我们要从全社会和国民经济整体这个角度进行综合考虑，寻求解决这个问题的正确办法。

在我国，科学院、社会科学院有大量的自然科学、社会科学研究所，各部委有自己的规划院、研究院、设计院、政研室等，许多大的公司、企业也有为它服务的各种研究、设计机构，但长期以来，始终没有建立一种跨学科、跨部门的研究机构，而技术、经济的发展在客观上产生了这种要求，即很多问题是跨学科、跨部门才能得到正确解决的。国内外许多科学家都指出，现在世界已经进入了有组织地解决综合性问题的时代。但由于综合性问题涉及范围比较广，不是自然科学家、工程师和社会科学工作者能单独承担的，这就需要联合起来解决问题。

总结 30 年来的经验教训，某些技术经济政策和重大建设项目的失误，其中重要原因之一就是事前缺乏跨部门、多学科、综合性的可行性研究。

---

* 本文是作者 1982 年 5 月 29 日在国务院技术经济研究中心专题研究组成立会上的讲话。

今后我们要克服这个缺点。

第二，技术经济研究中心的研究对象有鲜明的实用性质。虽然它也考虑未来的工程，如南水北调，长江三峡工程等，但主要的还是研究当前比较紧迫的、实用性比较大的问题，而不是纯理论的研究。要研究解决关系国民经济全局的重大技术经济问题，要把自然科学、社会科学有机地结合在一起进行研究。过去这两方面往往是分开进行的，现在看要很好地结合起来，为党和国家进行重大技术经济决策提供资料和建议。这也是一项非常困难的工作。我们还缺乏既有丰富的自然科学知识、又有丰富的经济知识的人才，特别是缺乏兼备这两方面知识的人才，今后要善于发现和培养这样的人才。

第三，以重大的技术经济问题作为研究的重点。技术经济研究中心并不是专门研究技术经济学，而是在研究重大的技术经济问题时运用技术科学、经济科学的理论和方法。

50 年代以来，科学和技术、自然科学与社会科学的联系越来越紧密，它们相互渗透、构成不可分割的整体。1979 年我们去美国考察，硕士、博士生往往兼学两种学位，既学某种工程的学位，又学经济管理学科的学位。这样的人最受资本家的欢迎。这是科学技术现代化和社会生产力发展的需要。

技术经济研究中心应在国民经济各部门、科研、设计、规划机构（包括大学、企业中的研究机构）之间起联系和纽带的作用。今天请大家来就是想逐步地起到这种作用，把大家团结起来，组织起来，共同讨论一些重大的技术经济问题。

如何把技术和经济、自然科学和社会科学结合在一起，综合考虑重大的建设项目和经济措施的决策？近二三十年以来，世界各国有很多好的经验，这些经验我们要很好地研究，去粗取精，去伪存真，把对我们有用的东西吸收过来，改进我们的工作。

下边我谈谈技术经济研究中心的任务。简单地讲，有以下四项：

第一项，对国家重大的技术经济措施和建设项目，在各部、委向国务院和财经领导小组提出的方案的基础上，从国民经济的全局出发，进行论证，提出分析意见。在这个意义上，也可以说，技术经济研究中心对某一具体项目本身是不做可行性研究的，而是对人家的可行性研究结果进行评价。比如，提出管道输煤建议的同志，并没有做可行性研究，我们就只能对这一意向性的建议提出意见，请有关部门先做可行性研究，然后我们再根据研究的结果组织论证。我看了一些材料，认为搞这件事情，要取慎重的态度，先要进行可行性研究、工业性试验，在没有把握之前不能轻易上马。对这个建议有赞成的，也有反对的，我们要进行分析，交有关部门或中央决策。

第二项，对战略性、综合性、长远性的技术经济问题进行专门的研究，向中央财经领导小组和国务院提出研究报告。例如，技术改造问题，我们"中心"就组织很多人进行过多次讨论，各部门都发表了很多好的意见，最后写了报告。

第三项，对重大的技术经济政策的效果进行预测，对执行结果进行分析，提出完善有关技术经济政策的建议。有些技术政策还没有制定出来，我们要经过调查研究，提出制定这些技术经济政策的建议。

第四项，定期召开学术界和实际部门的同志开会，交流对重大技术经济问题的看法和提出建议。

根据一年来的实践，第一项任务看来应该首先由有关部、委来进行，而不应当直接由技术经济研究中心承担，"中心"只能在各部、委对有关重大技术经济措施和建设项目进行可行性研究的基础上，再召集有关专家进行高层次的分析论证。

第二项任务，实际上是技术经济研究中心的日常工作。今天正式成立了农业、能源、交通运输、消费品、原材料、机械、综合等七个研究组，就是为了研究战略性的、长远性的技术经济问题。这样，在制定长远规划、进行决策时，才可能有正确的预见、足够的根据以及资料的储备。现在"六五"计划已基本编成，正着手编制第七个五年计划和本世纪最后十年的规划。我们研究的问题都和这些长远规划有关系。

第三项任务包括两个方面：一个是完善现行的技术经济政策；另一个是对今后长远的技术经济政策提出建议。这是和第二项任务紧密结合在一起的。

前三项任务能够有计划有组织地实施，"中心"开交流会才有基础。过去定期召开的会议不多，各专题组搞起来之后，会有变化。

上面讲到的四项任务，显然不是仅仅依靠"中心"本身的力量所能负担得了的。"中心"要以极大的努力进行各项组织工作，要使组织工作高效化。这就要求专职工作人员要懂些技术，懂些经济，有一定的组织、研究能力。也请在座的同志给"中心"推荐人选。我们设想从各部的研究院、规划院、设计院调一些50岁以下的主任工程师、总工程师、副总工程师，使每个专业有一至两名这样的同志。不能调来的借来也可以，不能借来的，能参与这个工作也行。现在就有不少同志热心这样做，我们希望得到有关部门和单位的积极支持。

下面，我还想就各专题组研究课题的设想说点意见。这是今天开会的主题。专题组成立之后，最重要的工作就是根据需要和可能，经过深入研究，确定近期和长期的研究课题。各组自己定题目，然后再在一起讨论。我们有几个同志曾商议了一下，提出了一个很不成熟的意见，请各专题组的同志讨论、修改。

第一，农业技术经济问题。这个问题很重要。党的十一届三中全会以来扩大了生产队的自主权，搞了联产计酬责任制，农产品调了价，改善了农业结构，效果很好。中央领导同志曾指出，农业一靠政策，即靠健全责任制，扩大自主权等；二靠科学技术。要农业长期稳定地发展，责任制当然要坚持，但没有科学技术，农业的增长就会受到限制。在这方面，我们应该采取什么样的技术经济政策，是一个需要研究的重大课题。例如，向合理的农业经济结构过渡，要解决的重大技术经济问题有哪些？粮食和经济作物以及林业、牧业、渔业、副业都要研究这个问题，提出正确的技术经济政策，并处理好农业的生态系统和农业经济结构的关系。

农村要大力发展商品经济。现在我国农业的商品率，综合计算只有30%，包括棉花、烟叶、油料、糖料和其他作物。如只算粮食，商品率只有15%，农业商品率不提高，要农民富起来是有困难的。实现农业现代化，就要商品化。胡耀邦同志讲，我们的很多山是荒山，岭都是秃岭，能不能搞 15 亿亩森林？这 15 亿亩森林经过 15 年后，每年创造的价值和现在 15 亿亩粮田创造的价值是一样的。最近我们去晋东南，看到那里在种泡桐，过去兰考县焦裕禄同志就提倡种泡桐，富起来了。现在泡桐是向日本出口，日本姑娘出嫁都要用泡桐做的家具当嫁妆，每立方米值 350 元人民币。在晋东南一棵泡桐八年就可以长出一立方米木材，平均每年收入 40 多元钱，种粮食，每亩收 400 斤才挣 40 元钱。所以要好好研究，农业怎么搞好，牧业怎么搞好，林业、渔业、副业怎么搞好。农业本身的结构也要好好研究，到底种些什么东西好？例如，山西省平鲁县过去在"以粮为纲"的口号下，只种谷子，产量很低。实际上，那里种豌豆最好，每亩可收 200 斤甚至更多，这种豌豆价钱很贵，出口每斤七八角钱。种谷子，每亩收不到 100 斤。总之，要考虑农业采取什么样的科学方法和技术措施，才能取得最好的经济效益。

　　第二，能源问题。能源中的技术经济问题是很多的，涉及的部门也很多，如：地质勘探部门、煤炭部门、石油部门、电力部门、核能部门，等等。从中长期对能源的要求考虑，能源组要研究一下今后二三十年之内要有一个什么样的能源结构。这个问题过去一直没有很好解决。有一个时期以石油为主，忽视了煤炭的发展。现在是以煤炭为主，但是也不能忽视石油。对于核能怎样发展，原子能电站怎样建设，发展水电站和火电站究竟采取什么样的方针等问题，都需要好好研究。就煤炭工业来说，要考虑一下，开发煤炭是否都集中到山西，还是按资源和消费地区合理地分布。去年在烟台论证开发山西煤炭能源问题的会议上，其他地方的同志就很着急，怕把开发煤炭的投资都放到山西。他们认为不能只论证山西，应该论证全国煤炭如何开发。这确实有些道理。最近辽宁省委第一书记郭锋同志提了个意见。他说，每年关内运到东北（主要是辽宁）的煤炭大约有 2000 万吨，而沈阳附近的铁岭、法库和苏家屯地下就蕴藏着很大的煤田，而且有的还是质量比较好的焦煤。据说那里储量有 60 亿吨。还有霍林河（属于内蒙古），铁路修好了，但是煤炭建设没跟上。在元宝山修了很大的电站，但是煤炭供应不上。这些问题怎么办？山西的煤炭是要当做重点加以开发的，但目前铁路运输跟不上，有煤也运不出来。而辽宁，煤就在他们的地底下，运输也不成问题。所以，还要考虑如何搞好煤炭生产的合理布局。关于核电站要不要建设的问题，恐怕还是要建设的，在能源最紧张的地方，比如，上海、华东、辽宁、京津唐地区等，在条件具备的时候，要有计划地建设核电站。核电站投资是比较多的，但运转起来成本比较低。据日本的经济学家大来和向坂介绍，日本现在的能源政策，一是搞原子能电站，在近二三十年内，原子能电站的发电量准备达到总发电量的一半以上。前年我去法国，他们的原子能发电每年装机 500 万千瓦，已占全国发电量的 20% 左右，准备在五年内达到 1/3 以上。搞核电站也存在一个靠国内还是靠引进的问题。广东想引进，外国人要价很高，总投资加利息几乎和宝钢差不多。上海准备自己搞核电站，可能省一些，当然也许上得要慢一些。关于水电应该占什么位置，长江三峡要不要开发，目前有两种不同意见，要研究透。现在我国水力资源只用了 4.7%，绝大部分还没有利用，而水力资源集中在西南地区，如何合理开发，要很好研究。

第三，和能源问题相关的交通运输问题。近 20 年内我们的能源将主要靠煤炭，别的能源可能会有所发展，但煤炭还是主要的。按现在的能源结构来讲，交通运输已经很不适应。最近去山西看了看，山西现在每年积压煤炭 1000 多万吨，许多火车站都是煤炭堆积如山。华东的同志说到山西的煤炭时，真是羡慕之至，认为只要有了煤炭就有一切。常州、南通两个城市的产值每人每年能达到 1 万元，但要有个前提，就是每年必须保证给它们 50 万吨煤炭。现在国家每年只能保证供应 20 万吨，其余 30 万吨只好用别的物资和山西交换。山西有煤运不出来，运出来也通不过津浦、京山、京广等铁路紧张区段。就山西来说，解决运输问题是改建现有铁路还是新建线路？是搞复线还是搞电气化？都要好好研究。现在有的同志提出搞管道输煤。管道输煤需要用大量的水，一吨煤就要一吨水，山西又是缺水的地方。管道输煤比发电用水要少，而且还有一个优点就是不受地势限制，能爬较大的坡，这一点比铁路运输强。但管道输煤也有困难。总之，怎样把山西煤炭运出来要好好研究。另外，我国的水运事业也很不发达，最近在长江走了一遍，从重庆到九江沿线，除寥寥几条客轮以外，很少看到货轮。如何充分利用长江水运，应该大声疾呼。前年我去西德，看到莱茵河利用得很好，效率比铁路高。莱茵河还不如广东西江的水量大，而运量却比长江的运量多得多。江西赣江、湖南湘江也是这样，水运利用得不好。我国的海岸线也没有很好利用，许多货物走铁路，既不走内河，也不走沿海。我国铁路的利用率是世界上最高的，这当然是指主要的区段。我们过去对铁路的投资用在运量集中的卡脖子地段比重太少，这是很不合理的，今后应当注意纠正。总之，各种运输方式都要好好研究，要综合发展。

第四，消费品生产问题。这个问题党中央和国务院领导同志都很重视。胡耀邦同志去年三月八日找我们几个人谈了一次话，叫我们研究马克思的《〈政治经济学批判〉导言》中生产和消费的关系，搞清楚生产的目的，并要搞理论工作的同志写文章做宣传，指导人民消费，通过消费促进生产的发展。

消费品的种类很多，有耐用消费品，也有一次性消费品。消费品有个质量问题。去年提倡了一下消费品，成绩很显著，但也出了些毛病，主要是盲目建厂、盲目生产，什么电风扇、洗衣机、电视机、收音机、摩托车，等等，重复建厂的很多。这就需要加强市场预测，有计划有组织地生产，同时还要考虑人民新的需要。青年人穿衣就要求式样多些，经常换一下。消费品结构是随着人民生活水平的提高而不断变化的，耐用消费品支出占消费总支出比例的提高是一种发展趋势，这就要求研究消费品的结构问题。使用耐用消费品还需要具备必要的条件，如使用电视机需要电，如果没有电，有了电视机也用不上。有电的地方，电视机才有销路。现在人民生活水平提高了，能不能拿出一些黄金来做些首饰，什么项链、戒指呀，投放市场，这样不但可以丰富人民的生活，也可回笼一些货币，增加国家收入。我们应该设法满足人民的多种多样的合理需要。

第五，原材料问题。原材料包括金属材料、建筑材料、化工材料等。原材料生产方面的技术经济问题也是很多的。一亿吨原油如何使用才能发挥更大效益？这是国务院领导同志提出的问题，题目很大，也很重要，石油部的同志做了些工作，上星期和化工部的同志一起讨论过一次。原材料组可以把这个问题好好研究一下。

　　钢材的品种应该是多种多样的，而且要注意质量。许多产品的质量不好，是由于材料的质量不好造成的。各种金属、化工、建筑材料要适应国民经济的多种多样的需要。节约了原材料，就是节约了能源，因为这些原材料的生产消耗了大量能源。过去我们是"以钢为纲"搞重工业的，现在首先是满足人民消费的需要，当然也要满足生产的需要。按这样的路子来搞，就需要重新研究原材料的构成。我们的建筑材料许多还是秦砖汉瓦，非常笨重，也不经济，能不能搞些轻型材料？最近冶金部有位工程师写了一个材料，讲钢结构比混凝土结构经济得多，也可以使仓库里积压的钢材利用起来！而过去的老观念是钢筋混凝土节省钢料，又能防火，比钢结构要好。这些问题要用技术经济的观点来研究，有些老观念要重新认识，有的还要变过来。混凝土打模板要用很多木材，费工、费料、费时间，搞起来不容易，我在建筑公司工作过三年，了解这个情况，确实钢结构比较经济，也容易搞。当然，这个问题，还应继续研究。

　　第六，机械制造工业的技术经济问题。机械工业是为国民经济各部门提供装备的，它的技术先进与否，关系到国民经济各部门水平的高低。现在机器制造部门面临吃不饱、没活干的局面，而各部门又面临设备陈旧、技术落后的局面，这是很矛盾的。怎么解决？看起来好解决，因为一方面是没活干，另一方面却有需要，同时又有积压的钢材可以利用。问题是要找到一种"启动"的办法。当然启动以后，不能按老样子提供设备，要经过改造，提供新式的装备。比如，汽车要省油，如果按解放牌的样子提供一辆汽车，油耗还是降不下来。因此要提供油耗低、效率更高的新式汽车。各个部门都有个质量问题。质量问题，归根到底是原材料和机器制造问题，当然也有人的技术水平问题。

　　第七，综合性技术经济问题。我们应该重视技术经济的基本理论、基本方法、指标体系以及技术经济政策的研究。从当前国民经济需要出发，综合组的研究应集中在涉及部门较多，范围较广并且又亟待解决的技术经济课题上。例如，如何促进煤炭、电力和运输尽快发展，如何制定促进新技术、新产品发展的技术经济政策，如何评价引进技术的经济效果，如何确定适用技术的内容及其评价指标，等等。

以上谈了各个专题组研究课题的一些设想。各专题组究竟确定哪些研究课题，还需要大家进行讨论。各专题组的研究课题还有一个相互联系和衔接的问题。在确定课题时，需要注意以下几个原则：一是要重点研究那些在当前国民经济中亟待解决的技术经济问题，选题不宜过多；二是要兼顾长远性课题的研究，这方面的课题也不宜过多，最好与现实性课题有比较紧密的联系；三是要量力而行，计划内要规定本年内可提出的研究成果。

"六五"计划的基本设想[*]

目前，我国政府正在抓紧编制经济和社会发展的第六个五年计划，准备今年下半年提交五届人大五次会议审议批准。下面，简要介绍一下"六五"期间经济发展的一些基本设想。

从我国当前的经济情况出发，考虑到今后经济的长远发展，我们确定"六五"计划的主要任务，是继续实行调整、改革、整顿、提高的方针，稳定经济，提高效益，争取财政经济情况的根本好转，并为"七五"期间的发展作必要的准备。也就是说，在"六五"期间，我们着眼于打好基础，积蓄力量，为今后经济健康发展准备条件。

围绕着这个基本任务，在"六五"计划中我们将努力处理好以下一些关系：

第一，在增长速度与经济效益的关系上，要改变过去片面追求速度而忽视经济效益的做法，把提高各方面的经济效益放在首位，在这个基础上，求得一定的增长速度。这个速度，应当是经过努力可以达到的、实实在在的速度，也就是生产的产品合乎质量标准、合乎市场需要的速度，应当不是一时的而是能够持续增长的速度。在"六五"期间，由于调整、改革、整顿、提高的任务十分繁重，能源、交通等基础设施还处在改造和

* 本文是作者 1982 年 5 月在"中日经济知识交流会第二次年会"上的发言，原载《世界经济导报》1982年 7 月 5 日。

建设的过程中，因此经济的发展速度不可能很快。但是，如果没有一定的速度，许多社会问题不好解决，也不可能在改善人民生活的同时积蓄必要的经济力量。1981年我国农业总产值比上年增长5.7%，工业总产值比上年增长4.1%，超过了计划增长3%的要求。但是，据我们分析，在这4%的工业增长率中，还有百分之零点几是很不实在的，即有一部分产品由于不符合或者超过了社会的现实需要，在仓库里积压起来，没有能发挥作用。今后几年，一次能源的产量逐步会有一些增长，基本建设投资也会逐步有所增加，加上现有企业潜力的发挥，经济发展的条件将有所改善。但是，考虑到农业受自然条件的影响很大，改变能源消耗高、浪费大的状况和调整重工业的服务方向也都需要一个过程，因此，比较稳妥的设想，今后几年的经济增长速度，在计划上保持今年达到的水平，即4%，在执行中力争超过。这样，留有余地，比较主动，也有利于搞好调整、整顿和提高经济效益。如果在实践中超额完成，五年计划提前实现，这对人民也是一个鼓舞。当然，由于超额完成计划将会出现新的不平衡，需要我们解决。超产的部分应当是那些社会急需而我们一时还难以适当满足的产品。

第二，在建设与生活的关系上，要统筹兼顾，做到一要吃饭，二要建设。饭不能吃得太差，也不能一下子吃得太好，要保证吃饭以后国家还有余力进行必要的建设。我们国家经济发展的水平还比较低，人均国民收入不多。今后几年，随着经济效益的提高，国民收入有可能以与工农业生产相同的速度增长，但也不会增加很多。这样，如何合理安排好建设与生活的关系，非常重要。前几年，为了适当解决人民生活方面长期积累下来的问题，我们较多地增加了人民的消费，提高了职工住宅等非生产性建设的投资比例。这是必须的。有些方面步子还可能迈得大了些。职工工资和农民收入的增长速度超过了生产增长和劳动生产率提高的速度。这种情况不可能长期继续下去，因为这样，既不利于生产建设的发展，也不利于人民生活的不断提高。因此，今后几年，人民生活将继续有所改善，但消费增长的速度必须适当控制。农副产品收购价格要稳定一个时期，农民收入的增加应当主要靠发展生产、增加出售农副产品的数量和降低农业生产成本。职工工资的增长必须低于生产增长和劳动生产率提高的幅度。1981

年，积累率由上年的 32.6% 下降为 30% 左右。"六五"期间消费基金占国民收入的比重还将继续有所提高，但其幅度要有适当的限制，以保持一个合理的积累率。1981 年计划安排的基本建设投资总额 380 亿元，实际执行中超过了一些。为了有利于控制基建规模，提高投资效果，也为了有利于加强老企业的革新改造，今后几年基建投资不可能增加很多，大体保持 1981 年计划的水平或者稍多一些。实际执行中根据国家财力、物力的可能，再予追加。在基建投资总额中，要适当提高生产性建设投资的比重。而生产性建设的重点是能源、交通等基础设施的建设和必要的轻纺工业的建设。

第三，在农业、轻工业和重工业的关系上，我们将坚持大力发展农业，继续把消费品工业的发展放在重要地位，同时进一步调整重工业的服务方向。今后几年，消费品工业的发展速度将继续超过重工业。这是平衡市场、平衡财政的需要，也是用较少的能源保持经济一定增长速度的需要。1981 年，轻工业增长 14.1%，重工业下降 4.7%。轻工业产值占工业总产值的比重已由上年的 46.9% 上升到 51.4%。今后几年，随着重工业服务方向和产品结构的调整，随着基本建设投资的稳定和有所增加，特别是随着技术改造、设备更新的推进，重工业生产将逐步回升，并在新的轨道上稳定增长。这对于促进轻工业的进一步发展，也是一个重要条件。但是，由于能源的制约和其他一些原因，重工业生产的增长速度还不可能很高。而轻工业则大体可以保持 7% 或者更高一点的速度增长。这样，在"六五"时期，轻工业在工业总产值中的比重还将继续有所提高。当然，在重工业的服务方向有了较大改变，节能工作取得了较大进展和能源产量有了较多的增加的时候，重工业的发展速度将会加快，轻重工业的比例将在一个新的基础上趋于协调。在"六五"时期，无论轻工业还是重工业的发展，我们都将着力于提高产品质量，改进花色品种，注意产品的适销对路，使生产的增长收到更大的实效。

第四，在基本建设和现有企业更新改造的关系上，我们要把重点逐步转向后者，走以内涵为主的扩大生产路子。"六五"期间，经济的增长主要靠提高现有企业的效率。新建和续建的工程，大部分要到"七五"时期以及更后一些时候才能发挥作用，过去，我们片面强调新建，忽视现有企业的设备更新和技术改造，吃了不少亏。"六五"时期应当成为我们纠正这种偏向的开端。这样做，既可以带动机械工业和其他重工业的发展，又可以逐步改善企业的生产技术面貌，为今后经济的发展积蓄力量。所以，推行现有企业的设备更新和技术改造，是使我国经济尽快进入健康发展的一个重要环节。当然，这是一项很艰巨的工作，我们还缺乏经验，只能有步骤、有重点地开展，而不能不分轻重缓急，齐头并进。今后几年，根据国家财力、物力的可能，我们想首先抓好京、津、沪三大城市和一批骨干企业的技术改造，抓好那些花钱少、收效大、见效快的技术改造措施。从我们的国情出发，技术改造要紧紧围绕节约能源，围绕降低物资消耗，提高产品质量，增加急需品种等目标进行，而不能片面追求那些单纯节约人力的自动化技术。由于国家财力的限制，"六五"期间首先要用好现有的每年大约250亿元的更新改造资金，以及企业生产发展基金和大修理基金等预算外资金，并配以适当数量的银行信贷资金。以后，随着财政情况的好转，再通过有区别的提高折旧率等多种办法，逐步增加用于企业技术改造方面的资金。为了使这些资金使用得更有成效，从"六五"计划开始，我们将编制综合固定资产投资计划，统筹安排基本建设投资和更新改造资金。

　　第五，在对外经济关系上，我们将坚定不移地实行对外开放政策。在独立自主、自力更生的前提下，按照平等互利的原则，积极扩展对外经济交流和合作。今后几年，我们要努力增加出口，并且下工夫提高对外贸易的经济效益。按照我们的偿还能力、配套能力和消化能力，积极利用国外资金，采取多种形式引进适合我国情况的先进技术。根据前一个时期的经验和当前我国经济的现实情况，今后准备主要引进技术和单项设备，少搞或不搞成套设备进口。多搞收效快的中小项目，少搞大项目。而且，要把利用外资、引进技术同在建工程和现有企业的技术改造密切结合起来，切实在"用好"上下工夫，以取得更好的经济效益。

对目前经济形势和今后
调整任务的几点看法[*]

最近，找了二十几位同志，就目前经济形势和任务问题进行了几次讨论。中心议题是：我国的国民经济调整工作究竟进行到了什么程度，下一步调整工作的重点应当是什么。

下面，就议论到的问题，谈一点意见和看法。

一

观察当前的经济形势，必须同三年来对整个国民经济进行的调整工作结合起来进行分析，才能抓住经济生活中的本质因素，得出比较切合实际的结论，指导我们的行动。

当前我国经济正在或者已经出现一个新的转折。1979 年开始的国民经济的调整时期，即将进入一个新的阶段，即由主要调整国民经济的几个大的比例关系，转向着重加强国民经济的基础结构和调整各产业部门的产品结构和企业结构，使之逐步合理化的阶段。进入这个新阶段的基本标志是：国民经济的大的比例关系已逐步趋向协调，重工业由急剧下降开始回升；轻工业和农业生产持续增长，不少日用消费品和生产资料，开始出现

---

* 本文是作者 1982 年 7 月 2 日写的一个发言提纲。

所谓"买方市场";在这个基础上,整个经济比较活跃,财政收入有所增加,赤字得到控制,物价渐趋平稳。

这个形势的出现不是偶然的,它是贯彻执行党中央、国务院以调整为中心的八字方针取得的重大成果。

(一) 工业与农业的关系,经过三年的调整,有极显著变化

党的十一届三中全会以来,中央首先抓农业,落实党在农村的一系列社会经济政策,推行联产计酬的生产责任制,调整农业内部各业和种植业内部各种作物的比例关系,提高了农副产品的收购价格,极大地调动了农民的生产积极性,使农业取得较高的增长速度。1978 年,在工农业总产值中,农业占 27.8%;而到 1981 年则上升到 31.5%。尽管粮食生产还不稳定,但经济作物则普遍发展较快,这对支持轻纺工业较快地发展起了很好的作用。农业的振兴,对促进工业乃至整个国民经济的繁荣无疑是十分有利的。

(二) 轻工业与重工业比例失调的状况有所改变,基本趋向合理

这两年,重工业比重有所下降,主要是调整了它的服务方向,着重为加快农业、轻工业的发展服务,以及开始为国民经济各部门的技术改造服务。轻工业因为得到"六个优先"的扶持,发展较快。在工业总产值中,轻工业所占的比重,1978 年为 43.1%,1981 年已上升到 51.4%。轻重工业大体保持一对一的比例,就目前情况看,在一定的时期内,这可能是比较适宜的。当然也不能把它绝对化和凝固化,成为一个公式。实践证明,采取过去那样使重工业过重的做法,肯定不行,但有人曾经提出要搞所谓"轻型结构",也是不妥的。

(三) 基建规模与国力状况相比,已大体适应

国家预算内的基本建设投资,已经削减到不可能再减的程度。预算外的地方与企业自筹资金和利用银行贷款兴办的新建项目需要继续加强控制,主要是采取有效措施,把这部分资金使用到对现有企业进行技术改造上,以便中央能够集中资金来搞能源和交通运输的建设。同时,要努力提高投资的经济效果。

（四）积累与消费的比例关系，也有显著变化

国民收入中的积累率已由 1978 年的 36.5% 降到 1981 年的 28.3%。党的十一届三中全会以来，城乡人民生活一般都有不同程度的改善，尤其过去收入很低的工农群众，绝大多数收入有较多增加。在劳动生产率一时还难以有大的提高的情况下，目前积累与消费的比例，在一定的时期内似应相对稳定下来，并对城市职工的奖金水平与农副产品的加价和各类补贴加以控制。在这个前提下，才有条件逐步解决中年知识分子生活方面的困难问题，并适当提高国民收入中消费基金所占的比例，再适当降低一点积累率。

上述情况说明，党的调整方针是正确的，三年来所进行的工作也是卓有成效的。几个大的比例关系由过去的严重失调，日益趋于合理，也可以说，这方面"拨乱反正"的任务，业已接近完成或基本完成。这对我国经济健康地、稳定地发展，绝不是暂时起作用，而是长期起作用的。对于我国经济形势持悲观的看法是没有根据的。但是，又要看到，整个调整任务并没有完成。各产业部门内部的产品结构、企业组织结构、技术结构与投资结构还需要进行一系列的调整工作，尤其是能源、交通等基础设施落后，国民经济主要部门技术装备陈旧，产品品种少、质量低、经济效益很差的情况基本上还没有改变，严重地制约着经济的发展速度与财政状况的进一步好转。同国民经济调整所要实现的总目标相比，还有很大的距离。但是，前一段的工作，毕竟给我们创造了一个极为有利的条件，使得我们有条件在"六五"计划的后几年，把调整工作推进到一个更深入的新阶段，集中力量，解决这些问题，为迎接经济振兴时期的到来积蓄力量。

二

既然在过去三年中，我们对国民经济大的比例失调的状况作了调整，使之逐步趋向协调，那么，今后一个时期，调整工作的内容，就应该转向解决各产业部门内部存在的问题，调整产品结构、企业组织结构、技术结构与投资结构。重点则是改善与加强以能源和交通为主的国民经济的基础

结构，以实现经济活动的"良性循环"，提高经济效益。

（一）调整产品结构

实际上，就是调整各产业部门内部的比例关系。工业主要是解决基础工业、原材料工业与加工工业不相适应的问题。农业主要是稳定粮食作物的播种面积，坚持贯彻"绝不放松粮食生产，积极发展多种经营"的方针，采取切实可行的措施，在有计划地发展各种经济作物的同时，尽快使粮食生产逐年有所增长。

当前，国民经济中的突出薄弱环节是能源与交通运输。在前一段的调整中，只是由于限制了某些耗能大的重工业的生产，才得以维持整个工业发展的一定速度。1982年上半年重工业稍有回升，煤油电的供应便立刻全面吃紧。今后，随着重工业逐步发展，这个矛盾将更为尖锐。解决这个问题的根本出路，是下决心有计划地增加这方面的投资。最近三年，能源和交通运输在整个投资中的比重连续下降的情况，无论如何不能再继续下去，否则，要造成将来更大的被动。同时，要把节能这件事认真抓紧抓好。我国的工业是高能耗、低效率。要采取行政的与经济的、法律的与教育的、科学技术的与组织管理的多种手段与措施，找到一条低能耗、高效率的发展工业的道路，找到一条充分发挥我国十亿人口的巨大潜力，变困难因素为有利因素来发展我国国民经济的道路。这也是经济效益最好的发展道路。

（二）调整企业组织结构

1965年，全国有工业企业15.8万个，1981年年底是38.2万个，增长了一倍以上。党政军民学、工农商学兵谁都可以随时随地开办工厂。"小而散"，"小而乱"，盲目设点，重复建设，一直没有得到有效制止。这是分散资金、浪费能源、经济效益不好的一个重要原因。现在很有必要结合工业企业的整顿、联合、改组，对于耗能高、效益低、产品销路差而又不可能改造或者不值得改造的企业，坚决实行"关、停、并、转"。其次，应当结合调整生产力的布局，把那些耗电、耗煤多的"电老虎"、"煤老虎"产品从缺电、缺煤省区转移到电、煤有余的省区去生产。这两件事都牵涉到社会经济的稳定，可以分期分批地实施，但态度要坚决，否则，总是甩不掉这个包袱。

（三）调整技术结构

按照国务院已经做出的决定，有计划、有步骤、有重点地完成对现有企业的技术改造，使产品品种增加，质量提高，能耗降低。特别是各部门通用的风机、水泵、马达、锅炉等机电产品，通过技术改造，必须达到一个新的水平，这样，才能使主要的部门和企业的生产逐步地建立在比较先进的技术基础上。

（四）调整投资结构

这是实现上述调整的一个重要手段和保证。今后一个时期，中央集中的资金，应主要用于能源的开发与交通运输的建设，并适当增加一些智力开发的投资。地方与企业的资金，应主要用于其他行业现有企业的技术改造，把多年继续下来的以外延型扩大再生产为主的做法真正转变到以内涵型扩大再生产为主的轨道上来。

把上面所列的几项调整任务抓住了、抓好了，我们的工作才会更加主动，财政状况才有可能根本好转。

目前财政困难重要的原因之一在于我们整个经济工作的效益太差。例如，全民所有制独立核算工业企业每百元资金实现的税利总额，历史较好水平的 1966 年为 34.5 元，1978 年是 24.2 元，1981 年降到 23.8 元。每百元产值占用的流动资金，历史上比较低的年份是 1966 年，为 23.5 元，1981 年是 30.2 元。可见，资金的利用率很低，资金周转速度很慢。不抓紧企业的整顿，不对那些继续维持下去不但无益而且有害的企业，坚决实行关停并转；不有计划、有重点地对需要发展的现有企业进行技术改造，是不可能真正提高经济效益的，而经济效益提不高，财政状况的根本好转是不可能的。

这里，有一个速度与效益的关系问题，需要恰当地处理。

就总体来说，它们是统一的，可以互相促进。但是，就一定时期与一定的范围来说，应当承认它们又有互相制约、互相矛盾的一面。后一点往往不为人们所注意。我们过去经济工作的某些失误，与此不无关系。党的十一届三中全会以来，经过清理经济工作中"左"的错误，从指导思想上来说，这个问题已经基本得到解决，并且确定经济工作要以提高效益为中心的指导方针。但是，要在实际工作中彻底消除长期遗留下来的影响，还得做一系列的工作。1982年上半年或者说从1981年第四季度以来，用牺牲经济效益盲目追求速度与产值的倾向，在某些地方、某些企业有故态复萌之势。某些同志一看目前经济形势出现转机，便以为大发展的局面就要到来，对经济结构存在的严重弱点与困难认识不足，不顾实际的可能，片面压产值，追求"水分"很大的增长速度。事实上，根据能源和运输等条件，1982年下半年根本不可能继续维持上半年的那样恢复性的增长速度，还是按照"保四争五"的精神安排为好。再多搞，各方面绷得很紧，即使暂时上去了，下一年还有可能再退下来，这样做是很有害的。瞻前顾后，还是留有余力，适当节制一下某些地区和部门特别是有的重工行业和长线产品过高的指标，较为有利。不管哪行哪业，都应当把提高经济效益作为主要工作去抓，而不要去追求徒有虚名而受实害的虚假速度。

加强共产主义思想建设[*]

我们共产党是搞共产主义建设的。社会主义是共产主义的初级阶段。搞社会主义现代化建设离不开社会主义的精神文明，而共产主义思想建设，是整个社会主义精神文明建设的核心，它决定着我们的精神文明的社会主义性质。

过去我们讨论社会主义特征时，常常讲到剥削制度的消灭，生产资料的公有制和按劳分配，工人阶级和劳动人民掌握政权，国民经济有计划按比例的发展，高度发达的生产力和比资本主义更高的劳动生产率，等等。这些都是社会主义的重要特征。但是，从社会主义几十年的实践来看，单讲这些还是不够的。除了上面这些特征以外，社会主义还应当并且必须有一个特征，就是以共产主义思想为核心的社会主义的精神文明。没有这种精神文明，就不可能建设完全的社会主义。

我们社会科学院，从它的本质来说，是搞为实现社会主义现代化服务的社会主义精神文明建设的。我们从事社会科学研究的理论工作者，在建设社会主义精神文明中担负着特别重要的责任。我们更应当把整个社会主义精神文明建设的核心——共产主义思想建设作为我们首要的建设任务。我们这方面的建设工作做得如何，是决定我们社会科学研究事业成败、兴

---

　　* 本文是作者 1982 年 7 月 26 日在"中国共产党中国社会科学院第二次代表大会闭幕会"上讲话的一部分。

衰的关键。

那么，共产主义思想建设的主要内容是什么呢？根据党的十二大的报告所说，它应当包括工人阶级的、马克思主义的世界观和科学理论，共产主义的理想、信念和道德，同社会主义公有制相适应的主人翁思想和集体主义思想，同社会主义政治制度相适应的权利义务观念和组织纪律观念，为人民服务的献身精神和共产主义的劳动态度，社会主义的爱国主义和国际主义，等等。我国社会主义精神文明当然要吸取我国民族历史发展中精神文明的精华。像我们这样一个历史悠久的伟大的民族，我们民族历史发展中间是有许多精神文明的精华的，但是不能仅仅停留在这个方面。我们的社会主义精神文明，首先是革命的，是同新的阶级——工人阶级，新的制度——社会主义制度联系在一起的，是面向世界的，面向未来的，吸取世界上精神文明的一切优秀成果，为实现我国的社会主义现代化服务的。概括起来说，社会主义的精神文明，最主要的是三件东西，就是：革命的理想、革命的道德和革命的纪律。毫无疑问，这些也应该是我们院所有人员，首先是共产党员必须具备的思想和品质。从事社会科学研究的人，特别是从事这一工作的共产党员，尤其应当具备这种思想品质。这也是考验我们每个共产党员有无党性，或者党性强与不强的重要标志。我们社会科学院全体共产党员，要团结一切非党的社会科学工作者，统一认识，统一步调，逐步组织成为一支有战斗力的、有说服力的、有吸引力的思想战线的大军，为培育社会主义的一代新人，建设高度的社会主义的精神文明做出我们应有的贡献。

这是我和同志们讨论的第一个问题。我们党的建设中最重要的就是要讲共产主义的思想建设，这个也就是我们的真正的党性教育。

关于技术进步问题*

党的十二大提出，从 1981 年到本世纪末的 20 年我国经济建设总的奋斗目标，是在不断提高经济效益的前提下，力争使全国工农业的年总产值翻两番。主要靠什么提高经济效益？主要靠什么实现翻两番？

如果采用过去那种扩大基本建设规模来增加生产能力的老办法搞，从投资、能源等条件来看，是不可能实现的。要实现这个目标，我们在思想上、实际工作上必须来个重大的转变。今后生产的发展必须主要依靠技术进步，依靠对老企业进行技术改造。这是一个根本指导思想，也是我们必须走的新路子。走这条路子，实现"翻两番"就大有希望；不走这条路子，就没有出路。

但是，这个问题为什么长期不能得到解决呢？一是传统观念和习惯势力作祟；二是对科技工作不够重视，特别是对开发新技术的研究更不够重视，以致科研成果的实际应用程度低；三是有些政策、办法、制度不对头，搞新技术、新产品、提高产品质量、节约能源和原材料，不仅困难重重，而且要冒风险，使企业对技术进步一般没有兴趣；四是智力开发工作大大落后于经济发展的需要，全国的科学技术力量，本来就很薄弱，又没有很好地组织起来，而且使用不当，浪费很大，致使许多愿意为社会主义建设贡献力量的科技工作者，有"报国无门"之感，没有充分发挥作用。

---

* 本文是作者 1982 年 9 月 29 日写的一个发言提纲。

总之，在指导思想上和实际工作中，生产发展和科技进步是脱节的。这就需要从认识、规划、组织、政策等各个方面，采取一系列的措施加以解决。

一　解决认识问题

在 1978 年全国科学大会上，邓小平同志就指出："科学技术是生产力，这是马克思主义历来的观点。"党的十二大又进一步论述了"四个现代化的关键是科学技术的现代化"，从理论和实践的结合上深刻阐述了科学技术在现代化建设中的重要地位和作用。

科学是为技术发展开辟道路的，技术进步是直接影响生产发展的。世界上一些工业化的国家，近几十年来，生产增长中技术进步因素所占的比重，有的高达 90%，至少也在 50% 以上。日本以我们同样的能源消耗，创造出四倍于我国的国民生产总值，重要原因就在于他们采用了先进的技术。

技术进步对我国不同地区、不同部门的生产发展所起的作用，也很不一样。比较重视技术进步作用的地区或部门，生产的发展就比较快，经济效益也比较好。我们现在必须树立生产发展主要依靠技术进步这样一个根本观点。这不是一个抽象的概念和空洞的口号，而是要按照这个思想来指导我们的实际工作，使它落到实处。也就是说，今后 20 年，生产翻两番，年工农业总产值增加两万亿，其中 1 万亿以上要靠科学技术的进步来取得。非如此，不能克服我们面临的能源、运输能力、资金不足的困难，也不能真正全面地提高国民经济的效益。全党同志对此必须有一个明确的认识。

二　拟定生产发展和技术进步相互协调的长远规划

科技和生产要协调发展。生产规划要充分考虑到技术进步的作用和依据；科技规划要充分考虑到经济发展的需要和可能。在这个基础上，各自拟定实现总的战略目标的具体目标。但是，两者的目标必须是一致的。

要把科学研究工作与社会需要衔接起来。生产要服从社会的需要，开发研究要服从生产的需要，应用研究要服从开发研究的需要，基础研究要充分考虑应用研究的需要。要统筹安排近期的需要和远期的需要，要有研究成果的技术储备。要切实做到加强应用研究，重视基础研究。这样做并不意味着削弱基础研究，而是更好地发挥基础研究的作用，使基础研究具有更强大的生命力。

在组织各方面的科技人员编制规划的时候，要了解和研究世界经济和技术发展的动向，吸取国外的技术成果，要改变过去那种什么都要我们自己从头探索，什么都想由自己创造的做法。要以积极的态度推广国内的新技术，并引进符合我国情况的适用的先进技术。要多引进软件，少引进设备。引进外资，也主要应当用到这个方面。但是不要重复引进。我们强调引进技术，是为了科学技术的更快发展，增强我国自力更生的能力。对引进的技术，要注意消化，使之成为我们自己的东西。同时，要积极发展运用自己的科学技术，特别是那些根据我国资源和其他特点，必须由我们自己独创的技术。日本用引进技术的办法，节省了 2/3 的时间，少用了大量的投资，这一经验，值得我们重视。

要根据以上的原则，编制下列规划：

第一，要编制一个科学技术与经济、社会协调发展的综合的总体规划。这个规划要以对国民经济全面发展的科学预测为根据。

70 年代以后，苏联的经济发展战略有重大改变，从粗放经营（外延）为主转为集约化经营（内涵）为主，提出了规划要注意掌握"科学—技术—生产—需要"这样一个"完整周期"，为此搞了《苏联二十年科学技术进步综合发展纲要》，并在此基础上编制中长期计划。苏联在这方面的经验值得我们注意。

第二，根据部门的、行业的特点，编制部门的、行业的规划从国民经济的全局出发，统筹安排部门的、行业的技术改造，而不是孤立地去安排。这样可以通过规划清晰地描绘出各个部门、行业未来科学技术与经济、社会协调发展的图像，及其在国民经济、社会体系中的地位。

第三，根据当地的优势，编制各地区的特别是中心城市的规划。要全面考虑本地区的各行业之间的横向连接和配套联系，以及与其他地区的协作关系。中心城市在采用新技术和技术改造上应当起先锋作用。

所有规划都要确定技术经济政策的原则，资源合理利用的途径，技术改造的方向，技术结构变革的依据，以及技术攻关项目，等等。

所有规划还要把今后经济增长中有多少是依靠技术进步增长的计算清楚，要具体化，要有具体界限，要有具体的规定，具体的方法和完成的期限，不能停留在口号上。

三　把各方面的科学技术力量组织起来

要采取强有力的措施和多种形式，把全国的科技力量合理地组织起来。这个组织体系应该是多层次的，有企业的、部门的、地区的，以及跨部门、跨地区的，也有全国的。每个层次都应有经过有关方面反复研究选定、切合当前建设需要的关键的攻关项目。通过各种组织形式使中国科学院，各部门的研究院、设计院、规划院，各高等院校和企业的科技力量很好地组织起来，发挥各自专长，为发展新技术，进行技术改造贡献力量。在这方面，已经出现了一批好的做法和好的经验，要逐步地加以推广。

第一，新产品试制"一条龙"。围绕新产品试制，由相关技术配套的各方面的力量联合组成。上海、江苏都有这样的组织和成功的经验。

第二，企业办科研。把有关的技术人员和工人组织起来，结合生产需要，不断进行技术革新和技术改造。大连造船厂和大连重型机器厂就有这方面的经验。

第三，实行科学技术合同制。生产单位和科研单位实行科学技术合同制，是加快科研成果运用于生产的有效办法。上海、江苏、辽宁已有一些成功的经验。

第四，开展科技咨询服务工作。由有经验的科研、设计、生产人员组织起来，为企业提供咨询服务，上海、北京、天津、辽宁都有这种活动。

第五，设立各种类型的科研生产联合体。每个部门或行业选择重点的研究单位、设计单位和企业组成联合体，作为该部门或行业的技术开发中心。地区也可组成其他不同类型的联合体，如辽宁省已有 10 个联合体。

第六，成立科学技术顾问委员会。一些地区和部门已有这类委员会，经常分析研究地区、部门和企业制定规划和执行规划过程中的问题，协助有关单位解决。

第七，应当允许科技人员一定范围的流动。这是把技术人员组织起来，充分发挥他们作用的必要条件。第一步先搞有利于科技攻关和相关技术配套的定向流动。要鼓励研究单位的科技人员向生产企业、应用领域有计划地流动。这样，一方面可以充实基层的科技力量；另一方面也可使科研单位不断吸取新的血液。世界上一些工业化国家都有类似做法。

四　调动企业的积极性

一要有正确的政策，二要有强有力的措施，使企业有搞技术进步的动力和压力。

第一，提倡合理竞争，优胜劣败。当企业因搞技术革新，采用新技术，提高产品质量等而取得经济效益时，要使国家、企业、职工都能从中得到利益。使那些有作为的、经营好的企业生产不断提高，职工生活不断改善；相反，那些搞得不好的企业，就是让他们的收入差一点，甚至只发基本工资；不求进步、长期亏损的企业，要下决心淘汰。

第二，实行优质优价。生产新产品优质优价；减少消耗、降低成本，可低于国家价格出售，鼓励企业薄利多销，增加收入。

第三，适当提高能源和主要原材料价格，但要控制产品的成本和出厂价格。这样可促进企业通过技术进步和技术改造降低消耗，提高经济效益。

第四，设立新产品和技术革新奖金。在整个工资制度未改革之前，将奖金的一部分作为新产品和技术革新奖金，把发放权交给企业，以鼓励那些搞技术进步有成绩的职工的积极性。

第五，严格管理技术改造项目，以经济效益的大小确定分配资金和贷款的先后次序。技术改造必须是用新技术、新工艺、新设备、新产品更新改造旧技术、旧工艺、旧设备、老产品。不允许用技术改造的名义搞基本建设或落后技术的重复建设。对现有企业的投资，严格控制在技术改造的范围之内。

第六，完善企业的考核指标。把研制新产品、采用新技术作为考核企业的重要指标之一。

第七，确定合理的折旧率和运转设备的经济耐用寿命。制定折旧费用于技术改造和设备更新的具体措施。定期公布各种锅炉、机械运转设备的能耗指标和经济耐用寿命，不符合要求者限期改造或更换。

第八，要试行专利法，促进发明创造。就国内来说，先进地区向后进地区、大城市向中小城市的技术转让，沿海地区向内地的技术转让，国家要予以支持和鼓励。

第九，加强人材培养、提高职工的技术水平。采用多种方式、多种途径对职工进行技术教育和轮训，以提高职工的技术水平，适应科技进步的需要。

第十，要认真抓好一批大企业的技术改造工作。像首都钢铁公司那样，制定技术改造、挖掘潜力的规划，把挖潜、改造、整顿、改革同为国家多做贡献联系起来。首钢的做法，要在各大企业一个一个地进行研究落实。

五　加强组织领导

当前，对我国经济的任何的较大推动，都关系到经济体制、工资、价格、计划与市场等一系列问题，涉及体制改革的许多方面，尤其是正确处理经济发展依靠技术进步的问题，更需要有关部门密切配合共同研究解决。

我们要在提高认识的基础上迅速行动起来，把技术进步、技术改造的各项工作，包括规划工作和有关的政策措施落到实处。我们希望，我国各方面的科技人员团结起来，组织起来，投身到社会主义现代化建设的伟大实践中去，为实现党的十二大提出的经济发展的战略目标作出大的贡献。

系统工程学对我国社会主义
建设大有可为

　　系统概念和系统思想，是在人类社会实践过程中形成并不断发展的。随着现代科学技术的进步和社会分工的变细，需要各种学科各种技术相互配合，才能解决综合性的复杂课题。而现代科学、数学和电子计算机的发展，为对各种因素进行精确分析提供了定量方法和计算工具，也为系统工程学的建立，奠定了基础。所以说，系统工程是人类社会和科学技术发展的必然产物。

　　系统工程学与马克思主义的哲学唯物辩证法有着特别密切的关系。因为哲学是对自然界、人类社会和思维领域的普遍规律的高度概括。马克思主义的唯物辩证法认为，世界是物质的，物质世界是由无数相互联系、相互依赖、相互制约、相互作用的事物所构成的统一整体。要认识事物的本质，就要全面研究它的一切方面和一切联系。系统工程学的整体性原则和相互联系的原则就反映了这个思想。马克思主义的唯物辩证法还认为，事物是存在着规律性的，要研究事物，就要分析事物的客观规律，规律是在一定条件下的事物的本质的、普遍的、必然的联系。系统工程学的有序性原则，就反映了这个思想。另外，任何事物都存在着矛盾，而矛盾又是不

　　* 本文是作者 1982 年 9 月提供给"中国系统工程学会 1982 年年会"的书面发言，原载《系统工程理论与实践》（季刊）1982 年第 3 期。

断发展变化的。系统工程学的动态原则也反映了这个思想，如此等等。这些情况说明，把马克思主义的哲学作为系统工程学的理论基础，是理所当然的。只有把系统工程学建立在这个基础上，才能得到更为正确的运用与更加合理的发展。认识到这点是非常重要的。

系统工程学的研究方法，是从全面出发研究系统的各个组成部分的相互关系，综合考虑各种因素，寻求最优的方案，以达到最佳效果。在资本主义社会，由于生产资料私有制的存在，给系统工程学的应用带来了很大的局限性。社会主义社会废除了生产资料私有制，实行了生产资料公有制。社会主义制度的性质决定，解决任何重大的经济社会问题，都要从整个国家和全体人民的利益出发，要搞计划经济，要组织社会主义大协作等，这就为系统工程学的广泛应用创造了极其有利的条件。因此，系统工程学在我国有着广阔的发展前景。

50 年代，由于有计划按比例发展国民经济的需要，我们就学习应用系统工程学。随着我国国防尖端技术的发展，系统工程学在工程系统的总体设计组织方面开始取得了实践的经验。粉碎"四人帮"后，特别是在党的十一届三中全会以后，系统工程的理论研究和推广应用出现了新局面，进一步取得了可喜成绩。

当前，我国正处在新的历史时期，在我们面前有许多艰巨复杂的任务。在去年十一月五届人大四次会议上，国务院总理代表政府所做的报告里，已经就国民经济的形势和经济建设的重要方针作了系统的论述。我们应该按照这些方针，解决经济建设中的有关问题。这些方针涉及大量的系统工程学的研究课题，迫切需要搞系统工程的专家同志们组织起来，结合我国现实生活中的重大问题，积极开展研究工作，为实现社会主义四个现代化事业作出贡献。

我国经济社会的发展向系统工程学者提出哪些重要的课题呢？

第一，系统工程学者要研究我国经济发展的战略问题。

我国是社会主义国家，我们进行经济建设，实现四个现代化，归根到底，是为了在经济发展的基础上，尽可能地满足人民群众的物质生活和文化生活的需要，使全体人民过美好幸福的生活。现在，我们正在编制长期计划，确定我国经济社会发展战略。怎样根据经济社会发展的需要，恰当地确定经济发展的比例关系；怎样正确地处理吃饭和建设的关系、长远利益和近期利益的关系；并按时间、阶段，做出最优的排列综合；这都是系统工程学需要探索的问题。

第二，系统工程学者要研究"计划经济和市场调节"的关系。

陈云同志最近就经济工作做了一系列重要指示。强调我们的国家必须坚持以计划经济为主，市场调节为辅，国家建设必须是全国一盘棋。用系统工程学的方法对这个问题进行研究，有助于做好国民经济系统的综合平衡工作和部门间、地区间的最优协调工作；有助于研究市场信息的反馈和控制调节规律，并探索定量分析的途径，从而加强计划经济，发挥市场调节的辅助作用。

第三，系统工程学者要分析我国经济发展的内涵潜力。

党中央和国务院决定，今后一个时期内，我国生产的增长，将不再主要依靠扩大基本建设规模，而主要依靠发挥现有企业的潜力，在整顿和改组现有企业的基础上，有计划有重点地进行国民经济的技术改造，来提高生产能力。也就是说，我们扩大再生产，将主要不是依靠"外延"的扩大，粗放经营和量的增加；而主要依靠"内涵"的发展，集约经营和质的提高。这就需要从系统的产生和发展过程，来研究技术改造如何使系统产生新的生命，活力以及它们之间的有序性。

第四，系统工程学者，要研究如何更好地贯彻执行调整、改革、整顿、提高的方针。

贯彻调整、改革、整顿、提高八字方针，就全局来讲，必须"以调整为中心，改革服从调整"。调整与改革，既有它相互适应的一面；也有它相互矛盾的一面。如在调整中，国家经济力量，主要是财力回旋余地较小，而经济体制的全面改革，则需要有足够的财力、物力作为保证。如何协调这些关系，按时间阶段、层次结构来安排"八字"方针的实施步骤，并用多方案比较的方法为决策提供定量依据，这也是我们系统工程学者所要解决的问题。

第五，经济体制改革的总体设计需要运用系统工程学的方法。

经济体制改革涉及面很广，特别是对我国这样的大国，情况如此错综复杂，体制改革又牵涉到经济社会生活的各个方面，运用系统工程学组织各方面的力量，有的放矢地进行调查，进行经济体制改革的总体设计工作，以便研究改革方略，订出各种方案，对其后果进行计算、比较，提出可行建议，帮助决策者进行最佳的选择。这样，既可发挥系统方法的组织管理功能，又可用系统工程来确定目标和实现目标。

第六，系统工程学者要加强对国民经济综合的、全社会的经济效益的研究。

千方百计地提高生产、建设、流通等各个领域的经济效益，这是一个核心问题。讲求经济效益，是整个经济工作的正确指导思想。讲经济效益，就是要以尽量少的劳动消耗和物质消耗，生产出更多符合社会需要的产品，这是首先应当明确的一个主要观点。对各个经济领域经济效益的指标体系和计算方法，特别是综合的、全社会的经济效益的度量方法的确定，需要从多方面进行研究和探索。系统工程的原则和方法，很适合用来研究这些问题。

要提高全社会的经济效益，还要正确处理经济单位（企业、工厂）和部门、地区的经济效益与社会（国家）经济效益的关系。局部的经济效益，不一定和全局的经济效益相一致，例如，有些产品的生产，从微观上看是有利的，但从宏观效益上看，就恰恰相反。系统工程的一个基本观点，是从全局出发，考虑局部；同时，又要处理好各个局部的问题，以取得国民经济综合的最大经济效益。如何应用系统工程的观点、方法和手段来处理好结构层次，并定量地将各层次关联起来，这也是系统工程学者的一个重要课题。

总之，系统工程学要选定若干重大的经济社会发展课题，组织各方面的力量进行攻关。因为上述课题涉及广泛的领域，要求系统工程学的研究做好各学科的综合性工作。

由于我国社会主义建设的迫切需要，系统工程学要从单纯的工程系统领域扩展到经济社会领域。系统工程学作为一个学科，当然还有其本身的理论和方法问题，需要进行研究，但是这种研究本身，归根到底还是为了应用，为实现我国社会主义四个现代化事业服务。

做好规划工作，开创哲学
社会科学研究的新局面[*]

　　这次规划问题座谈会，是由中央宣传部和中国社会科学院联合召开的。这次会议是前几年各学科规划会议的继续，目的是为了贯彻党的十二大精神，做好哲学社会科学的规划工作，使我们的哲学社会科学研究工作开创一个新局面，更好地为社会主义现代化建设服务。现在，我结合学习党的十二大文件的初步体会，就如何在新形势下做好规划工作的问题，谈一些意见。

一

　　具有伟大历史意义的党的十二次代表大会，科学地总结了 30 年来我国社会主义革命和建设的丰富经验，回顾了过去六年我们党领导全国人民的战斗历程，实事求是地肯定了在这个历史重大转折过程中取得的伟大胜利。我们哲学社会科学战线，在党的领导和关怀下，这六年中也有了显著的进步，从"四人帮"统治时期那种备受摧残的状态下解脱出来，迅速得到恢复，走上了健康发展的道路。

　　在党的十一届三中全会制定的正确路线指引下，我们冲破了长期以来

---

　　* 本文是作者 1982 年 10 月 6 日在"全国哲学社会科学规划座谈会"上的报告。

教条主义、个人迷信的严重束缚，积极投入了理论战线上拨乱反正的斗争，参加了实践是检验真理的唯一标准等重要问题的讨论，并对现代化建设中的理论问题和实际问题进行了一些有益的探索，提出了一些有价值的见解。我们根据四项基本原则的要求，批判了"左"的和右的错误倾向。所有这些，对于宣传马克思主义、端正思想路线，对于我国的四个现代化建设，都起了良好的作用。

与此同时，我们的哲学社会科学在研究工作的广度和深度上都有一些新的突破。在学科建设方面，填补了一些空白，加强了一些薄弱环节，如恢复了社会学、政治学等学科，开拓了人口学、新闻学、青少年问题的研究等新的领域，加强了部门经济学和各种专业经济学的研究，大大扩充了国际问题的研究，使我们的学科门类进一步齐全了。我们还新建和扩建了一批研究机构。29 个省、市、自治区都普遍地建立了社会科学研究机构；高等院校文科研究机构已达 94 个；各级党校、干校的研究机构有了新的发展；政府许多部门和一些大企业，也建立了社会科学研究机构；中国社会科学院的研究所，已由"文化大革命"前的 13 个发展到现在的 32 个。社会科学研究队伍也有较快的增长。现在，各省、市、自治区的社会科学院（所）的研究人员已发展到 3000 多人；文科高等院校的专职研究人员有 4000 余人；党校、干校和实际部门还有相当一些教学研究力量。这几年，学术活动空前活跃，学会、研究会如雨后春笋般地发展起来，同时，广泛地开展了国内、国际的学术交流，学术刊物也大量增加。随着社会科学事业的发展，学术成果不但在数量上有很大增加，而且在质量上也有提高，仅去年一年，全国就出版了哲学社会科学著作 2041 种，有些著作在国内外产生了广泛的影响。有些关于实际问题（如经济结构和经济体制等问题）的调查研究报告和改进工作的建议，受到党政领导机关的重视和好评，对党制定有关方针政策起了一定的参考作用。此外，还出版了大批工具书和系统的资料。介绍国外哲学社会科学成果的翻译工作和情报工作也有了较快的进展。整个哲学社会科学的研究园地春意盎然，生机勃勃。社会科学工作者的积极性空前高涨。总之，党的十一届三中全会以来，我国的哲学社会科学工作，无论从它的发展规模还是发挥的作用来说，都远远超过了新中国成立以来任何一个时期。

但是，我们也应当清醒地看到，尽管我们的社会科学工作有了相当的发展，但同社会主义现代化建设的要求相比，特别是同党的十二大向我们的哲学社会科学提出的任务相比，应当说还是很不适应的，存在着很大的差距。我们的科研工作还不能有力地配合现代化建设的需要，有些学科还没有把研究社会主义现代化建设中迫切需要解决的重大问题摆在应有的地位，科研力量也组织得不够好，对一些重大项目的"攻关"工作做得很差。这种状况必须迅速加以改变。

胡耀邦同志在党的十二大报告中把发展科学确定为经济建设的战略重点之一，这是对我国社会主义建设经验的科学总结。很明显，党中央所说的"科学"是包括自然科学和社会科学这两个部门在内的。党中央的这一重大决策向我们提出了艰巨而光荣的任务，是对我们社会科学工作者的极大鼓舞和鞭策。

邓小平同志在党的十二大开幕词中指出："把马克思主义的普遍真理同我国的具体实际结合起来，走自己的道路，建设有中国特色的社会主义，这就是我们总结长期历史经验得出的基本结论。"[①] 这一科学论断，应当成为我们社会科学工作的根本指导思想和总的研究课题。我们必须在马克思主义一般原理指导下，从中国的国情出发，努力探索我国社会主义建设的客观规律和特点，建设具有中国特色的马克思主义的哲学社会科学。在 10 亿人口的中国，把这项建设工作做好，本身就是对马克思主义的重要丰富和发展，它对我国和对世界的未来，都将有重大的意义。

党的十二大报告确定了我国经济发展的战略目标、战略重点、战略步骤和一系列的正确方针，在社会主义经济建设方面，向我们提出了许多重要的研究课题。例如，到本世纪末工农业年总产值翻两番，主要是靠增加基本建设投资，建设新的工厂，增加新的生产能力，即走过去 30 多年走过的老路？还是走一条新的路子，即主要依靠适用的先进技术，依靠技术改造，充分发挥现有企业的作用？这就是个很大的问题。另外，为了达到

① 《中国共产党第十二次全国代表大会文件汇编》，人民出版社 1982 年版，第 3 页。

工农业年总产值翻两番的目标，是不是每个部门、每个单位、每个企业都要翻两番？这就很值得研究。如果我们每个部门、每个单位、每个企业都同样地翻两番，我们现在这种不合理的经济结构就没有办法改变，甚至会更加不合理。与这个问题相联系，就有一系列的课题，如我国经济、社会发展的战略问题，我国经济体制改革问题，我国经济结构问题，我国社会主义企业的经营管理问题，我国农村经济发展问题，社会主义阶段的商品流通问题，价格体系和价格管理问题，财政、金融、信贷问题，劳动就业和劳动工资问题，能源基地的建设和能源政策的经济理论问题，交通运输的发展问题，人口问题，特区建设问题，港澳地区的经济问题，当代世界经济发展的趋势及其对我国的影响问题，等等，都需要深入地进行探讨。

党的十二大报告强调指出社会主义精神文明是社会主义的重要特征，并把社会主义精神文明建设作为建设社会主义的一个战略方针。这是对马克思主义关于社会主义建设理论的重要发展。怎样认识和探讨它的理论意义，研究解决建设社会主义精神文明中的种种实践问题，是社会科学工作者的重大的迫切的任务之一。与此相联系的共产主义思想的实践问题，共产主义思想与社会主义政策的关系问题，共产主义思想与社会主义精神文明建设的关系，社会主义精神文明与社会主义建设的关系，社会主义物质文明与社会主义精神文明的关系，社会主义精神文明建设中的文化建设与思想建设的关系，文艺为人民服务、为社会主义服务问题，共产主义道德问题，教育制度、教育体制问题，以及青少年共产主义教育问题等，都需要我们进行创造性的研究，认真地从理论上进行深入的探讨。

党的十二大报告中提出，我们要建设高度的社会主义民主。社会主义民主的关键问题是人民当家做主的问题。如何进一步解决好这个问题，就有一系列需要我们研究的课题。例如，人民民主专政制度如何进一步完善，政治体制、领导体制和干部制度等如何进一步改革，群众自治如何进一步发展，社会主义民主的优越性，社会主义民主和社会主义法制的关系，社会主义条件下的阶级斗争，同各种犯罪行为的斗争，法制建设，以及社会主义民族关系和区域自治问题，等等。

党的十二大报告中在对当前国际形势做精辟的深刻的马克思主义的分

析时，也提出了许多重大的国际方面的研究课题。例如，关于战争与和平问题，在胡耀邦同志报告中就有了新的提法，我们对此应当深入研究和阐述。再如，对美、对苏、对日的关系，中央也有一些新的提法，它涉及我国外交战略问题。其他如 80 年代国际局势和反对霸权主义、维护世界和平的战略问题，发展中国家的经济发展战略以及它们同发达国家的关系问题，还有我们党同兄弟党的关系问题等，也都需要我们在掌握大量材料的基础上做出科学的分析。最近，解决香港问题又提上了议程，我们应该采取什么对策，也需要很好地研究。

应当指出，党的十二大提出的迫切需要社会科学加以研究的问题远远不止以上这一些。例如，执政党的建设问题就有许多研究课题，我们没有一一列举。实际上，我们社会科学的各个学科、各个领域为了实现党的十二大所提出的宏伟目标，都有自己的新的课题和新的要求。

我们不能把哲学社会科学研究为党的十二大提出的总任务服务理解得过分狭窄。首先，我们要加强社会主义现代化建设各方面的重大问题的研究；同时，也要加强各门学科的基础研究；另外，还要加强社会科学应用方面的研究，还要用适当的力量做好社会科学的普及工作。这几个方面的工作都不要忽视。总之，我们要按照毛泽东同志所倡导的，把理论、历史、现状的研究很好地结合起来。

除上面列举的现实问题以外，还有许多重大基本理论问题也迫切要求我们去进行研究。特别是要加强马克思列宁主义、毛泽东思想的研究。马克思主义哲学从产生到现在已经一百多年了，一百多年来，世界发生了翻天覆地的变化，各国人民的实践不断深入，社会科学和自然科学迅速发展和相互促进，所有这一切都应当在马克思主义哲学中得到反映和概括。这就要求我们结合当前社会主义现代化建设的实践和最新的科学成就对马克思主义哲学的范畴、规律和体系、结构进行创造性的研究，使马克思主义哲学得到进一步的发展。马克思主义在当代的发展，毛泽东思想的形成和发展，也是我们社会科学必须研究的重大课题。到现在为止，我们还没有写出关于马克思主义三大组成部分（哲学、政治经济学和科学社会主义）的高水平的论著，而写出这样的科学著作是我们社会科学工作者不能回避的任务。

　　哲学社会科学的学科很多，新的学科还在不断出现。在党的十二大精神的指导下加强各学科的研究工作，都应当看做是社会主义精神文明建设不可缺少的部分，这对于文化知识的发达和人们政治、思想、道德水平的提高都有重要意义。法学、政治学、社会学、民族学、文学、史学、宗教学、教育学、新闻学等各门学科的基本理论，都需要我们认真地研究。历史学科虽然是研究过去的事情，但对于我们认识现实具有重要作用，我们应该加以重视。特别是中国近代史、现代史、党史、新民主主义革命史、中国抗日战争史，对加强爱国主义、国际主义教育，总结我国革命和建设的历史经验，都有重要意义，应尽快写出这方面的科学著作。其他如中国边疆沿革史，中美、中苏、中日等国家关系史，民族史，民族关系史以及世界近现代史的研究，都有重要的现实意义，也需要加强。社会科学一般地说来是一门阶级性很强的科学，也有少数学科例外，如语言学、考古学，这类学科对我国社会主义建设同样有重要意义，也应该重视。为了了解当前世界社会科学状况和趋向，吸取其中有用的东西，批判其中的糟粕，还需要加强对现代国外各种学说和流派的研究。

二

　　要完成上述艰巨的任务，最根本的还是要加强马克思主义理论的指导，贯彻理论联系实际的原则，改进我们的学风。

　　从我们社会科学院的情况来看，大多数研究人员是能够自觉地坚持以马克思主义理论为指导的。但也有少数同志对用马克思主义理论指导我们哲学社会科学研究工作的重要意义认识不足，有个别人甚至对马克思主义发生怀疑和动摇。特别是在一部分青年中，缺乏马克思主义的基本训练，对西方资产阶级思潮缺乏识别和批判的能力。这种情况说明，进一步强调马克思主义理论的指导作用是十分必要的。

　　马克思主义是经过历史实践证明的科学真理。要不要马克思主义作为社会科学的指导思想，这是我们的社会科学与资产阶级社会科学的根本区别所在。西方资产阶级思想家近年来散布马克思主义已经过时的谬论，我们国内也有少数人由于只看到我们受到种种挫折的方面，便对马克思主义丧失信心，想从资产阶级那里寻找灵丹妙药，这是完全错误的。马克思主义不会过时，它的理论是发展的理论，将因历史和科学的发展而不断发展自己，永远保持青春和活力。列宁在帝国主义条件下把马克思主义丰富和发展起来，形成为列宁主义，以毛泽东同志为代表的中国共产党人又把马列主义同中国革命实际相结合，形成了毛泽东思想。这不都生动地证明了马克思主义的朝气蓬勃的生命力吗？应该看到，我们工作中所以出现失误，并不是因为马克思主义不灵，恰恰是因为违背了马克思主义的基本原理。党的十一届三中全会以后，我们党所以能够在这么短的时间内医治了"十年动乱"造成的严重创伤，走上了健康发展的道路，依靠的就是马克思主义这个唯一正确的科学真理。现在西方资本主义国家经济普遍衰退，社会动荡不安，面临着严重的思想危机，没有哪一个资产阶级理论家能够找到出路。这一事实，也从反面雄辩地说明了，只有马克思主义才是认识世界、改造世界、推动人类社会进步的锐利武器。现在有少数社会科学工作者认为，各门学科都有自己的专门学问，只要掌握自己那一门学科的专业知识就行了，用不着钻研马克思主义。这种认识也是不妥当的。毫无疑问，掌握自己本学科的专业知识是完全必要的，但是，只有专业知识而没有马克思主义理论指导，在研究工作中就容易迷失方向，这必然会影响他们工作的成绩。因此，要做好社会科学研究工作，提高我们的科学水平，最重要的是要掌握好马克思主义的理论武器。当然，掌握马克思主义理论并不是轻而易举的事情，是要花力气的。社会科学工作者一定要努力学习马克思主义的基本理论，结合自己专业，反复钻研有关马克思主义的经典著作。对青年研究人员更要把学习马克思主义当做一项基本功。

我们要在坚持马克思主义的同时，努力发展马克思主义。随着时代的前进，马克思主义也必须不断地发展。马克思说过：理论在一个国家的实现程度，决定于理论满足这个国家的需要程度。要把我国建设成为现代化的强国，这是人类历史上最伟大的创造性工程之一。许多问题是以前的马克思主义者没有碰到也不可能解决的。我们面临的许多新情况、新问题，是不可能从马克思主义经典著作中找到现成答案的。我们只有运用马克思主义的立场、观点、方法，深入各个领域的实际，去分析和研究这些新情况和新问题，才能做出科学的回答。当然，发展马克思主义要依靠党和人民群众的集体智慧，我们社会科学工作者在推动各学科的发展过程中，应当为马克思主义的发展做出自己的贡献。

为了坚持马克思主义，坚持党的四项基本原则，必须正确地进行思想理论上两条战线的斗争。既要反对那种企图回到"文化大革命"和它以前的错误理论、错误政策上去的"左"的倾向，又要反对那种怀疑和否定四项基本原则的资产阶级自由化的右的倾向。要对这两种错误倾向正确地进行批评教育和必要的斗争。在路线、方针和基本政策问题上，我们社会科学工作者应当自觉地同中央在政治上保持一致。当然，各学科的情况十分复杂，要做具体分析。有一些问题是带政治性的，有一些问题则是学术上的不同见解。学术讨论即使带有政治性问题，也要充分说理，允许答辩，绝不能简单化、粗暴化，把学术讨论完全变成政治批判。在这方面，我们过去有过沉痛的教训。不应当重犯过去的错误。我们马克思主义者是坚持真理的，而真理总是越辩越明。我们必须继续认真贯彻党的"百花齐放，百家争鸣"的方针，积极开展学术上的自由讨论，鼓励社会科学工作者勇于探索，敢于创新，坚持真理，修正错误。

坚持马克思主义指导，就必须贯彻理论联系实际的方针。这个问题既是学风问题，也是指导思想问题。就我院情况来说，在这方面也存在不少问题。在一部分同志当中，有某种脱离实际的倾向，表现在不愿承担重要的现实课题，不愿深入实际做艰苦细致的调查研究，不关心国内外当前争论的重大理论问题和倾向性问题。产生这种现象的原因是多方面的，既有社会的和习惯势力的影响问题，也有怕担风险的思想认识问题，少数人还因为个人名利思想作怪。从另一方面说，我们过去的一些错误做法，也是促成这种现象的一个原因。同时，我们为社会科学工作者面向实际、深入实际创造条件做得也很不够。这种状况不改变，势必阻碍社会科学的发展，也不利于人才的培养和成长。

我们强调理论联系实际，什么是我们的实际呢？我们当前最大的实际就是社会主义现代化建设，就是党的十二大提出的全面开创社会主义现代化建设新局面的伟大实践。研究和解决社会主义现代化建设中提出的重大理论问题和实际问题，是我们社会科学研究的重要任务。与现实关系密切的学科应当把主要力量放在这个方面，研究人员工作的好坏，也主要是看他们在解决这些问题上的成绩和贡献如何。我们搞社会科学研究，应当深入实际，做系统的调查研究，掌握大量的丰富的第一手材料，经过认真的分析，找出事物的内部联系，以形成新的正确的理论，提出比较切合实际的意见和建议。

为了解决理论联系实际的问题，研究机构要主动和实际部门加强联系，以便及时了解党的有关方针政策及实际工作中的情况和问题，并承担一些实际部门向我们提出的适宜于我们承担的研究课题。要认识到我们搞理论工作同志的短处，虚心向有实际工作经验的同志学习。我们要摸索和总结同实际部门加强联系的途径和经验。

社会科学的不同的学科有不同的特点，因此，联系实际的方式和途径也会有许多不同。但是，不管哪个学科都应当注意联系实际。有的同志认为，社会科学门类很多，有的学科能够联系实际，有的学科就不一定能够联系实际。这种看法，就一定的方面来说固然有一定的道理，但是，就其他方面来说就有相当大的片面性。这里还要提到联系实际的一个重要内容，就是国际、国内思想理论上重大的争论问题和倾向性问题。这是无论哪一个学科都会有的。国内、国际在社会科学的研究上都存在着各种复杂的思潮，各学科都有许多重大的争论问题。如果我们不以马克思主义理论来研究分析这些思潮和问题，我们就不可能战胜形形色色的资产阶级思潮的挑战，也不可能正确回答和解决群众中存在的疑问和迷惘，我们的哲学社会科学甚至我们的社会主义现代化建设事业，也就不可能健康地发展。因此，各学科都应当抓住当前在中国和世界上争论最大的问题或在研究工作中最主要的倾向问题进行研究和探讨，这应当看做是我们面临的紧迫的实际问题之一。

以历史学为例，在中国古代史的研究中，目前就有几个争论较大的问题。亚细亚生产方式问题，在我国、在世界上已经讨论好久了。但是，近些年来，在国际上某些人翻来覆去地讨论这个问题，其背景就很值得我们注意。国外有些学者现在大叫大嚷地说，亚细亚生产方式在中国过去长期存在，现在仍然存在，以此来诬蔑我国的社会主义制度是官僚专制，是历史上亚细亚生产方式的继续。如果我们不弄清楚这些问题，甚至跟着人家叫嚷，就会滑到危险的邪路上去。关于我国历史上的农民战争问题，过去我们讲它是推动我国历史前进的动力。最近，有些同志认为，农民战争对我国革命起了消极作用，甚至起了破坏作用。这是两种截然相反的观点。我们作为马克思主义者，对这些问题究竟怎么认识？在民族关系上，我们这个国家究竟是统一的多民族的国家，和睦相处的关系是主流呢？还是各民族建立自己独立的国家，民族和民族之间进行纷争、战争是主流呢？这些问题都是和现实斗争密切相关的。当然，对于所有这些问题，都要从实际出发，详细地占有材料，进行严谨的科学的探讨。

在中国近代史的研究中，主要的脉络应该抓住什么东西呢？也有许多争论。一种意见认为，向西方学习先进的科学技术或所谓洋务运动，是我们研究中国近代史的基本脉络；另一种意见认为，阶级斗争才是我们研究中国近代史的基本脉络。照前一种看法，就会有很多历史人物、历史事件需要重新写。比如，对李鸿章、张之洞一类人物的看法，对康有为、梁启超一类人物的看法，还联系到对太平天国、戊戌变法、义和团运动和辛亥革命的看法，以及对中外关系史上一些问题的看法，如美国的"门户开放"政策究竟对中国有利，还是对中国有害？这一大堆问题都需要做出马克思主义的回答。不能说研究历史，就不能联系实际，其实，历史本身就是最生动的实际。究竟用什么观点看待历史，这是个大问题。不同的立场、观点和方法，可以写出不同的历史。我们的任务，就是要用马克思主义的立场、观点和方法如实地写出历史。

考古学同其他学科比较起来，好像离开当前实际较远，其实并不完全如此。例如，国际上的一些学者，对于中国文化、中国文明，究竟是土生土长的呢？还是从西方来的、北方来的、南方来的呢？现在还在喋喋不休地争论。他们这种"西来说"、"北来说"、"南来说"，统统是别有用心的妄说。考古学所发现的铁的历史事实，完全否定了他们这种种妄说。我国考古学者从远古的文化遗址的发掘中，早已做了生动有力的回答。

文学这个领域和实际的联系就更多了。例如，人道主义的问题，现实主义的问题，现在就有很多争论。就现实主义来说，就有所谓实话文学、隐私文学等议论。在文学研究中，有些人不大喜欢中国的文学，而喜欢外国的文学；在外国的文学中，又不喜欢过去的文学，而喜欢当代西方的所谓现代派文学。这几年，我们介绍了很多外国的作品，却很少对这些作品做出马克思主义的评价，给读者以必要的思想上的指导，甚至把一些不好的东西也加以美化，这就必然产生有害的影响。

这里只是举了一部分例子，并没有讲到理论联系实际问题的各个方面，也没有提到所有学科。毋庸置疑，所有学科都要根据自己的特点，贯彻理论联系实际的原则，使我们的哲学社会科学研究工作在改造社会、改造世界的过程中不断发挥自己应有的作用。

三

做好科研规划和科研组织工作是完成上面提到的各项任务的重要保证。

我们党和国家是很重视科研规划的。早在 1956 年就制定过十二年科学发展规划，其中就包括哲学社会科学的规划。粉碎江青反革命集团以后，我们又着手制定中、长期规划。从 1978 年开始，历时一年多，各学科分别召开了规划会议，参加人数达 2000 多人，规模是空前的。通过这些会议，各学科都制定了中、长期科研规划的初步方案。总的看来，前几年的规划工作比较正确地体现了为实现四个现代化服务的基本精神，对解放思想，冲破林彪、江青反革命集团设置的禁区起了积极的作用。同时，也推动了高等院校、各地方和业务部门研究机构的恢复、建立和发展，并大大活跃了学术空气。在讨论规划中，大家提出了很多科研项目，今天看来有不少还是重要的。因此，前几年的规划工作的成绩是应该肯定的。但由于那时粉碎江青反革命集团不久，百废待举，大家求治心切，又加上缺乏经验，因而制定的规划对各项事业的发展要求急了些。

这次规划座谈会，应当在过去规划工作的基础上，总结已有的经验，使哲学社会科学的规划同我国经济、社会的发展紧密地结合起来。希望大家就哲学社会科学发展的第六个五年计划和"七五"计划设想交换意见。国家计委在制定第六个五年计划时，第一次把社会科学列入了国家计划的文本，这是一件非常好的事情。我们根据过去各地送来的材料，初步提出了"六五"期间重要的研究课题，发给大家，请同志们研究，提出意见，进行补充修改。提出来的这些课题都是比较重要的，当然还会有一些课题没有考虑到。即使比较重要的课题，也还应该在其中找重点。同时，也要处理好重点课题和一般课题的关系。重点课题应该是分层次的，除了全国性的重点课题外，各地区、部门和学校也应有自己的重点课题。我们提出的这些课题在这次会议上完全落实到单位和人头是不可能的。我们准备在适当的时候按照哲学、经济学、政法、社会民族、文学、史学、国际等各学科，分别邀请有关专家开会，来进一步落实。我们想通过规划座谈会，把社会主义现代化建设中的重要课题纳入规划中去，作为规划的重心，克服过去科研工作重点不突出、分散、重复的现象。当然，除了重大的现实课题以外，与学科建设有关的科研项目也不应该忽视，在规划中也应占有适当的位置。

从社会主义现代化建设的需要来讲，我国的社会科学事业应当有一个较大的发展。当然，科学事业发展的规模和速度，归根到底，受经济发展的状况和水平的制约。理论、科学应该走在实践的前头，但这并不等于说我们社会科学各项事业的计划可以不考虑国家经济的状况和条件。在制定社会科学发展规划时，要量力而行，不但要考虑需要，而且要考虑可能，把需要和可能正确地结合起来。我们要根据这个精神，按照科研任务的需要，来考虑增设哪些研究机构和增加多少研究力量。现在科学发展日新月异，自然科学和社会科学互相渗透，出现了一系列的边缘学科和综合性学科，如数量经济学、系统工程学、技术经济学、经济技术发展预测学、信息科学、现代管理学，等等，在规划中，必须注意发展那些有发展前途的新的研究领域，吸收新的方法和新的技术，逐步实现社会科学研究的现代化。还有一些空白和薄弱学科，如人文地理、中国少数民族经济等，就很需要早些建立和发展起来。有哪些空白的学科需要填补，哪些薄弱学科需要加强，哪些研究机构需要扩充，也希望大家就这些问题议一议。

在规划中，应当体现组织科研"攻关"的要求。过去自然科学领域和技术领域组织"攻关"是很有成效的，我们要认真学习他们的经验。我们要在重点课题中确定若干个项目，组织"攻关"，把各方面的力量组织起来，分工协作，有计划地开展研究，以取得较高水平的科研成果。这个问题应当在认识上和组织上切实地加以解决。要改变目前科研工作中存在的某些涣散和无组织状态。要充分发挥现有科研人员的作用，不能再把本来就不多的研究力量分散到各种过多重复的研究课题上去了（当然，用不同的学术观点和方法来研究同一个课题，这种"重复"还是合理的，也是必要的）。社会主义现代化建设中的许多重大研究项目，不是一个人或一个单位能够承担的，必须组织各个方面的力量协同"攻关"。我们应该从各个方面重视集体项目，要从领导、人力、条件和职称评定工作等各方面给以积极的支持，个人的贡献要给予正确的评定，以保证集体项目的顺利完成。我们社会科学院各所不但要抓好所内的研究工作，也要做好院内所际之间的协作，特别是要同院外的兄弟单位密切协作，共同完成一些重大的研究任务。当然，组织好集体项目并不那么容易。在这方面，我院有成功的经验，也有失败的教训。从以往的经验来看，要搞好集体项目，必须有充分的准备，选择适当的人员，特别是要选好学术带头人，要在个人研究的基础上进行集体写作。我们要通过组织"攻关"和通过完成当前思想理论战线上的宣传任务，把我们的队伍进一步组织起来，逐步建设一支强大的马克思主义理论队伍。

社会科学规划也要体现"全国一盘棋"的精神。我国的社会科学研究力量是由高等院校、党校、干校、实际部门和大企业，军队、地方的研究机构和中国社会科学院等几个方面军组成的。这几支队伍应该成为一个有机的整体，它们之间要有合理的分工，发挥各自的优势，形成自己的特点，要在科研任务、机构设置、力量部署等几个方面做到协调发展，进行统筹安排。鉴于我们国家大，科研任务繁重，研究人员较少，水平总的来看也不高的情况，只有组织好分工协作，才能把工作做得好些。

现在，高等院校和地方的研究机构已有相当的力量。这些年他们也做出很大的成绩，应当充分发挥这些单位的作用。看来，有些研究机构设在地方或其他业务部门，对科研事业的发展更为有利。今后新建机构和现有研究机构的调整，要和经济建设的布局、各地历史特点、研究力量的强弱等结合起来考虑。新建的研究机构应主要摆到各省、市、自治区。规划中要新建哪些机构，设在什么地方比较合适，也请大家讨论一下。我们中国社会科学院也要在各方面给予力所能及的支援。我们要在科研人员中大力提倡革命的创业精神，鼓励那些有条件的研究人员到地方的研究机构去工作，在自愿的基础上，有些可以长期留下来，有些可以工作几年再回来，帮助地方把学科建设起来，把研究所办好。对在这方面做出优异成绩的同志，要优先考虑提职或授予学位。从明年开始，我院研究生院要逐步扩大招生名额，重视为地方培养研究人才，要把大部分研究生分配到地方去工作。我们不能把中国社会科学院办成在学科方面无所不包、过分庞大的研究机构。北京市的人口已经不能够再继续膨胀了，客观条件也不允许我们在北京新建更多的研究机构。各省、市、自治区的研究机构有不少是在近几年新建的，还处在开创阶段，需要充实和发展。当然，地方上和其他部门的研究机构都应有所侧重，也不要搞成"小而全"。

哲学社会科学发展规划还要和教育发展规划衔接起来。今后科研人才的来源主要依靠高等院校，高等院校的院系设置和招生的人数应当考虑科研队伍的扩大的需要。这是一方面。另一方面，科研队伍的扩大，还要考虑高等院校能够分配给研究机构多少人。科研工作和图书、资料、档案、文物、出版等部门的关系也很密切，这些部门相互之间也需要积极配合和支持。

学术活动也亟须加以改进。最近几年，各学科的学会、研究会相继建立，这对于活跃学术空气，打破"四人帮"造成的"万马齐喑"的局面起了积极作用。但也存在一些问题。最近，胡耀邦同志提出要"注意防止'逐名者多，务实者少'的倾向"。现在少数学会、研究会确实存在着务名不务实的情况，不在研究工作上下工夫，动不动就召开往往是规模过大的会议，使有些专家学者疲于奔命，浪费了大量的财力、物力，滋长了某些不正的学风。我们大家要注意这个问题，中国社会科学院尤其要注意这个问题。今后要提高学术活动的质量，学会、研究会进行的各项活动要有明确的目的性，要更好地为科研服务，要有利于科研工作而不是干扰科研工作。为了加强对学会、研究会的领导，是否需要成立全国性的社联，怎么搞法比较好，也请大家交换一下意见。国际学术交流活动也要有明确的目的性，要考虑学科建设的需要和为科研工作服务。我们也要通过国际学术交流活动对世界社会科学的发展做出自己应有的贡献。当然，我们的外事活动适当地进行一点友好往来也还是需要的，但重点应当放在为科研发展服务上。

以上这些想法，供大家讨论规划时参考，是否妥当，请同志们指正。

关于实现战略目标的步骤问题[*]

　　胡耀邦同志在党的十二大报告中指出：从 1981 年到本世纪末的 20 年，我国经济建设总的奋斗目标是，在不断提高经济效益的前提下，力争使全国工农业的年总产值翻两番，即由 1980 年的 7100 亿元增加到 2000 年的 2.8 万亿元左右。这是个宏伟的战略目标。明确这一战略目标，对于指导我国中长期的经济发展，振奋全国人民建设社会主义的斗志，确定全党全国经济工作的努力方向，有着极其重要的作用和极为深远的意义。

　　在新中国成立以来的经济发展中，工农业总产值由 1952 年的 827 亿元提高到 1981 年的 7490 亿元，按可比价格计算，提高了 8.5 倍。这个数字虽然包含某些不准确的因素，但是，总体来看，可以说 29 年间，平均每 10 年大致翻了一番。这个成绩，是在几经挫折中取得的。如果没有这些折腾和挫折，成绩一定会更大得多，速度也一定会更快得多。今后这种折腾不会再出现了。不论从历史经验看，还是从现实条件看，只要全国人民在党中央领导下同心同德、扎扎实实地做好工作，进一步发挥社会主义制度的优越性，是一定能够实现 20 年翻两番的宏伟目标的。

　　为了实现党中央提出的宏伟战略目标，要牢牢抓住农业、能源和交通、教育和科学这几个根本环节，把它们作为国民经济长期发展的战略重点。在战略部署上分两步走：前 10 年重点是准备条件，打好基础，解决

　　*　本文原载《人民日报》1982 年 10 月 28、29 日。

历史遗留下来的问题，积蓄力量，为国民经济进一步发展创造条件；后10 年重点是在奠定起来的良好基础上，进入一个新的经济振兴时期。下面，就为什么实现国民经济发展的战略目标必须分两步走的问题，做一些分析。

从 1980—2000 年的 20 年间，我国工农业总产值达到翻两番的目标，每年平均递增速度是 7.2%。但这并不意味着，从现在起，每年的工农业总产值增长速度都是 7.2%。从我国的实际情况出发，前 10 年的经济增长速度要适当低一些，在前 10 年中，前 5 年的增长速度又要比后 5 年低一些，以便在继续进行的经济调整中，进一步解决历史上积累下来的许多问题，为国民经济的发展奠定坚实的、必要的基础，这样才能够使后 10年的工农业增长速度比 7.2% 更高一些，整个国民经济的发展在 20 年间呈稳步上升的局面。按照目前初步草拟的第六个五年计划，工农业总产值的发展速度是每年只增长 4%，争取达到 5%（事实上有可能超过一些）。在这个基础上，根据计算，第七个五年计划期间的增长速度接近于 7%，第八个五年计划和第九个五年计划期间的增长速度将高于 8%。这样，本世纪末我国工农业年总产值就可以实现翻两番的战略目标。

为什么前 10 年的发展速度要比后 10 年低一点呢？为什么不可以先高一点后低一点呢？

第六个以至第七个五年计划期间，经济发展速度安排得相对低一点，是由一系列客观条件和必须完成的任务决定的。从现在起，我们要用 5 年或者更长一些时间，实现对国民经济调整、改革、整顿、提高方针所提出的繁重任务，要花费巨大的力量调整国民经济结构，要整顿现有企业，对重点企业进行技术改造，要加强能源、交通运输和农业这样一些国民经济重要的产业部门。在这种情况下，国民经济的增长速度不能不受到一定的限制，如果勉强要求当前有过高的经济发展速度，就可能给国民经济的长远发展带来不利的影响。

调整国民经济结构，是当前头等重要而又十分艰巨的任务。经过几年的国民经济调整，工业和农业的比例关系，重工业和轻工业的比例关系，已经得到初步的改善。目前经济结构中比较大的问题，是重工业内部结构、轻工业内部结构、农业内部结构还不完全合理。过去重工业的主要问题是，为其本身和基本建设服务的部分过大，为农业、轻工业、出口服务的部分过小。现在重工业调整的任务，主要是继续端正重工业的服务方向和扩大重工业的服务领域，调整重工业本身的产品结构。例如，我们现在每年生产3500多万吨钢，人造卫星、洲际导弹需要的钢材都能制造，却解决不好生产洗脸盆用的搪瓷板和洗衣机用的弹簧片。这说明我国重工业不是解决不了这类问题，而是没有努力向这些方面做工作。机械工业、化学工业也有类似的情况。轻工业近几年发展较快，大多数产品从数量方面满足了社会消费的需要，但是在增加花色品种、提高产品质量等方面，距离人民群众的要求还相差很远，名牌产品供不应求，而不少产品却有积压。这些问题只有依靠调整轻工业内部结构才能解决。在农业生产中，我们还没有在全国范围内按照自然区划的特点和有利于长期的生态平衡的原则，来充分合理地安排粮食作物和经济作物的布局。化肥的生产和使用上，磷肥和钾肥的比例太小，不能满足作物的养分需要。大量的山林、海涂、湖泊、草原还没有加以开发和合理利用，农业生产内部结构不合理状态也需要有计划地解决。生产结构的变化必须伴随着生产使用的各种物质要素和技术条件的变化，它们的变化需要一个过程，需要做好一系列工作，因而需要一定的调整时间。

整顿企业是当前又一项重要而繁重的任务。粉碎"四人帮"以来，特别是党的十一届三中全会以来，曾对企业进行过多次整顿，取得不少成绩。但是，目前许多企业仍然存在着经营管理混乱，人浮于事，工作散漫，劳动纪律松弛，产品质量差、消耗高，以及违反财经纪律等严重问题。尤其是有些企业的领导班子存在着涣散、软弱、臃肿、老化等问题。这种状况不整顿，改善，企业就不会有欣欣向荣的局面，正确的战略、方针、政策也难以很好贯彻。因而，中央决定用三年或更长一些的时间，认认真真地对企业进行全面整顿，综合治理。只有这样，才能有效地挖掘企业的潜力，克服严重浪费的现象，提高经济效益。目前，我国财政收入有近90%是靠国营企业积累的。通过全面整顿，把国营企业办好，使绝大多数企业都能在提高经济效益的基础上不断增加税额和上缴利润，国家财源才能茂盛，财政困难才能克服，财政赤字才能从根本上解决。我国有近40万个工业交通企业，企业整顿的工作量很大很重，必须分期分批，逐步进行，因而整顿工作也需要相当的时间。

现在，我国经济不再是过去那种"一穷二白"的状况，而是有了一个很大的摊子，有了相当可观的物质技术基础。根据这种情况，今后我国的经济发展，固然还需要进行一定数量的，必不可少的重点项目的建设，但是总的来说，主要不是依靠建设新的企业，走"外延"的发展道路；而是以相当的财力物力对现有企业进行技术改造，发挥现有企业的潜在能力，走"内涵"的发展道路。这是一条经济效益高、发展速度快的道路。对现有企业有步骤有重点地进行技术改造，要解决技术发展方向，技术开发、技术力量、资金筹备、物资安排、综合平衡、规划管理等一系列大量的复杂问题。有些条件不具备的，还要逐步创造条件。如一些大型设备的改造，要依靠为它们服务的机械工业企业先行改造，才能完成。根据我国现有的经济实力，各企业的技术改造同时铺开是不可能的，需要有计划地分期分批进行。在技术改造过程中，应该尽量先行安排那些为社会所急需而又花钱少、见效快的项目。但是，应该看到，一个企业的技术改造从开始到完成总有一定的时间，一个行业以至整个国民经济的技术改造更要经历较长的时期。

当前，能源是制约国民经济发展的一个关键因素。在第六个五年计划期间，我国石油产量大体上能保持在目前一亿吨的水平。煤炭的生产，由于受到资金安排、在建规模、生产能力接替种种条件的限制，近期也不可能有很大的增长。"六五"期间推算的能源增长水平，每年大约是1%。在这种情况下，如果把工农业生产的发展速度定得过高，能源供应就缺乏保证，勉强去做，就会使刚刚调整过来的一次能源的生产，重新出现采掘失调、采储失调的状态，而这是必须避免的。还有，如果能源供应过度紧张，那么现有生产能力与新发展起来的生产能力，就会处于缺乏能源而被迫停产的局面，其结果国民经济的发展将不是更快，而是更慢，并且将造成损失。

交通运输是制约国民经济发展速度的另一个关键因素。当前能源紧张和运输紧张是密切联系着的。我国一次能源中 70% 是煤炭。我国煤炭的运量很大，运输的主要手段是铁路。而我们的铁路，有许多区段是很紧张的，即所谓"卡脖子"的地段。结果一方面煤炭供不应求，一方面有近千万吨煤炭，积压在矿区，运不出来。在"六五"期间，要尽可能努力发展能源生产和交通建设。但是，由于国家财力的限制，投资不可能太多；同时，能源和交通建设周期较长，因而能源和交通这两个国民经济关键性薄弱环节，只能逐步加强，力争在两个五年计划左右的时间内，逐步赶上国民经济发展的需要。

由于上述原因，第六个五年计划期间的发展速度不可能很高。发展速度安排为 4%，争取达到 5%，是适合我国当前具体情况的。这个期间发展速度能否更快一些，取决于全党和全国的工作情况。在突破能源制约条件方面，有两个手段。一个是增加能源生产，而每年约有增长 1% 的现实可能性。另一个是节约能源消耗，每年要求节约 3% 或者更多一些。从目前条件来看，节约的可能性比增产的可能性更大，更现实。我国能源用量折合成标准煤计算，与日本相差不多，而同样的能源耗用量，日本国民生产总值约相当于我国的 4 倍，尽管两国之间有许多不可比的因素，但大体上可以表明我国能源使用方面存在着巨大的浪费。通过节约能源加速国民经济的发展，是完全有现实可能性的。过去三年中，节能工作取得了很大成绩。这主要是依靠调整工业结构，适当降低重工业比重，提高轻工业比重实现的。按照目前轻重工业的耗能水平，重工业每增长 1% 所消耗的能源，如果用来发展轻工业就可以增长 4%。过去几年在调整过程中，适当降低重工业的发展速度所节省的能源，保证了轻工业的持续地较快增长，从而保证了整个国民经济的增长。今后随着重工业逐步转为回升，依靠轻重工业比例的变化来调剂能源的余地越来越小。但是继续关停并转一部分能耗高、质量差、亏损严重的小炼铁厂、小化肥厂等等一类企业，还有相当的潜力。

今后节约能源，除了继续调整经济结构，包括产业结构和产品结构以外，更重要的是做好两方面工作。一是提高经营管理水平，改善管理状况。在许多企业生产中，煤、油、天然气、电、蒸汽和水的浪费很大，跑、冒、滴、漏相当严重，余热、余气、废水利用很差，在这些方面节能有很大的潜力，只要每个企业，在每个生产环节上都加强经营管理，潜力小的企业节约1%—3%的能源，潜力大的企业节约5%左右以及10%以上的能源，是完全有可能的。二是有计划有重点地开展节能方面的技术改造。许多企业生产过程耗能高，除了管理不善以外，另一个重要的原因是生产的技术、设备和工艺条件的落后。要把这类企业生产过程的能耗降下来，必须通过技术改造，改进生产的技术和装备。例如，把目前大庆油田注水用的850台水泵，用沈阳水泵厂生产的新型水泵替换下来，每年可节约用电2亿度，节电的费用当年之内就可以补偿更换新水泵的费用，同时还可以给国家增加积累。只要各个企业在节能技术改造方面多想办法，就能大幅度降低能源消耗。

在这里，应当特别强调的是，今后不仅节约能源越来越要依靠技术改造，而且工农业年总产值翻两番，整个来说主要也要依靠技术进步。翻两番不能建立在旧设备、旧技术、旧工艺、旧产品的基础上。这是思想上、工作上必须明确的问题。如果我们现有企业的设备技术还是老样子，能源和原材料消耗还是现在的水平，翻两番就难以实现。要实现翻两番，估计至少有一半要靠技术进步的力量。现在我国的技术水平大体相当于经济发达国家50年代末60年代初的水平。我们要积极争取到本世纪末，把经济发达国家在70年代或80年代初已经普遍采用了的，适合我国需要的、先进的生产技术，在我国厂矿企业中基本普及。这样，我们就肯定有把握翻两番。同时，在工农业总产值翻两番的过程中，逐步地实现四个现代化。不能设想，在绝大多数现有企业依然保持老样子的情况下，新建起一些现代化企业，就算实现了现代化。在"六五"时期，我们应该采取有力的措施，有重点地做好对现有企业技术改造工作，在"七五"时期要进一步展开这一工作。

根据对客观条件和任务的分析，第六个五年计划期间不可能有很高的经济发展速度，但是，又必须力争一定的速度。这个与国情相适应的经济发展速度就是前面所说的"保四争五"。没有这样一个速度，"六五"期间不仅不能为未来的国民经济发展创造良好的条件，而且连维持现有的人民消费水平和建设规模也会发生困难。应该指出，国民经济的发展速度，不能只是看每年生产增长百分之几，而要同时看一定速度下的真实经济效益。应该力求实实在在的速度，没有虚假的速度。在有条件使速度增长的情况下，不把生产搞上去，经济发展当然会受到损失。但是，如果盲目地追求产值的高速度，而使生产出来的产品积压，质量下降，能源和原材料寅吃卯粮，经济发展同样会受到损失。在速度与效益发生矛盾时，速度要服从效益的提高，争取有效益的速度。经济发展速度不同经济效益统一起来考虑和解决，我们过去吃过大亏，这个教训不应忘记。

第六个五年计划工农业增长速度虽然安排得不很高，但要求经济效益更好。"六五"期间要争取国民收入的增长速度与工农业生产的增长速度持平或接近，这是一个相当艰巨的任务。从1950—1980年，我国工农业总产值平均每年增长9.4%，国民收入每年增长7.3%，国民收入增长速度比工农业总产值增长速度低2.1个百分点。"六五"期间要求二者发展速度相等或者接近，这意味着用同样数量的物化劳动和活劳动创造更多的财富。因此，"六五"计划时期4%、5%的工农业生产增长速度，从其经济效益来说，大大超过以往同等的增长速度。这样，在工农业总产值发展速度相同的条件下，提供的社会最终产品将比过去更多，人民群众得到的实惠将比过去更多，国力增加得将比过去更多，经济将比过去更稳定。相反，如果不注意效益，增长速度就失去了它应有的意义。胡耀邦同志在党的十二大的报告中强调，在第六个五年计划期间，要把全部经济工作转到以提高经济效益为中心的轨道上来。这是值得全党和全国人民深刻领会的。

从我国的历史经验来看，经过努力，国民收入的增长速度是有可能接近以及等于工农业总产值的增长速度的。在1962—1965年国民经济调整时期，有些年份就做到了这一点。当时实行"调整、巩固、充实、提高"的方针，对一些亏损和经济效益很差的企业坚决实行关、停、并、转，经济效果就迅速提高。过去我们曾经做到的事情，现在更有条件能够做得到。提高国民收入的增长速度，使它同工农业生产的增长速度接近，将有利于继续调整积累与消费的比例关系。在一定的工农业总产值水平上，如果国民收入增长速度较快，国民收入的总量就相对较大，这时即使把积累率稍调低一点，积累的绝对额同国民收入增长速度较慢的情况比较起来，不但不一定减少，而且可能扩大。因此，使国民收入增长得快一些，就可以在保持一定基本建设规模的同时，适当提高人民群众的生活水平。

在第六个五年计划期间，由于集中力量调整经济结构，整顿企业，对重点企业进行技术改造，尽可能改善能源和交通等基础设施的薄弱环节，这就为第七个五年计划时期取得更快一点的经济发展速度打下良好基础。

到第七个五年计划时期，随着海上油田的开发和陆地油田的发展，我国的石油生产可能会持续上升。煤炭的生产也会稳步增长，这是由于在"六五"期间基本建设做了很大努力来保证煤炭投资，注意集中力量开发条件好、投资少、见效快的山西等煤炭基地。同时，专家和有实践经验的职工代表们经过集体研究，认为过去建设100万吨、200万吨、300万吨的矿井需要8年左右的时间，今后完全可以缩短一些。露天煤矿也可以采取一面建设、一面出煤的建设方针，加快建设进程。经过这些方面的工作之后，第七个五年计划开始的时候，煤炭生产的面貌就会有所改善。山西煤矿、山东兖州煤矿、安徽淮南淮北煤矿、河南平顶山煤矿、贵州水城煤矿、内蒙古煤矿、辽宁的煤矿，等等，产量都会有所增长。与煤炭发展相联系，铁路的建设也要协调发展。现在从山西长治到河北邯郸的铁路已经建成通车，从兖州到石臼所的铁路也正在建设，从太原到石家庄的铁路电气化工程已经完成，从大同到秦皇岛的铁路电气化工程正在进行；其他一些铁路线路也要改造，而且还要建设一些新的铁路。它们在第七个五年计划期间绝大部分可以见到成效。水电站的建设也在加紧进行。还有一些基础设施，经过第六个五年计划时期的紧张努力，第七个五年计划时期就可以见到效果。此外，前两年停建的一些从国外引进的大项目，目前已在继续进行建设，这些项目大部分将在"六五"期末或"七五"期间建成投产。可以预见，只要我们做好工作，循序渐进，第七个五年计划时期经济的增长速度，肯定会比第六个五年计划时期要快。

经过第六和第七两个五年计划期间的艰苦奋斗，我国经济结构将趋于合理化，企业的技术改造将取得重大进展，经济体制的改革将有计划有步骤地进行，再加上能源、交通及其他方面一系列重要的基本建设项目将陆续建成投产，教育和科学技术将有重大发展，大批又红又专的人才将茁壮成长起来。这样，就完全能够为 90 年代我国经济的全面高涨打下牢固的基础，使 90 年代的工农业总产值和国民收入的发展速度比 80 年代有显著提高，保证到本世纪末工农业年总产值实现翻两番的目标。

当然，全国工农业总产值翻两番，并不意味着每个部门、每个地区、每个企业、每种产品都一律翻两番，事实上，今后 20 年各部门的发展速度会大有不同的。例如，农业总产值和工业总产值的增长倍数就不同，在工业内部，石油化工、电子工业以及技术改造所必需的机械工业等部门的生产比平均增长速度要快得多，有的新兴工业部门的生产将十几倍或几十倍地增长；有些则不可能或不必要翻两番。为什么各个工业部门各种产品会有不同的增长速度呢？这是因为，随着生产力的发展、科学技术的发展，生产建设和人民生活的需要将有很大的变化，今后 20 年经济结构会有很大的变动。为了适应这些变化，建立合理的经济结构，对于不同部门不同产品的发展速度就要提出不同的要求。如果每个部门每种产品都一律要求翻两番，那就不仅不能解决目前产业结构、产品结构中存在的问题，而且会引起新的结构不合理和比例失调，破坏综合平衡，降低经济效益。为了避免发生这种情况：我们一定要坚持全国一盘棋的原则，在科学预测的基础上，实事求是地搞好各个部门各种主要产品的发展规划，注意综合平衡，保证国民经济有计划按比例地发展，而切忌在各个部门、各个企业、各种产品以及各个地区的发展速度问题上搞"一刀切"。

有的人担心，生产基数越大，增长速度就越慢。而我们现在的规划设想是，前 10 年的发展速度较低，后 10 年的发展速度较高。因此，如果按照基数越大速度必然越低的看法，就会认为我们不能实现翻两番的目标。经验证明，这种看法有一定的片面性，缺乏全面的历史的根据。基数在一定条件下对发展速度当然是有影响的。因为基数大了，每一个增长的百分数所包含的量也就相应地大了。但是，还应该看到基数大了，就意味着物质技术基础扩大了，国民收入多了，这样不仅积累可以增加，积累的比例也有可能适当提高，因此在其他条件不变时，增长速度就有可能加快，同时还有一个更重要的因素应当考虑进去，这就是看我们采取什么样的扩大再生产形式。如果主要依靠新建生产能力而技术水平不变的"外延"的扩大再生产形式，那么基数到了一定水平，是会导致速度下降的（有些国家就是这样的）；如果主要依靠现有企业的技术不断进步、经济效益逐步提高的"内涵"的扩大再生产形式，则基数大了速度仍有可能提高。第二次世界大战后一些国家经济发展的历史就充分地说明了这个问题。由于战后科学技术发展速度加快，由于这些国家扩大再生产主要采取"内涵"的形式，即主要采取技术改造的办法，这些国家战后的经济发展速度就比战前快得多。今后20年我们有必要也有可能主要采取"内涵"的扩大再生产形式，大力进行技术改造，这是在基数提高的基础上加快发展速度的一个重要条件。因此，那种认为基数大了速度必将降低的观点是片面的。现在我们无论客观上还是主观上都具备着翻两番的条件。党的十二大设计的壮丽的宏图必将变为美好的现实。

试论煤炭工业的生产技术特点
和企业经营管理方法[*]

    煤炭工业是国民经济的一个重要部门。煤炭既是当前和今后相当长的一个时期内发展我国国民经济所需燃料的主要组成部分，又是许多工业产品的重要原料。我国煤炭资源丰富，储量居于世界前列，而且煤种齐全，煤质优良，煤田分布遍及全国各地。新中国成立以来，我国煤炭产量由1949 年的 0.32 亿吨发展到 1980 年的 6.2 亿吨，增长了 18.38 倍，发展速度是相当快的。随着煤炭工业的发展，培养锻炼出一支具有良好素质、拥有一定现代技术装备的煤炭产业大军。这就为今后煤炭工业的进一步发展奠定了可靠的基础。

    随着我国国民经济的发展，工业、农业、交通运输业，以及其他行业和人民生活都日益要求供应更多更好的煤炭。没有充足的煤炭和其他能源，就谈不上什么现代化。煤炭工业的发展状况如何，已成为实现四个现代化、建设社会主义强国的一个极为重要的条件。

    如何满足国民经济各部门、各方面的发展对煤炭日益增长的需求呢？除了有计划地投资建设新的采煤矿井以外，迫切要求煤炭工业部门对现有企业迅速提高企业管理水平。充分发挥现有企业的作用，这样才能促进煤炭生产的稳定增长，并取得良好的经济效果。没有现有企业管理水平的提

---

    * 本文是作者 1982 年 10 月为《煤炭工业企业管理》一书所写的序言。

高，就不能满足当前国民经济发展对煤炭的需求，更不能摆脱中近期能源紧张的严重局面。因此，提高煤炭工业企业管理水平，不仅是煤炭工业部门的当务之急，而且也是实现四个现代化的重要环节。

目前，我国煤炭工业企业管理工作的进展是不平衡的。少数企业管理水平比较高一些，也有相当数量的企业管理水平是落后的。大部分企业处于中间状态。总的来说，煤炭工业企业的管理水平是不高的。普遍存在劳动生产率低，生产过程中各种物资消耗大，以及成本高、安全状况不好等问题。不少企业亏损严重，甚至一度出现全行业亏损。这种情况的发生，除了煤炭价格定得过低以外，企业管理工作落后也是一个相当重要的原因。

为了改变这种状况，国家正在考虑如何合理地调整煤炭的价格，但就煤炭工业本身来说，当前刻不容缓的任务，则是努力抓好企业管理，迅速提高企业管理水平。否则，就要影响四个现代化事业的进程。

怎样加强煤炭工业企业的管理工作呢？煤炭工业企业管理工作，有许多是和其他行业企业管理工作相同的，也就是说，有许多共性的东西。这些共性的东西，已经出版了不少的读物。我们煤炭工业企业的管理人员要学习和研究这些读物。但是，要管理好煤炭工业企业，仅仅了解那些共性的东西还是不够的。煤炭工业是采掘工业，它和加工工业有较大的不同。就采掘工业来说，它同石油的开采也是不一样的，就是和金属矿的开采、工艺、技术也有不同。所以要管理好煤炭工业企业，不仅要懂得企业管理的一般原则和办法，同时，更要懂得煤炭工业本身的特点，这样才能正确地解决煤炭工业企业管理工作中的各种复杂问题。

那么，煤炭工业的生产及企业管理有哪些特点呢？同其他行业比较，特别是同加工工业比较，大致有以下一些特点：

一　煤炭工业的劳动对象是非再生自然资源，企业管理必须十分注意资源的合理利用，努力提高资源回收利用率

煤炭是经过漫长的地质年代而逐渐形成的，开采以后就不能再生的自然资源。加工工业就不是这样。例如，纺织工业所用的棉花，今年用掉

了，明年又可以生长出来。也不同于采伐工业，如森林工业，这一片采伐完了，加以抚育更新，再过几十年或者百年以后，又可以生长出来。而煤炭工业采完一个矿区，这个矿区的资源就不能再生了，所以，煤炭资源是国家的宝贵财富。我国虽然拥有比较丰富的煤炭资源，但是随着煤炭工业的发展，煤炭资源的储量将不是增多，而是越来越少。如果煤炭工业企业不加强资源的回收管理工作，在开采过程中，不讲究合理地利用资源，采取不适当的开采方式，或者违背开采程序，吃肥丢瘦，采厚弃薄，采优弃劣，采易弃难，乱采滥挖，就会造成资源的严重浪费和破坏。目前，有相当一部分国营的大的统配煤矿的资源回收率，还低于国家的要求，统配煤矿以外的许多小煤矿，资源的回收率更低。据粗略的估计，全国统配煤矿，每年因资源回收率低于国家要求而损失的可采煤量大约有一亿吨。而一吨可采煤量从勘探、建井，到生产开拓、回采准备等，所花费的投资约3元左右，仅全国统配煤矿每年损失一亿吨可采煤量，就等于浪费3亿元的投资。更为严重的是，丢了一亿吨本来可以拿到手的煤炭，以每吨20元计算，就损失20亿元。如果把这一亿吨煤用于发展生产，效果就更大了。所以浪费资源是极大的浪费。我们应当从客观经济效果上来认真看待合理利用资源的问题，还应当看到，大量浪费煤炭资源，还会造成采掘比例失调，影响企业的生产进度和经济效果。同时，大量煤炭丢弃在井下，还会引起自燃发火，影响安全生产，还会加快生产井衰老报废的速度，迫使国家提前建设新井接替，加重煤炭基本建设的压力，增加国民经济的负担。

为了合理地开发利用煤炭资源，煤炭工业企业必须把资源的开发和保护结合起来，加强资源的回收管理工作，在技术经济合理的前提下，采用先进的采煤方法，合理安排开拓布局，严格遵守开采程序，保持合理的采掘比例。从而提高资源回收率，使有限的煤炭资源得到合理的开发和利用。

二　煤炭工业的劳动对象是固定的，设备和
工人要随工作地点的转移而转移，企业
管理应当推行正规循环作业

　　煤炭工业企业的生产过程，是把埋藏在地下或者山岳中的煤炭资源开采出来的过程。在煤炭生产过程中，这些资源都是固定的，不能移动的，只有开采出来以后，通过运输设备才能使它们改变位置。而不像一般加工工业企业那样，机器设备是固定的，工人与机器设备结合在一起，也是固定在一个地方进行生产活动，而劳动对象则是随着工艺过程不断转移的。由于煤炭工业企业生产过程的特点，就要求煤炭生产要跟随劳动对象——煤炭资源的赋存地点而不断地转移工作地点。因此，工人、设备也就要随着工作地点的转移而转移，逐次地从开采完毕的工作面转移到新的工作面。

　　为了适应这一特点，煤炭工业企业的管理工作，要根据采掘的需要，组织全矿实行正规循环作业。在煤炭工业企业的生产过程中，回采和掘进工作是主要环节。回采和掘进工作面是直接生产煤炭的场所，回采和掘进工业面组织的好坏，不仅影响着采掘本身，而且也影响着其他环节工作的正常进行。采掘工作面是随着生产的进行而不断移动的，工作面每向前推进到一定程度，就要求生产过程中各道工序重新组合一次。工作面不断向前推进，生产过程的全部工序不断地循环进行，这正是煤炭工业生产的一个客观规律。煤炭工业企业在管理工作中，要掌握和适应这个规律，组织全矿井实行正规循环作业。多年的生产实践证明，矿井正规循环作业，是建立矿井正常生产秩序，组织有节奏、有计划的、均衡生产的科学组织形式和管理方法。这种矿井正规循环作业，要求以形成生产系统的矿井为单位，把采掘工作面都组织成正规循环作业。实行正规循环作业，不仅能有效地提高矿井生产能力，充分发挥矿井生产潜力，而且还便于工人和管理人员掌握技术、积累经验，加快生产进度，保证正常生产秩序和实现安全生产，因此，煤炭工业企业应当大力提高正规循环作业水平。

三　煤炭工业生产准备工作周期长，企业管理必须重视保持生产准备和当前生产的正确比例关系

为了使煤炭生产按照正常的开采程序进行，煤炭工业企业要在采完这一生产水平煤层的前几年，就要准备下一个生产水平的煤层；在开采现有采区的同时，就要准备下一个新采区；在开采现有工作面的同时，就要准备另一个新的工作面。而且这些准备工作，往往需要经过很长的时间才能准备好。每准备一个新工作面、新采区、新生产水平少则几个月，多则若干年，准备周期之长，是其他行业的许多工业企业所没有的。这就需要保证开拓、延深、回采和掘进等各个环节之间的正确比例关系，保证开拓、准备、回采的可采煤量，使煤炭生产能够持续地顺利进行。

四　煤炭工业多是井下作业，企业管理必须特别注意安全保护工作

煤炭生产除少数露天开采以外，绝大多数是在井下进行的。其生产过程往往涉及地质、通风、排水、照明、交通运输、通信、动力供应等复杂的技术内容。同时，井下作业工作地点一般比较狭窄，并有地下水、瓦斯、煤尘、岩尘、地层压力等危害，缺乏阳光和新鲜空气等自然条件，这些对于劳动条件和生产安全都是不利的。这就要求企业管理工作必须严格、细致、周到，要针对煤炭工业企业地下作业，自然条件差的特点，十分重视加强安全保护工作，严格贯彻安全操作规程，切实加强各种安全生产的工作，支架、顶板、通风、电气防爆、除尘、排水，等等，都要尽一切努力搞好，防止冒顶、瓦斯爆炸等恶性事故的发生。同时，要因地制宜，尽量采用机械作业，积极利用国内综采设备，提高采煤机械化程度，从而降低井下作业的劳动强度，提高劳动生产率。

五　煤炭工业运输量大，企业管理
必须保证提升运输畅通无阻

煤炭是一种质地松软而笨重的工业产品，生产出来以后，马上运走，才能继续生产。在大中型矿井里，一个采煤工作面，每天都要生产出几百吨、上千吨的煤炭来，这些煤炭都要经过运输过程由工作面运输到煤仓，然后，装进火车运到消费地点。从某种意义上说，煤炭生产过程，始终贯穿着一个连续不断的运输过程。煤炭工业企业如果没有一个有力和协调的矿井提升、运输系统，就不能进行正常的生产活动。因此，拥有足够的提升和运输能力，是煤炭工业企业生产顺利进行的一个基本条件。由于这一特点，决定了煤炭工业企业必须特别重视提升、运输管理工作，要对矿井提升、运输系统做出全面规划，合理安排生产与运输之间的比例，要配备充足的提升、运输设备，做好提升、运输的组织工作，加强调度工作，保证提升、运输畅通无阻。

六　煤炭工业主要消耗的材料，不构成产品的实体，
企业管理必须加强物资回收复用工作

煤炭工业区别于其他工业企业的又一个显著特点是，所消耗的主要材料不构成产品实体。一般加工工业所消耗的原材料，经过加工以后，一部或者大部都能够转化成为产品实体，而煤炭工业企业由于其劳动对象是自然赋存的煤炭资源，不需要也不可能把生产过程中所消耗的材料转化为产品实体。这就为一些能够回收复用的材料，如坑木、金属支架等，提供了回收复用的可能。因此，企业管理不但要管好这一类物资的供应，更要管好它们的使用和回收复用工作。这是煤炭工业企业经营管理工作一项十分重要的任务，它和降低产品成本有着密切的关系。要总结回收复用经验，分析浪费原因，改善各种回收复用的办法，不断改进工作，节约消耗，从

而降低产品成本。

七　煤炭工业产品含有矸石等杂质，使用范围广泛，企业管理要重视产品质量，尽量经过洗选加工，提高质量，增加规格，区别不同消费对象，供应对路产品

　　煤炭的开采，是一个单一的生产过程。由于其劳动对象是若干亿年前自然形成的地下资源，因而在开采时，往往不可避免地将一些夹在煤炭中的矸石等杂质同时开采出来，这就降低了煤炭的质量，同时，在开采过程中，又改变了煤炭的自然形态，因而未经洗选加工的原煤常常不能广泛地适应于各种不同用途的消费单位的具体需要。为了适应各种具体的需要，煤炭工业在完成原煤开采的生产过程以后，还要对于原煤进行必要的洗选加工，从而把矸石等杂质淘汰到最小程度，降低灰分，分出不同规格，向消费单位供应最适合需要的产品，提高煤炭的使用价值和价值，达到物尽其用，合理利用资源的目的。同时，原煤经过洗选加工，还可以减少不必要的运量，节约运力。世界上各工业发达国家的煤炭工业都十分重视煤炭的洗选加工。一般原煤入洗比重都比较高，如英国、联邦德国、法国等都超过90%，苏联也超过58%，而我国由于过去忽视煤炭洗选加工的发展，直至目前，原煤入洗比重统配煤矿只占37.7%，非统配煤矿入洗的比重更低，同工业发达国家相比，差距是很大的。

　　由于原煤入洗的比重低，造成我国煤炭产品规格简单，许多需要消费特殊规格煤炭产品的行业，往往分配不到对路的产品，这不仅影响了这些部门的生产和经济效果，而且，大量浪费能源，影响了整个国民经济的宏观经济效果。例如，铁路蒸汽机车需要中小块煤，但却往往供应粉煤，结果大量粉煤被吹跑了，热效率只达8%，如果供应铁路蒸汽机车以中小块煤，燃烧中的飞扬损失，就可由20%降低到10%，全国每年机车用煤达2000万吨，仅此一项就可节约200万吨煤炭。再如发电用煤，一般只需劣质粉煤，但目前供应电厂的煤炭，大部分未经洗选加工，好多还是块

煤，电厂只好另搞一套粉碎原煤的设备，加以破碎变成粉煤，才能使用，这样不但使生产过程复杂化，而且还加大了发电成本。原煤经过洗选，其价值可以得到大幅度提高。据典型调查，炼焦原煤经洗选后，每吨较洗前又可增加产值 11.33 元，扣除加工费和税金，可净得利润 8.2 元。动力煤经洗选后，每吨可净得利润 4.46 元，可见加强洗选加工工作，是提高煤炭工业企业经济效果的一个重要途径。过去，我国曾新建和扩建了 176 座洗煤厂，虽然原煤入洗能力已达到一亿吨，但仍然不能满足经济发展的需要。今后不仅要大力提高洗选能力，还要加强洗选的经营管理工作，从而提高煤炭产品的质量，增加规格，实行按照消费特点的需要供应产品，使整个国民经济的经济效果得到提高。

八　煤炭工业的生产过程既消耗和占用活劳动和物化劳动，又消耗和占用自然资源，企业管理要讲求综合的经济效果

　　煤炭工业在生产过程中，不仅要消耗和占用活劳动和物化劳动，而且还要占用和消耗大量未经人类劳动加工的煤炭的自然资源。这是煤炭工业区别于其他加工工业的又一个特点。为了生产更多更好的煤炭，满足社会需要，煤炭工业企业在生产过程中，既要十分注意讲求活劳动和物化劳动消耗效果，以及物化劳动占用效果，又要十分注意讲求资源利用效果。只有全面提高劳动消耗效果、劳动占用效果和资源利用效果，才能提高整个企业的综合经济效果。从一定意义上说，提高煤炭工业企业综合经济效果，就是解决好上述煤炭工业企业生产和经营管理的种种特殊矛盾。

　　为了提高综合的经济效果，煤炭工业企业要合理安排企业内部的结构，保证开拓、准备、回采、提升、井下和地面的运输，洗选以及其他环节的互相配套和合理布局；要解决好生产准备和当前生产之间的关系，保持正常的采掘比例，要加强资源回收管理工作，努力提高资源回收率；要认真加强生产组织工作，合理安排劳动力和充分利用机器设备，积极推行正规循环作业，提高劳动生产率，要加强材料的回收复用工作，从而节约

物化劳动的消耗，降低成本；要增加洗选能力，提高原煤入洗比重，增加产品规格，提高产品质量，提高产品的使用价值和价值，同时节约运输力量，增加企业销售收入和盈利，并在这个基础上提高职工的物质利益，最终达到既提高整个企业的经济效果，又提高全社会的经济效果的目的。

煤炭工业企业生产及其管理上的特点，我只列举了以上几点，是很不完全的，我十分希望同广大煤炭企业的管理工作者一起研究这个问题，以便求得比较全面的认识，从而使我们的煤炭工业企业管理工作做得更好。

这本《煤炭工业企业管理》，总结了煤炭工业企业管理的经验，结合煤炭工业企业的特点，比较系统地阐明了煤炭工业企业管理的一系列重要问题。在一定深度上反映了当前煤炭工业企业管理中存在的主要问题及其解决途径。这本书的出版，无疑对于提高我国煤炭工业企业管理水平，将是一个有力的推动。希望广大煤炭工业企业管理人员能够从这本书中得到启发，改进自己的工作，尽快地提高煤炭工业企业管理水平，为实现四个现代化提供更多更好的煤炭能源。

对现有企业进行技术改造是我国经济发展的一项战略任务[*]

国务院总理在五届人大四次会议上的《政府工作报告》中提出了今后经济建设的 10 条重要方针，其中有一条就是有重点有步骤地进行技术改造，充分发挥现有企业的作用。

大家知道，过去我们扩大再生产主要依靠增加新的基本建设项目，忽视了对现有企业的技术改造。今后我们扩大再生产将不采取过去的办法，而主要依靠通过技术改造充分发挥现有企业的作用。这是一种多快好省地发展我国生产力的新路子，是发展我国社会主义经济的一个新战略。

一　有重点有步骤地进行技术改造的迫切性

过去，在我们奠定工业化基础的时期，扩大再生产主要依靠新建企业，这是必要的。现在，我们已经有了 40 万个工交企业，今后的扩大再生产必须要依靠技术改造，充分发挥现有企业的作用，不能再走过去那种花钱多、效果差的老路；而要走投资省、见效快、经济效益高的新路。这就是说，我们要改变过去以新建企业作为扩大再生产主要手段的做法，实

---

*　本文是作者 1982 年 10 月参加起草《国务院关于加强我国技术改造的决定》后撰写的文章，原载《中国经济年鉴》（1982），经济管理杂志社 1982 年版。

行以技术改造作为扩大再生产主要手段的方针。

　　当前，有重点有步骤地对现有企业进行技术改造，就可以改变现有企业的技术面貌，以较少的资金，较快地增加新的生产能力；就可以改变机械工业、冶金工业任务不足的状况，使这类工业活跃起来，不仅有利于克服当前经济困难，并且为今后加快经济的发展积蓄力量。因此，有重点有步骤地对现有企业进行技术改造是使我国财政经济状况根本好转，促进现有企业的现代化，把整个国民经济逐步转移到新的技术基础上来，振兴我国经济的一项重要的战略任务。我们应当充分认识技术改造的重要意义。

　　新中国成立以来，经过全国各族人民的努力，我国已建立起一个独立的、比较完整的工业体系。工交企业已经拥有原值 4400 多亿元的固定资产，一部分技术设备是比较先进的，我国国民经济的物质技术基础已有相当的规模和水平，为实现四个现代化奠定了可靠的物质技术基础。

　　但是，长期以来，由于"左"倾指导思想的影响，片面追求工业产值的增长速度，我们在生产建设中偏重于建设新的企业，忽视已建成的企业的技术改造。同时，还把所谓"挖革改"同技术改造完全等同起来。即使这样，在全部固定资产投资中，挖革改所用的资金，也占不到 40%，而挖革改资金的绝大部分又用于新建厂房，新增设备，扩大生产能力，以增加产值，真正用于技术改造的为数很少。总之，工厂建成后"只用不养"，"竭泽而渔"。因此，设备老化，技术陈旧，计量测试条件差，产品落后的状况相当严重。

　　对我国国民经济的技术状况如何估计是一个比较复杂的问题，并且存在不同的看法。我们认为，我国虽然有一些先进的技术装备，也有一些先进的工艺和相应的先进的产品，但总的说来，技术进步很慢，从第一个五年计划时期建设的项目建成以来，20 年来，还没有根本性的改变。与国外比较，差距还在扩大。

　　我国现有企业的技术装备情况，按照固定资产形成的过程来分析，50年代到 60 年代形成的，约占固定资产原值总额的 1/3，70 年代形成的略高于 60%，其余为旧中国遗留的。根据造价提高的情况加以粗略的调整，70 年代形成的固定资产不到一半。

50 年代到 60 年代形成的固定资产，主要的部分是"一五"时期安排并开始建设的一大批项目，包括从国外引进的以及在外国专家指导下，我们自己设计、自己制造设备建设起来的项目，共 400 多个企业。这批企业至今仍然是我国工业生产的骨干，它们当时大体上具备 50 年代的技术水平；也有一些是 40 年代后期的技术水平，总的说来在当时是比较先进的。对于这批企业，20 年来主要是通过扩建来扩大生产能力，以实现增加产量为目的，而通过技术改造不断提高工艺水平，增加品种，增加产量，提高质量，却没有认真注意，因此技术面貌改变不大。当时引进的设备有不少已经陈旧老化，虽然经过多次大修，仍在继续使用，但已失去原来的精度，能耗、物耗高，效率低，生产不出先进的产品；后来添置的设备，相当部分是在"大跃进"时期和"十年动乱"时期粗制滥造出来的，技术严重落后。

就机械工业说，从几个有代表性的企业来看，长春第一汽车厂、洛阳拖拉机厂的主要机床中，20 年役龄以上的占 60% 以上。大量机床已大修过二三次，个别的大修了 10 次。有的机床床身和导轨，经过多次大修后，已刨去 5—10 毫米，淬火层已刨光，性能大大下降。组合机床在国外一般不大修，使用期 8—10 年。洛阳拖拉机厂和第一汽车厂的组合机床，役龄达到和超过 15 年的分别占 50% 和 70%，已难以达到加工精度的要求。13 个骨干机床厂的 8780 台机床，质量不稳定和达不到精度要求的为 34.5%。哈尔滨、瓦房店和洛阳三大轴承厂，20 年以上役龄的机床占 45% 以上，质量达不到要求的，洛阳轴承厂占 32%，哈尔滨轴承厂占 60%。

就冶金工业说，鞍钢是具有一定代表性的。鞍钢虽然对技术改造抓得较好，但主要也是搞生产能力的扩大。50 年代钢的设计生产能力为 320 万吨，现在已达到 680 万吨，增加一倍以上。钢材品种有所发展，消耗有所下降。但主要设备中，30—50 年代的设备占 67%。生产的钢材品种和质量很多不适应国民经济的需要。作为我国目前生产热轧板卷的主要轧机——半连轧，是 50 年代的设备和工艺，产品厚薄不均，里外强度不一，质量很差，造成很大浪费。

　　就化学工业说，除了最近几年引进的石油化工装置以外，50 年代建成的工厂，虽然生产能力有所扩大，但设备、技术没有大的改变。例如，吉林化学工业公司所属的化肥厂（该厂是 156 项工程之一），合成氨生产能力由 7.5 万吨扩大到 30 万吨，但由于工艺条件落后，平均每吨合成氨的能耗一直是 1700 万—1800 万大卡，而 70 年代引进的 30 万吨合成氨厂每吨氨的能耗仅 950 万—1000 万大卡。另一个 50 年代引进的染料厂，染料和染料中间体的年产能力也由 3 万余吨扩大到 5 万吨，但品种还多是低级染料。

　　轻纺工业有不少还是新中国成立以前的设备，例如，棉纺设备，解放前的占 1/5 以上，大部分已使用五六十年，虽经改装，但技术相当落后。

　　变通运输业的技术设备，也很陈旧。

　　从我国现在还在服役的一些主要设备来看，不搞技术改造，不进行产品的更新换代，后果是很严重的。

　　我国现在服役的机床 283 万台，役龄在 10 年以内的虽然占 67.2%，但其中除了一小部分进口的以外，绝大部分是"十年动乱"时期生产的，这些机床大部分粗制滥造，工艺结构落后，质量差，效率低。役龄在 10 年以上的，有一部分是"大跃进"时期生产的，性能、质量也很差。还有约 59 万台是服役 20 年以上的老机床。从机床构成看，以粗加工为主的普通车床多，刨床、插床多。总的说来，我国机床大约有 1/3 是属于比较好的，有 1/3 是属于经过改造还可以使用的，余下 1/3 是应该有计划地更新报废的。

　　我国的工业锅炉拥有量约为 20 万台、37 万蒸发吨。其中性能差、热效率在 55% 以下的，按台数计算占 2/3，按蒸发吨计算占 36%。在这部分锅炉中，有 6 万多台（1/3）、3 万蒸发吨（占 16%）是兰开夏、康尼许和铸铁锅炉，热效率只有 40%。

　　我国的民用汽车拥有量约为 156 万辆，其中解放牌 4 吨车和跃进牌 2 吨车占总数的 60%，相当于国外 40 年代水平，百吨公里耗油比国外分别高出 21% 和 30%，其他杂牌汽车耗油更多。

　　在 60 年代中后期，我国引进了一批 60 年代初期水平的新技术，但数量不大。国内利用 50 年代从苏联引进的技术，翻版建设了一批项目，其中有少数重点骨干项目对苏联 50 年代的技术进行了消化和吸收，同时还吸收和改造了其他国家的一些先进技术，比原有的技术有所进步，有的基本上具备 60 年代的技术水平，如攀钢的设备和技术：武钢的 2500 立方米高炉；60 年代研究成功的炼油工业的"五朵金花"（常减压、催化裂化、延迟焦化、铂重整、加氢精炼）；机械工业研制的"九大设备"，等等。

我国 70 年代形成的固定资产中，包括了一批从国外引进的先进装备和技术，主要有大型石油化工装置、大型薄板轧机，电站设备，等等。它们一般具有大机组、高效率、自动控制和热能综合利用程度高等特点。我们利用这批引进的技术装备了近 20 个新建企业和对六七十个原有企业进行了扩建和改造。这批引进的技术，基本上具有 60 年代末期和 70 年代初、中期的国际技术水平，是先进和比较先进的。国内自己设计、自己制造设备，在 70 年代建设起来的工厂，其中有一些是 60 年代设计并开始建设的，这批企业有的质量比较好。但是，70 年代新建的项目，相当大的部分由于"十年动乱"的破坏，在设备制造和安装上，存在着不少的问题。其中大、小"三线"的建设项目，有的技术装备虽然不错，但由于工程不配套，厂房配置不合理，动力、原材料、运输不配套等等原因，不能发挥生产能力。根据 1979 年底的统计，全国工业固定资产有 37% 集中在"三线"地区，而工业产值却只占全国的 26%，"三线"地区大中型企业技术装备程度（即每个职工平均装备的固定资产）比三市两省（京、津、沪、辽、苏）高 27%，而劳动生产率却低 52%，固定资产利用系数（即每百元固定资产的产值）则低 54%。除此以外，70 年代建设起来的一大批"五小企业"，技术一般都很落后。

根据以上情况，大体推算，目前我国工业技术装备，大约有 20% 左右具有 60 年代到 70 年代的技术水平，是先进和比较先进的；20%—25% 左右技术上虽然已经落后，但陈旧程度还不算严重，设备基本完好，大体上还能够适应我国目前生产的技术要求。以上两部分合计大约占 40%—45%。其余 55%—60% 中，有 35% 左右十分陈旧落后，生产出来的产品，已难以达到原来的技术精度，能耗、物耗过高，浪费严重，已经到了迫切需要改造或者报废的时候。还有 20%—25% 的设备也已陈旧老化，加工精度很低，能耗、物耗相当高，已经不能适应目前我国工业产品升级换代和采用新工艺的要求，只能勉强应付目前的生产。这部分设备也已到了更新改造的时期。

二　技术改造要从我国国情出发，走自己的路

技术改造必须从我国实际情况出发，走适合于我国国情的路子。新中国成立以来，我们已经建立了独立的比较完整的工业体系和国民经济体系，我国的农业、工业、交通运输业和商业有了相当大的发展；技术水平也比解放以前有了很大的提高。但是，同经济发达的国家相比，我国目前还是相当落后的。我国有 10 亿人口，其中 8 亿是农民，我国的人力资源是很丰富的，自然资源也是比较丰富的，但是，我们的人力资源还没有得到充分使用，自然资源也远远没有开发出来，经济的发展水平还比较低，经营管理水平和科学技术水平还很落后。根据这种情况，我们应该采用适合我国资源条件、技术水平和管理水平，并能带来良好经济效益的先进技术，而不能统统要求最新技术，片面求洋、求新。我们应该根据我国的具体情况和发展目标制定符合我国国情的技术装备政策。这种适合我国具体情况的先进技术，既包括最新技术，也包括一般技术。它应当有利于提高产品质量；有利于增加花色品种；有利于增加适销对路产品的数量；有利于节约能源和原材料；有利于增加劳动就业；有利于综合利用资源。总之，在选择我们所需要的技术时，必须充分考虑这些要求。

我们采用适合我国具体情况的先进技术，并不是一概排斥最新技术，使我国的技术水平永远停留在经济发达国家的后面。在某些部门、某些产品、某些技术领域，应当根据需要与可能，采用一定的最先进技术，以带动整个技术水平的提高。

引进外国先进技术和设备，必须从我国技术改造的实际需要出发，注意引进适合我国具体情况的先进技术和自己不能制造的关键设备，仪器仪表，包括少量局部生产过程的系列设备。要做好引进设备的掌握、消化、发展工作，尽量少引进甚至不引进成套设备。自己能制造的设备，就不要

引进，更不要重复引进。要制定出消化和发展引进技术的办法。要实行保护我国工业发展的政策。1950—1979 年 30 年中，引进技术使用的外汇总额中，用于成套进口的占 90%，用于引进先进工艺、制造技术的只占 1.4%，这种情况，必须改变。要把引进先进技术同企业的技术改造很好地结合起来。近年来，上海、天津等市采取中外合资经营、合作生产、合作开发、补偿贸易、对外加工装配等办法，引进一些先进技术，改造中小企业，已经有不少的成功经验，应该重视和推广。

三　技术改造要以提高社会经济效益为目标

技术改造必须以提高社会经济效益为目标。不仅要考虑本企业、本行业、本部门的效益，而且主要应当考虑国民经济全局的效益。要坚决改变过去那种花钱不少，浪费很大，追求形式，不讲实效的做法。

实现技术改造，当前抓什么工作？国务院总理在五届人大四次会议的《政府工作报告》中指出：（1）节约能源，节约原材料，大大降低消耗，降低成本；（2）改革产品结构，使产品升级换代，提高性能和质量，满足国内外市场的需要；（3）合理地利用资源，提高综合利用水平。此外，还要注意促进安全生产，改进环境保护，减轻繁重体力劳动。

更新设备（包括生产设备、工艺装备和计量测试手段），是当前技术改造的一项重要内容。由于不少企业设备老化严重，因此更新设备是当前技术改造中的一个突出问题。但是，这项工作应该根据需要和可能量力而行，讲求实效。在目前条件下，主要是重点企业更新、改装能够带来较好经济效益的关键部件或设备，而不是全面铺开，更不是全面更新。一般说来，凡属于下列情况的设备，应该有计划地予以更新：（1）设备损耗严重，性能、精度已不能满足规定的工艺要求，造成严重不利的技术经济后果的；（2）设备大修在经济上不如更新合算；（3）设备在两三年之内浪费能源的价值，超过购买新设备费用的。当然，设备是否需要更新，不仅仅是根据设备的陈旧程度或役龄长短，而主要看经济效果。要认真进行技术经济评价。设备更新不是原样翻版，而是尽可能用先进的设备代替原有的落后设备。属于以上几种情况的，就应该有计划地以先进的设备代替旧设备。例如，油田和煤矿把目前用的旧式水泵换成新的效能高的水泵，一台水泵每年节约的电费就可以买两台新的水泵。煤矿把旧的风机换成新的效能高的风机，可以提高效率10％，更新费用一年就可以全部收回。还有小化肥厂，改用新的效能高的风机，即可提高效率20％，按节约电费计算，两三个月即可收回投资。这种事情，当然应该积极去办。

改革工艺，是提高经济效果的一个重要手段。工艺落后是产品质量低、性能差、消耗高、经济效果差的重要原因。各企业要根据自己的具体情况和可能的条件，从保证制造出优质产品，降低能源、原材料消耗和安全生产的要求出发，经过研究试验和鉴定，采用新的工艺方法和工艺流程，生产价廉物美的产品，特别是新产品。

发展新产品，不仅可以满足人民日益增长的物质和文化生活需要，而且也可以取得巨大的经济效果。为此，必须充分发挥科学技术的重要作用，加强新产品的研究设计试制工作，用质量高、性能好、寿命长，消耗低的新产品，及时替换质量低，性能差、寿命短、消耗高的老产品。如我们生产的轴承的使用寿命，只有外国的1/3—1/5，灯泡只有外国的1/10。这种老产品要有计划地加以淘汰。我们每一种产品应该安排三代：在制的一代，研制的一代，准备发展的一代。要发展新产品，必须用新技术改造落后技术。要组织好科学技术从实验室向生产的转移，单纯军用向军民兼用转移，沿海向内地转移，国外向国内转移。

在进行技术改造时，有些厂房建筑和公用工程，也需要维修改造。许多老工业基地都存在这个问题。要采取必要措施加固翻修危险厂房，并按照工艺、设备和荷重等级等要求，对厂房进行局部的改造，根据工艺流程调整工艺布局。但是，如果以技术改造为名，去搞新的基本建设，那是不经济的，不可取的。

四　技术改造要全面规划，有重点有步骤地进行

在技术改造方面，积累的问题很多，想一下子全面铺开，解决所有的

问题，是不现实的。技术改造应该与经济调整、工业改组和企业整顿结合起来，做好规划，有重点、有步骤地进行。防止不做调查研究，不讲经济效果，一哄而起，盲目上马的偏向。现有企业的技术改造，要和新建企业统一考虑，一并纳入国家计划。

当前技术改造的重点，应该有利于经济调整，有利于解决国民经济中最迫切的问题，有利于充分发挥现有企业的潜力，有利于整个国民经济的技术改造。因此，首先要选择那些影响国计民生的、有现实可能的、花钱少见效快、经济效果最好的项目作为重点。要把节能和开发能源的技术设备的更新改造，轻纺工业技术设备的更新改造，交通运输和邮电技术设备的更新改造，放在重要地位。机械工业以及相应的金属材料工业的技术改造，应该先行一步，以便及时给国民经济其他部门供应先进的技术装备。根据我国的具体情况，当前要集中力量抓好工业发达的中心城市和一批骨干企业的技术改造。

技术改造的规划应该是多层次的，既有全国的，也有地区的、部门的和行业的。它们是国家和各级计划的重要组成部分，要纳入国家的和各级的国民经济计划，进行综合平衡。重大的技术改造项目，必须做可行性研究之后，方可列入计划。

要有一个总体规划。包括：涉及国民经济全局的重大技术改造项目；重大基础设施的技术改造项目；主要部门、主要行业和关键企业技术改造任务的协调和衔接；资金、物资和技术力量的综合平衡，等等。

要有行业规划。行业规划要根据总体规划和工业改组的要求制定。生产方向未定的企业，没有生产任务的企业，准备关停并转的企业，不安排技术改造任务。在制定行业规划时，要确定本行业的技术发展方向和重点，以有利于发展专业化协作。各个部门和行业要抓好重点企业的技术改造。要处理好生产任务和技术改造的关系，对于因生产任务过重而难于技术改造的企业，可以有计划地分一部分生产任务，安排给其他企业。对于目前生产任务不足但有发展前途的企业，可以提前安排技术改造工作。

要有企业规划。企业技术改造的规划要在企业整顿的基础上进行。企业要根据财力、物力和人力的可能，按照地区和行业规划的要求，选好重点，抓住关键。企业技术改造规划必须发动广大职工认真讨论，形成方案，经主管部门批准后实施。

技术改造要从国民经济全局着眼，从中心城市或工业基地着手。中心城市是历史上形成的经济中心，大多数工业企业都集中在这些城市里，特别是沿海地区大城市有一大批亟待改造的老企业。因此，制定中心城市的技术改造规划有重要意义。中心城市的技术改造规划要在整体规划和行业规划的指导下制定，把条条块块结合起来，具体安排好重点行业和企业的重大改造项目，要把技术改造同城市的改造和发展结合起来。中心城市和各行各业的领导机关，要选择几个重点企业和重点项目，亲自抓起来，搞好技术改造的规划，并组织实施，以取得经验。

五　技术改造要有具体的措施

（一）要筹集技术改造的资金

过去，我们对固定资产的投资，主要用在建设新的项目上。近几年来，有些变化。比如，1981 年，国家总的固定资产投资中，更新改造资金约占 40%。这比过去的比例有了显著的提高。今年这方面投资的比例较去年还将提高。今后国家将逐步提高固定资产投资中用于原有企业技术改造部分的比重。但是，目前国家的基本建设投资有限，而且还要首先保证在建的成套引进项目，所以很难一下子把这个比重提得很高。因此，技术改造的资金，要充分利用企业、地方和部门的自有资金，包括折旧基金、大修理费、企业利润留成中的生产发展基金，以及银行的贷款。目前全国工业企业每年的折旧基金和大修理费约有 200 亿元，企业留成的生产基金和福利基金约 300 亿元，共约 500 亿元。这些都是预算外的。如何合理使用这笔资金是个大问题。假若能将其一半用于技术改造，那就会起很大作用。

要引导和帮助企业管好和用好自有资金。凡是规定用于技术改造的资金，就不应该挪作他用。目前工交企业每年提取的更新改造资金和生产发展基金，用于新建厂房、新增设备的部分，比重很大，用于设备更新和技术改造的比重很小，要采取政策上鼓励，行政上干预和银行的引导等措施，推动企业提高用于设备更新、技术改造的比重。要充分发挥银行贷款的作用，通过合理的利率集中资金，用于技术改造。财政拨款，也应经过银行贷放。要有效地利用外资和外汇，促进企业的技术改造。

为了促进现有企业的技术改造，可以选择少数产品，例如，节能的新锅炉、新汽车，等等，试行"一条龙"的办法，把研究、设计、试制、生产的资金和使用单位购买这些设备的资金，包括拨款和贷款，统一交由生产部门和有关单位统筹安排，以保证生产单位的新产品能够及时销售出去，使用单位的设备能够及时更新。

（二）要妥善处理折旧率

对于现行的折旧率，有两种意见：一种意见认为，折旧率太低，不利于技术改造。另一种意见认为，从一个企业来看，目前折旧基金的提取比例与技术改造的任务不相适应，同样的折旧率，新建企业显得高，但技术改造的任务少；而老企业改造任务大，资金不足。因此，提高折旧率并不能解决折旧基金使用不均衡的问题，反而减少了国家的收入，分散了资金。不如暂不提高折旧率，以便国家集中使用资金。技术改造任务大而自有资金不足的企业，由国家补贴。

关于折旧基金的管理，也有两种意见。一种是现行办法不变，即国家集中30%，地方集中20%，企业留50%的办法不变；一种是企业多留，由国家和地方掌握的比例减少，或者全部下放给企业。

考虑到折旧率太低不利于设备更新和技术改造，应该创造条件，逐步提高折旧率。作为方向，折旧基金原则上也应该全部由企业支配。但是，目前我国财政困难，不可能大幅度地提高折旧率。而且国家有计划地集中部分折旧基金，有利于重点企业的技术改造，也便于地方、行业、企业之间的调剂使用；特别是便于安排某些投资较多、技术改造周期较长、地方和企业缺乏积极性，而从全局来看又是必须搞的重要的技术改造项目。因此，现行折旧基金管理办法不宜做大的变动。对于确实难以维持简单再生产的行业和企业，可以个别地调整折旧率或留成比例。要通过调查研究，按照部门和行业的特点，制定比较符合实际情况的折旧率，经国务院批准后实行。

（三）关于新产品试制费

企业要通过技术改造，有计划地研制新产品，使产品不断地升级换代。要发展新产品，就要保证新产品的研制费用有固定的来源。一般的新产品的试制费，可以分批摊入老产品的成本中去。这样才能使产品价廉物美，售价合理。试制新产品，必须经过技术经济论证，选择把握比较大，效果比较好的成熟技术。有关部门要制定具体规定，既要保证新产品试制费有来源，又要防止盲目试制。

（四）要培训技术队伍

进行技术改造，没有一支又红又专的技术队伍是难以顺利地完成任务的。要加强职工的技术培训，通过灵活多样的教学形式，提高各类人员的技术知识和操作技能。专业技术队伍要务正业，改行的要归队。同时，要适应技术改造的要求，提高各级管理人员的业务水平。

（五）要发动群众提合理化建议

各工业、交通企业要重视我们过去行之有效的经验，广泛发动职工讨论本企业技术改造的规划，经常组织群众提合理化建议。要做好接收、审查、采纳、实施合理化建议的工作，抓紧那些花钱不多、效果明显的小改小革。要采取领导干部、技术人员和工人三结合的办法，解决技术改造中的各种重大问题。

（六）各级计划要开列技术改造的户头

技术改造资金作为固定资产投资的一部分，在各级计划中应开列户头，所需的设备和材料，要分别纳入各级的物资分配计划，切实保证供应，不开空头支票。

（七）要制定废旧设备的处理办法

现在设备报废以后，实行逐级下放的办法，既不利于节省能源，又不利于生产技术水平的提高。设备的修复、改装、转让、退役报废等都要从经济效果上考虑，制定出一套办法。转让下放设备必须有利于提高社会经济效果，否则禁止下放。要制定合理的废钢价格和运费负担办法，鼓励废旧设备回炉炼钢。

　　技术改造是涉及国民经济各部门和各企业的大事，要切实加强领导，认真进行调查研究，不断发现新情况，解决新问题，总结新经验，把技术改造扎扎实实地推向前进，有条不紊地把我国国民经济转移到新的物质技术基础上来，尽快地迎来我国经济振兴的新时期。

目前经济形势[*]

  党的十一届三中全会以来，我们的政治经济形势一天比一天好。党的十二大是在形势进一步好转的时刻召开的，十二大的召开又推动形势向更好方向发展。

  我想着重谈谈目前的经济形势。因为这个问题同我们这次讨论会是密切相关的。目前经济形势有哪些主要特点？研究这个问题，对于明确当前任务，对于贯彻十二大提出的宏伟纲领，是很有意义的；对于开展沿海城市经济问题的讨论，对于发挥沿海城市的作用，也是很有意义的。

  对于目前的经济形势，不能说所有的人看法都是完全一致的。无可讳言，现在国民经济中还有不少困难和问题。如果仅仅抓住这些困难和问题，就很容易得出形势不好的结论。应该说，有人就是这样看待形势和得出结论的。而这样看问题，至少是不全面的。当然，我们应该看到经济中存在的问题和困难。但如果只是看到问题和困难，那就会对前途失去信心。而这样看问题是不符合客观实际的，也就是说，不是唯物主义地看问题。任何一种看法究竟对不对，不能只凭主观臆断，而要看它符合不符合实际情况，也就是要由实践来检验。

  根据我所了解的情况，党中央和国务院是在不断地认真研究形势问题的。最近发表的胡耀邦同志在党的第十二次全国代表大会上的报告，详细

---

* 本文是作者 1982 年 11 月 1 日在天津召开的"沿海八城市经济问题讨论会"上的发言的一部分。

地论述了这个问题，他说："现在是建国以来最好的历史时期之一。"不久前国务院领导同志也指出：总的看，我国现在经济上出现了一个很好的形势。这是两年来认真执行调整、改革、整顿、提高方针的结果。《人民日报》10 月 29 日的社论，又集中地论证了这个问题。所有这些，都是对我国经济状况进行了全面系统的调查研究后得出来的。这是符合实际情况的科学论断。

一 目前经济形势的特点

目前经济形势有哪些特点呢？提出以下几点，供同志们讨论。

（一）农业生产在继续高涨

农业是国民经济发展的基础。在我国，农业的状况如何，对整个国民经济的发展有重要意义。所以我们应该十分重视农业的形势。

农业形势如何呢？可以说，我国农业处于继续高涨、方兴未艾的局面。在近几年迅速恢复和发展的基础上，1982 年农业又取得了较好的收成。尽管 1982 年南方多雨，北方长期干旱，部分地区自然灾害比较严重，但由于各地广大社员和党与政府工作人员的努力，粮食、棉花、糖料等主要经济作物仍比上年有较大幅度的增长。

粮食，预计总产量达到 6700 亿斤，比上年增产 200 亿斤，增长 3%，是历史上产量最高的年份。

棉花，预计总产量达到 6600 万担，比上年增加 665 万担，增长 11% 左右，也创造了历史的新水平。

油料，预计总产量达到 21000 万担，比上年增加 590 万担，增长 3% 左右。

烤烟，预计总产量达到 4000 万担，比上年增加 1400 万担，增长 56%。

糖料、茶叶、猪牛羊肉、水产品都将比上年增产。农村多种经营和社员家庭副业也有较大发展。

整个农业总产值预计将比上年增长 4%。

农业生产方兴未艾的大好形势来之不易。这是实行一靠政策，二靠科学的方针的结果；尤其是实行联产计酬、包产到户、包干到户等形式的农业生产责任制的结果。这种好的形势在新中国成立以来也不多见，主要是因为我们逐步摸索到了适合我国国情的社会主义农业发展的道路。

农业集体化是农业生产发展的必然要求。但是怎样集体化，马克思和恩格斯由于当时时代的限制，并未做出具体的回答。列宁虽然提到了这个问题，但只是说了一些原则，而且在他逝世之后，也不完全是按他所说的那些意见办的。斯大林创造了集体农庄的形式，几十年的历史证明，看来并不很成功。我国农业合作化有很多创造，但也没有完全摆脱苏联农业集体化模式的框框，如集中劳动、评工记分，等等。实现公社化是想走自己的路，但实践证明，也不成功。这几年，实行各种形式的联产计酬责任制，在坚持公有制的条件下，采取家庭经营的方式，这样就逐步找到了适合我国国情的发展社会主义农业的道路。

（二）　日用消费品生产有了相当大的发展

我国轻工业连续三年大幅度增长，同上一年相比，1980 年增长18.4%，1981 年增长 14.1%，在此基础上，1982 年继续有所增长。1982年 1—9 月份和上年同期相比，又增长 7.5%，一些耐用消费品的产量继续大幅度上升，自行车增长 42.3%，缝纫机增长 31.8%，电视机增长 24.2%。

现在市场上不仅农副产品比较丰富，而且日用消费品发展很快，商品匮乏、市场供应紧张的状况基本上得到缓和。现在不少消费品已出现了所谓"买方市场"。群众不再像过去那样，排长队"持币抢购"了，而是持币选购，持币待购，选择性日益扩大了。这是我们国家从 1953 年以来没有过的情况。

（三）　重工业由下降转变为稳定的上升

1981 年重工业生产是下降的，这在经济调整中是难免的。1982 年随着重点建设的开展和技术改造的进行，重工业已由下降转为回升。1982年 1—9 月份和上年同期相比，重工业增长 9.8%，其中原煤增长 8.1%，原油增长 1%，发电量增长 6.9%，水泥增长 14%，平板玻璃增长

21.4%，钢材增长10.1%，汽车增长10.4%。预计1982年全年原煤产量可以达到6.5亿吨，比上年增长2800万吨，增长4.6%。原油产量可以达到1.018亿吨。发电量可以达到3250亿度，比上年增加160亿度，增长5.1%。钢材、木材、水泥、玻璃、石灰、碱、化肥、塑料、手扶拖拉机、发电设备、汽车、机车、货车、船舶、医疗器械等，预计都可以比上年增产。

（四）忽视经济效益的状况有所改善

由于开始重视提高经济效益，多年来存在的片面强调速度而忽视经济效益的现象有所改变。从国家定期公布的10项主要经济效果指标来看，上半年比去年同期有所改善的，有工业总产值、销售收入、实现利润、可比产品成本、百元销售收入占用定额流动资金、全员劳动生产率等6项指标。产品的质量和消耗情况，据对12个工业部门75项质量指标1—8月的统计，与上年同期相比，提高的有24项，持平的有31项，下降的有20项。在105项消耗指标中，49项比上年同期下降，28项持平，28项上升。

（五）财政收入停止下降，开始上升，外汇储备增加

1982年1—9月份，全国财政收入788.9亿元，比上年同期增收58.6亿元，增长8%，超过同期生产增长的速度，财政支出764.5亿元，比上年同期增支77.5亿元，增长11.3%。收支相抵，收大于支24.4亿元。从全年来看，尽管还有少量赤字，但财政收入下降的局面开始扭转了。

预计1982年国际收支顺差24亿美元。加上上年结转，年末国家结存的储备和周转外汇将达59亿美元，其中现汇52亿美元。外国报刊都在赞誉这种情况。

（六）市场繁荣兴旺，物价基本稳定

随着国民经济进一步发展，1982年国内市场商品货源充裕，销售持续增长，供需矛盾的紧张状况基本缓和，城乡市场呈现一片繁荣兴旺景象。消费者对不少商品有了更多的选择余地。有些品种老、质量差的日用消费品过去供不应求，现在出现了滞销积压。1982年全年预计，社会商品零售总额为2560亿元，比上年增加210亿元，增长8.9%。

全国零售物价的总水平，1982 年大体可以保持在上年年末的水平，略高于上年的年平均水平。国营牌价没有大的变动，集市贸易价格略有上升。

（七）重点建设有一定的展开

经过调整、大力压缩基本建设投资之后，随着经济状况的好转，现在有必要也有条件使一些国民经济急需的重点建设项目有计划地展开。1—9月全国完成基本建设投资 304 亿元，比上年同期增长 26%。预计全年将完成 525 亿元，比上年增加 82 亿元。一些骨干项目的建设速度加快，投资有所增加。

（八）科学技术对生产建设的服务有所加强

今后发展生产主要依靠科学技术，现在科学技术部门和科学技术工作者对生产建设的服务工作也加强了。这表现为科技成果增多，推广应用工作有所增强，为生产建设服务的多种科技咨询活动迅速发展起来。最近，国务院召开了科技成果奖励大会，表扬了成绩卓著的单位和个人。

（九）农村和城市人民的生活有了显著的改善

党的十一届三中全会以来，从 1979—1981 年解决了 2600 多万人就业的问题。根据国家统计局的粗略计算，这几年，国民收入增长了 870 亿元；农民增加收入 580 亿元，工人增加收入 200 亿元，企业留成增加 200 亿元，总共 980 亿元。农民、工人和企业的收入大量增加，使各项开支的总和超过了财政收入；这就使得国家财政不能不发生赤字。但是农民和工人的生活都切实改善了。这是有目共睹的。

（十）城市经济进一步发展

城市工业生产在调整中继续前进，轻、重工业比例趋向合理，轻工业产值占工业总产值的比重由 1980 年的 45.7% 上升到 1981 年的 50.2%。在发展全民所有制经济的同时，大力恢复和发展集体经济，并积极支持个体经济和吸收国外投资，经济形式开始朝着多样化方向发展。随着城市经济的发展，用于城市非生产性投资比重继续提高，1981 年由 1980 年的 40.4% 上升到 47%。城市公用事业建设加快，例如，自来水设施和供水量增加；城市交通条件有改善，1981 年年底公共交通车辆比上年增长 6.5%；煤气设施增多；环境卫生、城市绿化都有了进一步的发展；城市房屋建筑近几年平均每年增加 7000 多万平方米，使住房紧张的现象稍有缓和。城市商业、饮食业、服务业网点有较大发展，1981 年全国城市共有零售商业、饮食、服务业网点 55.2 万个，比上年增加 39.4%。"三废"治理也取得了初步成就。

在中小城市的发展过程中，涌现了像常州、南通、沙市、襄樊等工业发展速度快，经济效益好的"明星"城市。这些城市的工业总产值平均每年递增 10% 以上，全民所有制企业职工每人每年创造的利税达 3000 多元。

从上面所说的情况看来，我国目前的经济形势确实是很好的。

我国国民经济的调整工作不少任务还要继续进行。但是和前几年相比，今后的经济调整将带有新的特点。例如，将由主要调整农业、轻工业、重工业之间，积累与消费之间这些重大的比例关系，转变为主要调整农业内部、工业内部的部门结构和产品结构；并且把企业的调整（包括必要的关停并转）和企业组织结构的调整放在重要位置上；同时，以还欠债为主要特征的调整基本上告一段落，逐步以较多的财力、物力进行新的重点建设和技术改造，和当前世界经济形势对比，更可以看出我国现在的经济形势是很好的，这实在是来之不易的。

例如，资本主义世界长期以来处于不景气状态。据估计，80 年代，西方国家经济仍不能摆脱目前的滞胀局面。80 年代前半期，不会比 70 年代后半期有什么起色，其增长速度平均年增长率估计不过 2%。苏联、东欧的经济增长率估计也将继续下降，80 年代前五年苏联国民收入平均增长率只能有 2.7% 左右，后五年大致在 2% 左右。1982 年苏联计划增长 3%，实际只有 2% 多一点。我国经济形势一天比一天好，"六五"时期有一定的发展速度，"七五"时期可以更高一些，90 年代将进入新的经济振兴时期。所以共同社记者说：世界经济萧条，中国人扬眉吐气。

二　目前经济中存在的问题

我们也应该清醒地看到，目前经济中存在的问题。看到这些问题是为了设法解决这些问题。我们也完全有可能逐步解决这些问题。

当前值得重视的有以下一些问题：

（一）轻工业速度放慢

年初以来，轻工业增长速度逐月放慢，9 月份比上年同期只增长 0.4%。如前所说，1—9 月份和上年同期相比，轻工业增长 7.5%，重工业增长 9.8%。原来要求轻工业的发展快于重工业，现在重工业又快于轻工业。今后发展趋势如何，轻重工业的比例调整到什么程度比较恰当，很值得研究。

轻工业速度放慢的一个重要原因是一部分日用消费品滞销、积压。9 月末，全民所有制商业商品库存总额 1523.5 亿元，比上年同期增加 117.4 亿元，增长 8.3%，其中内贸部门库存 1288.8 亿元，增长 6.4%，外贸部门库存 234.7 亿元，增长 20.2%。在内贸部门库存中，不适销的商品约 170 亿元，比年初增长 17.2%，占全部商品库存总额的比重由年初的 10.4% 上升到 13.2%。

从商业部经营的 140 种主要商品库存情况分析，属于供求基本平衡、库存比较合理的有 74 种，属于供不应求、库存不足的有 15 种，属于供过于求、库存积压的有 51 种。这 51 种商品超过合理库存 91.5 亿元，占商业部库存总额 1147 亿元的 8%。

现在出现了这样的情况，消费品越多，越滞销，群众持币选购的心理越严重。一方面东西卖不出去，一方面城乡居民储蓄又直线上升，8 月底已超过 620 亿元。

日用消费品滞销、积压也就是市场问题。这个问题已成为进一步加快发展轻工业的关键。资本主义社会必然出现市场问题，而且难以彻底解决。社会主义社会完全有可能解决这个问题。如何解决，要我们大家来研究。一个重要措施是要加强对市场问题的调查研究，使轻工业生产和人民消费需要相适应。

要深入研究日用消费品滞销、积压的具体原因，包括流通渠道不畅通、产品品种少、质量差、价格高，盲目生产等等原因对滞销、积压的具体影响，以及克服的途径。还要研究随着收入增加，居民消费需要和构成的演变趋势和规律，研究如何使生产适应于这些变化。

生产部门、流通部门、经济领导机关、科学研究单位等，都要大力开展这方面的研究。只要研究出原因，找到解决问题的办法，这个问题是完全能得到解决的。

（二）固定资产投资增加过猛

1982 年固定资产投资增加得过猛，总规模已经达到历史最高水平。其中，基本建设投资，调整后的计划为 445 亿元，预计将超过 80 亿元，主要是自筹资金超过 60 亿元，银行贷款安排的投资超过 19 亿元。尤其是投资结构不合理。一方面是重点能源、交通项目的投资上不去；另一方面是消耗能源和需要增加运力的加工工业不断增加，而且不少是重复建设。如果任其发展下去，不加控制，能源、交通供需的矛盾将会越来越尖锐。现在中央已经确定今后三年在原计划的 2000 亿投资以外，再集中 200 亿资金用于能源、交通等重点建设。如果其他方面的投资，特别是自筹投资降不下来，就会使整个基本建设规模更加膨胀，"三材"供应更加紧张，一般项目挤重点项目，计划外工程挤计划内工程的情况将进一步加剧，从而使整个投资效果降低，重犯过去拉长基本建设战线的错误；同时，更新改造资金也无保证，而且有些更新改造资金并没有用到真正的更改措施，而用于扩大基建规模。

这个问题要引起严重注意。盲目扩大基建是一个顽症，但只要下决心、下工夫也是可以把这个顽症治好的。

（三）流动资金占用过多

长期以来我国流动资金占用过多，至今这种情况还没有扭转过来。1981 年国营企业流动资金的占用达 3545 亿元，加上集体工商业占用 217 亿元，流动资金总额达 3762 亿元，比 1980 年增加 350 亿元，增长 10.3%。而同期工业总产值只增长 4.1%，社会商品零售额实际增长 7.2%，流动资金的增长大大超过了生产和流通的增长。

流动资金占用多，已成了国民经济发展的沉重包袱，要努力设法丢掉这个包袱。有关部门正在采取措施解决这个问题，例如，报废根本不适用的积压的钢材和机电设备等。这个问题也会逐步解决。

（四）企业经济效益差

我国企业经济效益差的情况还未根本改变，企业的盈利率和历史较好的水平相比，差距很大。1982 年 1—8 月与上年同期相比，预算内国营工业企业总产值增长 8.5%，利润总额增长 4.2%，而上交利润则下降0.4%。上交利润占利润总额的比重，也由上年同期的 79.5% 下降为76.3%。国家定期公布的 10 项主要经济效果指标中还有 4 项落后于上年。

这几年提高了农业原料的价格，燃料价格也将逐步提高。这样，一些企业长期依靠低廉的原料和燃料价格，依靠市场的供不应求来支撑生产和获利的局面不可能再维持下去了，过去被掩盖的经营管理不善和经济效益不高的问题，现在暴露得越来越明显了。

我们要通过全面整顿和改组企业，大力推进企业的技术进步，继续进行经济体制改革等措施，使企业的经济效益有个显著的提高，这也是可能的。

（五）经济管理体制必须要继续改革

经济管理体制是一个很重要而又很复杂的问题，这个问题不解决，生产力就会受到束缚。现在这个问题还没有解决，这几年进行小改小革，取得了经验，逐步摸索到一些适合我国国情的模式和办法。党的十二大提出，计划经济为主，市场调节为辅，是我们进行体制改革的基本原则。实行这个方针，需要解决条条块块、纵向横向联系等一系列的问题；同时，工业企业也一定要有自主权，要克服分配上的平均主义。这两条是搞好企业的要害。现在正准备在一两年内做出系统的全面的改革方案。所以这个问题也会逐步解决的。

目前经济形势好，是坚决贯彻党的十一届三中全会以来一系列正确的方针政策的成果。十二大肯定和发展了十一届三中全会以来的方针政策。只要我们坚决贯彻十二大的路线方针政策，解决目前存在的问题，就一定能够继续进一步发展大好形势，胜利实现翻两番的战略目标。

充分发挥沿海城市在社会主义
现代化建设中的作用[*]

这次会议来了这么多同志，有做实际工作的，有做理论工作的，大家都有丰富的工作经验或理论修养。我对会议讨论的问题缺乏系统深入的研究，是来向同志们学习的。看了一部分论文，听了同志们的发言，受到很多启发。现在提出一些问题和很不成熟的看法，和同志们商量。

一 关于研究沿海城市经济的方法

因为这是一次学术性的讨论会，所以，我首先想到的是如何研究沿海城市的经济问题。沿海城市经济问题是一个很重要的问题。我们这次触及了一些重要问题，还要继续研究下去。这次会议以后，还要认真地、系统地、深入地研究一些问题。为了使研究工作取得更大的效益，探讨一下研究方向和研究方法问题，看来是必要的。根据这次会议的经验，是不是有以下几点值得注意：

第一，要以党的十二大精神为指导思想，着重研究沿海城市如何在实现十二大提出的战略目标，开创我国社会主义现代化建设的新局面中充分

　＊　本文是作者 1982 年 11 月 1 日在天津召开的"沿海八城市经济问题讨论会"上的发言的一部分，原载《天津社会科学》1983 年第 1 期。

发挥它的作用，以保证战略目标胜利实现。

十二大提出了以提高经济效益为前提，20 年内工农业年总产值翻两番的战略目标，还提出了战略重点、战略步骤以及一系列重要方针政策。今后 20 年沿海城市的任务，就是努力贯彻这些方针政策和战略部署，来实现战略目标。

沿海城市在实现全国工农业年总产值翻两番目标中的任务是极为繁重的。它不仅本身要承担这方面的任务，还要带动周围地区完成这方面的任务。我们研究沿海城市经济问题，就是要以十二大精神为指导思想，按照十二大的精神来确定研究方向，确定选题，寻找解决问题的途径和方法。这个指导思想问题是十分重要的。这次会议是这样做的，今后要继续这样做。

第二，要深入研究有关的重大理论问题。

有的同志说，沿海城市经济中的理论问题已经解决了，现在是要解决实际问题。我们当然应该十分重视研究和解决实际问题，但是，不能认为理论问题都已经解决了，没有什么可以研究的了。

所谓研究有关的理论问题，就是探讨沿海城市经济的本质和它的发展规律。能不能说，这个问题已经解决了呢？恐怕还不能这样说。对于城市经济包括沿海城市经济的本质和它的发展规律问题，对我们来说，很多方面还是一个未知的王国。

例如，沿海城市的性质、地位和作用问题，就要进一步探讨。这次会上，对沿海城市的发展方向就有不同看法，这就涉及沿海城市地位和作用的理论问题。对于这个问题的看法，有的同志主张“以外贸为主攻方向”，有的同志提出“外向型”，等等。另外很多同志则主张“沿海促内地，国外促国内”。应该说，在着重点方面，这里是有理论上的分歧的。当然还有其他的理论问题应该研究。

不同的理论是会导致不同的实践的。从我国解放以来的历史看，沿海城市一度没有放在应有的地位上，这同理论认识也是有关系的。不能笼统说我们不重视城市的地位和作用。全国解放前夕，在 1949 年年初，党的七届二中全会就做出工作重点由乡村向城市转变并由城市领导乡村的决定，说明党是重视城市的。但是我们的认识确实还不够，一度就忽视了沿海的工业建设。1956年毛泽东同志在《论十大关系》中就批评过这种现象。他说，"最近几年，对于沿海工业有些估计不足，对它的发展不那么注重了"。这同我们对城市作用认识很有关系。即使在提出重视沿海工业的情况下，也是片面强调工业而忽视流通等的作用，尤其长时期忽视了沿海城市在外贸方面应起的作用。这里当然有复杂的原因，如帝国主义封锁，等等。但同理论认识不够全面深刻，也是有关系的。历史经验告诉我们，把一些理论问题弄清楚，是很必要的。

研究理论问题要收集全面系统的资料，揭示本质，找出规律，这是很艰巨的事情。

第三，理论研究必须密切联系实际。要通过研究找出规律性的东西，并且按照这些规律提出解决问题的办法。

研究理论，归根到底是为了解决实际问题。而且现在有大量的实际问题需要理论工作者研究解决。因此，希望大家在研究理论问题时，必须注重联系实际问题。研究实际问题不只是提出问题来，而且要以正确的理论为指导，研究出解决问题的办法。

为了做到这点，要具体地深入地研究一些问题。例如，各沿海城市有共同的问题，又有不同的特点，广州和上海、天津的作用就不完全一样。广州附近有深圳、珠海特区，又有港澳地区；而上海、天津附近就没有这种地区。各个沿海城市应根据各自的特点和优势，发挥不同的作用，确定不同的发展方向和战略目标。

在内联外挤的问题上，如何内联、如何外挤，也要具体研究一些问题。比如，用哪一种商品去外挤，挤到什么地区，同谁去挤，有多少把握，有什么风险，如何减少风险，等等。

第四，要认真学习和领会党的方针政策，尤其要认真学习党的十一届三中全会以来的方针政策。

党对城市（包括沿海城市）的政策也有一个发展过程。前面说过，解放以来，党是重视城市问题的，但在发挥城市的作用上，又确实存在过这样那样的问题。十一届三中全会以来，我们才对城市作为经济中心的作用有比较全面深入的认识。最近，中央又提出要把大中城市作为经济中心，提出上海等沿海城市要"内联外挤"，这是认识上的巨大进步，表明我们党的方针政策是以客观经济规律为依据的。

但是，不能认为对这些方针政策大家的认识都完全一致，甚至不能说大家都已熟悉党的重要的方针政策。因此，要认真学习，全面领会，要准确理解这些方针政策的内容和界限，研究如何贯彻。

为了有利于进一步研究城市经济问题和沿海城市经济问题，建议把新中国成立以来党关于这方面的方针政策编纂成册，供大家学习。会上印发了马克思恩格斯论城市的小册子，看过之后很受教益。研究经典作家关于城市的论述是必要的，与此同时，还要研究和学习党和政府关于城市的方针政策。

第五，要从全国的角度，从加快整个国民经济发展和现代化的要求出发，来研究沿海城市经济以及一般城市经济问题。

研究问题忌带片面性。马克思主义认为，立场正确才有可能克服片面性。这里我不是说无产阶级立场、资产阶级立场的问题，应该说，我们这个讨论会上不存在这个问题。但是，确实还有一个站在哪里的问题，即站在局部还是站在全局，从什么角度出发看问题的问题。这是因为现实生活中，存在着中央和地方，部门和部门，地方和地方，地方和部门等矛盾，这些矛盾在经济活动中，往往涉及物质利益方面。由于代表不同方面的利益，看法和主张就会有所不同。那么，我们应该服从什么利益呢？我想，应该服从整个国家的利益，反映加快整个国家社会主义现代化建设的要求。

搞研究工作的同志也许可以超脱一点（我说也许，就是说也不一定），搞实际工作的某些同志有时难免站在本部门、本地区、本单位的角度看问题。其实，这并不一定不对，而是要看是不是反映了全国人民的利益。我们也不能要求每个人不代表自己的部门、地区、单位讲话，但是，要求搞调查研究时客观一点，全面一点，则是应该的。因此，我们研究问题首先要从加快整个国家社会主义现代化建设的要求出发，从加快整个国民经济发展的要求出发。

国务院领导同志最近在提出要进行上海经济区和山西煤炭重化工基地的规划时说："国务院决定，成立上海经济区规划办公室和山西能源基地规划办公室，不是站在条条块块的立场，而是要从全国的角度去研究处理问题，协调经济区内条条与块块的矛盾，促进生产力的发展。"这对我们研究沿海城市经济问题有重要的指导作用。

二　关于沿海城市的作用

去年召开过一次中心城市问题座谈讨论会，对中心城市的地位和作用进行过探讨。这次会议可以说是上次会议的继续。

沿海城市的地位和作用同中心城市的地位和作用有共同点，也有不同点。不同点主要在于这些城市处于沿海，是内外交流的枢纽。这次会议着重讨论由于它们处于沿海而在地位和作用上产生的特点。根据会议讨论的意见，对于沿海城市的地位和作用，比较一致的看法是：沿海城市在历史上就形成了一定的经济优势，对内地的发展起过并继续起着促进作用；沿海城市由于地理位置优越，交通方便，作为港口对外经济关系密切，商业繁荣，金融发达，特别是工业基础好，文化科学技术水平高，名牌产品和科技人员大多集中于此。可以说，沿海城市是全国工业和科技精华的荟萃之地。这些优越的条件，使沿海城市自然地成为周围区域的经济中心，它有着发达的工业、商业、运输业、外贸业、金融和文化科技，等等。这对全国的经济发展起着极大的促进作用。大家认为，必须从战略的高度上，充分认识沿海城市在我国实现社会主义四个现代化中的重要地位和作用，任何忽视沿海城市地位和作用的观点都是错误的。

从会议的论文和发言看，对沿海城市的地位和作用也有一些不完全相同的看法，主要有两种意见：

第一种意见认为，由于我国沿海城市的特殊地理位置和历史上形成的经济优势，决定了它在社会主义建设当中起着双重作用：一方面是对内的作用，即利用沿海城市优越的经济技术条件，促进内地的经济发展；另一方面是对外的作用，即利用沿海城市对外经济联系的有利条件，挤进国际市场，吸收外资，引进技术和先进设备，加以消化和推广，以此来加速全国四个现代化建设的进程。

第二种意见认为，沿海港口城市是进出口的门户，运输的枢纽和商品集散地，强调它是对外贸易的中心。因而主张我国的当务之急，是首先把沿海城市对外贸易中心的作用发挥出来，以充分发挥它的作用。有的同志还主张，沿海城市要"以外贸为主攻方向，调整工业生产结构和出口商品结构"。

以上概括，不一定能把会议上讨论的意见完全准确地表达出来，但是，在沿海城市的地位和作用问题上，例如，在对内和对外关系着重点问题上，确实存在着不同的看法。有的同志强调外贸中心的作用，有的同志强调对内经济中心的作用。对于沿海城市的地位和作用当然还会有其他不同认识。

对于这些不同意见，有必要加以认真研究，找出真正的分歧所在和原因，进一步探讨，求得比较正确一致的认识。有这样那样的不同意见完全是可以理解的，因为问题本身就比较复杂，应该实事求是地进行探讨。

究竟怎样认识沿海城市的地位和作用，解决这个问题的关键是对沿海城市在我国国民经济中特别是在实现四个现代化中的地位和作用进行分析。沿海城市的地位和作用是客观存在，我们的认识应反映这个客观存在，而且应该反映得全面深刻。

据1981年统计，全国222个城市的人口占全国的10.3%，工业产值和利润占全国的75%以上，工业固定资产原值、职工人数都占全国的2/3左右。其中15个沿海城市，它们的土地面积只占全国不到1%，人口只占4.7%，而工业产值则占全国的29.5%，全民所有制企业的利润和税金则占全国的30.2%，财政收入占全国的24.8%。这些都是客观的存在。我们应当从这种实际出发考虑和解决问题。

众所周知，像上海、天津、广州、大连这样的沿海城市，它的作用是多方面的，包括工业中心、商业中心、交通运输中心、外贸中心、金融中心、信息中心、科技中心、文教中心，等等。而且在所有这些方面，都处于一种极其重要的地位。某些时候我们有必要强调它的某一方面的作用，但是我们任何时候都不能不看到它的多方面的重要作用，防止和克服认识上的片面性。

有些同志特别强调沿海城市作为对外贸易中心的重要作用，强调它在对外经济关系中的作用，也是有一定根据的：

第一，扩大对外经济技术交流是党的十二大提出的一项重大任务，沿海城市在完成这项任务中，应该起相当重要的以至决定性的作用。

第二，最近中央领导同志一再提出，上海等沿海城市要"内联外挤"。

第三，过去长时期忽视了沿海城市的这种作用，现在有些同志还对沿海城市扩大对外技术经济交流的作用和任务，认识不足。

所以，在一定条件下，在一定意义上，强调沿海城市在对外贸易中，特别是对外经济关系中的作用，是有理由的。

在强调沿海城市外贸作用的时候，应当从客观实际出发。当前像上海、天津、广州、大连这样一些大的沿海城市，他们的出口商品，在其工业总产值中只占10%稍多一点。因此，我们一方面要尽最大的努力挤进国际市场，打开销路，扩大对外贸易；另一方面，仍要十分关心发挥沿海城市其他方面的作用，十分关心国内市场。如果由于过分强调对外贸易的作用而忽视了沿海城市的其他作用，特别是忽视它的工业基地、科技基地等等重要作用，那就不能充分地发挥沿海城市的其他方面的重要作用，因而也就不能很好地发挥它对外贸易的作用。尤其不能忽视沿海城市对于带动周围地区和内地经济发展的作用。沿海城市扩大对外经济交流的最终目的，不仅仅是为了沿海城市本身经济的发展，更重要的是为了带动和加速周围地区经济的发展和全国的四个现代化建设。而且，如果不充分发挥沿海城市带动周围地区和内地经济发展的作用，也难以很好地发挥外贸中心的作用。

此外，有的同志主张，沿海城市应该实行"出口主导型"或"外向型"的战略。就一般沿海城市而论，有没有必要和可能实行这种战略呢？它会导致什么后果呢？这也是值得考虑的问题。

三　关于沿海城市在全国经济发展中的地位

为了充分发挥沿海城市的作用，非常重要的一条，甚至可以说是具有决定意义的一条，就是沿海城市的经济工作要贯彻党的十二大提出的战略部署，步调要和全国的战略重点、战略步骤相适应，努力实现总的战略目标的要求。这样，沿海城市既能在全国的社会主义现代化建设中做出最大的贡献，自身也能健康地迅速地发展壮大起来。

这当然不是说沿海城市不要发挥主观能动作用。事实上，一切地方、部门和单位，都应该发挥自己的主观能动作用，尽可能地把本地区、本单位的工作做得更好。十二大提出的经济纲领和方针政策，也正是为了使各个地方、部门和单位发挥自己符合客观规律的主观能动性，并为此提供了必要的前提条件。应该强调的是，全国的社会主义现代化建设有一个步调一致的问题，这也就是综合平衡和按比例发展的问题。为了充分发挥沿海城市的作用，为了使沿海经济问题的研究取得更大的成绩，应该十分注意这个问题。

在这次会议上，很多同志强调，应该把沿海城市放在重要地位上，给以必要的自主权和财力物力的支持，使沿海城市的经济发展得更快一点，在实现现代化上先走一步。这些意见是有道理的。事实上，党和政府已经把沿海城市放在重要地位上了。大家都知道中央领导同志是非常关心沿海城市经济的发展以及全国城市经济的发展的。一般来说，沿海城市在很多方面的现代化步伐当然应当快一点。至于沿海和内地相比，各有不同的情况，经济发展速度，谁快谁慢，这个问题比较复杂。可能有些沿海城市会快一点，但也可能有些内地地区发展也会相当快。各个地区经济的发展决定于主客观条件，决定于自己的努力。当然，作为一种趋势来说，可能还是沿海快一点。是否这样，大家还可以继续探讨。

有这样一种意见，为了发挥沿海城市的作用，应该把沿海城市作为战略重点，集中全国的财力物力，用在沿海城市，使它先走一步，先富起来。这种意见是值得商榷的。

党中央确定农业、能源、交通、科学教育等部门为经济发展的战略重点。这是从全国出发，抓住了国民经济发展的根本环节和薄弱环节，为现代化建设顺利进行提供必要的条件，尤其是为沿海城市经济的发展创造条件。只有这样做，才能使沿海城市的作用得到充分发挥。

现在能源问题和交通运输问题严重制约着国民经济的发展速度，也严重制约着沿海城市经济的发展。目前许多沿海城市，由于缺煤、缺电，而使相当一部分生产能力不能得到利用，如果不抓紧进行能源交通等重点建设，而在沿海城市又大量发展耗能很多的加工企业，那么，上述紧张的情况，将更加严重。所以，在强调沿海城市重要性的时候，一定要同时看到能源交通等重点建设的重要性，并采取最积极的态度进行解决。最近邓小平同志找宋平同志谈话时说："能源不够，不仅是'六五'期间的问题，也是今后相当长一个时期的问题。你们的二十年设想中，就反映了能源的紧张，电和工业生产最多做到同步增长，还不能先行。节能到一定程度后，难度也很大。'六五'能集资 200 亿元，搞重点建设，那就好。今年基本建设自筹资金超过那么多，还不是搞加工工业，建设起来，没有能源还不是开不了工。看来不搞能源，不上骨干项目不行。"

今后我们发展经济，主要靠技术改造，靠内涵的扩大再生产。但是，像能源交通等必要的重点建设，还是要集中大量的财力、物力来进行的。搞好重点建设及其前期工作，是前 10 年的一项重要任务，同时也是后 10 年经济振兴的重要条件。要求在前 10 年做好建设前期准备工作的项目。能源方面有长江三峡水利枢纽，广西龙滩水电站，四川二滩水电站，辽宁核电站，华东核电站，山西平朔煤矿、宁乡煤矿，内蒙古两个矿区，云南一个矿区。这些都是规模很大的建设项目。铁路方面有北京至秦皇岛，兖州至石臼所，朔县至石家庄，格尔木至库尔勒的新建工程，还有大同经北京至秦皇岛的电气化工程。其他如农业、原材料、轻纺等方面也要进行必要的重点建设。

重点建设是需要大量的资金、物资的，资金从哪里来？大家知道，由于沿海城市的重要地位和作用，国家财政收入相当大的部分是要靠沿海城市提供的。这是沿海城市光荣的任务，义不容辞的责任，是对国家做出贡献，也是有利于自身发展的。

如果要集中全国的财力物力来保证沿海城市先走一步，那么，能源交通等重点建设怎么办呢？不搞重点建设，国民经济能顺利发展吗？经济能振兴吗？翻两番能实现吗？沿海城市能充分发挥作用吗？

这当然不是说沿海城市不要进行建设，沿海城市用必要的财力、物力来进行建设，尤其是搞好港口等基础设施的建设，这是完全必要的，办法就是国家要有统筹安排，使城市建设所必需的物力财力得到保证。特别是沿海城市要发掘潜力，提高经济效益，在为国家做出更大贡献的同时，使自己也有更多的资金用来进行必要的建设。这里推荐首钢的经验是有必要的。根据首钢的规划，采取"递增包干"的办法，上缴国家利润每年递增6％，实行"四不要"，即不要国家投资，不要多给电，不要多用水，不要增加厂外运输量，通过技术改造，在15年内，使产值翻两番，累计可上缴利润63亿元（相等于现在六个首钢的固定资产），同时使自己改造成·个现代化钢铁企业。首钢的经验，可以给沿海城市的发展规划很多启发和可以借鉴的东西。

应该看到，沿海城市在积累资金等方面是有很大潜力的，在现行体制下，可以做的工作和可以挖掘的潜力也是很大的。近几年出现的一批明星城市，如常州、南通、沙市、襄樊，等等，它们发展的经验，也值得认真总结和因地制宜地推广。把沿海城市的潜力充分发挥出来，要靠改革体制，调整产业结构和产品结构，要扩大城市和企业的自主权，有计划有重点地对企业进行技术改造；同时也要靠我们大家从其他各方面做好工作，包括加强经济社会发展的长期规划工作，加强思想政治工作，加强社会主义精神文明的建设。我们努力把沿海城市的潜力充分发挥出来，是既有利于整个国家四个现代化建设，也有利于城市自己的建设的。为了加快沿海城市发展，尽可能挤出一些资金来，支援国家对于能源交通等项重点建设，这是所有沿海城市的一项光荣任务，同时也是为自己更好的发展创造条件。我们应当把这个光荣的任务自觉地担当起来。

四　关于内联外挤的方针

内联外挤是沿海城市实行对外开放的发展战略的一个极为重要的方针。其中，外挤是根据当前情况提出的一项新任务，这项任务既重要，又艰巨，我们又缺少经验。沿海城市在这方面担负着特别重要的使命，应该千方百计完成这项重要任务。这次会议对内联外挤的方针讨论得比较多。通过讨论认识有很大提高和深入，同时，也存在一些不同看法。

有一种看法认为：沿海城市的首要任务是面向国际市场往外挤，实行内联的目的也是为了外挤。这里涉及如何理解内联和外挤的关系问题，这是一个很重要的理论问题和实践问题。有必要弄清楚。

我想比较详细地介绍一下中央领导同志关于内联外挤的一些提法，并且谈谈自己的体会。

国务院领导同志今年上半年在一次会议上说，我国沿海地区和内地之间，在经济上应有合理分工，发挥所长，使整个经济发展得更快。沿海地区要面向国际市场，发展对外贸易，加强国际经济合作和技术交流，以加快经济的发展，提高科学技术和经营管理水平；要同内地实行有效的经济联合，为发展内地经济服务，带动内地共同提高。

我个人体会，国务院领导同志讲的这一段话，包括以下的意思：

第一，面向国际市场，发展对外贸易，加强国际经济合作和技术交流，是沿海地区的重要任务，这样做，是为了加快我国国民经济的发展，加快四个现代化建设的步伐。

第二，沿海城市在加强对外经济技术合作交流的同时，要重视为发展内地经济服务。

第三，沿海内地要实行有效的经济联合，沿海要带动内地共同提高。

可见，把面向国际市场往外挤作为沿海城市的一项重要任务是正确的，但是，不能不顾具体条件笼统地把它作为首要任务，并由此而忽视沿海城市和内地联合、沿海城市为内地服务的重要任务。

9 月间，国务院领导同志在论述当前经济工作中需要研究解决的新问题时说到，在对外经济技术交流中，要注意发挥沿海城市的优势，中国的东部和西部经济上是存在着矛盾的。从长远看，完全靠内地供给沿海城市原料，加工成商品后再销到内地，这个路子会越来越窄。要加强沿海同国际市场的联系，上海等沿海城市"要内联外挤"，所需要原料、材料逐步转向国际市场，商品要往外销售，以改变原材料紧张，销路有困难的局面。关键是要给沿海城市一定自主权，利用外国资源，在国际市场上竞争。除广东、福建已实行特殊政策、灵活措施外，首先是要给上海、天津更多的自主权。不要一下铺得很开，要有领导、有步骤地进行。

"内联外挤"的方针是一个极其重要的方针，我们应该深刻认识这个方针的重要意义，认真执行。同时，还要注意以下几点：

第一，国务院领导同志是把这作为长远的方向提出来的。因此说"从长远看"，"逐步转向国际市场"。我们从现在起要加紧、努力挤入国际市场，但又要看到这是一个逐步转向的过程。

第二，首先是给上海、天津更多的自主权，要上海创造经验，拿出办法来。

第三，因此，不要一下铺得很开，要有领导有步骤地进行。

10月上旬，国务院领导同志讲到上海经济区规划工作时，又说了这么一段话：规划上海经济区，必须考虑"向外挤"的问题。要充分运用上海地区参加国际市场的有利条件。当然，这只能逐步转，现在还必须保证把上海所需要的原料调拨去。从全局考虑，我们应当把沿海地区搞活，首先是使上海地区发挥作用，积极打入国际市场；同时，逐步使沿海地区的技术向西部转移，利用当地的原料就地加工销售，使东部、西部地区的经济都能够繁荣起来。我们的长远规划必须有这个战略设想。上海经济区的规划，也应按这个思路去考虑。

这段话又可以使我们明确几个问题：

第一，沿海和内地、东部和西部要都能富裕起来。所以沿海城市内联的目的是促进内地整个国民经济的发展，而不仅仅是为了外挤，为了沿海城市本身。当然，这样做必将有利于外挤，有利于沿海城市本身。

第二，积极打入国际市场是上海地区的一项重要任务，但并非全部任务。

第三，这里讲的是上海地区的经济发展方向，而且又指出"只能逐步转"。

从这段话看，外挤主要是指商品挤入国际市场。可见外挤并不能概括沿海城市对外经济关系的全部内容。

总体来说，我们对于外挤一定要采取十分积极的态度。尤其上海、天津等沿海城市要十分重视这项工作，力争在近期内取得较大的成绩。任何忽视这项工作的做法，都是不正确的。但是，也要注意正确处理好内联和外挤的关系，不要由于重视外挤而忽视内联的重要性，不要由于重视国外市场而忽视国内市场。沿海城市作为国内的经济中心，担负着把所在地区的经济带动起来的义不容辞的任务。国际市场对我们是重要的，但和国内市场相比，后者则更为重要。应当看到 10 亿人口的市场是世界上独无仅有的最大市场，随着我国经济的发展和人民生活水平的提高，这个市场容量的扩大将是不可限量的。满足这个市场的需要，是一项巨大的任务。完成这一任务，今后长时期内，对大多数沿海城市来说都是责无旁贷的。同时，还要看到，挤入国际市场比开辟国内市场要困难得多，在这方面取得重大的进展必须有一个艰苦奋斗的历程。我们要千方百计创造条件去挤，但绝不要把这件事看得太容易了。

怎样内联？怎样外挤？会议中提了很多好意见，还有很多问题要进一步研究。

五　关于沿海城市的管理体制

充分发挥沿海城市经济的作用，必须进一步改革沿海城市的管理体制。有的同志说，当前沿海大城市不能充分发挥经济中心的作用，最根本的是体制问题。现在的体制是条块分割，一个城市连自己本身的问题都解决不了，更不要说发挥经济中心的作用了。要发挥沿海大城市经济中心的作用，就必须给它相应的权力。仅仅是自主权还不够，因为自主权只能解决自身的问题，而发挥经济中心的作用，还需要有一些特殊的权力。如开展对外贸易，港口管理，海运经营，特别是计划安排（指某些省属大城市，在国家计划中要单列户头），等等。这些意见都是需要研究解决的。

改革沿海城市的经济管理体制涉及很多问题，如条条和块块的关系，纵向联系和横向联系的关系，城市的自主权，企业由谁管理，以及企业的自主权，等等。最近，国务院领导同志要在谈到上海经济区和山西能源基地的规划工作时，就城市管理体制问题讲了下面一些重要意见：

第一，建立上海经济区。从经济上看，上海市实际上是面向全国的，它与长江三角洲的各个城市关系特别密切，如苏、锡、常、杭、嘉、湖、还有宁波，这批中小城市与上海有千丝万缕的经济联系。需要考察如何打破条条块块的框框，真正按照经济规律办事，把这一地区的经济更好地组织起来。这样就提出建立上海经济区的问题。

第二，从规划做起。这一工作可先从规划做起，通过规划，把地方与部门的矛盾解决，而不是从组织上动手，简单地把这些地区划归上海。经过规划，促进地区的联合，企业的联合，把生产力解放出来。统一规划后，该列入地方计划的，仍列入地方计划，该列入部门计划的，仍列入部门计划，可以不改变企业隶属关系和所有制关系。这样就把国家的统一计划分解到各地区、各部门去了，使经济区内地区、部门的计划同国家计划紧密衔接起来。

第三，通过中心城市和工业基地把条条块块协调起来。看来经济管理体制，将是走依靠中心城市和工业基地的路子，通过中心城市和工业基地把条条块块协调起来，形成合理的经济区域和经济网络。

第四，条条、块块、中心城市三者的关系怎样解决？设想是：凡是关系国计民生的一些非常重要的企业和重要的产品，由中央有关部门集中管理。但有一个权利必须交给中心城市或工业基地，就是参加当地的经济协作，不论哪个部门的公司或工厂，在这方面都必须服从所在的中心城市的领导。另一种类型是非全国性的企业，中央各部不直接管理，不是一般地交给地方管，而是要交给中心城市管。中央各部门主要是管规划，管技术政策。

第五，做法上有先有后，不能一哄而起。现在先选上海、山西试验。

第六，经济区的演变趋势。经济区发展下去会变成什么样的情况，还要从实践中看，这是同整个国家经济管理体制的改革有联系的。如果将来政企逐步分开，政府对企业不必再过多地进行行政干预，在国家计划指导下，企业之间，地方之间，部门之间的经济联合，会有进一步的发展，企业的自主权也会越来越大。企业服从国家的统一计划，向政府交税，分交一部分利润，企业的经济活动有一定的自主权。如果其他方面的改革都跟上，那就很可能出现经济管理体制的新面貌。中间要经过哪些过渡步骤，还有待今后的实践解决。

第七，从调查研究入手。经济区规划工作，先从调查研究入手，掌握这个地区的经济条件和经济情况，参考各部、委的有关规划方案，从实际出发，制定出经济区的经济发展规划方案。

国务院领导同志很强调调查研究，总结经验。我们一定要这样去做。许多同志反映沿海城市要解决体制问题，就要解决条块关系问题。统一的经济实体要求条块不要分割，但实际上又确实存在条条和块块，怎么解决这个矛盾？每个企业都要求只有一个婆婆，现在的问题是婆婆太多，究竟怎么解决为好？这要经过周密的调查研究才能解决。

现在全国形势很好，让我们通过自己的理论研究工作和实际工作，尽我们的力量，促进形势向更好的方向发展，为完成党的十二大提出的各项任务而努力奋斗。

再谈开创社会科学研究的新局面[*]

我这次是来参加沿海八城市经济问题讨论会的。原来没有准备来参加今天这样的盛会，和同志们一起讨论问题。

同志们刚才提了很多问题，我不能都做出回答。因为有好多问题我也在研究，在探索。同志们提的问题，都围绕着这样一个题目，即社会科学的研究工作如何为全面开创社会主义现代化建设的新局面做出更多的贡献。

第一点，我感到很高兴，今天这个会既有社会科学工作者，又有自然科学工作者参加。社会科学和自然科学工作者在一起开会，一起讨论问题，解决问题，这就是一个新鲜的事物。社会科学和自然科学虽然都是科学，过去好像还是两家。当然，这两种科学是有区别的，但也有很密切的联系。特别是我们要贯彻党的十二大的精神，实现社会主义的四个现代化，在 20 年内把我们的工农业的年总产值翻两番，要实现这样一个任务，有大量的、复杂的自然科学问题要解决，也有大量的、复杂的社会科学问题要解决。而这两方面的问题的解决，需要我们两家结合起来，才能解决得好。这个道理是非常清楚的。比如，要翻两番，要实现四个现代化，这首先是一个经济问题，但也包含着大量的技术问题。孤立地从经济上或孤立地从技术上来解决问题是不行的。这次国务院领导同志在全国科学技术

* 本文是作者 1982 年 11 月 3 日在"天津社会科学院座谈会"上的讲话。

奖励大会上讲，采用先进技术是一个战略性的问题。他这里讲的技术属于自然科学的范畴，因为这次发奖是发自然科学的奖，不是发社会科学的奖，他当然是就这个范围来讲的，就这样一个对象来讲的。但这并不是我们党，小平同志、耀邦同志、党中央的其他负责同志不关心我们社会科学。据我看，实际上过去可能对社会科学比对自然科学还要关心得多。因为拟定一个长期计划，制定好多的政策，这都是社会科学的问题。我们党的领导机关是个什么机关呢？是搞社会科学的呀！包括我们的党委，我们的政府，不都是搞社会科学的吗？但是，我们过去确实有一个问题，就是把社会科学和自然科学结合到一起来解决问题，做得比较少。自然科学研究出一种成果之后，要推广，要应用。究竟能不能应用？那就不是自然科学本身的问题，那就牵涉到社会科学的问题。它的经济效益怎么样？是不是符合我们这个国家的国情？我们今天的条件如何？有没有推广的可能性？这就是社会科学问题。我们提出了生产要翻两番，这当然是个社会科学的问题。但能否翻得了两番，怎么翻两番，这个问题离开自然科学行吗？离开科学技术的进步行吗？当然不行！所以，今天我们大家开这样一个联席会议，讨论一些共同关心的问题，我看是个新鲜的事情，是很有必要的。

不仅技术和经济的问题联系得很密切，社会科学的其他学科在不同程度上和自然科学也发生着不同形式的联系。就拿哲学来讲，哲学方面现在准备要写一本书，社会科学规划里也讲了，要写物质论。这个物质论，你离开自然科学能够写成吗！什么是物质？社会科学工作者理解的物质是什么？自然科学工作者理解的物质是什么？这总是要统一起来的。因为哲学是社会科学和自然科学的综合科学，所以我们叫哲学社会科学。当然不仅仅是经济学、哲学，还有社会科学的其他学科，也和技术问题、自然科学问题分不开。比如，社会学要研究在社会生产迅速发展，科学技术日新月异的条件下，在我们社会主义现代化过程中，给社会究竟会带来什么影响？好的影响是什么？不好的影响是什么？这些问题就需要研究。我们是个后进的国家。我们要实现四个现代化，怎么样能够吸收经济发达国家现代化过程中好的东西，怎么样能够避免它那些不好的东西？这既是个自然科学的问题，也是个社会科学的问题。所以这一类的问题，恐怕应该是自然科学和社会科学相互渗透，相互交叉，相互结合，才能正确地解决。这是发展的一种必然的趋势。有很多的边缘科学，就是在社会科学和自然科学间跨学科的。这个问题很值得我们研究。

刚才有同志提到要研究管理学。管理学，我看就是社会科学和自然科学结合的一个东西。自然科学需要管理学，社会科学也需要管理学。比如，美国搞的巴布洛申登上月球这件事，是个自然科学的问题，但是它又用了社会科学。它用了系统工程，它用了很多其他学科来研究这个东西，组织这个东西。我们现在了解的管理学常常局限于怎么管理工厂。怎样管好一个工厂，这当然是管理学的一个重要内容。三年前我们到美国去考察的时候，他们讲的管理学并不完全是这回事。管好工厂，管好商店，管好银行，管好政府机关，管好一个医院，管好一个学校，都是管理学的范围。当然，管好一个自然科学研究项目，使它获得成功，也是管理学的范围。比如，我们现在许多单位研究的系统工程学、价值工程学、数量经济学等，这一类学科，也是数学和我们的经济科学，或者其他科学相结合的一种东西。所以，在这方面，是不是我们大家能够更好地携起手来？我和中国科学院的卢嘉锡院长交换过这个意见。最近国务院领导同志要在全国科学技术奖励大会上做报告，找了很多自然科学界的人，也找了社会科学工作者去给他的讲稿提意见。我也去了，还有其他的同志也去了。定这个稿子的时候，大家也讲到我们今后要加强这方面的联系。我看我们社会科学的研究单位同技术经济和管理现代化研究会这一类组织，今后要很好地加强联系，交流我们研究的心得，促进自然科学和社会科学的繁荣和进步，使我们能够在实现社会主义四个现代化中间贡献更多的力量。这是我想讲的第一点。

第二点，刚才有的同志讲到社会科学在实现四个现代化中的地位和作用。这次全国哲学社会科学规划座谈会本来是请胡乔木同志讲这个问题的。胡乔木同志没有直接讲，但是胡乔木同志在这个会上的讲话，实际上主要讲的就是这个问题。对于这次会议，可能有的同志知道，有的同志还不清楚。最近报纸上已经公布了，中央宣传部和中国社会科学院、教育部以及其他有关单位一起召开了一个全国社会科学的规划会议。这就是不仅要把社会科学研究机构系统，也要把教育部的、各个政府部门的、事业单位的和企业的有关研究系统，党校、干部学校的有关研究系统，以及军队的有关研究系统等组织起来，大家在一起来做出一个社会科学发展的规划。在这个会上，胡乔木同志作了讲话，邓力群同志也作了讲话。他们的讲话经过整理，最近可以印出来，至少内部可以发了。这里面都讲到社会科学在实现四个现代化中的地位和作用问题。这方面的问题，我就不多说了。

我到中国社会科学院工作将近五年了，我只讲一个体会。我认为党和政府是非常重视社会科学的。党中央最近在关于转发《全国哲学社会科学规划座谈会纪要》的通知中说："没有哲学社会科学的发展，要开创社会主义现代化建设事业的新局面是不可能的。"这就是党对社会科学的重要性和作用所做的估量。大家很清楚，党的很多重要文件，是吸收了社会科学工作者的意见的。这不正说明党中央对社会科学的重视吗？我所要说的体会，还不是在这个方面，这个方面大家看得很清楚。我的体会在另外一个方面。就是我们社会科学在四个现代化中的地位和作用，被不被党和政府的领导机关重视？现在的问题不在于党和政府的领导机关的哪些同志不重视我们，我看是非常重视的。社会科学在我国社会主义现代化中所起的作用如何，主要是取决于我们社会科学工作者自己，就是我们的工作是不是对于党和政府在决定一些重要的方针政策时起了我们应该起的作用。如果我们在这方面真正起了作用，就会受到重视；如果我们提不出什么意见来，或者提出的意见、建议不能够起什么积极作用，我看党和政府想要重视也没有办法重视，想要叫我们起这个作用我们也没有可能起这个作用。我自己五年来深深体会到这一点。

党和政府对于我们社会科学工作者寄予殷切希望，也经常有所鞭策。最近这几年，我除了参加中国社会科学院的一些工作外，国务院和中央财经小组的有些事情也找我参与去做。所以我说，社会科学的地位和作用问题，最根本的还是取决于我们自己，取决于我们社会科学工作者。至少对我们这个社会科学院，或者我们这个研究所，我们这些单位自己，是有很大关系的。党和政府总是希望我们社会科学工作者能够献计献策，真正对社会主义现代化事业提出一些好的主意来。那么，我们能不能做到这一点？我知道，天津市委陈伟达同志以及其他负责同志期望于我们社会科学工作者的，也是这些。我们能不能满足这样一个愿望，不辜负党和政府对我们社会科学工作者的期望，这需要我们自己来努力。这是我想讲的第二点。

我想讲的第三点，就是为什么中国社会科学院和我们各省、市的社会科学院的关系是兄弟关系，而不是上下级关系？这个"兄弟关系"，是我们的前院长胡乔木同志提出来的。刚才同志们讲，天津社会科学院历史很短，只有四年的历史。中国社会科学院的历史也并不长。原来它是属于中国科学院的，是一个学部，叫做"哲学社会科学部"。成立社会科学院是1977 年秋天，到现在也不过是五年的历史。我们作为兄弟关系，就是兄弟关系嘛。不是一个老的、一个小的这么个关系。

同志们提出，为什么中国科学院有什么上海分院、广州分院、兰州分院（不知天津有没有分院），都是隶属关系？有很多同志也想援例，说我们社会科学是不是也和自然科学一样，把各地方的社会科学研究院（所）变成中国社会科学院的分院，这样不更好吗？我看在这点上社会科学和自然科学有所不同。因为自然科学那个分院，比如研究光学的，在长春研究的光学，我们天津也可以应用，你到昆明也可以应用，全国都可以应用。这个光学，全世界都是通用的。同志们可能会讲，社会科学也一样，社会学呀、哲学呀、历史学呀，等等，不是到处都有这种学科吗？但是你要具体分析起来就不同了。光学不能是长春有长春的光学，天津有天津的光学，上海有上海的光学。但历史就不同了。比如我们社会科学院研究历史，大家都要研究中国历史，这点可能是一致的。但是，如果天津的社会科学院不研究天津的历史，我看就没有完成我们的任务。天津的历史，你让沈阳的历史研究所给你去研究，我看研究不好。同样，内蒙古的历史，内蒙古的社会科学院不研究，要叫别的历史研究所来研究，我看也研究不好。你要研究清朝早期的历史，包括满族的历史，你总是要在东北研究吧。比如太平天国的历史，总要到广西去研究，要到南京去研究，或者要到别的什么地方去研究。这是从历史学来讲。再比如拿经济学来讲，如果我们一般地研究经济问题，那当然有很多共同的问题。如在本世纪末使我国年工农业产值翻两番，这是十二大向全党提出的任务。可是，是不是每个地方都是翻两番，少了也不行，多了也不行？怎样翻两番，每个地方都一样吗？像这一类的问题，我看不仅是我们社会科学所要解决的问题有很大的不同，自然科学也同样如此，因为这都是很具体的事情。比如，天津翻两番和北京翻两番一样不一样？我看肯定不一样。中央给北京提了四条方针，北京要按这四条方针办，至于怎么翻法，翻的结果如何，我没有调查研究，不了解情况。天津怎样翻两番我还不清楚，明天准备向市委请教。我想，天津濒临渤海，怎样利用渤海这个资源？渤海里边有鱼虾，有食盐，有石油，还有别的东西，还有海运的便利，等等，这些北京就没有。这属于自然资源和自然条件。但是你怎么利用它呢？这就不仅是自然科学问题，还有个社会科学问题，这个问题就有很大的特殊性。

社会科学院，特别是地方的社会科学院，要做党和政府的助手。我们中国社会科学院要给党中央、国务院做助手，要为党中央、国务院服务。我觉得地方的社会科学院，必须成为地方党和政府的助手，要为地方党和政府服务。每个地方都有不同的特点，你要研究你那个地方的特点。当然，这并不是说我们地方的社会科学院不可能有哪个学科在全国的这个学科的研究工作中做出杰出的贡献，地方社会科学院的同志们应当有这个雄心壮志。但是，如果我们每个地方社会科学院都瞄准全国的东西，那么，地方社会科学院的性质就变了，那你就是个全国性的社会科学院了。这个问题这样讲不知对不对，大家可以研究一下。中国社会科学院和地方社会科学院的关系为什么不能像中国科学院和它那些分院的关系一样，我觉得在这方面有很大的不同。地方党委和政府要办一个社会科学院，是希望你能够成为它的助手，所以你的地位、你的作用怎么样，那得看你做它的助手的作用发挥得怎么样。你这个助手做得越好，你的地位就越重要，你的作用也就越大。如果你这个助手做得不好，我看你的地位和作用就会相对减弱，是不是这样？我觉得这个问题非常重要。这几年，我曾到几个地方和同志们座谈过，和广西的社会科学院、广东的社会科学院、上海的社会科学院、山东的社会科学院、山西的社会科学研究所、内蒙古的社会科学院、青岛的社会科学研究所、大连的社会科学研究所座谈过。座谈的结果都说明，你对你所在的那个地方的党和政府的助手作用发挥得越好，你这个社会科学院的作用就越大，你如果不能够起这个作用，那人家就把我们看做是可有可无的东西，那你就只能坐冷板凳了。大概就是这么个情况。

但是，确确实实也还有另外一个情况，也要说明一下。就是我们地方社会科学院里边的某一些学科，也可能出全国最杰出的成果。我们为地方服务，并不是说就不能够在某一学科出一些具有全国性的或世界性的杰出的成果，这是完全可能的，我们应当努力争取。但是，如果我们每一个社会科学工作者、地方的社会科学工作者都是这样搞，而对为地方服务、对地方的事情我们不关心，提不出什么建议来，我看那就不好。我们真正要在全国或者在世界范围内使我们的研究成果能够取得一定的地位，我看首先是在为地方服务这个基础上才能够取得。对于中国社会科学院来说，也是如此，如果它的研究成果真正能够给党和国家做出贡献，给党中央、国务院做出贡献，它才能够出杰出的东西。否则的话，不可能有杰出的东西出来。这是我想和同志们讨论的第三点。

第四点，同志们不是说到学风问题吗？我看学风问题里面最大的问题是理论和实践相联系、相结合，就是理论联系实际。理论不能够脱离实际，理论必须解决实际问题。

这里面第一个是理论问题。理论是什么理论？我们社会科学工作者的理论基础是什么？这个问题我觉得我们首先应该把它搞清楚。毫无疑问，在我们社会主义国家，社会主义制度本身就是在马克思主义理论的指导下建立的，它的发展，也要靠马克思主义做指导。所以，马克思主义是我们社会科学的理论基础，指导我们社会科学研究工作的理论基础就是马克思主义。这个问题对于我们多数社会科学工作者来讲，我认为还是解决了的。但是，也不能够说在每一个社会科学工作者身上都完全得到了解决。特别是对我们某些年轻的社会科学工作者来说，还需要花些力气才能够解决。因为我们年纪大一点的做社会科学研究工作的同志，都经历了这样一个历史时代：我们打败了日本帝国主义，我们打败了蒋介石，我们建立了伟大的中华人民共和国。这些都是在马克思列宁主义、毛泽东思想的指导下实现的。这一点，在座的大概一半以上的同志都亲身经历过。大家都相信这一点，因为这是历史的事实，是为实践所证明了的。对于年轻一点的社会科学工作者来说，他们是处在什么时代呢？"大跃进"、十年"文化大革命"。他们经历了这样一些时期，在这些时期，我们国家遭受到一种灾难性挫折，我们违背了马克思主义的一些根本原则，我们的事业遭到了挫折和失败。在这种情况下成长起来的这一代人，对于马克思主义的认识，和我们老一代人的认识是不完全一样的。这也是完全可以理解的事情。你说马克思主义灵，为什么又发生了这些事情？我就听一个同志给我讲，他和他的儿子谈话的时候，说马克思主义怎么重要啊，你还是要好好学习马克思主义啊！他儿子就告诉他说："嘿！爸爸，你现在跟我讲这个，就像'五四'时代讲孔夫子的道理一样。""五四"时代是反对孔夫子那一套的。现在他把我们讲马克思主义看做就像是"五四"时代讲孔夫子那一套理论，这当然是对马克思主义的污蔑，说得轻一点，至少也是歪曲吧。如果他是一个社会科学工作者的话，在这样一种思想支配下，他当然不会以马克思主义做指导。马克思主义不行，什么东西行呢？从经济学来讲，凯恩斯那一套啊，新货币主义啊，等等，这一套东西就都来了。认为西方资产阶级的那一套东西是行的，在那里找出路吧，那个东西很时髦啊！这个问题值得我们注意。所以我说还不是所有的人都解决了。但是这不能责怪这些年轻的同志们。我看我们年纪大一点的同志应该首先负起责任来，因为我们没有好好帮助年轻的同志，使他获得对这个问题的正确的认识，没有和他们讲清楚，从1958年的"大跃进"，到1966年的"文化大革命"，是怎么发生的，为什么会发生这些事情，为什么这些事情是违背马克思主义的，为什么在马克思主义指导下的国家会发生这样的事情。我们没有把这些问题跟人家讲清楚，所以不能够责怪这些年轻的同志。但是，这个问题要解决，不解决是不行的。除非是你不在中国建设社会主义，将来不向共产主义前进，而是搞资本主义，或者搞别的东西。你要搞社会主义，你要搞共产主义，你就要顺应这个历史潮流，你就要按照马克思主义来办；你要违背这个历史潮流，你就不按照马克思主义这个精神、这个原则去办。因为社会主义、共产主义是历史发展的必然方向，是不以人的意志为转移的，它或迟或早总是要实现的。我们要把这个道理在我们社会科学工作者中间讲清楚，因为这是社会科学本身的根本的命题。这个问题不解决，其他的问题都解决不了。究竟社会向何处去？这是社会科学本身要解决的问题。向资本主义去吗？我们国家已经是社会主义了。还是社会主义进一步发展，将来到共产主义去？或者是再把社会主义退回到资本主义去？这不是社会科学的一个根本的问题吗？这个问题必须解决。只有以马克思主义作为我们研究工作的理论基础的时候，才能正确解决这个问题。

另外一点，我们做理论工作的，要研究社会发展的规律，根据这个规律，解决现实生活里的问题。这就必须面向实际，解决实际工作中提出的问题。不然的话，你那个马克思主义也是个空家伙，空谈就是了。因此必须理论联系实际，不联系实际不是真正的马克思主义。斯大林同志虽然犯了严重错误，但我们说，从根本上看他还是马克思主义者。他就讲过：理论和实际脱离，这是第二国际机会主义的特点。那是假马克思主义，不是真马克思主义。毛泽东同志也讲，主观和客观相分离，理论和实践相脱节，那本身就是反马克思主义的，那是我们犯一切错误的思想根源。当然，后来毛泽东同志犯错误，也是在这个方面发生了问题。我们任何人犯错误，也是在这个方面发生了问题。从根本上来说，我们马克思主义者不仅要认识世界，就是说世界将来是共产主义的，未来是属于共产主义的，仅仅认识了这一点是不够的，我们还要改造世界。自然科学是改造自然的，社会科学是改造社会的，改造社会就要联系实际，不联系社会的实际，你怎么能改造社会呢？我们讲了半天马克思主义，我们不能解决社会生活中提出来的问题，不能把社会推向前进，不能改造社会，不能在改造社会中起作用，那么我们的理论还称得上什么真正的马克思主义理论？这确实是个很大的问题。现在，在这个问题上，我们的毛病就在于：一部分社会科学工作者对现实的问题，对实际生活里面的问题，不是那么很感兴趣。因为我们党在新中国成立以后，在对待知识分子政策上有过"左"的错误，因此，不仅社会科学工作者，所有的知识分子都像惊弓之鸟一样。搞自然科学好一点。搞社会科学就认为是危途，是危险性很大的领域，而不大愿意搞。我就听有些同志讲，说我那个儿子，我那个女儿，我根本不让他（她）搞社会科学，因为自己吃的苦头已经够多了。有些搞社会科学的人，为了减少些危险性，还是搞点历史问题，搞点古董。搞现实的东西危险性就更大，风险更大。这恐怕在我们社会科学工作者中间还是一个问题。这个问题当然也不能责怪我们社会科学工作者。为什么？因为这和我们这些年来对待知识分子的"左"的错误，无缘无故地把一些思想性的问题当做政治问题，提高到政治的高度，上纲上线有关系。就是有些政治性的问题，本来也是可以讨论的。但是，只要有些不同的意见，就被当做反革命、反马克思主义来处理。党的十一届三中全会以来，我们党已经很好地总结了这个历史的经验。决不能再犯这种错误了，前天发表了胡耀邦同志在剧本创作会上的讲话，叫做《坚持两分法，更上一层楼》。第一段就是讲这个内容的，说这个错误我们再不能犯了。大家已经从痛苦的经历中得到了这个教训。可是这个东西在人的头脑里，虽然你再怎么样讲，也不是一下子就全部能够解决的。这是一个问题。

再一个问题。在我们社会科学工作者里面，有这么一种认识，认为只有出大部头的书、大部头的著作，才是学问，也不管那个大部头的书究竟社会效果怎么样，究竟对推动历史前进起了什么作用。这个他是不管的，只要出了几部大部头的书，就有了名望，就是学问家了。某个社会科学家还提了个建议，认为对党和国家做出了很大贡献，这个不算什么学问，不算什么理论家，不算什么学者。这个问题对不少同志来说，还没有解决。我们有些同志，要写大部头的书，如果掌握了丰富的资料，真正是系统地周密地调查研究的结果，那当然是很好的。但是如果你不敢接触现实问题，只从故纸堆里去搜寻点东西东拼西凑，把它串联在一起，既没有什么新材料，也没有什么新观点，那就不好了。但是，现在的情况是，如果搞出这么一本书来，就有很多好处了，评职称时也许就能借此评个研究员、副研究员，或者评个教授、副教授。出了书，不仅出了名，而且还可以得稿费。有名，有利，又没有风险，人们当然也就向这个方面努力了。那么，是不是因为有这种情况，我们就去责怪，写了几本书就不好了？当然不是这样。我们总还是提倡写得好的著作越多越好。我们现在好的著作并不多啊。毛主席虽然在对待知识分子政策问题上犯过错误，但他还是希望有更好的更多的作品问世的。我们现在真正称得上有比较高的学术价值的社会科学的大部头的书并不多。学术性的著作总是要有创见吧，总要有新的认识吧，总要发前人之所未尽的东西吧。这样的社会科学著作我们还不是很多的，当然也不能说没有。我们很希望更多一些。如果我们把每一个社会科学工作者都引导到这方面来，你只有这样努力的时候，你才能成为一个社会科学家，你才是真正有学问的人；而如果对实际问题不关心，实际问题解决不了，虽然好像学问很大，但遇到具体的问题一个也解决不了，这显然是个弊病。

我们过去评职称或学位也好，提拔科研人员担任什么职务也好，多是看发表了几篇文章，写了几本书，而往往不问一问这些文章和书真正的学术水平怎么样，社会效果怎么样。更为严重的是，我们不承认某同志写的调查研究报告，虽然它篇幅短，根本就不成其为一本书，只是一篇文章，或者就几页，但是它确实有新的创见，有新的见解，对党和国家的正确决策起了重要的作用，那么，这 2000 字的东西，肯定比那 50 万字的而无新的见解，又不解决什么问题的书更有价值。他真正解决了问题，你承认不承认这是他的科研成果？最近，我翻了爱因斯坦的文集，爱因斯坦有好多文章也并不是很系统的，有的文章也就是那么二三百字、七八百字，当然也有长的。这个问题我觉得值得我们研究一下。这次国务院领导同志强调了这个问题，说对自然科学的发明家应该给予奖励，同样，对于某一项先进的技术、某一项发明创造的推广、运用有显著成绩，使社会获得了很大利益的，也应该给予奖励。在一定意义上讲，后一种人对社会起到的作用比前一种人并不小，因为你有一个发明创造当然是贡献，但如果没有真正变成广大群众的实践，国家和人民还是得不到实际的利益。我们社会科学在这方面也存在这样一个问题。当然，社会科学和自然科学有所不同。自然科学研究成功以后，成果马上可以在试验室或者试验车间鉴定是不是正确的。社会科学工作者写了一本书或一篇文章，今天大家说是好文章，过了几年，实践证明它并不是好文章，而是坏文章；或者相反，今天大家说是坏文章，过了几年，实践又证明它是好文章。这样的事情是不少的。因为社会实践不像自然科学的实验那样，并不是马上就能见分晓。社会科学的研究成果好坏、大小，并不是两年、三年或十年、八年就能够证明的。这是它和自然科学不同的地方（当然，自然科学的某些新见解，也不是在很短的时间里就可以证明的）。那么，是不是因为这样，我们就不能评定一个人对社会的贡献呢？那也不能这样说。也不是说，我们有些正确的东西就不会在比较短的时间内得到证明。现在得不到证明，将来得到证明了，给你补一个就是了。现在得到证明的，现在就给你。现在得不到证明，但是党和政府采纳了你的意见，那采纳的人要负责任。如果将来证明这个东西错了，首先是采纳的人要负责，因为那是社会效果；回过头来再看看是采纳了谁的建议，提建议的这个人难道就没有责任吗？从科学家的良心来说，总是过意不去的吧！但是，我们决不要怕担什么风险，而缺乏勇气和丧失斗志。我们在评定一个人的职称、评定一个人的学问的时候，不仅要看大部头的书出了多少本，文章发表了多少篇，还要看他的调查报告有多少，提出了多少好的建议，这些书籍、文章和建议的社会效果怎么样。对于科研人员来说，还有一个重要的东西，就是看他收集整理资料的成绩如何：是不是发现了前人没有发现的资料，是不是从前人的资料中找出了新的论据、新的认识。拿这样一些东西来衡量人的学问、成就的话，我看就可以避免我们过去发生的那些毛病，有利于我们社会科学工作者面向实际，有利于理论联系实际。

刚才，有的同志讲了，说我们搞社会科学研究也有什么"市场调节"呀。这样一种情况我们中国社会科学院也有。中国社会科学院工作条件相当困难，有些所连个办公的地方也没有，平常没有办法上班，就在家里干活，每星期大概有两天集中到所里学习和讨论一些问题。有的所在集中的这一天，就像古代的那个"日中为市"一样。集中的时候，名义上是来报个到，传达个文件，开个会，实际上就交易开了。编刊物的人来了，出版社的人来了，报社的人也来了。你有什么文章，你有什么东西啊？稿子、写的文章交出来了，翻译的东西也弄出来了，或者相约在什么时间交出什么东西，总之，非常热闹。这个方面完成的东西都很快，积极性也很高。但是所里、室里布置的研究项目，却常常完不成计划。我们社会科学总是要有个人的研究的，没有个人创造性的脑力劳动，当然出不了成果。但是只有个人的东西，只对这个事情积极，而对集体的事情不关心或者不完成，那就不好了。因为我们要真正写一本大部头的书，真正有些创见的书，单靠一个人的研究还是不行的。当然，每一个人的创造性的劳动还是基础，但是没有集体的研究，没有集体的写作，要真正出一部好的像样的书，我看是很困难的。在这方面，我们要改变一下这个风气，因为这是个不大好的风气。恐怕至少要实行这么一个原则吧：以"计划经济"为主，即以完成所里、室里制订的那个计划里的项目为主，"市场调节"为辅。不要以"市场调节"为主。借用这么一句话，是不是这样做更好一点。

最后，还有一点，有些同志（比如技术经济和管理现代化研究会的同志）提出了要和国务院技术经济研究中心加强联系的问题。我兼着那里的工作，我们很希望加强联系，很希望你们作为中心的一个成员单位，我想，中心的所有同志都是非常欢迎你们参加的。比如，南开大学的经济研究所，就作为技术经济研究中心的一个参加单位了。有些学术讨论会可以相互参加，有些资料也可以交换。我们社会科学院和各省、市、自治区社会科学院之间，各院、所之间，都可以进行资料交换，进行学术交流。我们非常欢迎这样做。刚才有位老先生提的那个问题我看非常好。他说，研究中心应该有个网。这个意见很对。不过我们现在的这个网，还只是在北京这个范围内，我看应该把它扩大一点，有些研究中心应该扩大到全国去。现在国务院有6个研究中心，一个"经济研究中心"，一个"技术经济研究中心"，一个"物价研究中心"，一个"农村发展研究中心"，一个"经济法规研究中心"，一个"国际问题研究中心"。这6个研究中心联系的网点都有不同的范围，但现在基本上都还是在北京这个范围内，我想有些中心根据需要可以逐步地扩大到某些省、市、自治区去。这一次全国社会科学规划会议，就是要把这个网撒到全国去。社会科学是包括几支大军的社会科学。中国社会科学院和各个地方的社会科学院，是社会科学这支大军里的一个方面军，还有文科院校的，还有其他部门的研究单位，还有企业的研究单位，还有党校，还有很多干部学校，还有军事院校的研究单位。要把大家都联合起来，把这个网撒开，这样，我们的社会科学才能为全面开创社会主义现代化建设的新局面做出更多的贡献，社会科学也才能随之繁荣昌盛起来。我看要做到这一点还需要个过程。但是我们总希望这个过程能够缩短一点，因为这个事情做得越好，对于我们社会科学的繁荣就越有力，对社会主义现代化建设也就越有利。

搞好建设和改造项目的
国民经济评价工作*

同志们:

首先欢迎同志们来参加"项目评价讨论会"。

这里所说的项目评价,包括企业经济评价和国民经济评价。这次会议着重讨论国民经济评价,包括社会效果的评价。把这个问题讨论清楚,是这次会议的主要目的。

我国已经召开过一些有关重大项目的可行性研究的会议,对项目的企业经济评价进行了一些探讨,而且对这种评价的内容和方法取得了比较一致的意见。相比之下,对于如何从国民经济全局出发,对一个工程项目进行评价的问题研究得不够。我们是社会主义国家,实行计划经济。社会主义制度和计划经济的性质要求我们,对一个项目,不仅要从企业的角度进行经济评价,而且要从国家的、全社会的角度进行项目的国民经济评价。如果某一项目的国民经济评价的结论,不符合国家的、社会的利益,那么,即使这个项目的企业经济评价是有利的,也仍然不可取。这几年我们建设了很多小卷烟厂,小纺织厂,从单个项目说,不一定不能盈利,但从国家角度看就不经济。我们的烟厂超过了烟叶的生产能力,纺织厂超过了

---

* 本文是作者 1982 年 12 月 20 日在"建设和改造项目经济评价讨论会"上的讲话,原载《数量技术经济研究》1983 年第 2 期。

棉花和化纤的生产能力，而且花色品种单一，质量不好，能源也供应不上。还有很多酒厂也是如此。这种盲目建设、重复建设，对整个国民经济来说，不仅无益而且有害。因此，只从一个项目的利害考虑问题，不从整个国民经济的利害考虑问题是不行的。

几年来，我国许多研究单位、设计、咨询单位，都开展了可行性研究工作，基本上掌握了包括项目技术评价、企业经济评价等的可行性研究方法，对项目的国民经济评价工作也进行了初步的探讨。这一工作所以能取得很大的成绩，主要是由于党的十一届三中全会以来，总结了过去经济建设的经验和教训，排除了"左"的干扰，开始扭转不按基建程序办事、不讲经济效益的状况，投资决策前的研究工作已经引起人们的注意。特别是去年六月党的十一届六中全会通过的"关于建国以来党的若干历史问题的决议"中反复强调了对重大建设项目的科学论证之后，这一工作得到越来越多的领导机关和工作人员的重视。当然，在座的同志和其他有关同志们，在开展这一项工作中起了开路先锋的作用。应当感谢同志们在这个方面所做的努力。

党的十二大提出，到本世纪末我国经济发展的战略目标是："在提高经济效益的前提下，力争使工农业年总产值翻两番。"这一宏伟战略目标给全国人民以极大的鼓舞，也向我们的工作提出了更高的要求。我们一定要按照胡耀邦同志在十二大报告中所指出的那样去做，"把全部经济工作转到以提高经济效益为中心的轨道上来"。要实现工农业年总产值翻两番，一方面将依靠对现有企业的技术改造；另一方面也将有相当规模的新建工程。仅"六五"期间，固定资产的投资规模就达 3600 亿元，重大的建设项目就有 279 项，同时还要搞将近 300 项预备项目。这些项目都需要进行可行性研究和国民经济评价。可行性研究为提高建设项目的经济效益，提供了技术和经济的评价方法，一个项目的国民经济评价，为投资的正确决策提供重要的依据，使我们有可能避免在经济建设中的决策失误。过去，不讲究投资经济效益的事例，各部门、各省市都有不少，远的不说，近三年的情况，统计局有一个材料，在这一期间建成投产的 279 个大中型项目中，经济效益差的有 67 个，占 24%，而其投资则占投产项目总投资的 46%。特别是 9 个引进项目中，有 6 个效益差。因此，做好项目的国民经济评价工作，对于实现 2000 年经济发展的战略目标，具有极重要的意义。

为了实现经济发展的战略目标，我们的经济工作必须抓紧、抓实在。要真正做到这一点，必须引导各条战线的同志了解新事物，研究新情况，解决新问题，探讨新经验，破除那些不适应新形势的旧思想老框框。我们现行的规章、制度和业务条例，等等，哪些适应新的情况和要求，哪些不适合？如何改进？以适应经济发展新形势的需要。

当前，开展可行性研究还有不少的问题。首先是在认识上，还有不同的看法。有的同志认为，近几年来开展的项目评价，主要是采用西方的可行性研究的方法，这种方法，同我国早先从苏联学过来的建设项目前期的技术经济分析方法，没有大的不同。因此，对于采用可行性研究的方法，感到没有什么必要。应当看到，近几年来苏联也吸取了西方可行性研究方法中对他们有用的东西。我们为什么还要固守着苏联老框框而不改进呢？其次，在开展项目的国民经济评价时，还缺乏一些基础数据，而这个问题，经过努力是完全能够解决的。我们在第一个五年计划时期，搞 156 项大的建设项目，就在事先做了大量的、系统的调查，收集了相当丰富的数据，为建设工作的顺利进行，创造了良好的条件，为什么过了 20 多年之后，反而做不到呢？

鉴于 30 年经济建设的经验教训，最近，中央领导同志一再强调投资决策的前期工作。今年 7 月 26 日，小平同志对计委的领导同志说："大的建设项目要加强前期工作。三峡已做了不少工作，当然，这样大工程不能很快上。煤、电、油项目的前期工作要抓紧，尽快做在前面。这方面的许多项目，建设工程要七、八年，不少项目'七五'是要上的，前期工作做晚了不行。""总之，一个是长远规划，一个是重大项目的前期准备工作，一个是企业的技术改造规划，一个是知识分子使用规划。你们要认真抓紧进行。"10 月 14 日，小平同志又找宋平同志谈，要抓紧做好 279 项重大建设项目的前期工作。国务院领导同志在 11 月 10 日听取全国计划会议汇报时强调指出："许多建设项目的前期工作，像可行性研究、勘探、设计等，都是做得马马虎虎的。常常是争到项目以后，才回头去做这些工作，结果一施工、一投产各种问题都出来了。这是很大的浪费。教训是很多的。前些时候，七机部在陕西凤县的一个厂子，花了那么多钱建起来，一场洪水就冲掉了。要是资本家经营，就是上吊也不行。为什么事先不把地质、水文资料搞清楚呢？这是对人民不负责呀！当然，过去没有经验，今后绝不能再这样干了。前期工作搞不好，宁可推迟建设。"最近，国务院领导同志在关于第六个五年计划的报告中又说："所有建设项目必须严格按照基本建设程序办事。事前没有进行可行性研究和技术经济论证，没有做好勘察设计等建设前期工作的，一律不得列入年度建设计划，更不准仓促开工。违反这个规定的，必须追究责任。"因此，必须下大决心，花大力量做好为正确的投资决策前的准备工作。这个工作，叫它可行性研究也好，叫它技术经济分析也好或者叫它项目的评价也好，这些可以讨论，但并不影响实质，重要的是如何做好这项工作。

对于国外项目评价的方法，不论是西方的或者是东欧的，只要对我们有用的东西都可以吸收，关键在于如何去消化，如何结合我国的具体实际去运用它，使之成为适合我国国情的东西，为我所用。

我们召开这次座谈会的目的，是想同大家一起讨论解决以下三个问题：

第一，研究建设和改造项目的国民经济评价方法。这是可行性研究报告的编制内容的要求。在编制内容中的一个新问题，是社会及经济效果评价，或者是叫做国民经济的评价。因此，有很多问题需要探讨研究。如采用什么样的指标体系和计算方法；如何解决各类项目的可比性问题；在当前价格与价值相背离的情况下，如何确定汇率、社会折现率、计算价格问题，等等，都需要请大家来研究讨论，提出意见和建议。过去同志们曾提过，希望国家有个权威部门，能颁布这些标准和数字。但是，当前这些工作的进行还是应该先自下而上由各行业各部门自己先做研究，试行一段，并总结经验。然后，国家计委等综合部门才有条件进行统一和协调工作。如果现在就希望国家综合部门提出一个完整的指标体系和标准计算方法、计算参数，那是不现实的。但是，我们要向着这个目标努力，经过深入的理论研究，在广泛实践的基础上，制定统一的、适合我国国情的项目经济评价标准方法。为了实现这一目标，下一阶段应该如何进行工作也希望大家提出建议。

第二，对于"关于建设项目进行可行性研究的试验管理办法（讨论稿）"提出修改意见。这个条例草案虽经多次修改和全国计划会议讨论，但仍有不完备之处，希望经过大家讨论，提出一个修正稿。协助国家计委把这个条例早日确定下来。

目前，对于可行性研究工作缺乏统一的编制要求和管理办法，出现了完全根据建设单位领导人的意图办事，不根据对客观事实的科学分析，两三天就能够做出一个几页纸的可行性研究报告，以敷衍了事的现象。这种做法是极其有害的。因此，制定一个切合实际，便于执行的可行性研究条例是十分必要的。

第三，组织上如何落实。可以考虑建立一个经常性的组织，成员由有关的规划设计院、咨询公司、高等院校、研究所、建设银行以及经济综合部门从事研究和实际工作的同志组成。这个组织的基本任务是：定期开展活动，有分工有重点地开展研究和推广应用工作；组织国内外项目评价主要情报资料的交流；对咨询人员的培训提出建议。这样，可以更好更快地把我国的项目评价工作做好。这个组织是否也像其他几个专题组一样，可以作为国务院技术经济研究中心的一个专题研究组，也请同志们考虑。

这里，还想讲一个问题，就是社会科学工作者和自然科学工作者的合作问题。我们要全面开创社会主义现代化建设的新局面，实现四个现代化这样一个伟大历史任务，十分需要自然科学工作者、工程技术人员和社会科学工作者全面合作，并与广大工人群众、农民群众紧密结合，共同奋斗。否则我们这个任务不能很好地完成。

道理很清楚，在社会主义现代化的建设这个总任务中，既包括了复杂的自然科学、工程技术方面的问题，又包括了复杂的社会科学方面的问题，需要自然科学和社会科学两方面的理论指导。新中国成立30多年来的实践反复证明：社会主义现代化建设中许多问题的解决，如果单纯从自然科学、工程技术方面，或者单纯从社会科学方面考虑，都不能得到正确的解决。例如，任何一个项目成立与否，不仅要看技术上是否先进可靠，同时，还要看它经济上是否有益，不仅要看单项工程的效益，更重要的是要看它对整个国民经济的效益。这就需要自然科学和社会科学两方面紧密结合。这是第一点。

第二点，生产力的迅速发展，科学技术日新月异的进步，出现了一种自然科学和社会科学的相互渗透和相互结合的新趋势，产生了一些边缘学科。这些学科从一种意义上讲它是自然科学，从另一种意义上讲，它又是社会科学。例如，现在国外流行的我们正在注意研究的系统工程学、价值工程学、数量经济学、管理科学，等等。这些新学科在社会、经济的发展中发挥着越来越重要的作用。例如，有的同志写了文章提倡社会系统工程学，主张把国民经济社会发展计划按照系统工程学的原理当做一项工程来研究设计。这也说明了社会科学工作者与自然科学工作者应该互相学习，而社会科学工作者尤其需要向自然科学工作者虚心学习。这是因为，比较来说，社会科学工作者对有关自然科学的知识更缺乏、更薄弱。而社会科学工作者学习有关的自然科学，不如自然科学工作者学习有关的社会科学做得好，我们社会科学工作者应当向自然科学工作者学习。

第三点，社会科学的发展，使传统的社会科学学科越来越多地吸收利用了自然科学的现代成果。我们的社会科学工作者要想跟上时代的发展，完成社会科学工作者肩负的重要的任务，就需要不断吸取新的知识。近年来北大为一些经济学者开了国外现代经济学讲座，有不少的同志反映听不懂。其他学科也有类似问题。我这几年在社会科学院工作，深深感到做经济研究工作同志的数学基础太差。我们只有定性的概念，定量的概念很少，而要真正研究经济科学，解决实际经济问题，没有定量的东西是不行的。不久以前，国务院领导同志曾经讲过：今后各经济部门送到国务院讨论的文件，如果只有定性的概念，没有定量的概念，就不讨论。我认为，这种要求是很正确很合理的。这不仅是对做经济实际工作的同志的要求，而且也是对经济理论研究工作者提的要求。适应这种要求我们必须学习新的知识。

第四点，随着经济和社会的发展，出现了科研人员既懂得自然科学的某一学科又懂得社会科学的某一学科的需要。当然不可能对每一个科研人员都提出这种要求，但是，一个人既懂得自然科学或工程技术的某一专业，又懂得某一门社会科学，这是可能的，而且在一些经济技术发达的国家，已经出现这种趋势。例如，美国的哈佛大学、麻省理工学院、斯坦福大学等的管理学院，都有很多人同时读自然科学技术某一学科和社会科学某一学科两种学位。美国社会认为，这种人对社会最有用，是拿着"金色护照"的，他们的待遇也最高。我想，应当提倡这个事情，因为这种人对实现四个现代化是很有益的。但是这种人也是先掌握了一个专业再学习另一个专业的。这也说明社会科学工作者和自然科学工作者应当互相学习。

最后一点，进行可行性研究、项目评价的工作，是一个既包含自然科学、工程技术，又包含社会科学的综合性学科的工作。今天在座的就既有自然科学、工程技术方面的专家，也有社会科学方面的专家。大家在一起讨论问题，可以使这个问题解决得更好一些。这是一个良好开端。今后我们这两方面专家的联系应当越来越密切，共同讨论、相互学习的机会应当越来越多，以便更好地取长补短，这样，对我们祖国社会主义现代化建设事业的贡献必将更大。

我国在社会主义公有制基础上实行计划经济。国家通过经济计划的综合平衡和市场调节的辅助作用，保证国民经济按比例地协调发展。同资本主义国家比较，我们的计划经济有实现更高经济效益的客观可能性，但是这种可能性并不等于现实。要把这种可能变为现实，需要我们做艰苦细致的工作。就整个国民经济的效益来说，取决于三个层次的工作。第一个层次是全国的经济社会发展规划，这是最高的层次。这一层次反映了国民经济全局的最高利益。这个规划既然体现了全局的、最高的利益，所以各个方面都要服从它。第二个层次是行业或者部门规划，我们要有个合理的行业规划，刚才讲的重复建设、盲目建设就是与缺乏合理的行业规划相联系的，行业规划应该服从于全国的规划。第三个层次才是项目和企业的规划，就是项目和企业经济效益分析。我们今天讨论的就是项目和企业的经济效益如何符合行业规划和全国的总体规划的要求，这也就是我们所说的对项目和企业进行国民经济的评价。做好这一工作，才能有整个国民经济的最好效益。

我想和同志们讨论的就是这样几个问题。我希望这次会议能使我们大家都有所收获，并且对国家投资决策前的研究工作有所促进，对开创社会主义建设新局面有所贡献。

经济发展战略的几个问题[*]

对发展战略问题，我们国家很重视，目前正在研究这个问题。毫无疑问，要正确解决我们国家的经济发展战略，就应对世界上不同类型国家经济发展战略进行研究，对第一世界、第二世界、第三世界各国的经济发展战略，都要研究。当然，各个国家的情况不同，甚至很不相同。这就要求我们进行具体分析，吸取人家的长处，解决我们自己的问题。

我们在研究中国经济发展战略时，遇到一些问题。在西方许多国家考虑经济发展战略时，往往注意国民生产总值，即 GNP 的增长速度。这就是所谓"传统的发展战略"（和这个发展战略相对应的，有一种所谓"变通的发展战略"）。传统的发展战略就是把 GNP 的增长作为发展的目标。迄今第一世界、第二世界的许多国家，比如美国、苏联、日本、西德、法国、加拿大等都是这样搞的。我们国家不讲国民生产总值，讲的是工农业生产总值。他们那个国民生产总值很大部分也是来自工农业。当然，还包括所谓"第三产业"和折旧金。但是，我们在过去 30 年中，至少在党的十一届三中全会前 20 几年中，把注意力放在工农业生产总值的增长上面。这种增长对经济落后的我国固然是需要的，我们的经济必须很快地发展起来。但还有另外一个问题。这就是过去我们往往片面强调生产总值的增长速度，不太注意甚至忽视经济效果，强调工农业生产增长速度的政治意

---

* 本文写于 1982 年。

义，而忽视了经济效果问题。过去有一种流行的说法叫做：算政治账不算经济账，因此，经济效果是不好的。过去 30 年里，我们工农业生产总值年平均增长的速度是 9.4%，而国民收入的增长只有 7.8%。两者之间有了差距。这表明投入的东西多，产出的东西少。

过去，我们为了达到生产总值增长的目标，主要是靠建设新的企业，上新的建设项目，不大注意发挥原有企业的作用。这是经济效果不好的一个重要原因。把固定资产的投资绝大部分放到新建企业上，这在第一、第二个五年计划期间，还有一定的道理，因为当时我们国家的工业基础比较薄弱。但是，经过 30 年的建设，我们的工业固定资产已达到 4000 多亿元，已经拥有 40 多万个工交企业。在这种情况下，如还是一股劲地搞新的企业，不重视发展现有企业作用的话，经济效果只会越来越差。那么出路何在呢？出路就在于，把固定资产的投资由建设新的企业转到对现有企业的技术改造上面。我们过去对现有企业也不是没有投资，但这种投资也主要用于增加新的生产能力，即建设新的厂房，增加新的设备，而不是用于改造它现有的工艺和设备，进行技术改造。所以，我们花的钱很多，经济效果比较差。从产值来看，增长速度比较快，从国民收入增长速度来看就比较慢。我们付出了很大的代价，可是我们国力的实际增长，我国人民生活的改善程度和这种代价不成比例。

在考虑我国新的经济发展战略时，就要研究怎样以比较少的投入，得到比较多的产出，即消耗要少一些，经济效果要好一些。这样做，在生产发展快的同时，人民生活能得到比较多的改善。正是从这一点出发，党中央反复强调，今后要走一条新的路子，即速度要比较实在，经济效果比较好，人民能得到更多的实惠。也就是说，走这条路子，经济增长的速度不能有虚夸、有水分，不能以牺牲经济效果来追求速度。投入多，产出也多，人民从经济发展中能得到更多的好处。这是我们今后经济发展的新路子，也可以说是今后经济发展的战略。

根据这样一个发展战略，并考虑到近期我国经济发展的可能性，我们已确定 1982 年的发展速度可以设想为 4%，争取 5%。今后三年也按这个发展速度。这个速度和过去比，是比较低的。不过有一点要注意，这就是要求国民收入的增长速度相等或接近工农业的增长速度。设想这样的增长速度，是考虑到"六五"计划仍然要贯彻"调整、改革、整顿、提高"八字方针。调整、改革的任务，整顿企业的任务都很重。能源、交通等基础设施比较薄弱。这方面的建设需要一定的时间。因此，"六五"期间，经济发展速度不能也不宜太高。太高了经济效果不会好。经过"六五"期间的努力，到"七五"计划时速度就可以比"六五"期间高。到本世纪最后 10 年，即"八五"、"九五"计划时，速度还会高。在今后 20 年中，我们的生产要翻两番，到本世纪末，人民消费要达到小康水平。为了实现这一目标，今后 20 年每年平均增长速度大体要达到 7.2%。如果"六五"计划设想为 4%，争取 5%，那么以后生产的速度要更高些才行。为了做到翻两番，净增 3 倍，"七五"期间年平均增长速度要达到 7% 多一点，本世纪最后 10 年年平均增长速度要达到 8% 多一点。

　　同时，对以后的设想不能以现有人口为根据。我们现在是 10 亿人口，到本世纪末是 12 亿人口。我们必须把人口增长考虑在内。我们说 12 亿人口，是按今后每一对夫妇只生一个孩子计算的。如果生两个，那就不是 12 亿人，而是 13 亿或者更多。那样的话，生产增长速度必须更快，才能使人民生活达到小康水平。这个问题很值得重视。新中国成立时，全国是 5.3 亿人口。那时经常讲全国有四万万人口。其实这个数字是不准确的。早在曹雪芹写《红楼梦》的时候，也就是说乾隆时代，我国就有四万万人口。经过新中国成立后 30 年，人口增长将近一倍。如果再不抓计划生育，到本世纪末人口再翻一番，事情就难办了。我们现在是 10 亿人口，再增加 2 亿，就等于增加将近两个日本的人口，增加将近一个美国的人口。请大家设想一下，如果我们现在不是 10 亿人口，而是一亿人口、两亿人口，那日子就好过多了。我们每个人都清楚，一个家庭里添一个孩子，生活水平就降低一些，添两个孩子就更低些。对一个国家来说也是如此，因为经济增长首先要满足新增人口的需要。如果经济的增长仅仅够满足新增人口的需要，那么现有人口的生活水平就不能提高，只能维持现在的水平。如果每对夫妇只生一个孩子，人口就要以百分之一点几的速度增长，这就要求有同样的经济增长来满足它。原有人口生活水平要想提高，那就要有比这更高的速度，即每年的经济增长扣除新增人口需要后，还有更大的余额，才能用于经济建设，用于提高原有人口的生活水平。这个道理是很清楚的。

那么，我们有没有可能在本世纪末，把我们生产增长翻两番，达到小康的消费水平呢？这是可能的，经过努力是可以达到的。我们有必要回顾一下过去的发展速度。过去 30 年我国平均每年的增长速度是 9.4%，这个速度同世界其他国家比，是相当高的。无论和苏联比，和资本主义国家比，甚至和发展速度最快的日本来比，也是快的。其中还要考虑到在过去 30 年中间，我们有 10 年搞"文化大革命"，是在内乱中度过的。另外，还有几年搞所谓"大跃进"，犯了错误。就是说 30 年中有一半时间没有多少发展，处于停滞甚至倒退状态中。如果一直处于正常发展中，我们的速度还会更快一些。

现在，经过党的十一届六中全会，总结了历史经验，克服了过去"左"的错误，找到了发展经济的新的路子。按着这条路走下去，肯定会比过去更快一些更好一些。我们现在基础比过去更好。现在光工业就有 4000 多亿元的固定资产，而新中国成立初期只有二三百亿元；和经济恢复时期的 1952 年比，固定资产也增加了 26 倍。我们有优越的社会主义制度，又有了一个安定团结的政治局面，又找到一条新的发展社会主义的路子，因此，是有可能达到我们的目标的。关键在于能不能在第六个五年计划期间，把调整工作、体制改革工作和企业整顿工作搞好，并且有重点地进行技术改造。如果做好这些工作，就能在"六五"期间把力量积蓄起来，争取在"七五"期间有更高的速度，为本世纪末达到我们的目标打下基础。

在第一个五年计划期间，无论国内、国外对我们经济发展的速度都没有什么怀疑，当时我国经济发展引起全世界的注目。从 1958 年起，我们发展的问题就多起来了。而恰恰在这时候，特别是进入 60 年代以后，世界上许多国家的经济发展起来，其中发展最快的是日本。日本的发展，当然有其国内条件。但是对它有利的国际条件也起了很重要的作用。一个朝鲜战争，一个越南战争，在这两次战争中美国在日本花了 1500 亿美元，帮助日本解决了资金和市场问题。日本经济学家和政府官员也坦率地承认他们得到了一个幸运的机会。所谓亚洲"四小龙"的发展，也得利益于这样的有利条件。而在这两次战争中我们不但没有在经济上得到好处，还做出了极大的牺牲。我们在越南至少花了200多亿美元，在朝鲜花的也不少。此外，还有人力的牺牲和其他代价。他们得了便宜，我们做了牺牲，加上我们的政策出了毛病，两相对比，我们落后了。

现在，对日本等国家特别幸运的机会过去了。日本人就讲，再没有那样的"黄金时代"了。反过来，我们现在的国际环境比那时好得多了。50年代，我们处于被包围和封锁之中。现在包围和封锁打破了。世界格局发生了变化。我们的国际环境比较有利，可以利用外资，也可以从国外引进技术。和过去比，这是一个很大的不同。我们应当看到世界形势在变化。对今后的发展没有理由抱悲观的态度。当然，也不应当抱盲目乐观态度。本来做不到的事情，硬要去做，那是不对头的；但是反过来也不应当看不到光明前途。只要我们在第六个五年计划期间扎扎实实地做好工作，我们是有光明前景的。

从长远来看，限制我国经济发展的主要有三个因素。一个是农业。现在农业的情况很好，这是有目共睹的。但是我们不能掉以轻心，要努力争取农业能持久地较快地发展。另一个是能源，包括石油、煤炭、天然气、水力发电。在"六五"期间，我们的能源不可能有大的增长。也有悲观的估计，世界银行在对我国调查之后，说中国现在是年产石油一亿吨，到1985年可能降到8000万吨；要维持现有的生产水平，中国每年要进口2000万吨石油。据我们的分析，这个估计是不对的，我们是可以维持现在石油的生产水平的。当然，在"六五"期间，新的增长因素是不多的。但是到"七五"期间，就可能有所增长。比较保守的估计是平均每年增长2000万吨。那时海上石油开发可能有成效了。对这个问题，外国人有比我们乐观的估计。比如经常到苏联做买卖的美国人哈默。这个人今年90多岁了。他在列宁的时代就到过苏联，以后和斯大林、赫鲁晓夫、勃列日涅夫都有过来往。他也到过中国。他说要和我们合作开发中国的煤炭，也准备合作开发海上石油。他跟邓小平同志讲，到第七个五年计划时期，我们海上石油至少有两个大庆。邓小平同志说，就是有一个大庆、半个大庆也可以。我们要接受过去的教训，不能张口就是全国要建十个大庆。但是，第七个五年计划期间，这方面肯定会有变化的。

以上是说石油，还要看到煤炭的增长也受到限制。在"六五"期间，如果设想工业增长4%，而能源的增长，把石油、煤炭、天然气加在一起是1%。那么1%的能源增长率，怎么维持4%的工业增长率呢？外国都在议论这个问题。前年我到美国去的时候，看到美国国会写的报告《毛以后的中国》，对中国经济进行展望。它认为限制中国以后经济增长的因素是能源问题。它估计我国经济每年只能增加4%—5%。以后日本人也有同样的估计。去年世界银行派了一个很大的代表团来调查，写了100多万字的报告。也是估计中国经济发展要受到能源很大的限制。这的确是一个事实。那么，在第六个五年计划期间能源增长1%，工业增长4%，这个差数怎么办呢？要依靠节能。节省能源有三个办法：一个办法靠我们调整产业结构。目前我国重工业增长1%所消耗的能源，用来发展轻工业，可以使轻工业有4%的增长速度。过去，我国重视重工业的增长，近几年我们把重工业发展速度调低了。这就保证了轻工业有较高的增长速度。去年我国重工业速度下降了5%，轻工业增长了12%。不过，这个办法总是有一定限度的。现在重工业不能再下降。当然，有些重工业工厂还要关、停、并、转，如有的小高炉、小炼铁、小化肥，消耗能源很多，产出的东西很少。不过，从大的方面看，这方面的余地不是很大的了，另一个重要办法是改善经营管理，减少浪费，解决跑、冒、滴、漏问题，在这方面潜力很大，要努力挖掘出来。再一个办法就是进行技术改造。例如，我们现在好多锅炉，使用几十年了，热效率很低，能源浪费很大。孙冶方同志讲，这种锅炉修修补补，如同"古董复旧"一样。修理锅炉的费用比买一台新锅炉还多。浪费能源花的钱很可能超过买一台新锅炉需要的钱。这就要求我们进行技术改造，用节省能源的新设备代替耗能多的旧设备。靠上面这些办法可以节省3%或者更多的能源，达到能源增长和生产增长的平衡。经过五年之后，能源情况会有改变，海上石油生产增加了，新的煤矿建设起来了，到第七个五年计划时，能源的供应情况将有较多的改善，它对我国经济发展的限制就会少一点。

第三个限制因素就是人口，我们现在还要强调计划生育，把这项工作搞好。

此外，我还想强调一下整顿企业的问题。现在企业浪费很大。经过整顿，堵塞各种浪费的漏洞，提高经济效果，速度就会更快一些，到本世纪末就能达到上述目标。我们就能争得一个"小康"水平。从本世纪末继续奋斗30年，我们向现在这些发达国家看齐。那时循此向前，经济继续发展，有些事情办起来就会比现在容易一些。因为那时我们各方面的基础、条件和手段就会好多了。所以，展望未来，我们应当充满信心。

现在我们研究外国经济发展战略，就是为上述目标服务的。我们要研究其他国家在确定经济发展战略和实施经济发展战略时，有哪些经验教训，使我们有所借鉴。我们不是为研究而研究，而是为着解决中国经济发展问题来研究，这可以说是我们研究的一个宗旨。

同时，经济的发展同社会的发展、政治的发展是分不开的。因而，我们研究发展战略要把政治战略、经济战略、社会战略结合起来进行研究，这样才能富有成效。因为没有一个安定的政治环境、社会环境。经济的发展是不能顺利进行的。无论中国的经验、外国的经验都证实了这一点。所以不能孤立地研究经济问题。经济是基础，是根本性的东西，但是只有结合上层建筑，结合整个社会生活来研究，才能得出正确的结论。

加强思想政治工作的科学研究[*]

党的十二大提出了全面开创社会主义现代化建设新局面的伟大纲领和两个文明建设一起抓的战略方针，物质文明建设是精神文明建设的基础，精神文明建设是物质文明建设的保证。思想政治工作是精神文明建设中极其重要的问题。在新的历史时期，思想政治工作面临着什么新情况，要解决什么新问题，有些什么新特点？这是很值得研究探讨的一个问题。

1949 年全国解放，中华人民共和国成立。党的工作重点，开始了由乡村到城市并由城市领导乡村的时期。从此，我国工人阶级得到了翻身解放，由奴隶变成主人。当时，资本家虽然还管着一部分企业，但在这些企业中，工人阶级的政治地位和过去完全不同了。解放初期面临的情况和任务，决定了当时思想政治工作的内容和方法，那时的思想政治工作是有自己的特点的。我们对职工进行忆苦思甜的教育，进行工人阶级是领导阶级、工人是主人翁的教育，讲授社会发展史，等等。由于紧密结合当时的形势任务和职工的思想实际，这些教育都卓有成效。为了完成国民经济恢复时期的任务，我们动员工人阶级用实际行动帮助国家克服困难，搞增产节约，搞合理化建议，搞新纪录运动，等等，也都是有针对性的，因而也取得了显著成效。总结过去思想政治工作的经验，我们很需要认真想一

* 本文是作者 1983 年 1 月 18 日在"中国职工思想政治工作研究会成立大会"上的讲话，原载《思想政治工作研究》1983 年第 1 期。

想，在当前新时期，职工的思想状况如何？有哪些主要问题需要帮助解决？如何有针对性地进行思想政治工作？系统地和正确地思考这些问题是我们做好思想政治工作的重要条件。

这几年党中央多次强调，在进行社会主义现代化建设的新时期，思想政治工作决不应当削弱，而应当加强。而且，为了完成社会主义现代化建设的宏伟任务，思想政治工作必须进一步科学化。为什么思想政治工作要科学化呢？因为，思想政治工作本身就是一门科学。这门科学，是研究人们的思想、观点、立场的形成和发展变化规律的，是为了解决人们的思想、观点、立场问题，帮助人们提高认识世界和改造世界的能力的。这门科学，在马列主义、毛泽东思想的理论著作中，在党中央的文件中，在党中央领导同志的讲话中，都有过系统的阐述。成立职工思想政治工作研究会，就是要把思想政治工作当做科学来加强研究。

有一种观点认为，思想政治工作要科学化，就要用西方"行为科学"来指导。我认为这种认识是不妥当的。我们对于"行为科学"不能简单地、一概地加以否定。"行为科学"有可供我们研究和借鉴的东西。但是，应该看到，就整个体系来说，西方的"行为科学"是为资本主义剥削制度服务的，有鲜明的资产阶级性，和马克思主义是对立的。这样，又怎么可以用"行为科学"作为我们以马克思主义理论为基础的思想政治工作的指导思想呢？所以，这种提法是不妥当的。

为了使思想政治工作科学化，有必要弄清楚我们的思想政治工作的指导思想和理论基础。应该明确，我们的思想政治工作是以马克思主义理论为指导的。马克思主义的基本原理是我们做好思想政治工作的理论基础。绝不能认为，搞现代化建设，马克思主义就不灵了。马克思主义是发展的科学，是革命的指南，它从生产斗争、阶级斗争和科学实验三大社会实践中不断取得丰富发展自己的源泉，因而是万古长青的。马克思主义已经引导中国革命取得了胜利，也一定能够引导中国的社会主义现代化建设取得成功。这里关键的问题是要把马克思主义的普遍真理与中国的具体情况紧密结合起来。在革命时期我们这样做了，因此取得了胜利。在建设时期也必须这样做。现在我们要提高思想政治工作的科学水平，从根本上说，就是要认真学习马克思主义的基本原理，系统地总结我国思想政治工作的丰富经验，并把它和我国社会主义现代化建设的实践结合起来，把它同职工思想政治工作的实践结合起来，形成具有我国特色的马克思主义的思想政治工作的理论和方法。我们既要反对用"无产阶级专政下继续革命"的"左"的错误理论来指导我们的思想政治工作，要继续清除它在思想政治工作中的影响；我们也要反对用西方"行为科学"以及其他类似的资产阶级理论来作为我们思想政治工作的指导思想。

建设时期的思想政治工作与过去相比，有共同的东西，也有不同的东西。由于历史和现实的种种原因，现在在职工队伍的思想建设方面，就存在着必须重视的新情况和新问题。例如，工人阶级队伍的构成发生了很大的变化，青年职工增加很多。据统计，目前35岁以下的青年职工约占职工总数的2/3，已经成为职工的主要组成部分。这给我国工人阶级输送了新鲜血液，也不可避免地要把各种复杂的思想带到工人阶级队伍中来。又如，我国工人阶级已经有了一支相当大的科学技术人员队伍，这是我们实现社会主义四个现代化的有利条件。但是，由于过去"左"的错误指导思想的影响，在有些职工中仍然存在着轻视知识、轻视科学、歧视知识分子的思想。又如，现在我们实行对外开放的政策，这是完全正确的，但国外资本主义的腐朽思想和腐朽生活方式有些也会传播进来，对某些职工的思想发生腐蚀作用。还有，"十年内乱"残余影响的存在也是我们进行思想政治工作时要加以注意的问题。

思想政治工作的对象是人。人是具体的，不是抽象的。人的思想也是具体的，而不是抽象的。因此职工既有共同的思想和问题，也有不同的思想和问题。例如，工交企业的职工同商业企业的职工相比，搞生产的工人同搞基建的工人相比，青年工人和老工人相比，这个职工和那个职工相比，他们在思想上都既会有共同的东西，也会有不同的东西。同一个职工，昨天的思想和今天的思想相比，也是不同的，因为人的思想，同其他任何事物一样都是不断发展变化的。从这里可以看到，思想政治工作确是一门高深的科学和高超的艺术。同时也说明，进行思想政治工作，必须深入地、具体地了解职工的思想状况，做到"一把钥匙开一把锁"。做到了这一点，我们就能取得成功，做不到这一点，就会遭到损失。这个问题怎样解决得好，是大有文章可做的。

我们党的思想政治工作的经验表明，职工思想政治工作要取得预期的成效，必须和经济工作、科技工作很好结合起来。如何使思想政治工作、经济工作、科技工作结合得更好，这也是思想政治工作科学化要解决的一个重要课题。这就要求从事思想政治工作的同志懂得经济工作，努力学习一点同自己进行思想政治工作的对象有关的经济知识和科学技术知识。大量事实说明，现在的思想政治工作人员，如果不了解经济工作，要做好思想政治工作是相当困难的。我们要考虑一个问题，在搞社会主义现代化建设这样的历史条件下，做思想政治工作的同志应该具备什么知识？当然首先要掌握马克思主义的基本理论，这是根本的。但是，单有这方面的知识还是不够的。做思想政治工作的同志如果自己不懂得经济工作，思想政治工作也很难搞好，很难把马克思主义的一般原理和具体实践结合起来。因此，有必要强调一下，从事思想政治工作的同志，为了进一步做好思想政治工作，都要学一点经济知识，学一点管理知识，学一点科学技术知识。还可选择一些具备条件的、原来从事经济工作的同志来搞思想政治工作。我们已经搞了30多年社会主义经济建设，培养了一大批又红又专的企业管理干部和思想政治工作干部。现在是提出这个要求、解决这个问题的时候了。一位中央领导同志有一次对中国科学院一位负责同志说，你那里要让懂得科学技术的同志做思想政治工作。这是一个重要的指导思想。至于在企业中做思想政治工作的同志，更应该让懂生产、会管理的人来做。当然，使所有的思想政治工作人员懂得经济工作，学会必要的经济知识和科技知识是需要一个过程的。我们也要看到这一点，不能要求过急。而我们没有学过经济和科学技术的政治工作人员，则要在工作岗位上努力学习，这里也有一个知识化、专业化的问题。即除了具备思想政治工作本身的专业知识外，在哪一行从事思想政治工作的干部还要具备这一行所必要的专业知识。

全面开创社会主义现代化建设新局面，遇到的很多问题，既涉及社会科学，又涉及自然科学、工程技术。为了加快社会主义现代化建设的进程，必须使社会科学和自然科学结合起来，使社会科学工作者和自然科学工作者、工程技术人员结合起来，只有这样才能使社会主义现代化建设中遇到的很多问题得到较好的解决。在工业企业中，既有做技术工作的，也有做经济管理工作的，两者也应该很好结合起来。技术工作者要学点有关的经济管理知识，经济管理工作者也要学习有关的技术知识。以便大家亲密合作，卓有成效地解决生产技术和经营管理中的问题，做好这方面的工作也是我们思想政治工作人员的一项重要任务。这也要求思想政治工作者，除了学习思想政治工作这门科学以外，还必须学一点有关的业务知识，不然思想政治工作是很难做好的。有的同志在企业里搞了很多年思想政治工作，但对于有关的业务还基本是或者完全是外行，缺乏学习经济管理和工程技术的自觉性，这就难免使思想政治工作脱离实际。毛泽东同志早就讲过，思想政治工作要结合着经济工作一道去做。这是思想政治工作经验的科学总结，我们一定要努力这样去做。

现在我们正在对企业进行全面整顿，有的企业已经进入整顿验收阶段。我们不仅要在整顿验收中对在企业中工作的干部（包括思想政治工作干部）提出明确的要求；而且在验收合格以后也要对他们提出明确的要求。对经过整顿验收合格的企业中的领导干部，应当提出新的要求。例如可以考虑：在一定期间内，要求工厂的党委书记成为工厂管理的内行；要求工厂的厂长也要懂得思想政治工作；要求总工程师除了懂技术外，也要会管理；要求搞企业思想政治工作的干部都要懂得一点有关的经济知识和技术知识。总之，为了完成四个现代化大业，进一步实现思想政治工作的科学化，对于思想政治工作干部如同对其他干部一样，也要提出具体的要求。至于提出哪些具体要求，这也是我们应该研究的课题。

中国职工思想政治工作研究会的成立，一定会对思想政治工作进一步科学化做出巨大贡献。中央领导同志曾说过，现在的学会工作中存在一种务虚名者多而务实者少的现象。希望我们的研究会不要图虚名，而要通过扎扎实实的调查研究工作，拿出有科学水平、能够对思想政治工作科学化起促进作用的研究成果来。让我们共同努力，把中国职工思想政治工作研究会的工作搞好。

努力开创经济学教学工作的新局面*

陈老先生（即系主任陈岱孙教授）在去年年底给我写了一封信，要我来和大家座谈一次，我一直没有能够来，对陈老先生欠了一笔债，我感到不安。今天这个债是不是能还清还是个问题，因为同志们提了这么多问题，我难以一一解答。现在把我想过的一些问题的看法提出来，向同志们求教。

经济学对我国社会主义现代化建设究竟有没有用，有多大作用？

同志们提到，现在成绩最优秀的学生不愿意报考我们这门学科；同时，教员同志们在教学、研究活动中遇到很多困难，经济学还没有受到社会的重视。这种状况同党和国家对于社会主义四个现代化建设的要求存在着明显的矛盾。从党的十一届三中全会以来，我们党已经把工作的重点转到了社会主义现代化建设。社会主义现代化的建设既包括物质文明的建设，也包括精神文明的建设，当然物质文明的建设是基础。党的十二大又提出了本世纪末将要达到的战略目标、战略重点和战略步骤，以及一系列重要的方针政策。战略目标、战略重点和战略步骤都是经济问题，都有许许多多的经济理论和经济实践问题要求我们去解决。无论是自然科学还是社会科学，都有很多的学科，而每一门学科都要为实现战略目标做出贡献。我看所有这些学科中间，经济学在实现战略目标中占了头等的地位，

---

* 本文是作者 1983 年 1 月 22 日在"北京大学经济系教员座谈会"上的发言。

这是由其客观的地位和作用所决定的。因为经济建设是我们的重点，是头等的任务，经济建设需要经济理论做指导来解决经济的实际问题。我们做经济理论研究工作的同志和搞经济教学工作的同志们，应该站在斗争的最前列，这是历史赋予我们的责任。可是，我们自己是不是意识到了这一点，是不是真正地站到了斗争的最前列，我们是不是能够真正解决社会主义现代化建设中提出的一些重大的理论问题和实际问题，我认为，这个问题对于我们每一个做经济理论研究工作的人和做经济实际工作的人都应该认真地加以思考。

党和国家的领导同志和领导机关对全国一切做经济工作的同志，包括做经济理论研究的和从事经济学教学工作的同志都是寄予厚望的，希望我们拿出能够得到最好的经济效益的办法来实现战略目标。中央领导同志天天都在为这件事情操心。每天送中央领导同志的文件尽管经过各种各样的挑选，仍有 140 份，其中 90% 是经济问题。中央希望我们全国做经济研究和教学工作的同志能够把自己的智慧充分地发挥出来，在全面开创社会主义现代化建设新局面中做出贡献。中央希望能够看到我们的建议、主张和提出的办法。遗憾得很，拿我们中国社会科学院来讲，那么多的经济研究所，还没有能够给党中央和国务院在重要的决策上提出系统的建议，只有个别的比较零碎的建议。

经济系培养什么样的人才？这是我们需要解决的一个问题。同志们提到经济系毕业生不大好分配的问题。这说明我们经济系培养的人才和社会需要不是紧密结合的。社会究竟向我们提出了什么需要，我们能满足社会需要到什么程度，这个问题是需要研究清楚的。我最近从报上看到有个学校同使用学生的单位实行合同制，使用单位从招生开始就向学校提出要求，需要学校培养什么样的人才。如果我们也能采取这种办法，上述问题不就解决了嘛。据我所知，社会上对我们做经济研究工作的人和懂得经济理论的人还是迫切需要的。但是，我们过去所从事的经济理论研究工作和经济教学工作是有缺陷的。从学校培养出来的人，包括在我们社会科学院工作的人，要为实际经济单位服务，需要有一个熟悉和适应的过程，如果没有这个过程，就无法为他们服务。这是因为我们过去学的纯理论太多了，而对实际问题的接触又太少了，即基础科学和应用科学没有很好地结合起来。我们搞经济理论研究和教学，当然需要有基础知识，所以，搞理论工作是需要的。但是，搞理论工作的人不接触实际也是不行的。搞纯理论的人不应该很多。我认为多数人应当是又有比较高的理论水平又能够真正解决实际问题的。外国的经济学家当大公司的董事长和顾问、当部长和总统首席顾问的情况是很多的。我1979年到美国访问了五所著名大学的管理学院，他们的教授就在大企业兼任董事和顾问，收入比教授的薪水要高得多。比如斯坦福大学管理学院院长名叫密勒，原来就是大学教授，后来当了福特汽车公司的经理，后又到斯坦福管理学院当院长，同时兼泛美航空公司的顾问。他共兼任了12个单位的顾问职务。他当院长的收入只占他总收入的1/10。资本家出钱聘请顾问是要他们解决实际问题，如果不能为资本家牟利献策的话，资本家是不会聘请的。

胡耀邦同志最近作了一个报告，讲四个现代化建设和改革工作。他说，改革是四个现代化建设的一个最重要的保证，每一个部门、每一个单位、每一个地区都有改革的任务。我们经济系怎样改革呢？我认为，首先是采取什么办法，使我们在座的同志不仅能够解决社会主义现代化建设中重大的理论问题，同时也能够解决社会主义现代化建设中的实际问题。如果我们当老师的都没有这样的本事，怎么能够去要求我们的学生有这样的本事呢。如果我们的老师具有这样的本事，将会有不少企业或机关来聘请同志们当顾问的。现在中央要求在这方面进行改革。如果我们自己没有这样的本领，仅仅知道书本上的一些话，不能给人家解决任何一个重大的问题，我看，这样发展下去，我们就会变成没有用的人。这方面我们也应该有所认识，有所警惕。

现在，社会生产在飞跃发展，科学技术在日新月异地进步，自然科学和社会科学相互结合、相互渗透的趋势是越来越明显了。在社会科学的各门学科之间，在自然科学的各门学科之间，以及这两大门类学科的相互交叉渗透也在不断地发展。一方面，我们的学科分得越来越细，另一方面，学科与学科之间的联系也越来越密切；不仅社会科学本身的学科相互之间联系密切，而且社会科学的某些学科和自然科学的某些学科之间的联系和渗透也越来越密切。这是当代科学技术和社会发展的一个趋势。

社会主义四个现代化建设，既有非常复杂的自然科学、技术科学问题，又有非常复杂的社会科学问题。解决这些问题，如果单纯从自然科学的角度和技术科学的角度，或者是单纯从社会科学的角度，都是解决不好的，而且不可能得到解决。这就要求我们除有某一种专门知识外，还需要有相关的知识；除了原来那些专业外，必将出现很多的边缘学科。

北京大学经济系开设了高等数学的课程，这很好。学经济学的不懂得数学是不行的。我们中国社会科学院搞经济理论研究的同志有一个很大的弱点，就是极大多数的同志不懂数学，或者数学基础很差。我们已经决定，几个经济专业所招研究生要把数学列为重要学科，考试不及格就不予录取；数学试题是按理科要求出的。北京大学是有条件的，有很好的数学系，在那里听课就是了。是不是还可以把专业知识面再扩大一点？能不能要求我们经济系毕业的大学生或研究生，特别是研究生，同时又是数学系的研究生或其他系的研究生？比如，我们既是一个一般的经济学家、数学家，同时又是一个财政学家，或者是一个会计家，或者是学了一门工程技术的专家。学经济学的人如果能够同时学点物理学，学点化学，则适应性就大得多了。应当开设一门管理学，让有关的人都来学，学经济学的更要学。1979 年我在美国五所大学访问的时候，发现在美国念两个学位的趋势是很强烈的，特别是研究生。在美国，有两个学位的人是很吃得开的，这些人的工资要比单一学位的人高得多。我们经济系分多少个专业，要根据社会需要来定。分了专业，但不要使我们的同志只懂得某一门专业知识，这样适应性就比较差。而真正当一个公司的顾问，既要有全面的经济知识，最好还要有比较扎实的专业知识。如果问我对经济系的教学改革有什么想法，我就有这些想法，请同志们考虑。

中央决定撰写一部《当代中国》丛书，这部丛书约有几百本，你们写《中华人民共和国经济史》也可列入丛书。丛书要总结过去 30 多年来社会主义在中国是怎样胜利的，基本经验是什么，特别是要把 30 多年来社会主义建设的伟大实践提升到理论的高度加以概括。党的十一届六中全会是从总的方面总结了历史经验，还要求有各个方面的经验总结，当然总结经济方面的经验是很重要的。从总结历史经验中看具有中国特色的社会主义经济是什么样的。我们总结历史，不是为了向后看而是向前看，第一步就应该看到本世纪末的中国将是个什么样子，我们的经济、政治、文化、人民生活、社会结构将是一个什么样子。必须认真研究经济结构、产业结构、消费结构、积累和消费结构、第Ⅰ部类和第Ⅱ部类的关系、社会组织、人民的生活、文化教育等各个方面，要进行科学的分析和科学的预测。中央领导同志曾经多次讲到，我们要动员人民群众实现党的十二大所提出的伟大历史任务，必须要描绘出一个具体的生动的图像，向人民群众进行宣传解释才更有力量。这是摆在我们面前的亟待解决的课题。

现在，世界上许多国家，都在预测本国和世界的发展前景，并且已经写书或正在写书。作为社会主义的中国，难道就写不出来？我相信一定能够写出来。只要我们大家努力，一定能够写出这方面的高水平的著作来。当然，我们不能不经调查、不经研究就胡思乱想地写，而是要根据马克思主义的观点，对我国的历史，特别是现状，进行系统、周密的调查研究和分析，并且要同国外的情况进行比较研究，这样才能对我国经济的未来发展提出有科学根据的真知灼见来。

我们既要总结过去，还要更好地展望未来，这就需要我们做好一系列重要问题的研究工作。我们有些同志，问题还没有研究清楚就动手写书，我看这不是马克思主义的科学态度和马克思主义的学风。特别是做经济理论研究的和做经济实际工作研究的同志，要把研究成果首先写出，有科学根据的向党中央、国务院提出建议的研究报告来。在这个基础上，根据各方的反映，再认真研究写书，才是有用的，才不至于脱离社会主义现代化建设的伟大实践。如果建议被采纳了，而且证明是有成效的，在这基础上写成书不是更扎实么。当然不能要求所有的研究工作都这样做。但是，总应该把问题研究清楚以后再写书，而不是相反。这一点，对所有的研究工作来说，都是需要注意的。

同志们提到，在研究工作中遇到困难的问题（图书资料及设备等），这也是由经济基础决定的。我们经济不发达，财政收入不多，建设和创造这些条件不够。我们有些资料要开放些，信息要灵通些，应该给同志们这方面的条件。当然，现在这种条件还不是很好，但总要采取办法一步一步地把这个问题解决好。信息系统要搞起来，资料中心也要搞起来。国家计委打算成立一个信息中心。

我认为，教学工作和研究工作应该结合起来，教学的研究工作应该和实际部门的工作结合起来，在不妨碍教学计划的前提下可以和社会科学院的一些有关单位与经济部门的一些单位合作参加一些问题的调查，或者参加制订计划的工作，或者参加某一个重大项目的调查研究和论证；还可以参加国务院经济研究中心和技术经济研究中心等的活动。我们学经济的人如果不懂得管理，不了解经济生活中的实际问题，是不能适应社会主义现代化建设需要的。

要开创新局面，就要对"文化大革命"以前的、党的十一届三中全会以前的、现在还依然发生作用而已经不适合于我们目前情况的那些制度、办法进行改革。

最后，希望我们大家要研究当代的资本主义、当代的帝国主义、当代的社会主义，用马克思主义发展的学说来研究。马克思、恩格斯分析 19 世纪发展中的资本主义是以英国为主要研究对象，写出巨著《资本论》；可是从 19 世纪到现在，特别是 20 世纪以来，资本主义和帝国主义发生了重大的变化，如果马克思活着的话，他一定又写出几本新的"资本论"。如果列宁活着的话，他一定又写出几本新的"帝国主义论"。我们应该认真地研究：当代的资本主义和马克思那个时代的资本主义有什么相同点，特别是不同点；当代的帝国主义和列宁时代的帝国主义有什么相同点，特别是不同点；现在世界上有多种多样的社会主义，这些社会主义和马克思所设想的那个社会主义有什么不同；列宁设想的社会主义和他在后来实践中的社会主义有什么变化；我们中国原来设想的社会主义是什么样子，现在又是什么样子，而将来又会是什么样子呢。邓小平同志在党的十二大提出，要建设有中国特色的社会主义，这就是我们要集中精力加以研究的大题目。

马克思主义具有强大的生命力就在于它是发展的科学，没有发展，马克思主义的生命力就没有了。马克思主义是随着历史的前进而前进的，并且是推动历史前进的科学。如果我们的马克思主义的经济学、社会科学不能够起到推动历史前进的作用，那还算什么马克思主义！

　　当代资本主义世界的经济现在是很不景气的，这对于我们制定发展战略有哪些坏的影响和好的影响？假如资本主义世界经济复苏，将会对我们有什么坏的影响和好的影响？我们怎样趋利避害？

　　以上这些看法，如有不妥，请同志们指正。

关于加强社会科学和自然科学的结合，解决社会主义现代化建设问题的建议[*]

实现全面开创社会主义现代化建设新局面的历史任务，需要解决一系列既涉及复杂的自然科学，同时又涉及复杂的社会科学的综合性问题。这些问题，单从自然科学角度或者单从社会科学的角度是不能解决的，需要自然科学和社会科学的结合，以及两方学者的亲密合作，才能得到正确的解决。而目前，我国社会科学工作者和自然科学工作者，常常是从各自的角度出发提出解决问题的方案，很少在一起共同研究解决社会主义现代化建设的重大课题。因而，自然科学工作者、工程技术人员提出的方案，往往只注重技术上是否先进而忽视经济上是否合理；社会科学工作者提出的方案，往往只有定性的结论，而缺乏定量的分析，并且都是以自然科学工作者、工程技术人员提出的方案为前提进行推论的，前提一错，全盘皆错。这种状况同社会主义现代化建设的客观需要之间存在着很大的矛盾，急需采取一些改革措施加以解决。为此提出以下建议：

一 改革发展规划与重大建设项目论证的组织工作

各级、各部门、各地区的发展规划，重大综合性课题或建设项目的研

* 本文是作者 1983 年 1 月 30 日写的一个内部报告。

究攻关工作，都要采取自然科学工作者和社会科学工作者共同研究、联合攻关，一起解决问题的混合型工作方式。不采取这种形式，不是由有关的科学家、工程技术人员经过论证和签字的方案，有关领导部门不予审议。

二　改革干部的选拔和培训制度

把具有综合知识、专业技能和经济管理知识作为选拔各级负责干部的一条重要标准。就是说，要求各级经济领导部门的负责人、大中型企业的负责人，不仅要精通本职的专业知识和基础知识，还要了解相关学科的基本知识，如冶金部的部长或钢铁厂的厂长，不仅应懂得一般的经济管理知识，而且应懂得钢铁生产的知识。并且，按这个要求培训现职干部，缺什么知识补什么知识，为他们取得作为有关单位的负责人所必需的综合知识创造条件。有条件的还可实行两种岗位的轮换锻炼（如做技术工作的可与做管理工作的定期轮换）。

三　改革自然科学与社会科学学科体系分立的教育制度

提倡跨学科的教育制度。如理工科应开设经济管理课程，学管理的应学些工程技术，学经济的应学些数学和其他必需的自然科学，以培养基础牢固、知识面广、适应性强的具有双重学位的人才；同时，要大力促进边缘学科的发展，以加强相关学科的相互结合。

四　改革自然科学和社会科学的研究制度和体制

协调自然科学和社会科学的研究规划；中国科学院和社会科学院要建立联席会议制度；自然科学和社会科学的某些研究人员可相互兼职；相关的课题，应在一起讨论；必要时两院可设立综合性研究所（如技术经济研究所），等等。

五 改革有关政策

对职称的评定，应有利于两类学科相互结合。如对于具有双重学位（即既有工程技术学位又有经济管理学位的人，国外将它叫做拿"金色护照"的人）的人员，在工资和其他待遇上，要给予优惠。

六 改革咨询工作

咨询工作在我国是一项新兴的工作，当前建立的多是专业性的咨询机构，今后需要在咨询机构中配备自然科学和社会科学的各类有关人员，以避免咨询意见的片面性。

七 建议国务院科技领导小组，把自然科学和社会科学
两方面的科研工作和人才合理使用，统一领导起来

宏观经济模型的研究要为实现
社会主义现代化服务[*]

我想提出一些问题来向大家请教。我们搞模型，不是为搞模型而搞模型。如果这样，那么，我们的模型工作就没有什么实际的意义。我同一些外国来访的学者讨论过这个问题，问他们经济模型有什么用？他们有的说，很有用；有的说，起不了什么作用。在我们国内，也有上述两种看法。还有的同志这样说，你给我找资料，我给你搞模型。恐怕也不这么简单。你要制作经济模型，你就得动脑动手取某些资料，否则怎么能够做出对实际工作有用的经济模型呢？所以，我们应当好好地研究一下模型的作用是什么。我想，对于这个问题，应该做出明确的回答，即经济模型的研究要为实现社会主义现代化服务。就这个问题，谈一些看法，同在座的同志们讨论，有不对的地方，请给予指正！

一　实现社会主义现代化要加强宏观经济模型的研究

党的十一届三中全会决定，要把我们党的工作重点转移到社会主义现代化建设上来，从那时起，党和国家的根本任务就是建设高度的社会主义

　　* 本文是作者 1983 年 1 月在"国家计委和国务院技术经济研究中心联合召开的宏观经济模型座谈会"上的发言，原载《数量技术经济研究》1983 年第 1 期。

物质文明和社会主义的精神文明，使我们伟大的社会主义祖国能走在世界经济发达国家的前列。最近召开的具有伟大历史意义的党的十二大提出：从1981年到本世纪末的20年，我国经济建设总的奋斗目标是，在不断提高经济效益的前提下，力争使全国工农业的年总产值翻两番，即由1980年的7100亿元增加到2000年的28000亿元左右。实现了这个目标，我国国民收入总额和主要工农业产品的产量，将居于世界前列，整个国民经济的现代化过程将取得重大进展，城乡人民的收入将成倍增长，人民的物质文化生活可以达到小康水平。要实现这一宏伟目标，需要做很多工作。编好社会主义现代化建设的中长期计划就是其中的一项。宏观模型的研制对于我们编好中长期计划有重要的作用。

我们所要制作的经济模型，不同于资本主义国家的经济模型，它是有中国特色的社会主义的。因此，要编好我们自己的经济模型，首先应该认识清楚社会主义的特征。社会主义有哪些特征呢？胡耀邦同志在党的十二大报告中指出：社会主义的特征包括：剥削制度的消灭；生产资料公有制的实现；按劳分配；国民经济有计划按比例的发展；工人阶级和劳动人民的政权的建立，即无产阶级专政，或称人民民主专政；高度发达的生产力和比资本主义更高的劳动生产率。除了这些特征外，还有没有其他特征呢？还是有的。社会主义应当而且必须还有一个特征，这个特征就是以共产主义思想为核心的社会主义的精神文明，没有这个社会主义的精神文明，就不可能建设社会主义。

社会主义精神文明的建设，包括的内容，一个是文化建设，一个是思想建设。我们要搞一个社会主义建设模型，应该是包括经济、社会各方面内容的模型，就是说，不但要包括满足社会各方面需要的物质财富，而且要包括精神方面的内容：即人才的培养，人的文化水平、科学知识和共产主义思想觉悟的提高，社会的公共福利的增长和个人消费的提高，等等。这些问题都应该考虑，不能光有物质生产和个人的生活消费。要完成这个任务，没有科学的论证是不行的，通过科学的论证，建立一个目标体系，制定实现这一目标体系的正确战略、方针政策、步骤和措施，这样才能使我们尽可能地少走弯路，尽可能争取最好的经济效益。这就需要我们采取科学的方法，加强宏观经济模型的研究，就是一个重要的方法。

二　加强对我国经济现状的分析和预测未来发展工作的紧迫性

编好我国社会主义经济发展的模型，不但要认识社会主义的特征，而且要掌握中国的国情，加强对我国经济现状的分析和科学地预测未来。

我们国家是一个很大的国家，我们整个国民经济是个极其复杂的体系，深入分析各种因素间错综复杂的关系，认识事物的本质，掌握客观的经济规律，这是我们进行正确决策的前提。

由社会主义制度的性质所决定，在我们社会主义社会要解决任何重大的社会经济问题，都要从整个国家和全体人民的利益出发。不仅要从目前利益更要从长期利益出发。要真正做到这点，只有良好的愿望是不够的，还需要配合以科学的方法和手段。正是由于我们整个国民经济是个复杂的体系，所以单用常规的方法来处理这个问题，是不可能完善的，必须采用多种方法来开展经济分析和预测工作。宏观经济模型的编制和应用，是开展经济分析和预测的重要的手段，它是我们当前编制中、长期计划所迫切需要的。

我们 30 多年计划工作的经验表明，通过对国民经济现状的正确分析和科学预测，搞好国民经济的综合平衡工作以及部门间、地区间的最优发展和协调工作，研究市场信息的反馈和控制调节的作用，是贯彻执行计划经济为主、市场调节为辅方针的一个关键问题。

当前，我国正处在新的历史时期，摆在我们面前有许多艰巨复杂的任务。我们正在编制第六个五年计划，而且也已着手编制第七个五年计划和本世纪后 10 年的发展计划。要搞好这项工作，就需要编制经济模型，作为编制计划的一个重要参考。

用什么样的指导方针，用什么样的方法，通过什么样的途径，达到我们的目标？我们在编制的经济模型，必须提供这方面的资料。2000 年工农业年总产值翻两番，实现两个倍增，这是发展的总目标的概括的标志。

有这么一个总目标、总的标志，是不是还要有一个由很多具体目标组成的相互协调的目标体系呢？工农业总产值翻两番这个总目标下的目标的系统是什么样的呢？这要好好研究。要给人们一个清晰的目标图像。这个系统的建立，需要通过对国民经济情况的调查，从宏观经济的角度进行分析来完成。

预测是用科学方法推断我们的未来，宏观模型的研制和应用，能够为我们分析评价各种方案，这对计划目标和发展战略的确定，都是非常重要的。制定战略是为了达到目标，战略的研究，又反过来完善和充实目标，对国民经济进行科学的、系统的、细致的分析，按时间、阶段、层次进行综合。从这个意义上来说，我们对经济分析和预测的需要是很迫切的。我们深深地感觉到，这种迫切性由于党的十二大胜利闭幕和五届人大五次会议的召开，由于需要尽快地制定中、长期规划，现在是更加突出了。

三　我国国民经济有哪些课题需要运用宏观经济模型来进行研究

从我国社会主义现代化建设这个总任务出发，可以提出涉及面很广的一系列问题。今年4月，在山西省政府的领导下，开始着手进行制定山西能源基地综合开发规划的工作，这个规划就有130多个研究课题。中国科学院配合，也提出了80多个课题。如果要搞全国的总的规划，需要多少个课题，那就可想而知了，这是很复杂的事情。但是如果概括起来说，这也是个很简单的事，也不能把它看得太复杂了，看得太复杂了，我们就不好进行工作了。那么，把它看得简单一点，是个什么问题呢？那就是要为党和国家发展社会主义国民经济的决策工作提供有科学根据的计算资料，为制定长远发展目标和发展战略服务，为编制中、长期计划服务。

从上述要求出发，我们研究宏观经济模型，是否需要深入探讨下面这些课题，请大家考虑：

1. 描绘一个1990年和2000年我国经济发展比较具体的图像。要把工农业年总产值翻两番具体化，要有各部门、各行业以至各地区的具体目标。也就是说，要有比较具体的目标，不能笼笼统统千篇一律，而是要把工农业各部门的不同的增长率相加的年总产值综合起来，达到翻两番的目标。

2. 体现总的目标的具体目标体系的设计。因为，国民经济的各个方面、各种因素，相互联结、相互依存、相互作用，是一个统一的整体。只有从整体出发对目标进行综合—分析—综合，才能更好完善目标体系。有了比较完善的目标体系，才能对整个国民经济的发展起更大的促进作用，这个问题和前一个问题是相互联系的。

3. 在发展速度和经济效益统一的前提下，进行国民经济综合平衡的分析，从国民经济的全面综合平衡中安排各个部门、各个地区的经济活动，求得一个经济效益最好的发展速度。经济效益最佳的发展速度是一个什么速度？不同的时期，有不同的最优速度。这个速度在各部门、各地区如何合理分布，也要很好研究。

4. 研究计划指标之间的关系，以进一步加强和提高计划工作，从全局出发，编制出体现国民经济协调发展的计划，完善地体现计划经济为主、市场调节为辅的方针，这是我国社会主义经济的一个重要特征。

5. 经济结构的合理化问题。合理的经济结构是就一定的时间、地点、条件而言的。我们不但要调整当前不合理的经济结构，使之合理；而且需对未来合理的经济结构进行设计。合理的经济结构是保证国民经济稳定和持续发展的重要条件。这对当前的政策和决策有影响。因此，我们要研究实现 2000 年的目标，究竟应该是个什么样的合理的经济结构。

6. 消费结构和产业结构的关系。随着科学技术的进步，社会、经济的发展，人们及社会对消费的需要会不断发生变化，市场的容量也会不断变化。满足人民的需要是社会主义建设的崇高使命。探索消费结构和产业结构的关系，使之协调。为此加强市场容量的研究，是非常重要的。

7. 积累和消费的关系。积累和消费的比例关系，是影响国民经济发展的重要的比例关系之一。这个比例不但和经济有关而且还和政治因素、社会因素有关。这个比例同样具有动态特性，不是一成不变的，需要对不同时期的最优积累率进行研究。

8. 宏观经济效益的问题。讲求经济效益，是整个经济工作的正确指导思想。全局的宏观经济效益不是各局部效益的简单加和。经济效益需要用科学方法来计量。究竟宏观经济效益要从哪几个方面来衡量，怎样才能使它提高，这是研究宏观模型中的核心问题。

9. 农业是国民经济的基础问题。要研究如何加强农业这个基础。农业"一靠政策，二靠科学"如何量化。从长远看农业的结构怎样变化，才能适应经济全面发展的需要。

10. 能源与交通等重要经济部门对经济发展的影响。这个问题是个很大的问题。到 2000 年实现工农业年总产值翻两番，平均年增长速度为 7.2%，而能源的增长很难达到这样的速度，这就需要努力节能。需要把目标系统的相互协调问题研究清楚。我们的能源主要是煤炭，煤炭和交通运输很有关系，有了煤运不出来，还是解决不了问题。因此，必须加强交通运输问题的研究，铁路、公路、水路（包括海运）、空运的结构是否合理，也应该很好研究。解决能源问题还应加强水力资源的利用问题的研究，等等。

11. 技术进步和技术改造在整个国民经济发展中的作用。这是很重要的问题，因为今后我们的发展主要不是靠外延的发展，而是靠内涵发展。内涵发展就是要靠技术改造、技术进步，就是要从技术改造和技术进步中求速度，这是提高经济效益的好办法，也是实现翻两番的重要手段。

12. 智力的开发和就业结构。我国人多本来是好事，但是在许多具体问题上就成了困难，什么时候彻底克服了这个困难，使人多真正变成发展我国经济的最有利的因素，我国经济的发展，肯定会更快得多。这个问题解决了，我们才能处于更主动的地位。而这个问题同劳动者文化技术的提高，人才的培养，即智力投资有密切的关系。同时，这个问题的解决又和技术改造有一定的矛盾，技术改造要求提高劳动生产率，要求用人少，而你用人很多，这本身就是矛盾。这就要想办法来解决。

13. 劳动生产率提高与人民生活水平提高的关系。近年来，我们人民生活水平比劳动生产率提高得还快，所以积累就不能增加，基本建设规模也难以扩大，这是"四人帮"给我们造成的困难，不解决是不行的，但是老这样下去，我们经济的发展就要受影响。社会的发展总是要靠劳动生产率的提高。劳动生产率提高的速度一定要高于人民生活水平提高的速度，这样，才能有积累，没有积累你拿什么扩大再生产呢？

当然，研究中应该抓一些重点。我提出这些问题，并不是说把这些问题研究的结果加起来，用以制订计划或分析宏观经济问题，而是要把这些方面进行综合与协调，找出其中的有机联系，提出一整套解决问题的措施，并且能按时间阶段，层次结构来安排实施的步骤。

把以上问题集中起来，是否可以这样说，当前着重要研究的，一个是我国经济效益最好的发展速度及其制约因素，一个是我国长远发展战略目标系统。

四　要用多种分析手段研究国民经济问题

（一）要重视经济工作的经验

经济规律发挥作用的过程与自然规律不一样，相对来说，自然规律发挥作用的条件比较容易控制，实现了所要控制的条件，就能发挥人们所预期的作用。经济规律的作用是通过人和社会各种复杂因素相互影响的过程来实现的，因而往往是通过曲折和反复的过程和许多偶然性的因素表现出来的。这就使得我们凭知识和经验来判断现象的性质有重要作用。因此，任何定量的经济分析方法，都不能代替通过实践而总结的经验所起的重要作用。

从模型编制来说，构成模型的要素和变量，是通过对经济现象的理解来确定的，函数关系要靠人的经验进行修正，计算结果也有根据实际情况进行调整或根据人的判断做出解释的必要。

（二）要认识宏观经济模型的局限性

社会经济是个庞大的错综复杂的系统。要研究这个系统，往往需要对它进行简化，抓住系统的主要因素和本质的东西进行分析，而且常是从某些特定目标的要求出发。这就需要有个综合的过程，即对经济现象的认识过程。宏观经济模型是对这种认识的数学表示，因此，数学手段的应用虽然是重要的，但是最根本的问题，是对社会经济现象中各种复杂因素及其相互关系的认识，这是建立函数关系的基础。尽管模型的研制者，为了搞好模型要进行广泛的调查和研究，掌握大量的真实情况和数据。但是，由于认识的局限性，也由于社会经济现象的复杂性（有些还有假象性），而且对于有些社会经济现象，数学处理还不能准确地解决定量化问题。因而，模型作为认识的工具是有限度的。在最好的情况下，模型只能近似地反映实际。我们在重视模型的同时，要认识它的局限性，它只能供决策者参考，而不是决策的唯一依据。

（三）要用多种分析手段研究国民经济问题

国民经济系统是多种因素的综合体，这些因素涉及各种学科，包含社会科学、自然科学、哲学的许多方面。现代经济是同现代技术紧密地结合在一起的。科学技术的发展，不仅对社会的经济结构，而且对文化、道德、生活方式都产生巨大的影响。同时，经济的发展，又促进了科学技术的进步。要从各个角度、各个方面来分析国民经济问题，不但进行宏观经济的研究，而且还要进行微观经济的研究。宏观经济模型是综合分析国民经济体系的一种重要手段和工具，需要配合其他的分析手段，才能把国民经济体系掌握得比较清楚。比如，对各类科学技术发展前景的研究，就有其本身的特定方法，并不一定用经济模型。

五　对宏观经济模型研究工作的几点意见

1. 模型研制工作的目的在于应用。模型的研制有其本身的理论和方法问题，需要进行研究，但是这种研究归根到底是为了应用，应用模型来为实现社会主义现代化服务。研究模型的理论和方法，也就是使它更好地为现代化建设服务。

2. 要密切联系我国经济工作和计划工作的实际，适应党和国家领导机关进行经济决策的需要。

3. 注意由浅入深、由简入繁，开始不要搞得太宽、太复杂，简要一点好。判断一个模型的优劣，主要看其有没有实用价值，而不是看其有多少方程。这样也有利于快出成果，早出成果。如果我们一上来就搞个复杂的，也不现实。这里绝没有这个意思，好像不要方程也能搞出个模型来，那怎么可能呢？必要的方程还是需要的，只是开始要搞简要点好。

4. 要以马克思主义理论为指导，认真研究我国经济发展的规律和计划工作的规律，掌握事物的本质联系，这是我们研究模型的基础。

这就是说，要有一个正确的理论基础。比如，克莱因模型就有他的一套资产阶级经济学的理论为基础。我们搞经济模型，就要以马克思扩大再生产等理论作为基础。

5. 在马克思主义经济理论的指导下，吸取国外模型研制理论和方法中对我们有用的东西，结合中国社会主义经济建设的实际，用创造性的方法来研制我国的宏观经济模型。

有些外国人做的中国经济发展的模型，是否适合中国的实际，很值得怀疑。当然他们也付出了不少的劳动，值得我们参考。我们应当通过自己的聪明才智，按照我国的实际情况，编制出我们自己的宏观经济模型来。当然，这不是说只研制一个模型，而应当研制出几个模型来。我们有许多学校和单位，各自发挥自己的长处，研制出几个模型，然后几个模型可以相互校正、检验和补充，使我们国家计委的这个经济模型能够集各个模型优点之大成，成为最佳的模型。

6. 对宏观经济模型的研制，既要有总体的设想，但又要从一个一个具体方面部分着手；既要善于对复杂的宏观经济现象，从综合的角度进行研究，又要善于把综合性的问题作分解研究，然后再进行综合。次一级的系统也应该有其相对的独立性，这样便于在实践中进行检验。当然，宏观经济模型体系的形成是需要一个过程的，经济分析要用多种方法，不能只靠某一种方法或手段。分阶段出成果，对提高模型的研制水平是有帮助的。

7. 宏观模型的研制工作，要组织起各方面的有关专业人员来进行攻关。去年陈云同志在政治局会议上提出来要组织科研人员攻关。我们的模型研制工作也要把有关的科研人员组织起来攻关，这是计划工作方面的一个攻关项目。我们一定要努力奋斗逐步建立起我国的宏观经济模型体系。

我们的模型研制工作，一定要吸收有经验的做经济工作的同志参加，不能尽是我们这些数学家、模型家，否则就会脱离实际。

总之，我们要积极开展宏观经济模型的研究工作，近期首先要致力于国民经济分析和预测工作，这个工作做好了，就可以为我们第七个五年计划的制定提供有科学根据的资料，也可以为我们到 2000 年的规划提供有科学根据的资料，为实现我国社会主义现代化做出贡献。

关于目前基本建设规模问题*

　　1982 年经济形势很好，工业增长 7.7%，农业增长 11%。如果剔除队办工业，农业的速度可能没有那么高。需要把农业同农村工业分别统计，这样，粮食是多少，经济作物是多少，农村工业是多少，才能看得清楚。

　　工业增长 7.7%，不算慢。但轻工业速度并不快，只增长 5.7%，而且增长速度有大幅度下降的趋势。增长比较快的是重工业，增长 9.9%。对重工业的增长，要做具体分析，有合理的增长：第一，农村形势很好，对来自重工业的生产资料需要量大了，如手扶拖拉机增长 50% 等，这是合理的；第二，技术改造需要的新设备增加了，如节能电机、节能泵等。这些都是合理的。当然，还有其他合理的东西。同时，还有一些增长是属于恢复性质的（重工业 1981 年比上一年下降了 4.7%）。但是，重工业增长较快的最重要的刺激因素是基本建设规模过大，这里有些是不合理的。

　　1982 年全民所有制单位固定资产投资突破国家计划较多，预计完成 831 亿元，比原计划的 630 亿元增加 201 亿元，增加 31.9%；比调整计划的 695 亿元超过 136 亿元，增长近 20%；比 1981 年实际完成的 667.5 亿元增加 163.5 亿元，增长 24.5%；比历史最高年份 1980 年的 746 亿元还多 85 亿元。

---

　　* 本文是作者 1983 年 2 月 9 日在国务院召开的"经济形势座谈会"上的发言。

新中国成立以来，全民所有制单位一年投资猛增 100 亿元以上的有过四次：第一次是 1958 年"大跃进"，增加 128 亿元；第二次是 1970 年"闹翻番"，增加 122 亿元；第三次是 1978 年，增加 121 亿元；1982 年是第四次，增加 160 多亿元。前三次，都出现过投资规模过分膨胀，带来生产资料短缺，消费品短缺，市场供应紧张，国民经济比例严重失调，随后不得不进行大规模的经济调整。从历史的经验看，现在又到了可能要进行新的调整的临界点，应该引起我们的警觉。搞不好又要来一次大幅度的调整，来一次折腾，大家担心的就是这个问题。

当然，不能凭经验主义办事。这次投资规模过大，同前几次有很大不同。前几次都是上大项目。这一次是预算内的得到了控制，预算外的增加了很多。国家预算外投资，包括各级自筹投资和国内贷款投资，总共为498 亿元，就比上年增加 124 亿元，其中超过计划的就达 80 多亿元。上年 10 万元以上的在建项目 7.5 万个，其中当年新开工的就有 3.4 万个。预算外和贷款投资大都是中、小项目。多数小项目，从微观经济上看，一般是有效果的，但重复建设、盲目建设的情况很严重，从宏观经济上看，效果并不好。

尤其应当看到，当前国内的形势比以往任何时候都好，各条战线欣欣向荣。计划安排的工农业发展速度为"保四争五"，不是高指标；农业的情况比 1958、1970、1978 年的情况要好得多；轻工业发展较快，市场情况良好。但是，即使有这些不同，是不是投资规模过大就没有问题了呢？问题还不少，值得我们注意。

投资规模过大，带来许多问题：

1. 固定资产投资增长速度和增加额，都大大超过了国民收入的增长速度和增加额。1982 年国民收入预计为 4130 多亿元，比上年增加 243 亿元，增长 6.3%。按积累率 30% 计算，积累额只能增加 73 亿元，扣除流动资产积累，能用于固定资产积累的只有 45 亿元，还不及固定资产投资增加额的 1/3，其余 2/3 的增加额，主要是靠银行贷款、发行国库券等弥补的。1982 年的实际积累率和固定资产投资占国民收入的比重预计都会比上年上升。

2. 基本建设投资增长速度和增加额，大大超过国家财政收入的增长速度和增加额。我国 1953—1978 年，国民收入年平均增长率为 6%，财政收入年平均增长率为 7.2%，固定资产年平均增长率为 8.3%。这种情况曾经在一个较长时期内造成了积累与消费的比例严重失调。1982 年与 1981 年相比，国民收入预计增长 6.3%，财政收入预计增长 1.6%，而固定资产投资额预计增长 24.5%。这就是说，固定资产投资额增长速度是国民收入增长速度的 3.9 倍，是财政收入增长速度的 14 倍。1982 年的财政收入扭转了连续三年下降的局面，同上年持平（预计为 1104 亿元），而支出方面，仅行政经费、文教事业费和国防费就比上年增加 52 亿元，因此，1982 年增加的投资主要是靠财政赤字、发行国库券等来弥补的。

3. 固定资产投资增长速度大大超过生产资料生产的增长速度。1982 年，重工业生产增长 9.9%，钢材、水泥和木材分别增长 8.7%、14.8% 和 2%，大大低于投资的增长速度。为了弥补缺口，除动用库存外，还进口钢材 330 万吨、木材 200 万立方米、水泥 100 万吨，花外汇 10 多亿美元，国内价格补贴 20 多亿元。即使如此，"三材"供应仍很紧张，有些轻工业生产必需的木材和钢材也难以满足。如 1983 年轻工业生产小商品急需的 10 万立方米木材和 14 万吨钢材，就难以满足。

4. 由于建设规模偏大，财力、物力使用分散，出现了计划外项目挤计划内项目、一般建设项目挤重点建设项目、基本建设项目挤技术改造项目、扩大再生产挤简单再生产的现象。预算外的项目投资突破计划 47.6%，而国家安排的大中型建设项目中，却有 46% 的项目没有完成年投资计划。1982 年 1—11 月，全国基本建设投资中，预算外的部分完成全年计划的 99.8%，预算内的部分只完成了 84.6%，能源、交通部门只完成 81.4%。

5. 由于规模偏大，战线过长，投资效果下降。1982 年计划投产的大中型建设项目和单项工程，有 1/3 未按期建成；国家急需的一些短线产品的新增生产能力减得较多，大中型项目的建设周期仍在 10 年以上，固定资产交付使用率由上年的 86.6%（1965 年以来的最好水平）下降到 74.4%；房屋竣工率也将由 51.4% 下降为 50.5%。已建成的项目中，有一部分因缺电、缺原料、缺销路等原因，而不能正常发挥效益。

6. 由于建设规模偏大，影响技术进步。据估计，现在全民所有制企业维持简单再生产和必要的技术改造的资金，最低限度要 300 亿元，但实际上只给了一二百亿元。两年来，地方和部门用更新改造资金"救活"了计划外的大中型基本建设项目就有 300 多个。结果，扩大了基建规模，加剧了固定资产更新改造的欠账，不利于技术进步。

7. 可能给"六五"计划后三年的安排带来困难。"六五"计划安排固定资产投资 3600 亿元，其中，基本建设投资 2300 亿元，扣除前两年的完成数，后三年还有固定资产投资不到 2200 亿元（平均每年约 740 亿元以下），都大大低于 1982 年的水平。历史经验表明，固定资产投资规模，特别是基本建设规模是否适当，不能只从第一年看，要几年联系起来看，要做多年的计算和平衡，要看在建总规模。随着第一年投资的剧增，第二、第三年所需投资额必将进一步加大。如果考虑到"六五"后三年一系列大项目（如三峡、核电站、大型露天煤矿和中外合资经营的大项目的国内配套工程等）的上马，整个基本建设规模，迅速扩大的趋势是难以扭转的。这样，"六五"后三年的财政赤字不仅继续存在，还可能有所扩大，这个情况应当引起注意。

建设规模必须同国力相适应。建设规模的大小，取决于国民收入中积累基金的多少，直接的是取决于国家财政的收入和物力供应的可能。那么，从哪些方面控制呢？控制的数量界限在哪里呢？

第一，控制国民收入中的积累率和投资率（即国民收入中固定资产投资总额所占的比重）。有些同志经过对历史统计资料和 1981 年的实际（积累率为 28.5%，投资率为 17.3%）分析研究之后，提出三种设想：（1）积累率为 25%，投资率大致为 15% 左右；（2）积累率为 28%—29%，投资率大致为 17%—18%；（3）积累率为 30% 或者多一点，投资率大致为 20%。多数人认为第二组数字比较合适。

第二，控制固定资产投资占国家全部财力（包括国家预算内资金和预算外资金）的比重。有的同志鉴于当前预算外投资所占比重很大的情况，提出这方面的控制数字应以 40% 为宜。

　　第三，严格划清简单再生产和扩大再生产的界限，采取不同的管理和控制办法。纯粹的扩大再生产是很容易辨别的，难于划清的是更新改造投资。实际上这种资金也分为两部分，一部分是属于简单再生产性质，一部分是带有扩大再生产的性质。简单再生产的部分，其资金来源主要是企业折旧基金，它是补偿基金，而不属于积累基金。这部分资金，主要是如何同企业的技术进步结合起来用得好的问题。用于扩大再生产的部分，则应当同基建投资一样加以控制。在一般情况下，应先安排更新改造资金，有余力时，再安排新的基本建设资金。

　　第四，控制在建规模。大中型项目工期一般都比较长，新上的项目，第一年花不了多少钱和物，但施工高潮时用钱用物就要剧增。所以，基本建设计划要以中长期计划为主，严格控制一定时期内的在建规模。

　　建设规模的问题，涉及的方面和问题很多，光提出几个百分比是起不到控制建设规模的作用的。还需要从宏观经济的角度，划出几条具体的杠杠，才便于掌握。陈云同志曾经提出过三条原则，也可以说是确定基本建设规模的三条基本政策，即：（1）不能靠财政赤字来搞基本建设；（2）基本的原材料和设备不能有大的缺口；（3）不能降低人民生活水平去搞基本建设。我们确定基本建设规模，应当遵守这些原则和政策。为此，需要切实加强宏观经济的综合平衡，改革计划管理体制，真正做到把大的方面管住，小的方面放活。同时，还要研究和制定有关固定资产投资的法规、条例和奖惩办法，加强立法工作，以便有法可循。

社会主义现代化建设要求社会科学工作者和自然科学工作者加强合作[*]

一　党的十二大对科学研究工作提出了新的更高的要求

党的十一届三中全会以来，党领导全国人民实现了历史性的转变，党和国家的工作重点转移到了经济建设上来，这就为我国自然科学和社会科学的发展创造了非常有利的条件。

在上个月中国社会科学院的院务会议上，我曾经提出，为了全面开创社会主义现代化建设的新局面，社会科学工作者要了解新情况，研究新问题。为了适应新的形势和新的任务的要求，社会科学工作者要向自然科学工作者学习，并学习一点与本学科有关的自然科学知识。通过这次论证会的实践，更感到作为一个社会科学工作者向自然科学工作者学习的迫切性和必要性。

在学习党的十二大文件时，社会科学院党组多次讨论过：十二大提出了全面开创社会主义现代化新局面的伟大历史任务，确定了现代化建设的宏伟战略目标。要实现这一宏伟战略目标，需要全党和全国人民共同努力，其中一个重要的方面，就是自然科学工作者和社会科学工作者的努

   *　本文是作者 1983 年 2 月 24 日在"中国科学院山西能源重化工基地技术攻关论证会"上的讲话。

力。不充分发挥知识分子和科学技术队伍的作用，我国社会主义现代化建设的任务是不能很好完成的。

这个历史任务是光荣而又艰巨的。许多复杂的新情况亟须认识，许多复杂的新问题亟须解决。在社会主义现代化建设中，既包括了非常复杂的自然科学、工程技术方面的问题，又包括了非常复杂的社会科学方面的问题。这些涉及面很广的一系列问题，有些需要自然科学（包括工程技术）工作者着重研究解决，有些需要社会科学工作者着重研究解决，而许多则需要自然科学工作者和社会科学工作者共同合作来解决。

在社会科学方面，需要研究的问题是很多的，在安排 1983 年社会科学院的研究任务时，确实感到社会科学的研究任务是很艰巨的。进行社会主义建设要按照社会主义建设的规律办事，比如，经济发展规律、社会发展规律、思想发展规律、政治发展规律等都需要社会科学工作者进行研究。在社会主义条件下，生产力和生产关系的关系，生产、流通、分配和消费的关系，计划指导和市场调节的关系，以及商品、货币、价格、利润、经营管理等方面的问题都需要经济科学工作者深入探讨，找出解决问题的正确途径。社会主义精神文明建设、社会主义民主的建设、体制改革等问题则需要社会科学的有关学科，研究国内外的经验，进行分析和综合，做出马克思主义的回答。对于具有 10 亿人口，80% 又是农民，经济文化、科学技术发展比较落后的我国来说，解决这些复杂的问题，马克思主义虽然给我们指引出方向，但并没有做出现成的答案，需要我国社会科学工作者自己努力钻研来解决这些问题。我想，在自然科学和工程技术方面也是如此。社会主义建设中的许多重大问题，每一行业、部门、地区的发展，每一个工程项目的兴建，都涉及很多技术问题和自然科学问题。例如，作为我国经济发展战略重点的能源的生产和节约、交通运输的建设、农业生产的发展，等等，都涉及一系列的科学技术问题。如何选择适合我国国情的技术路线，充分发挥科学技术在社会主义现代化建设中的作用，大大提高经济效益，都和科学技术有关。对此在座的专家都会有深刻的体会，并为此付出了极大的努力。这次会议上所提出的攻关课题，就是有力的说明。

这里特别要提出的是，社会主义建设中的很多问题需要自然科学工作者、社会科学工作者合作进行研究才能得到正确解决。社会主义现代化建设的许多重大课题，像经济社会协调发展规划的制定、各类重大建设项目的确定、各个重大科研项目的攻关，就需要各方面专家的合作，对这些课题做整体的系统研究。山西能源与重化工基地的开发，就是这样的课题。

新中国成立多年来的实践证明：社会主义现代化建设中的许多重大问题，如果单纯从自然科学、工程技术的角度，或者单纯从社会科学方面考虑，往往不能得到正确的解决。而需要自然科学和社会科学两大类学科的理论指导，需要社会科学工作者与自然科学工作者的紧密合作，才能获得正确的解决。可不可以这样说：社会科学工作者和自然科学工作者加强合作，共同解决现代化建设中的一些重大问题，这是开创社会主义建设新局面时期的一个特征，也是胜利完成党的十二大确定的历史任务的一个保证。

为了完成十二大提出的宏伟目标，无论是自然科学工作者和社会科学工作者都应面对社会主义现代化建设的客观需要，使自己的研究工作适应人民的需要，适应社会主义建设的需要。而要适应这些需要，无论是社会科学的研究或者自然科学的研究，都需要面向实际，为社会主义现代化建设的实践服务。

就人类历史总的来看，自然科学的发展是以生产的发展为基础的，反过来又推动生产的发展。离开了生产的需要，自然科学的产生和发展是不可想象的，社会科学也同样如此。在很长的历史时期，人们对社会只能作片面的了解，原因当然很复杂，而生产规模狭小，限制着人们的眼界，则是一个重要原因。只有在巨大的生产力——大工业出现以后，才能使人们对社会的认识变成了科学。

人类社会的历史还证明，生产的发展向科学提出了新的问题、新的经验，为科学研究创造了新的研究工具、设备和方法。同时，也只有在生产发展的基础上，社会才能在物质方面给科学研究以巨大的支持。

由于我们是从事社会主义的生产建设，广大社会科学工作者、自然科学工作者加强合作，充分发挥自己的聪明才干，天地是非常广阔的。例如，党的十二大所提出的经济发展的战略目标，就涉及一系列自然科学和社会科学的重大研究课题，在座的同志们一定会有许多考虑，而且有的已经在科学发展规划和研究工作中体现了自己的考虑。我想在这里再举几个例子说明有些重要课题，需要自然科学和社会科学工作者结合研究的必要性。例如，关于 2000 年中国的研究。如何从理论与实践的结合上，研究清楚 20 年后的中国是什么样子，描绘出一个具体的、生动的图像，这对于确定达到这个目标的途径和措施，对于动员最广大的群众为实现这个目标而奋斗，都是很有必要的。前年胡耀邦同志找几个同志谈话，就提出这个题目。这个课题是否可分为几个方面、几个层次来进行研究。一个重要方面和重要层次是对我国科学技术发展的前景，各行各业科学技术发展的前景及其对经济效益的影响的预测。同时要研究国内外技术经济的发展动向，分析科技进步对经济发展的作用，选择好各个时期的优先发展领域。要在这些研究的基础上，探讨 2000 年我国国民经济、科学技术、文化教育、人民生活、社会结构、政治生活是什么样子。胡耀邦同志还提出要研究 50 年、100 年后中国是什么样子。十分明显，这里研究的内容既包含自然科学的课题，又包含社会科学的课题，很多是需要两者结合起来研究的。现在，世界上许多国家，都在预测它们本国和世界的发展前景。几年前，罗马俱乐部曾写了一本关于预测 20 年后的世界的书（即所谓《发展的极限》的书），看法是比较悲观的。美国前总统卡特不太同意这本书的观点，也组织一些学者，针对这本书，又写了一本《2000 年的世界》。其主编访问过中国。欧洲人也已写出 2000 年的欧洲，日本人也写出了 2000 年的日本。苏联和一些东欧国家，也已经写出或正在编写类似的书。我国的自然科学和社会科学工作者也应该在这方面的研究工作中亲密合作，写出一套预测《2000 年的中国》的著作来。这部著作应有较高的学术水平。现在国务院技术经济研究中心正开始组织这个课题的研究，在社会科学院的院务会议上也讨论过这个课题。现在趁这个机会，提出这个问题向科学院的领导同志和在座的专家们请教，希望同志们能参加这个重要课题的研究工作。当然这个研究不能一下出书，首先应向党和政府提出各种预测的报告。国家计委正在编"七五"计划，实际包括了到 2000 年的目标，我们这个研究对编制计划会有用处。

又如能源问题的研究。能源问题是制约我国经济发展的一个关键问题。解决这个问题，要求我们从开发和节约两方面努力。到本世纪末，能源实现翻两番不仅是很困难的，大概也是不可能的。但是增长一倍或者稍多一点，则是可能的。节约能源大有潜力。这就要求我们在技术改造，降低消耗，改进产业结构、产品结构，提高能源利用率等方面下工夫。根据有关的条件设想 2000 年我国能源消费增长弹性系数要降低到 0.5，才能满足国民经济、社会发展的需要。而发展中国家一般大于 1，日本现在是 0.7，今后要求降低到 0.4。我国要把能源消费增长系数降到 0.5，这不是一件容易做到的事情。需要自然科学工作者、工程技术人员和社会科学工作者进行艰苦的研究，来一个突破。

再如建设能源工厂这个课题，也是在研究山西能源基地的开发问题时提出的，受中央领导同志的重视。现在拟考虑先在北京、天津之间的一个新煤田搞这样的工厂。当然，在山西也要研究搞这样的工厂。这个课题也是跨行业、跨部门、多学科性质的课题，同样需要自然科学工作者和社会科学工作者共同研究，并在多方案技术经济比较的基础上，选择出适合我国国情的方案。这个事情，包括煤炭要经过气化，要把煤炭搞成化工产品，使用煤炭或其余热发电，还有利用矿渣和电厂的煤灰搞建材，当然还可能有其他内容，总之，它牵涉到很多部门。而这些目前在我国是各搞各的，发电、化工、采煤等方面，要研究怎么搞才好。是三个部组织起来，以一个部为主搞好？还是交给地方负责，各部参加搞好？还是把三个方面组织起来，成立一个开发公司搞好？这些管理体制问题，是属于社会科学问题。当然也还有技术方案的比较和选择问题，例如，是把煤炭搞成煤气输送出去还是煤气和甲醇联产，又搞甲醇又搞煤气？生产出来的甲醇是作为燃料用，还是作为化工原料来用？如此等等。当然，究竟用哪个方案，就看哪个经济效益好，这就既有自然科学的问题，也有社会科学的问题。这次论证会，对上述问题的解决会有很大的促进作用。

二　自然科学工作者和社会科学工作者加强合作是科学发展的需要

上面说明了党的十二大提出的任务，要求自然科学工作者和社会科学工作者加强合作。还应该指出，自然科学工作者和社会科学工作者加强合作也是科学发展的需要。尤其是当代自然科学和社会科学之间有一种相互渗透和相互结合的客观形势。这种趋势提出了自然科学工作者和社会科学工作者加强合作的要求。

马克思说："自然科学是一切知识的基础。"[1] 在科学史上，最初，自然科学和社会科学并没有十分明显的界线。在很长时期内，社会科学和自然科学内部也只分为很少几个学科。后来，随着社会和经济的发展，出现了所谓"科学革命"，开创了近代科学的新纪元。新的知识领域不断开拓，新的学科不断产生，科学的分类，也就越来越细致，越来越复杂。由于深入研究的需要，不仅社会科学与自然科学的界线日益鲜明，社会科学和自然科学内部的划分也越来越细，整个科学发展的潮流趋于学科种类日益增多。与此同时，自然科学和社会科学之间也有一种相互渗透和相互结合的趋势。马克思曾经说过：历史本身就是自然史，由人形成的自然界的历史的实际部分。将来，自然科学包括人的科学，同样，人的科学也包括自然科学，这将是一门科学。列宁也说过：从自然科学奔向社会科学的强大潮流，不仅在配第时代存在，在马克思时代也是存在的。他还指出，在20世纪，这个潮流同样是强大，甚至可以说更加强大了。当代自然科学与社会科学以及它们内部各学科的接近，表现在以下一些方面。

第一，表现在社会科学和自然科学的共同的研究方法的发展，表现在一些新的研究方法的诞生。社会科学与自然科学的划分，是以其研究的对象是自然界还是人类社会为依据。而科学研究方法（这也是一种科学）研究的既不是自然界，也不是人类社会，而是达到科学认识的途径。这种研究方法是为社会科学和自然科学双方服务的。当代发展起来的信息论、

---

[1] 《机器·自然力和科学的应用》（1861—1863），人民出版社1978年版，第208页。

控制论、系统论等新学科，不仅促进了社会科学、自然科学、技术科学的发展，而且揭示了它们在研究方法上存在着的共同方面。数学是一门发展较早的方法科学，从前主要是为自然科学和技术科学服务的，但是也为社会科学所利用。马克思和恩格斯就很重视数学。在《资本论》中可以看到马克思利用数学研究社会再生产问题；在《自然辩证法》中，有恩格斯的数学论文和计算。现在社会科学的许多领域更大量使用了数学以及统计的方法。我看到这次会议印发的中国科学院研究项目汇总表中第一个题目叫《应用优选统筹经营等科学方法论证山西能源重化工基地开发的最佳方案》，这也是用数学和优选法等科学原理来解决社会经济发展中的问题。社会科学和自然科学可以共同使用的科学研究方法的发展，使社会科学和自然科学两者间的关系日益密切。

第二，表现在一些社会科学的学科与一些自然科学的学科内容上的渗透，从而产生了一系列新的学科。这些学科的研究对象，已经不像从前那样，或者是自然界，或者是人类社会，而是两者兼而有之。如环境科学就是这样一门边缘性的综合科学。山西能源重化工基地开发就有一个环境保护的问题。从太原目前空气污染的情况看，从山西黄土高原水土流失的严重情况看，这是一个很重要的问题。人类赖以生存的环境，既是自然的，又是社会的，环境科学不能不研究大气、土壤、水文、生物圈等自然现象的发展变化，也不能不研究生产方式、消费方式、社会组织形式等社会现象的发展变化。这样的科学，很难把它简单地划归社会科学或自然科学。不仅在社会科学与自然科学之间有这种现象，而且社会科学和自然科学内部也因互相渗透产生一些新的学科，如社会心理学、生物化学。这些新的边缘科学的形成表明：一方面是科学的分工更加精细；另一方面，社会科学与自然科学之间，以及社会科学内部和自然科学内部，都有几个学科结合起来解决某些问题的要求。

第三，表现为某一学科的发展，日益以其他科学的发展为先决条件，日益受其他科学技术发展的制约。例如，我们的研究项目中有一个题目叫《山西国民经济的综合评价和分区发展方向》，这是经济区划这门学科的课题。而经济区划这门科学，它的发展必须以经济科学、地理科学的发展为前提条件。举个简单的例子，现在我们研究人口问题，搞人口普查，如果没有高效率的电子计算机，就无法处理浩如烟海的数据和资料，人口问题研究就不能达到十分精密的程度。而人口问题研究利用的计算机软件和硬件，都是其他科学技术提供的。况且人口问题的研究还涉及许多社会、经济和政治因素。也就是说，只有有关的科学技术发展到今天这个水平，人口问题的研究也才能达到今天这样的水平。

当代科学发展的趋势以及自然科学工作者和社会科学工作者加强合作的必要性也提出了社会科学工作者和自然科学工作者相互学习的问题。自然科学和社会科学各有自己的研究对象、体系、概念和专业知识内容，如果自然科学工作者和社会科学工作者坐到一起，你谈的问题我不懂，我谈的问题你一无所知，那么合作就是一句空话。各方面专家一起解决实际问题，并不是把大家研究的东西简单拼接在一起，而是相互有机融合，是在工作中你中有我，我中有你，你考虑你的问题时，同时顾及到我的问题，我考虑我的问题时，也同时顾及到你的问题。我们进行山西能源重化工基地开发规划的论证时，就是一直这样做的。研究煤炭开采布局的同志，要同时考虑运输的布局、其他工业的布局、劳动力的来源、农副产品生产和消费品供应的布局、水源的分配、城市建设的规划、区域生态的平衡等一系列问题。不能只考虑某一方面的情况，凭片面的情况确定方案，否则就会造成损失。所以，各方面专家要合作得好，就要求大家相互学习，学一些和自己学科有关的学科的知识。你只有对那一个学科的知识有了一些了解，你才能做到与那一个学科的专家有共同语言。现在，自然科学工作者、工程技术人员、社会科学工作者相互学习的风气开始逐渐形成起来了。自然科学工作者、工程技术人员在这方面比我们社会科学工作者做得更好些。有的自然科学家、工程技术专家研究经济管理和企业管理很积极，很有成效。我在中国社会科学院第一届院务委员会第三次会议上曾说：现在，社会科学工作者尤其要注意向自然科学工作者和工程技术人员学习。因为，比较来说，社会科学工作者对有关的自然科学和工程技术更缺乏知识，而且社会科学工作者对有关的自然科学和技术科学，又不如自然科学工作者、工程技术人员学习有关的社会科学做得好。我们社会科学院的同志，这次就是来向自然科学工作者、工程技术人员学习的。

为了使自然科学工作者和社会科学工作者真正很好地合作，还要采取一些必要的措施。山西综合开发的规划工作在这方面提供了很好的经验，值得很好总结。今天在座的有中国科学院的领导同志和学部委员，有自然科学、工程技术、社会科学各方面的专家学者，趁这样的机会，我提出几点加强社会科学和自然科学结合的建议，向大家请教：

第一，加强中国社会科学院和中国科学院间的联系合作。比如，是否可以采取以下一些措施：相互交流有关的研究课题，相互吸收对方的相关学科专家参加研究课题成果的论证与评审，联合进行一些课题的研究，甚至也可以考虑两院的学者专家相互兼职，合搞一些边缘学科的研究所，以至有计划地组织两大学科之间的人才流动，等等。

第二，协调有关的制度。如中国科学院和中国社会科学院联席会议制度，协调自然科学和社会科学研究规划的制度，自然科学和社会科学合作成果的奖励制度，科技人员职称的评定和退休制度，双重学位、双重职称人员的工资待遇制度等。

第三，自然科学工作者和社会科学工作者联合开展咨询服务业务。咨询工作在我国是一项新兴的工作，当前建立的咨询机构大多数是专业性的，今后需要在有些咨询机构中既配备自然科学的人才，又配备社会科学的人才，以避免咨询意见的片面性。可否设想，自然科学工作者（包括工程技术人员）和社会科学工作者联合经营几个综合性的咨询机构。

第四，自然科学机构和社会科学机构合办人才培训中心。培训自然科学、社会科学边缘学科的各种人才（如管理人才），并承担国家交给的有关培训任务。

第五，要加强和改进发展规划与重大建设项目论证的组织工作。各级、各部门、各地区的发展规划，重大综合性课题或建设项目的研究攻关工作，都要采取自然科学工作者和社会科学工作者共同研究、联合攻关，一起解决问题的混合型工作方式。山西能源重化工基地规划工作已经有了一个良好的开端，特别是中国科学院的工作取得了可喜的进展。可否向有关领导机关提出这样的建议：今后对重大建设项目和发展规划，不采取这种形式，不是由有关自然科学和社会科学的专家、工程技术人员经过科学论证的方案，主管单位就不予审议。

以上意见很不成熟，也不全面，提出来是为了抛砖引玉，希望大家提出意见，促进各方面的改革，使我国的自然科学和社会科学，都能为社会主义现代化建设做出更大的贡献。

三　山西综合开发的规划工作和科学攻关工作，是自然科学工作者和社会科学工作者加强合作取得的成果

1982 年 5 月确定的十一方面的课题，包括综合平衡、能源工业、农业、水资源、其他工业（包括化工，轻纺、冶金、机械、电子工业等）、交通运输和邮电、科技文教卫生、环境保护及城镇建设、人民生活和社会环境、财政金融、平朔矿区区域规划等，都包含了极其广泛的自然科学与社会科学方面的内容，需要同时从这两方面去进行综合性的研究。我们的规划工作也正是这样做的。

中国科学院召集的这次论证会也体现了自然科学和社会科学的结合。这次会议的 7 大攻关项目的 90 多项课题，大都是多学科并具有综合性，在不同程度上具有自然科学与社会科学相结合的性质。为了开好这次论证会，中国科学院领导同志决定请各部委做实际工作的同志和一些社会科学工作者参加会议，从自然科学与社会科学结合的角度来研究分析这些课题的可行性，并且，从我国经济发展的需要以及经济与社会的现状，来研究实施攻关规划的条件和主要措施；从提高经济效益的要求出发，来确定科研攻关的方向。因此，我们这次科研攻关项目论证会，一定会取得预期成果的。

中国科学院这次召开的论证会是有重要意义的。这次会议同以前历次会议不同。它是自然科学工作者和社会科学工作者结合在一起来召开的。卢嘉锡院长说这是一个良好的开端，良好的创举。希望这种结合进一步发展下去，而且可以采取多种多样的形式。

就这次会议来说，它具有以下一些特点：

第一，这次攻关项目的选题，是紧紧地围绕着党的十二大所提出的战略目标和战略重点进行的。能源、交通运输、农业和科技文教是十二大确定的战略重点。这次论证的重点题目，都同实现这些重点有极为密切的关系。例如，攻关的七大项中"燃煤和节约用水的联合循环装置的研究"，是为了提高供电效率，节约煤炭消耗，节约用水，减少污染的重大措施。"水煤浆技术"是为了合理使用煤炭，作为石油的替代。这一攻关项目的成功，将解决国内当前工业领域中急需解决的以煤顶油的问题。同时，水煤浆适合于管道输送，可以减轻山西铁路运力十分紧张的压力。"煤化工及输能新技术的研究"是能源化工型的综合利用，是一个综合利用资源，减少污染的重要方案。

第二，这次会议所讨论的关键课题，都密切地结合山西的省情和能源基地建设的实际，并且都是迫切需要解决的关键问题。例如，把山西建成能源重化工基地，一个突出的问题是缺水。1982 年 7 月的一次会议上，有关专家们对省内水资源作了初步评价，结果是多年平均的年总量为 142 亿立方米，而预测 2000 年全省工农业和城乡用水，在中等干旱年份需要 109 亿立方米，供应相当紧张。7 大攻关项目的水资源的开发与合理利用的研究，就是为了解决这一关键问题而提出的。上面所讲的节约用水的联合循环装置项目，也是根据山西缺水的特点而提出来的。

第三，攻关课题充分考虑了综合开发、综合利用的需要，为合理利用资源探索新的技术途径。例如《山西能源重化工基地煤系资源综合开发研究规划》，就是为了解决过去资源勘探和开发上存在的单资源专业开发，各自为政的不合理现象，使存在于煤系资源中伴生的丰富的黏土矿、铝土矿、硫铁矿、石膏矿以及水资源等能得到更合理的充分利用。

第四，课题内容既体现了勇于探索的创新精神，又适应了科学技术现代化的需要，并且是紧密地面向生产实际的。例如，这次攻关的项目，除了 7 大项目 95 个课题外，还有近期推广的 28 项，其中如"矿井瓦斯监察仪"、"锅炉除垢防垢技术应用"等。太原的水是硬水，结垢厉害，解决了这个问题，锅炉检修期延长，就能够多发电。这些项目的实现将迅速地对生产发生有益的效果。

　　第五，不是单一学科，而是多学科协同作战，并且体现了自然科学和社会科学的结合。中国科学院这次把每一大项都分出若干子项的攻关课题，分别由各所负责。例如，"煤化工及输能新技术的研究"一项，就根据研究课题的总体设计，分解成为38个攻关课题，分别由15个研究所分工负责，限期完成，发挥了多兵种联合攻关的特点。这是很值得我们中国社会科学院学习的。直到目前为止，中国社会科学院某些重大研究项目，还缺乏这种多学科的大规模的攻关的组织。例如，对山西能源重化工基地的规划就是如此。"山西煤炭能源重化工基地方案论证"是一项包括了大量自然科学与社会科学内容的课题。这一课题完成的质量，在很大程度上取决于自然科学与社会科学结合的程度。这些课题的内容中，包括了山西省综合经济区划方案及应用优选、统筹等科学方法论证基地开发的最佳方案，以及外部配套工程的统筹同步问题。完成了经济区划的研究，接着就要广泛研究自然、社会环境、农业、矿藏资源的分布及其开发条件，还要研究城市的布点、城市和农村的联系，包括实现商品的流通，以及为实现有效流通所需各类交通运输与邮电设施的建设、商业文化网点的合理布局等问题。在这次项目论证中，还考虑了应用优选等数学方法做好开发周期的安排，体现了数学与经济的结合。

　　这次山西能源重化工基地开发总体规划的科研工作和科研攻关工作，特别是这次论证会，给综合规划工作和科研攻关工作提供了许多好的做法，对我们今后进行这些工作非常有益。

　　第一，在这次会议上，科研工作十分重视经济实效问题，这是很可喜的现象。过去在这类会议上，不大讨论经济问题，这次会议自然科学家非常重视经济实效，体现了党的十二大精神。如煤系资源的综合开发研究，有助于改变矿山开采上存在着较严重的采矿与工程地质和岩体力学脱节现象，避免单资源专业开发、重复采掘和破坏资源的情况。像煤化工、燃煤联合循环动力装置等课题也都考虑了经济效益因素。要把经济效益大小作为衡量研究成果优劣的标准。搞好科研项目的经济预评价工作，要在开发阶段就着手研究项目在开发过程中及工业化阶段的经济效益。有条件时，要做攻关项目的工业化预设计，以便于发现问题，及早解决。

第二，重视课题的进度与规划进度的衔接，因为课题是适应规划的需要而提出来的，所以两者的衔接极为重要。如地理所为了保证规划进度要求，他们对"山西国民经济区划的综合评价和分区发展方向"课题的研究工作抓得很紧，目前已提出了初步研究报告。又如地质所为了及时提出阶段研究成果，参加这次会议的同志都是风尘仆仆乘汽车而来的，沿途边调查边研究，赶到会议上作了重要的发言。当然，不可能要求攻关工作和规划同时完成，但在规划工作综合阶段，提出攻关课题的初步探索的结论是必要的，注意攻关工作进程与规划的实施要求配合的做法是很好的。这个经验告诉我们，科学研究成果也有时间性和紧迫感。我们在安排研究计划时，要考虑到时间要求，因为时间就是经济。时间的节约是最大的节约。我们科研成果早完成一日，经济效果就早实现一日。提高紧迫感，搞些实用的、近期能实现的项目是有重要意义的。

第三，要提前提出攻关项目工业化的工程要求，在研究内容中重视有关基础数据的研究。如水煤浆对输送设备的要求；燃气蒸汽联合循环装置对材质的要求等。总之要把理论性的探索课题与实用性的课题尽早应用于生产，以争取时间。

第四，以攻关课题为中心，产生的一系列派生课题，要统筹安排，以保证课题工业化的配套要求，加速工业化的进程。如水煤浆应用，涉及电厂锅炉燃烧和化工水煤气生产工艺；能源工厂实质上是一个研究课题体系；生态和环保涉及各个方面；水资源的开发与节约影响面也很广。

第五，重视研究课题的多方案选择。攻关课题也要设想多种研究方案、不同的方法和途径，做好技术经济评价工作，选择适合国情和地方特点的合理方案。比如，煤炭开发的规模，煤炭综合利用的各种总体方案的比较，等等。就重点科研项目来说，如不同输能新方案研究（如对输电、输气、管道输煤三者的选择，管道输煤用水、用煤浆、用油浆三者的选择）；对于各种来源的水资源，地下水、地表水、循环水的使用和节约；对环境保护的不同措施分析等，既要单项考虑，又要综合考虑。

第六，注意推广应用国内已有的成熟科研成果，这是最实惠、最有效的办法。从全国来说，就是要重视国内科研成果的推广，不要搞不必要的重复研究。如"水煤浆的研究"项目中的铸石管板应用这一课题，国内各工业部门早已对铸石的应用具有一定经验，这项成果就可以直接用来推广，不必再经过试验。我国各地区、各领域的经济科技发展极不平衡。为了迅速提高我国科研水平，搞好科研成果的推广与转移，是一项极重要的工作。

第七，"煤系资源的综合开发的研究"这一课题提出了综合勘探、综合评价、综合开采、综合利用的广阔思路。这将提高我国矿藏资源的勘探与开发的经济效益，而且针对勘探山西地下水资源的要求，也应当把地下水纳入综合勘探与开采的范围。

第八，对科研项目做出综合性系统的考察与评价。这就不仅要从山西的具体情况和综合开发的要求出发，而且要从全国的需要出发，从实现社会主义现代化的需要出发，满足党的十二大提出的经济发展战略目标的需要。

社会主义现代化建设向社会科学
工作者提出的新课题[*]

我想从历史、现状、未来三个方面，谈一点我们社会科学工作者怎样加强对社会主义现代化建设的理论和实际的研究。

首先从历史问题讲起。这里讲的历史，不是古代史，也不是近代史，而是讲中华人民共和国成立以来的历史。新中国成立 33 年来的历史，是在马列主义、毛泽东思想指导下，社会主义在我们国家取得伟大胜利的历史。现在，已经制定了一个编写一套《当代中国》丛书的计划。这套丛书要写 33 年来社会主义在中国是怎样胜利的，我们的基本经验是什么，特别是要把 30 多年来社会主义建设的伟大实践上升到理论高度加以概括。中国社会科学出版社已为《当代中国》丛书拟定了 160 个题目，准备写 160 本书。实际上这还不完全，可能要写到 200 本，每本大约要写 20 万—30 万字，回顾和研究我们昨天是怎样走过来的，有些什么经验教训，这对我们探索未来的正确道路，建设有中国特色的社会主义，是非常有益的事。编写这套丛书，有关部门都要参加工作，社会科学院积极参加写作这套丛书是责无旁贷的。从拟定的题目来看，有不少题目是应该由社会科学院参与编写或直接负责编写的。比如《当代中国的社会科学》、《当代中国的经济》、《当代中国的政治制度》、《当代中国的民主和法制》、《当代

---

* 本文是作者 1983 年 2 月在中国社会科学院研究生院所作报告的第一部分。

中国的文字和文字改革》、《当代中国的考古事业》，等等。这些题目是和我们社会科学院的研究工作密切相关的，也是许多研究所的研究任务。党中央、国务院各部门和各地方有很多经验十分丰富或者理论水平相当高的同志参加了这个工作，我们社会科学院的同志和他们亲密合作，一定能够从理论的高度对新中国成立以来社会主义建设的经验教训加以科学的总结，写出高水平的著作来。写这样的书，对我们在未来事业中取得更大胜利，无疑将起非常重要的作用。

我们总结历史经验是面向未来的。首先要研究 20 年后，即 20 世纪末，我们的国家，我们的政治、经济、科技、文化、人民生活、社会结构，等等，是什么样子，还要研究 50 年后是什么样子。党的十二大已确定了到 2000 年我国社会主义经济发展的战略目标、战略重点、战略步骤和一系列重要的方针政策。我们的任务，是要从理论和实践的结合上，研究清楚 20 年后的中国，描绘出一幅具体的生动的图像，对人民进行宣传解释，以动员最广大的群众为实现党提出的伟大历史任务而奋斗。我们现在有些青年，在思想上还有空虚的地方，这和我们的工作也有关系，因为我们并没有清楚地告诉青年 20 年后的中国是什么样子，让他们知道为建设成这样一个国家应该怎样努力奋斗。现在有些青年人知道的就是百货大楼橱窗里摆的那些所谓现代化的东西，什么"索尼"的彩色电视机、"夏普"的收录机、"松下"的电器，等等，以为有了这些东西就是"现代化"了，好像 20 年后的中国就是那个样子。其实，20 年后的中国是丰富多彩的，非常生动的，并不只是百货大楼橱窗里摆的那些东西。所以，我们的思想领域在这方面的工作是有缺陷的，这个缺陷要我们社会科学工作者来解决。这样的课题，正是我们社会主义现代化建设的理论和实践的重大课题之一。为此，我们可以写很多书。但在写书之前，应该首先把问题研究清楚，提出一些对党中央、国务院有重要参考价值的研究报告来。在这个基础上写出来的书，才是有价值的。

现在世界上许多国家都在预测他们本国和世界发展的前景。比如，国际上有个有名的组织，叫"罗马俱乐部"，在 20 世纪 70 年代初写出了一本关于 20 年后的世界的书，书名叫《增长的极限》。它运用社会科学方面新发展起来的系统动力学的理论、方法和模型，从全球角度，综合考虑社会、经济、技术等问题，把人口增长、粮食生产、工业发展、资源耗竭和环境污染这五个问题紧密联系起来，通过定量的分析、计算，得出了三点结论：第一是讲发展趋势的危险性。认为：如果目前世界的人口、工业化、不可再生资源消耗、环境污染、粮食生产等方面的发展趋势继续不变，则在100年内，地球上的增长就势必达到极限，最可能的结果是人口和工业生产力都出现相当突然的和不可控制的衰退。第二是说可能有好的结果。指出：改变上述趋势，建立能够持续至遥远未来的生态和经济稳定发展的条件是可能的。全部平衡状态可以这样来设计，就是使地球上每个人的基本物质需要都得到满足，而且每个人都有实现他个人潜力的均等机会。第三是讲为了取得好的结果，应该采取什么措施。指出：如果世界人民要追求第二种结果，则他们为达到这种目的而开始工作得越快，成功的可能性就越大。可以看出，它的三点结论是互相联系为一个整体的。但是，国内外对它的评论，往往只抓住其悲观性的第一点加以批判，而不看全书的其他方面，这是不太恰当的。我们当然反对它的悲观论点，因为从历史的发展来看，人类总是会有所发现、有所发明、有所创造、有所前进的。但是我们认为，《增长的极限》所提出的互相联系的人口、粮食、工业、资源、环境这五个问题的目前趋势及其严重性，是值得世界人民和各国政府高度重视、认真对待和着力解决的问题。如果没有这种"预警系统"，上述问题，可能还很少有人考虑，以致仍在盲目发展，其后果是不堪设想的。"罗马俱乐部"的一个论点说：它不是盲目地反对发展和进步，而是反对盲目地发展和进步。这是有一定的道理的。

美国前总统卡特曾组织一些学者仿照《增长的极限》又写了一本《公元2000年的地球》。这本书虽然不同意"罗马俱乐部"过于悲观的那些论点，认为世界还是有希望的，但也明确地指出了人口、资源、环境和发展方面目前趋势的严重性，并提出必须采取有效的措施。

最近欧洲也有一本《二十年后的欧洲》，我国已翻译出版。书中有很多展望。例如，这本书说，20年后欧洲的小汽车将会比现在大大减少，自行车会代替小汽车。这个预测是否可靠，当然还有待实践来证明。可是我们现在还有不少人认为，每人有一辆汽车是现代化的一种标志。这是一个很复杂的问题。一般来说，目前的发达国家是所谓"汽车社会"，相当多的人都有汽车，整个社会结构、社会组织、城乡关系、商业布点、工业布局、居民生活以及交通运输的设施都随着这个所谓的"汽车社会"而发生了很大的变化。许多美国人都说，这么多的小汽车，搞成这么一个格局，想摆脱也摆脱不了。他们并不认为这是个好事情，希望我们不要步他们的后尘。1979 年我们在美国访问时，有一个美籍华人带我们到一个餐馆去吃顿晚饭。但到了餐馆门口，却没有停车的地方，为了找停车的地方花了 40 分钟，而且离餐馆很远，又往回走了 25 分钟，才到目的地。然而，从我们住的旅馆到餐馆总共也用不了 10 分钟。吃饭用了差不多两小时，结果停车时间超过了，又加罚了 15 美元停车费。这个例子还未涉及因小汽车多而引起的能源消耗、环境污染、车祸横生等。所以，这个问题很值得我们研究。

日本最近出版了《2000 年的日本丛书》。该书认为，日本今后 20 年面临三个问题，一个叫国际化，一个叫老龄化，一个叫成熟化。它预计 20 年后世界经济要走向多极化。现在的情况是东方、西方两极。将来，西方可能美国是一极，西欧是一极，日本是一极；东方可能苏联是一极，东欧是一极，中国是一极；发展中国家可能石油输出国是一极，新兴工业国家是一极，不发达国家又是一极。这说明 20 年后的世界格局需要研究。这本书还讲，到 20 年后，日本就要变成一个老龄化的社会，65 岁以上的，80 年代时占 9.5%，2000 年时占 15.67%，到 2015 年就变成 21.12%，这是根据人口统计计算的。我们经过人口普查以后，也可以推算出这类数字来。老龄社会，就是要养活更多的年纪大的人。这就提出了许多问题，比如退休的问题。这本书认为晚退休比早退休好。可是西欧国家的预测是早退休比晚退休好。这些问题怎样更经济、更合理、对社会更有益，都值得研究。这本书还提出老年人退休后重新就业的问题。为了使老年人重新就业，他们还提出并建立了老年人教育训练机构，根据老年人的体力和就业志向开辟新的就业渠道。我们现在也遇到这个问题。许多老同志要退下来，退下来后怎么办？在日本，特别是西欧，现在都有一个很大的问题，就是退休金在整个国家财政支出中占的比例越来越大，甚至退休的人拿的钱比在岗位上劳动的人拿的钱还多，这就使在岗位上的人的积极性受到影响。我们也有这个问题。比如，上海有一个纸烟厂，现在大概有800人，所养活的退休人员就有1000人。在国营工厂是由国家拿钱，而集体企业就很困难，要靠现在劳动的人养活退休的人。退休的人是会越来越多的，对这一社会问题应该怎么办？需要研究。

现在，苏联和东欧国家也已经写出或正在编写类似的书，预测2000年时该国、该地区的发展变化。

作为社会主义的中国，我们更应该很好地研究我们的未来。当然，我们不能不经调查、不搞研究，把它当做科学幻想小说来写。它是真正社会科学的著作，要根据马列主义的观点，根据我国的历史，特别是要对我国的现状进行系统的、周密的调查和分析，并且要同国外的情况进行对比研究。和国外的情况进行对比研究是很有意义的。比如，我们说到20世纪末，我国每个人平均的国民收入要达到800美元或1000美元，那就要研究一下，那些资本主义国家，以及苏联和东欧的一些国家，当其人均国民收入达到1000美元时，生活是什么样，经济结构、产业结构、就业结构、技术结构、社会结构、消费水平是什么样，这都要有对比的研究。当然，我们有我们的特点，但是我们也要看看人家是怎么发展过来的，这样才能对我们国家经济未来的发展提出有根据的借鉴来。

我曾多次讲过，问题还没有研究清楚就动手写书，这不是马克思主义的科学态度。我建议，我们社会科学院的各个所，特别是经济片的各个所，都要在调查研究的基础上写出不同形式的研究报告或建议，其中十分重要的就是向党中央和国务院提出有科学根据的、建议性质的研究报告。这样才不至于脱离社会主义现代化建设的伟大实践。现在国家正在编制2000年的规划，如果我们有这方面的科学的预测，无疑对制定长远的规划是很有作用的。

为了展望未来，我们应该在总结历史经验的基础上，对我国的现状进行系统的周密的调查研究，从我国的现状出发研究一些重要问题。在全面开创社会主义现代化新局面的各项任务中间，首要的任务是把社会主义现

代化经济建设继续推向前进。为了达到这个目的，党中央已经决定：从
1981 年到 20 世纪末的 20 年内我国经济建设总的奋斗目标，是在不断提
高经济效益的前提下，力争使我国工农业的年总产值翻两番，即由 1980
年的 7100 亿元增加到 2000 年的 28000 亿元左右。为了实现 20 年的奋斗
目标，我们在战略部署上要分两步走：前 10 年主要是打好基础，积蓄力
量，创造条件；后 10 年要进入一个新的经济振兴时期。这是党中央、国
务院全面分析了我国的经济情况和发展趋势后做出的重要决定。党的十二
大确定的这个目标，为我们的研究工作，特别是经济研究工作指明了方
向，我们的研究课题要和这个大目标结合起来。为了实现这个目标，应从
什么地方着手研究呢？我们正在把全部经济工作转移到以提高经济效益为
中心的轨道上来，应该以此为重点，着手研究为达到这个战略目标而制定
的综合性的、全局性的技术经济政策和社会政策所应采取的措施，所必须
经历的途径，以及有关的重大理论问题。

　　首先遇到的问题是，我们要实现工农业年总产值在 20 年内翻两番主
要靠什么？提高经济效益主要靠什么？过去，我们采取的办法主要是以建
设新企业、扩大基本建设规模、增加生产能力来发展经济。如果现在仍采
取这种办法，从财力、物力、能源这些条件看，都存在很大困难。要实现
翻两番的目标，我们要在思想上、实际工作上来一个重大的转变。今后生
产的发展，必须依靠技术的进步，依靠对现有企业进行技术改造，把各项
技术经济指标都提高到全新的水平。这样，我们的能源、材料、财力等等
条件，是可以保证我们工农业年总产值翻两番的。对于这个问题，可用首
钢的例子加以说明。首钢规定给国家上缴的利润每年递增 6%，其余的留
给企业，以进行技术改造，到 1995 年，它的固定资产就可以变成现在的
2 个以及 3 个首钢。它上缴的利润，从交给国家的税收方面讲，就可以提
前 5 年翻两番。如果我们建设一个新的首钢，要花多少钱？宝钢当然要比
首钢大，它本身就花了 50 多亿美元，还不包括它的配套工程。当然这不
是说我们就不搞新的企业了，我们还要搞很多大的企业。比如要搞长江三
峡的水电站，大概可安装 1000 多万千瓦的发电机，这样就可以把强大的
电力向东送到上海，向北送到北京，向南送到广州。还要把山西建设成一

个强大的能源基地。特别是内蒙古地区有很好的煤矿，也要建露天矿，在那儿准备搞大的火力发电站，发的电可以送到东北，送到北京，送到其他的地方。我们还要搞原子能发电站，现在广东就准备搞一个大的原子能发电站，这也要花 40 多亿美元。能源、交通这一套东西我们还是要搞，新的技术也要搞，因为翻两番没有这些东西是不行的。但大量的工作是在我们现有的 40 万个企业，要使它们现代化起来。这就需要进行技术改造。在这方面花的钱并不多，但效果是大的。

可不可以这样设想，到 20 世纪末，把经济发达国家在 20 世纪 70 年代末 80 年代初已经普遍采用了的、适合我国需要的先进生产技术在我国厂矿企业中基本普及，并形成具有我国特色的技术系统。翻两番的任务至少有一半要靠这条途径来实现，这样做是大有前途、大有希望的。在这方面我们还没有多少经验。根据美国的统计，依靠现有的企业进行改造，采用新的科学技术，投资 1 美元大约可得到 2—3 美元的收益。而如果是新建企业，投资 1 美元连几角钱的收益也得不到。苏联现在也注意到这个问题。过去扩大生产是靠扩大基本建设规模，现在规定，固定资产的投资用来搞新的基本建设的，只能有 30% 多一点，另外 70% 用来搞原有企业的技术改造。

技术改造和基本建设一定要划清一条界限。现在有好多人借技术改造之名搞扩大基本建设之实，这个问题应该在理论上划清楚，在实际工作中才好划清楚。当然，要划得那么清楚是不大容易的，但总要有几条杠杠。基本建设我们要控制得严一点，技术改造要放得松一点，但也要给它划出一个界限来。大家都知道，我们这个国家，基本建设一失去控制，超过国力的可能，就使整个经济陷于困境。我们历史上有三次基本建设投资比上一年增加 100 亿元以上，都出了问题，后来都进行了大规模的调整，一个是 1958 年，比上一年增加了 120 多亿，即所谓"大跃进"；一个是 1970 年，是"文化大革命"时；一个是 1978 年，搞"洋跃进"。1970 年是在"文化大革命"期间（那次实际上也进行了调整）暂且不论。1958 年之后进行了几年的调整，经济才恢复正常；1978 年"洋跃进"后到现在 4 年多了，我们还在进行调整。我们过去经济上的"折腾"都和这个问题有关。所以，基本建设规模究竟多大才合适，是需要我们很好地进行研究的。资产阶级经济学家说，社会主义国家普遍患有一种"投资饥饿症"。这是一个值得研究的问题。这种病症的根子在哪里，如何解决，是我们社会科学工作者的一个很重要的题目。另外，基本建设和技术改造有何区别，我们也应该在理论上给以划分。这个问题理论界也讨论过多少次，还没有总结出科学的说法来。在实际工作中，明确地区分这种界限也是有困难的。1982年，固定资产的投资是830亿元，从名义上来说，其中技术改造资金是300亿元，但实际上，300亿元中有100亿元搞基本建设用了。这就把基本建设规模扩大了。现在基本建设规模太大，要想办法缩小。但基本建设规模虽然扩大，重点项目却完成得不好，主要是非重点项目搞得太多，什么赚钱就搞什么，重复建设、盲目建设很厉害。比如卷烟厂，这是很赚钱的，所以这个地方要搞，那个地方也要搞，搞得很多。酒厂也一样，现在建设的酒厂，生产能力已大大超过了需要。

如果我们采取内涵扩大生产的办法，我们国家的工业现代化就会取得很大的经济效益，并为农业、交通运输业、科学技术、国防的现代化奠定更好的物质基础。绝不能这样设想，我们国家现有的近40万个工业交通企业仍然是旧设备、旧技术、旧工艺、旧材料、旧产品，我们整个国家经济都在老技术的汪洋大海之中，在这中间建设了一些现代化企业，比如宝山钢铁公司、燕山石油化学公司、辽阳石油化纤公司等。难道这就实现现代化了？这其实并不是真正的现代化，也达不到我们工农业年总产值翻两番的战略目标。依靠科技进步进行技术改造，这是个很重要的指导思想，也是我们必须走的路子。不走这条路，我们翻两番的任务就不能圆满实现。例如到20世纪末，我们的能源实现翻两番是很困难的。我们把现在全国生产的能源，包括煤、石油、天然气、水力发电、太阳能加在一起，折合成标准煤来计算是6亿吨标准煤。到20世纪末，尽最大的努力，可达到12亿吨。能源翻一番都相当困难，工农业年总产值要翻两番，这不是个更困难的问题吗？而且，现在我们的工厂大概有20%—30%是缺煤缺电的，怎么办呢？这也是个重要的科研项目，既是自然科学需要研究的课题，也是社会科学需要研究的课题。一方面，根据翻两番的要求和能源的生产情况，我们能源的弹性系数应是 0.5，即产值增长 1%，能源增长 0.5%；另一方面，我国的能源利用率很低，只有 30%。在这种情况下，只有大力节约能源，才能达到翻两番的目的。日本现在能源的弹性系数是 0.7，估计今后可能达到 0.4，该国的能源节约在全世界是最有成效的。我们要达到 0.5 的弹性系数是很不容易的事情，需要我们下大工夫来研究，来实践，来突破。

为了实现今后 20 年我们国家社会主义经济建设战略目标，我想提出这样一些研究课题，和同志们讨论。

第一，到 2000 年我们中国是个什么样子，要描绘出 1990 年、2000 年我国经济发展的比较具体的图像来。要有总体的图像，也要有分部门的、分地区的、分行业的具体图像，不能都笼统地说翻两番。比如说，到 1990 年、2000 年我国的产业结构是什么样，产品结构是什么样，经济结构是什么样，教育结构是什么样，消费结构是什么样，总的图像又是什么样。总之，要把工农业年总产值翻两番具体化，要有各个部门、各个行业以至各个地区的具体的目标。

比如，我们现在的产业结构，工业大概占 70%，农业占 30%。农业中又包括工业，因为有农村社队工业。工业里，现在大概重工业和轻工业相等，各占一半。20 年以后，是不是还这样？前两年调整时，轻工业的比例上来了，去年因为扩大基本建设规模，重工业又上来了。将来究竟整个经济结构是什么样？产品结构是什么样？我们现在初级产品很多，半成品很多，高级产品很少。将来生产资料占多少，生活资料占多少，生产资料中各类产品占多少，生活资料中各类产品占多少，对这些问题都要很好地研究。

技术结构中，我们现在有自动化、半自动化、机械化、半机械化以及手工劳动。有人写文章说，现在技术结构的情况呈现的是一个金字塔形，即手工劳动是大量的，往上半机械化、机械化、半自动化逐渐减少，自动化最少；将来要发展成一个菱形，即手工劳动和自动化都较少，大量的是中间状态的。是不是这样，这个问题是值得研究的。8 亿农民手工劳动变成机械化、半机械化是不容易的。

就业结构。现在 10 亿人民中有 8 亿搞农业，这种状况一定要变，不能到 2000 年还是这样。那时，城乡人口的比例是多少，城市里生产部门占多少，非生产部门占多少，服务部门占多少，同样需要认真研究。我们现在是服务部门（就是西方所说的第三产业）的比例太低了。在美国和其他一些发达国家，第三产业占就业人口总数将近 60%。我们现在真正搞服务的，照西方第三产业的口径计算，只有 10%，还不到 20%。

消费结构变化就更大了，现在在我们收入中，大概有一半是用在吃的方面，穿的占不到 10%，用的比穿的所占百分比还低些，其他用于杂七杂八的非商品性支出，如房租、水电、文化生活，等等。将来的消费结构肯定要起变化。现在大家要买电视机、录音机、洗衣机，这类耐用消费品在支出中的比例就高了。以前低质易耗的消费品用得多，现在是高质耐用的消费品用得多。消费结构将来还会有更大的变化，这个问题也值得仔细研究。消费结构与产业结构是相关联的，生产决定消费，消费反过来又影响生产。

我们还要研究各个部门、各个行业以及各个地区发展的特点，要研究总目标。有的部门、行业、地区会发展得快些，超过或大大超过翻两番的要求；有的则不能翻两番。要区别对待，才能落实经济发展目标。不按可能和需要，笼统地都谈翻两番，是不切实际的，也不符合国民经济结构调整的要求。因此，要拟出体现总目标的具体的目标体系。最近工业经济研究所、技术经济和数量经济研究所参加了山西煤炭开发规划工作。该规则表明，到 20 世纪末我国煤炭要达到 12 亿吨，山西那个地方就需要开采 4 亿吨。因为山西的煤发热量很高，每公斤煤的发热量达 6000—7000 大卡。要搞煤炭，就要搞大的电网、大的能源工厂，要搞煤的气化、液化，还要搞煤化工。现在山西煤炭年生产量是 1 亿吨多一点，要变成 4 亿吨，本身就翻两番。如果它不翻两番，全国能源翻一番就达不到。所以要把翻两番的目标具体化。如果各个部门都照样翻两番，那我们现在不合理的经济结构到 20 世纪末就会更加不合理，地区经济发展不平衡的现象将依然如故，甚至更为严重。

上海已经搞了一个大的技术改造规划，要把国外的资金、技术吸收进来，真正发挥中心城市的作用。上海如果照现在的情况，主要采取外延扩大再生产的办法，再翻两番是相当困难的。上海现在已经有500亿元的工业生产总值，其中有170亿上缴国家财政。要把上海发展起来，真正成为周围地区经济活动的中心，就应该给它比较大的权力，这样才能以经济的办法把周围的地区吸引过来。不然的话，条条块块的束缚老也打不破，体制总也改不了。有一段时间，我们各个省、市都直接搞出口，自相竞争，结果是外国人得了大利，地方得了小利，国家受了大害。因为自己内部竞相杀价，外国人"坐山观虎斗"，致使国家减少了外汇收入。正确的做法应该是大家联合起来，实行"内联外挤"，一致对外，这样经济效益会好得多。

第二，为实现我们的战略目标，需要制定什么样的经济改革方针、技术政策、社会政策、总政策和分部门的政策，这也是我们研究工作的重点。

在经济建设中战略目标的实现、战略重点的保证、战略步骤的安排，都要有正确的决策。如对能源政策、交通运输政策、原材料发展政策、各行各业的技术装备政策等都要很好地研究。

例如交通运输。山西如果年产煤4亿吨，怎样运出来，就是很大的问题。现在年产1.3亿吨煤，就有2500万吨堵在那里，运不出来，而有的地方却又因为没有煤影响生产。4亿吨煤怎么办？怎么运输？还是转换成电能，把电输送出去最经济。但是，要发电，山西又缺水，没有水就不能发电。用火车运出去？现在还不行。要搞超长列车，一列车可以运煤7000吨到1万吨，即一列车拉100个车厢，每个车厢装70—100吨。而这样我们现在的铁路就不行了，现在的桥梁、路基、车站都不适合，要进行改造。我们准备再从大同修一条铁路到秦皇岛，专门运煤。还有人主张搞输煤管道。用管道输煤，1吨煤要用1吨水，可山西缺水，这也是个难点。中国科学院有一个研究题目是，1吨煤只用1/3吨水就可以用管道输送，这种煤还可以代油来燃烧。如果研究成功，对国民经济很有益处。还有一个办法是煤的气化。究竟采用哪种办法最经济？是需要研究的，它不仅是个自然科学问题，也是个社会科学问题。

又如原料问题，我们现在基建扩大了，木材不够。我们不能光靠进口解决，有些可以用化工塑料代替。冶金工业也是这样，我们过去搞冶金，是采矿、选矿，然后炼成铁，再炼成钢，轧成材，这样花钱很多，消耗的能源也很多。要计算一下，如果进口矿石比自己开矿山选矿更经济的话，我们应该采取这种办法。我和日本专家讨论过这个问题。我说中国比日本有很大的优越性，因为我们资源丰富，要什么有什么。他们说：你们中国资源丰富，但按人口平均起来也并不是很丰富的。另外，正是因为你们有这些资源，你们不得不利用这些资源，而利用的花费是很大的，且不说要从很远的地方运到另一个地方；我们买的矿石，什么地方最好、最便宜，就从什么地方进口，比你们自己采矿石要便宜得多，从这个意义上讲，我们比你们更有优越性。这也是有一定道理的。现在我们宝钢不也是采取这个办法吗？这也是个经济问题。所以，我们不要把经济问题看成是很抽象的概念。

第三，研究如何贯彻今后 20 年国民经济发展主要依靠科学技术的进步的方针。每个行业、每个专题都要研究技术进步怎样落实？引进技术怎样搞法？技术改造怎样安排？各个部门如何协调？各行业都应有全行业技术改造的规划。

例如，去年我国的固定资产投资是 830 亿元，究竟基本建设投资应该占多少、技术改造又应占多少才算合理呢？苏联是三七开。我们要根据我国国情，研究确定合理的比例。折旧率在资本主义国家很高，一般 10 年或七八年就折完了。我们现在只有 3% 点多，而且其 30% 甚至一半国家还要收回去。按现在的办法，鞍山钢铁公司 50 年才能更新。这样低的折旧率怎样保证技术进步？苏联折旧率也是很低的，最近几年有些提高，但也只有 6%—7%。而我们现在还不到 4%。苏联经济指标中有个报废率，就是每年机床必须报废多少要作为计划指标下达，这点也比我们强。我们的机床是国营企业不能用了，下放到地方；地方企业不能用了，又下放到公社；公社再下放到大队。这样做浪费很大，阻碍技术的进步。

再例如，新产品理应采取优质优价的政策。但我们现在优质不优价，劣质也不劣价，这怎么能鼓励生产新产品？鼓励技术进步？

第四，研究怎样提高经济效益。如何衡量和评价经济效益是一个大课题。在这方面，从宏观经济说起来是一个说法，从微观经济说起来又是一个说法。怎样把宏观经济和微观经济结合起来评价？这个问题早已摆在我们面前了。在国民经济发展中，资源的分配问题就是这个性质的问题。比如，1亿吨石油怎样使用才最合理，这就是个经济效益问题。我们有1亿吨石油，可是我们并没有发挥1亿吨石油所应该发挥的经济效益。目前，世界石油降价了，可我们还在出口石油。过去石油价格高时，我们没有外汇，出口些石油是对的；现在出口石油，人家不愿意要，价钱也压低了，而且我们手里边也积攒了不少外汇，还不会合理地使用。另一方面，我们有很多石油化工厂、炼油厂却因为没有石油作原料而吃不饱。现在国务院决定成立石油化学总公司，就是要把石油部的炼油厂、化工部的石油化工厂、纺织部的化学纤维厂都归石油化学总公司领导，给总公司的任务就是怎样合理使用这1亿吨石油，使它发挥更大的经济效益。

还有，工农业总产值增长速度与国民收入增长速度的关系问题也需要研究。30多年来，我国国民收入增长速度总是低于工农业总产值增长速度。但是有些年代，如20世纪60年代的调整时期，两者的增长是同步的，有时国民收入增长速度还高于工农业总产值的增长速度。出现这种情况，说明我们投入得少，产出得多，符合经济原则，经济效益高。怎样才能做到使国民收入增长速度高于或同步于工农业总产值的增长速度，这个问题是应该很好研究的。在经济发达国家，这两者的增长从长期来看是同步的，而且国民收入的增长略高于工农业总产值的增长。苏联、东欧也大致如此。我们也应当做到这一点。如何做到，这是我们需要努力解决的问题。

第五，在发展速度和经济效益统一的前提下，进行国民经济综合平衡的分析。也就是说，要研究一下获得最好的经济效益的发展速度应该是一个什么样的速度。我们"六五"期间计划是"保四争五"。1982年我们的发展速度达到3.7%多一点。有同志提出，我们的计划是否订得低了一点？也有同志讲，计划订得低一点、实际能超过一点更好。这个问题也是值得研究的。另外，第七个五年计划、第八个五年计划、第九个五年计划，速度应该怎么定？最优速度是多少？在总的发展速度要求下，对于各个行业、各个地区的最优发展速度和不同阶段的最优速度，都要很好地研究。我们分两步走，前 10 年准备，后 10 年振兴，前 10 年的发展是 6% 或稍高一点，后 10 年 8%—9%；以 20 年平均来说，我们要有 7.2% 的速度才能翻两番。究竟是前 10 年速度高一点好，还是后 10 年速度高一点好？有的同志说赶前不赶后，也有的同志说现在的速度想高也高不起来，现在要高，后 10 年就低了。这些都要深入地研究。

第六，研究计划指标之间的关系，完善地体现计划经济的综合平衡和市场调节的辅助作用，保证国民经济按比例协调发展。这是我国社会主义经济的重要特征。苏联是不承认市场调节的，曾批评过市场社会主义，说南斯拉夫搞的是市场社会主义。我们是有一点独特的东西。我们的宪法中是这样写的："计划经济的综合平衡和市场调节的辅助作用。"

第七，研究经济结构的合理化问题。要研究我们在 1990 年时合理的经济结构是什么样的，达到 2000 年的战略目标时，经济结构又应该是什么样的。实现翻两番要有一定的经济结构来保证。这里包括各种经济形式、产业结构，还有生产、建设、流通、分配、消费等各个方面。

第八，重视消费结构和产业结构的关系，加强对市场容量和消费结构的研究。同时，要特别注意消费对生产的促进作用。

第九，加强农业作为国民经济的基础的研究。要促进农业的发展，一靠政策，二靠科学。从长远的眼光来看，什么样的政策、什么样的科学技术能使我们的农业很快发展，对这一问题要很好地研究。比如，毛泽东同志说过：中国农村一家一户为一个经济单位是农民长期穷困的根源。这个说法对不对？我看是对的，那是说在封建土地占有制的情况下，农民一家一户的经济单位是穷困的根源。那么，为什么我们现在又要提倡什么专业户、重点户，又要发展农民家庭经济呢？因为今天我们的土地不是封建的土地所有制，农村的经济是集体经济，是公有制经济，是公有制下的家庭经济。当然，是不是永远如此？这个问题还要研究。恩格斯讲：家庭是历史的产物，家庭的作用是不断发展变化的。它是生产单位、消费单位、生儿育女的单位。当然，城市和农村不同，城市的家庭，除少数个体手工业，一般不是生产单位，而是消费单位和生儿育女的单位。目前，在农村，因为包产到户，家庭还是一个生产单位。但是作为生产单位的家庭也很复杂。比如在一个家庭中，大儿子到了基建队，是泥瓦匠，二儿子是木匠，三儿子参加了渔业组，四儿子参加了饲养组，这样的家庭也不一定完全是一个统一的经济单位。

第十，加强能源与交通等重要的经济部门对经济发展影响的研究。这是一个很大的问题。到 2000 年工农业总产值实现两个倍增，就要求平均每年增长的速度是 7.2%，而能源的增长很难达到这样的速度。因此需要努力节能。我国能源主要是煤炭，现在占 70%，将来还可能更高。煤炭跟交通运输有密切的关系，有了煤运不出来还是解决不了问题，因此，必须加强交通运输问题的研究。要研究铁路、公路、水路、海运、管道运输、航空运输的结构怎样才算合理。解决能源问题，还要加强水力资源利用的研究。我国对水运没有很好地利用。1980 年我到联邦德国访问，住在莱茵河岸边。莱茵河的水量还不如我国南方的西江，但每年的运输量比长江要大得多，而西江的水只等于长江的 1/5。这种情况和运价有关。现在水运的价钱比铁路贵，有好多过去有水运的地方，现在也不走船了，水白白地流。我们的长江被肢解了，你管一段，我管一段，支流的船不能进长江，或进了江不能靠码头。现在国务院做了决定，要进行管理体制的改革。还准备把运河扩展，首先把淮阴到徐州的运河开宽。这样淮南的煤、苏北的煤就能通过运河送到长江来运输。运价问题也要相应地进行调整。

第十一，研究智力的开发和就业结构。如何有计划地开发智力，如何合理地使用我国最丰富的人力资源，也是需要关注的问题。

我们本来有个最大的优势，就是人力资源丰富。人多本来是好事，毛泽东同志多次强调过。但是，到了具体问题上就成了困难。什么时候能彻底克服了这个困难，使人多真正变成发展我国经济的最有利的因素，那么我国经济的发展肯定会更快。

日本没有什么资源，平均每一平方公里面积上的人要比我们多得多，但他们的生活过得不错。日本就靠进口原料，靠人有比较高的技术，加工出很高级的产品出口，同时国内也消费很大一部分，以出抵入，还有很大盈余，这样就把国内人民的生活水平提高了。我们在这方面也要想个办法，怎样使人多真正变成好事，而不要变成包袱。现在大家都愁子女就业问题。这是一个很值得研究的问题。怎样充分发挥我们的人力资源，怎样把我们的知识水平提高，把技能提高，创造更多的财富，这和教育结构、智力结构有很大关系。我们现在一方面是大学生不多；另一方面是大学生出来找不到所学的专业的职业，有好多专业的毕业生分配不出去。学生在大学里学习，并不知道将来干什么，这是教育的一个很大的问题。我们一年才招 30 多万名大学生，在校的大概是 100 万人。而美国仅仅学管理、学经济的大学生就有将近 100 万人。我们学经济、学管理的太少了，只占大学生的 3% 左右。过去一个时期重理轻文，经济管理人才培养得太少，这和现代化的要求是很不适应的。至于说工科大学，知识面更窄。专科学校太少，职业中学太少，中学太多。联邦德国、法国有好多中学毕业生毕业以后并不愿意考大学，愿意读职业学校，出来以后当熟练技工。我们现在念书，目标就是上大学，大学出来以后干什么？却没有目标。当然每个人心目中有所想的一个职业，但分配不一定都达到愿望。农村将来要现代化，农民也要受教育。如果农民中文盲很多，缺少知识，那怎么能很好地发挥作用，实现农业的现代化？

学习孙冶方同志的共产主义高尚品德*

　　冶方同志是我的前辈，是我的老师。对他的逝世，我感到十分悲痛。但是，每一个了解冶方同志品格的人都很清楚，冶方同志并不要我们为他悲痛，他希望我们奋发努力，完成他未竟的革命事业。

　　冶方同志虽然已经离开我们了，但是，他不仅在经济理论方面，而且在治学态度、学风和党性等方面都给我们党的社会科学工作者留下了宝贵的精神财富。悼念冶方同志，学习他的高尚品德，将大大鼓舞我们为实现党的十二大提出的全面开创社会主义现代化建设新局面而献身的共产主义精神。冶方同志共产主义的高尚品德，表现在许多方面，我想着重谈以下三点：

　　第一点，就是他高度的原则性。冶方同志在理论研究工作中始终坚持马克思主义的原则。60 年来，他就是为马克思主义、为共产主义的原则而斗争、而生活的。这一点，我们从他的整个经历中，是看得很清楚的。他对阶级敌人是坚决地进行斗争的；他对王明和"四人帮"搞的那一套反马克思主义的东西，也是坚决进行斗争的。对于党内错误的思想，他是是非分明的，是积极抵制的。同时，我们也看到，冶方同志是非常遵守党的纪律的，他认为符合马克思主义观点的就坚持；当他认识到自己的观点不符合马克思主义时就改正；当他的观点和党的某些现行政策不一致的时

　　* 本文是作者 1983 年 3 月 4 日在孙冶方同志纪念会上的讲话。原载《经济研究》1983 年第 4 期。

候，他就按照组织原则，写报告，提出建议。过去冶方同志被错误地批判的一些观点，现在已经证明是正确的。而当时冶方同志的这些观点并不是公开提出来和党论战的，而恰恰是他向党中央、向国务院提出的建议。这件事情当时的处理是很不对的。冶方同志的做法是正确的。对党的政策、方针有不同意见，每个共产党员都可以提出，以至向党中央提出。这是每个党员按照党章应该享有的权利。我们从冶方同志几十年的经历中看到：冶方同志是坚持马克思主义、坚持党的领导、坚持无产阶级专政的，是积极地为社会主义建设而奋斗的，也就是我们现在经常所说的坚持四项原则。在这些方面，他是我们的模范。他有不同的意见，即使党的某些领导同志不同意，他还是继续提出，他并不因为自己的意见不合潮流就放弃这些意见。但是，他在提意见的时候，是按照党内生活的准则来进行的，不是随便议论，我行我素，政治上同党对立，搞自由化。他在政治上、在行动上始终同党保持一致。冶方同志生前竭力反对那种认为要在政治上与党保持一致就很难坚持真理的看法。冶方同志以他的模范行动给我们做出了榜样。他是在理论研究工作上坚持真理的模范，同时也是遵守党的纪律的模范。我们作为一个共产党员，作为一个党的理论工作者，是应该很好地向他学习的。

第二点，就是冶方同志的良好学风。我和他接触的这 30 年当中，感觉到冶方同志从事经济理论工作，无论和他同龄的人相比，或者是和他的晚辈相比，他是最注重理论与实际联系的。在过去 30 多年中，冶方同志写的调查报告，比他写的文章要多得多。他经常到工厂、到农村、到商店、到基层群众中，做深入的、系统的调查研究工作。他写的反对"复制古董"和"冻结技术"、建议提高折旧率、加强设备更新和技术改造的文章，就是经过长期的、系统的调查研究写出来的，是从感性认识上升到理性认识的结果。这些正确的观点，他在 60 年代初期，就逐步形成了。以后他虽然遭到极不公正的批判，但他毫不气馁，更加发奋努力，系统地进行调查研究，使自己的认识更加深化。冶方同志极不赞成某些社会科学工作者整天坐在书斋，深居简出，不调查，不研究，问题还没有弄清楚，就著书立说。他更反对对某个问题，毫无涉猎，毫无研究，就大发议论。

冶方同志在经济学术的研究上所以有杰出成就，不仅是由于他对马克思主义的著作进行了认真学习，认真研究，同时，他对于中国的社会状况，中国的政治状况，特别是中国的经济状况进行了周密的深刻的调查研究。他把马克思主义的一般原理和中国社会主义经济建设的具体实践结合起来，这样才使他在经济研究中能够产生独创性的见解。这是他高于我们的地方，也是我们应当很好地向他学习的地方。

在学风问题上，还有一点值得我们很好地学习，这就是冶方同志对待和他意见不同的同志，对待写文章批评他的同志，所采取的共产党员应该采取的马克思主义的态度。我们知道，有一些同志在经济学术观点上和冶方同志是有分歧的。对于这种分歧，冶方同志从来都主张摆在桌面上来进行讨论。如果可以公开争论的话，他也主张在报刊上点名进行商榷，进行批评。他并不认为人家和他商榷，或者批评了他，就是他的仇敌，怀恨不已。他从来不在理论的原则问题上让步，如果他认为他的观点是正确的话，他是决不妥协的。但是，他对于同他意见不同的同志，或者批评过他的同志，在私人关系上，在同志关系上，却是非常亲热的，并不因为有过争论，就不能合作，就不能在一起研究讨论问题，就把人家从本单位赶走，就水火不相容。他尤其反对争论双方进行无原则的攻击。冶方同志在领导经济研究所工作时，曾有一位年轻的同志，和冶方同志在某个学术问题上有过争论，后来这位同志因工作需要被组织上调到别的单位去了，冶方同志知道了这件事以后感到非常不安，曾与管人事的同志商量要把这位同志调回来。这种精神也属于学风问题，也是我们社会科学工作者的职业道德问题。社会科学工作者都有一个学风、一个职业道德的问题。现在提倡精神文明，提倡职业道德，社会科学工作者研究社会科学也要有职业道德。冶方同志在这方面表现了一个高尚的共产主义者的社会科学研究的职业道德。

第三点，就是他坚强的党性。冶方同志是一个党性坚强的优秀的共产党员。冶方同志在理论研究工作中所以有高度的原则性，所以有良好的学风，都是来源于他有坚强的党性。他革命已经60年了，60年如一日，对党忠心耿耿，在他处于顺境的时候是这样，特别是在他处于逆境的时候更是这样。我们知道，冶方同志生活的道路是很不平坦的，他曾经受过很多不公正的、极为错误的对待。但是他在这样的时候，对党从无任何怨言，仍然以赤子之心忠诚于党的事业，坚信党的事业的正确性。他深信，正义一定会战胜邪恶。这种精神是非常感人的。这对于一个共产党员来说，特别是对于一个为真理而斗争的党的社会科学工作者来说，是学习的榜样。

　　我愿把冶方同志当做自己的学习的对象，当做我的老师，老老实实地学，一直学到见马克思的时候。

首钢改革经验的启示[*]

首都钢铁公司是个具有 60 多年历史的老企业，管理工作有较好的基础。解放以后，首钢的管理一直比较好，特别是在党的十一届三中全会以来，他们在改革经济管理体制，扩大公司经营管理自主权试点的基础上，实行了经济责任制，经营管理工作在内容和方法上都发生了深刻的变化，广大职工的政治觉悟和生产劳动积极性大大提高，给社会做出了越来越多的贡献，为全国工业交通企业改进经营管理提供了非常宝贵的经验。中国社会科学院工业经济研究所的同志，在首钢党委和广大职工的大力支持下，对首钢企业的管理，特别是实行经济责任制以后经营管理的改革和发展，进行了系统的调查研究，由蒋一苇同志主持编写了《首都钢铁公司经营管理考察》一书。该书对首钢经验，从历史到现状，从管理原则到管理的具体方法，比较全面地做了阐述。

一 建立和健全经济责任制，提高综合经济效益

首钢的管理经验是多方面的，而突出的是他们建立了比较完善的经济责任制。社会主义现代工业企业是生产资料公有制的经济组织，是使用机器体系的社会化大生产，各个生产单位、各个管理部门之间存在着极为密

---

　*　本文是作者为《首都钢铁公司经营管理考察》一书写的前言，原载《经济日报》1983 年 4 月 20 日。

切的生产技术经济联系和广泛的协作关系，如果缺乏严格的责任制度，是无法顺利地进行生产经营活动的。我国工业企业，在 50 年代实行的生产责任制和技术责任制，60 年代实行的各级行政领导责任制、各种专职机构和专职人员责任制以及每个工人的岗位责任制，都对提高企业管理水平，克服无人负责现象，促进生产发展，起过重要的作用。但是，这些责任制是在原来的经济管理体制下形成的，它们的内容和作用，同首钢现在实行的经济责任制都有很大的不同。我国过去所实行的那种过分集中、单纯依靠行政手段管理企业的体制，主要弊病有两方面：一是在企业同国家经济关系上，由国家统负盈亏，企业缺乏经营管理自主权，经营管理好坏与企业和职工的物质利益不直接挂钩；二是在企业内部职工劳动报酬上，存在着平均主义的倾向，干多干少一个样、干好干坏一个样，吃"大锅饭"。这样，就使企业和职工缺乏强大的发展生产、改善经营管理的经济动力和经济压力。针对这种情况，我国工业企业管理体制的改革，需要着重解决两个问题。

（一）一个问题是正确处理国家与企业的关系

一方面，国家要承认企业正当的利益，给予必要的自主权，使企业具有内在的活力和动力；另一方面，国家要对企业提出严格的要求，使它感到一定的压力，促其不断进步。党的十一届三中全会以来，扩大企业自主权，实行各种形式的利润分成，开始改变企业吃国家的"大锅饭"，干好干坏一个样，亏损盈利一个样的现象，成绩是显著的，今后要总结经验，使那些行之有效的办法更加完善。当前值得注意的问题是，在扩大企业自主权，加强企业活力的同时，有些地方和部门对企业的要求不严，而且有放松的趋势，致使有的企业可以舒舒服服地过日子，却得到许多不应得的利益。这样做，既不利于鼓励企业上进，又有损于国家的整体利益。

我们改革经济管理体制，既要赋予企业以强大的活力，又要对企业提出严格的要求，使责、权、利三者紧密结合起来，这是在处理国家与企业关系时必须认真地、妥善地解决的问题。目前，全国将要普遍实行的"利改税"的办法，把企业的盈利，由过去的上缴利润的办法，改为缴纳所得税的办法；与此同时，国家对企业的管理也将由过去的以行政直接干预为主的办法，变为以经济手段（包括运用价格、税收、利率、工资等经济杠杆）为主的办法，从而逐步做到政企分开，促使企业重视经营管理，由单一的生产管理型的企业，变为生产经营型的企业。

（二）另一个问题是正确处理企业和职工的关系

这里，最重要的是使企业经营的好坏同企业职工的物质利益直接挂起钩来，以调动广大职工改善企业经营管理、发展生产的积极性，关心企业的经营成果，改变职工吃企业的"大锅饭"，干多干少一个样、干与不干一个样的现象。这也要求企业由单一的生产管理型变为生产经营型。要求企业管理方面，建立全面严格的经济责任制。这种责任制，就是把生产、技术、经营管理、经济效果结合起来的责任制。它要求企业的每个职工，不仅要关心生产、技术以及各种业务工作的数量，而且要关心它的质量，特别要关心它的经济效益，关心为国家、为社会所做贡献的大小。这样才能改变长期存在的大家负责而实际上无人负责；或者只要直接生产人员负责，而技术人员、管理人员却不负责；或者只负责生产的数量，而不顾质量，不顾经济效果；企业职工的物质利益与其经营成果相互脱节、吃"大锅饭"等等的现象。这是在生产资料公有制基础上实行计划经济的国家，往往容易发生的一种"通病"。首钢经验的可贵之处，就在于它从我国工业企业的实际情况出发，开始找到了医治这种"通病"的办法，在创造具有中国特色的工业企业经营管理制度方面，提供了宝贵的经验。

首钢从建立和健全经济责任制入手，以提高综合经济效益为目标，按照经济责任、经济权力和经济利益相结合的原则，初步探索出一套依靠广大职工经营管理现代工业企业的制度和办法。他们的经营管理思想、经营管理原则、经营管理制度和经营管理办法，有利于充分发挥社会主义工业企业的优越性。只要我们很好地发挥这种优越性，就一定能够胜利地克服我们存在的某些弊端，战胜我们前进道路上的各种困难。

把首钢的经验概括起来，就是由单一的生产管理型企业变为生产经营型企业；就是要建立和健全把生产、技术、经营管理、经济效果结合起来的、纵横衔接的、全面的责任制；就是正确地处理国家、企业、职工三者的利益，保证"国家得大头、企业得中头、职工得小头"的原则顺利实

施。这样做，既照顾了职工眼前的局部的利益，又符合工人阶级长远的整
体的利益。

二　由单一的生产管理型企业变为生产经营型企业

首钢在企业经营管理制度上的改革，是创造性的改革，对于我国工业管
理体制的改革具有很好的启发作用和重大意义。首钢实行这种改革后，企业
的经营管理工作，发生了以下十个方面的变化：

一是计划管理从过去传统的生产、技术、财务计划，发展成为生产经
营计划；生产作业计划发展成为经营作业计划，使计划管理成为生产、技
术、劳动、设备、财务成本等等专业管理的"龙头"，把各级、各单位的
生产技术活动都纳入到了计划的轨道，成为全面的计划管理，使国家的指
令性任务变成企业职工的共同奋斗的目标和自觉的行动。

二是使企业的生产调度工作发展成为生产经营调度，生产调度日报变
为生产经营日报。这样做，不仅能及时反映公司每天生产的产品品种、质
量和数量，而且能够及时反映每天装车、发运、收款、利润实现等经营
情况。

三是从一般的岗位责任制发展成为岗位经济责任制，加强了数据管理
和企业管理的基础工作，使贯彻实施经济责任制有了广泛的群众基础。

四是从一般综合奖发展成为联系经济责任制的考核奖，把岗位责任和
岗位的经济利益相联系，提高了广大职工群众的主人翁责任感。由于企业
有权按照规定用自有资金实行厂内工资浮动升级制度，这就初步克服了工
资制度上的平均主义，较好地贯彻了按劳分配的原则。

五是从依靠国家财政拨款进行技术改造，发展为利用企业留成利润进
行技术改造，加速了设备的更新和现代化，收到投资少、工期短、见效快
的效果。

六是成本核算从过去的月核算发展为日核算，并对利润实行日预测、
日分析，对流动资金进行旬预测、旬分析，加强了财务控制，实行了全面
的经济核算，提高了经济效益。

七是克服了过去某些生产和工作岗位人浮于事的现象，严格按定员定额组织生产，加强了劳动纪律，提高了劳动效率。

八是成立了独立核算的劳动服务公司，合理安排多余职工的工作和职工待业子女的就业，克服了"混岗"现象。

九是加强了思想政治工作。从过去一般地对职工进行思想教育发展到通过算经济账、算企业潜力账、算职工生活水平提高账，算国家、企业和个人三者关系账等，用数字对比进行思想教育，使党的工作深入生产第一线，使思想政治工作结合经济工作日日夜夜地去做，提高了职工对党和国家方针政策的认识，增强了当家做主的责任感。

十是使职工代表大会由过去吸收职工群众参加管理的组织，发展成为职工群众参加企业经营决策和监督干部的权力机构，加强了民主管理，使职工真正有家可当，有主可做，等等。

所有这些都说明，首钢通过建立和完善经济责任制，使企业从单纯的生产管理型企业向生产经营管理型企业发展。它代表了党的十一届三中全会以来，我国工业企业管理在改革中出现的一个根本性的变化。

三　发展了社会主义生产关系，解放了生产力

为什么首钢实行经济责任制能够带来经营管理工作这些新发展呢？主要是经济责任制通过经济责任与经济权力、经济利益的紧密结合，调整了国家和企业的经济关系，调整了企业内部职工之间的经济关系，开始克服了我国经济管理中长期存在的吃"大锅饭"，搞平均主义的状况，使企业有了搞好技术改造、改善经营管理的动力和压力，把企业的经济搞活了。毛泽东同志曾经说过，在生产资料所有制问题解决以后，管理就成为首要问题，而管理就是要正确处理人和人之间的关系。由于实行全面的经济责任制进一步调整和完善了生产劳动和经营管理过程中人和人的关系，发展了社会主义生产关系，促进了上层建筑的改革，所以它大大解放了生产力。

这里有必要谈谈农业与工业管理体制改革的关系。农业与工业都是国

民经济最重要的物质生产部门。近五年来，农业生产队推广各种形式的联产计酬责任制，进行管理体制的改革，成效卓著。它的经验，对工业企业的管理体制改革，已经起了并将继续起着极大的启示和推动作用。同时，也应当看到，工业企业与农业生产队毕竟有许多不同点。除了许多同志已经反复阐明的，生产社会化，生产方面的社会分工和协作的程度，工业企业显著地高于农业生产队之外，在所有制方面也有很大的不同。工业虽然也存在着集体所有制，以至某些个体经营，但是，基本上是全民所有制，特别是大中型企业更是如此。而农业生产队则是真正自负盈亏的集体所有制。农业生产队管理体制的改革，虽然也要正确处理国家与集体（农业生产队）的经济关系，但是，国家的财政收入直接取之于农业的，不过百分之几，其余均归农业生产队所有。因此，农业生产队管理体制的改革，主要是解决农业生产队内部集体与个人的经济关系。由于农业生产队是自负盈亏的经济单位，所以它收入的多少，从根本上来说，取决于每个农业劳动者生产的多少，经营的好坏。农业劳动者要多收入，就要多生产，就要改善生产队的经营。而农业生产队的收入绝大部分也归劳动者所得，就是说，在农业生产队内部，是社员得大头，农业生产队的积累和国家的积累都占小头。而全民所有制的工业企业则不同，国家财政收入的90%以上，直接来自工、商、交通运输等企业，其中主要又是国营工业企业。因此，国营工业企业的管理体制改革，必须正确处理国家、集体、职工三者的关系。首先确保国家财政收入的不断增长，这样国家才能有计划地进行重点建设和保证其他必需的开支，适当满足社会的需要，为全体人民谋福利。因此，企业要增加收入，职工要增加收入，必须依靠企业和职工自身的努力，增加生产，厉行节约，提高经济效益；而不应当从国家财政收入上打主意，不应当联合起来在基数的确定上与国家争利，挖国家的收入。这样，在企业增加的收入中，"国家得大头，企业得中头，职工得小头"的原则，才能真正得以实施，我国社会主义现代化建设才能在财力和物力上有所保证，并得以胜利进行。

　　首钢的经验生动地反映了国营工业企业管理体制改革的这些特点。尽管首钢的经济责任制还有待于进一步完善，经营管理中还会不断出现新情况和新问题，需要不断解决。但是，推广他们的经验对我们全面整顿企业，搞好"三项建设"，创建"六好企业"[①]，以及进行经济体制的改革，无疑将起重要的作用。因此，工业战线做实际工作的同志和做经济理论工作的同志研究首钢的经验，并结合本单位、本学科的实际情况加以运用和发展，为探索具有中国特色的社会主义企业管理体系，促进社会主义现代化建设，是十分必要的。

　　这本对首钢经营管理工作全面考察的书，力求系统地反映首钢实行经济责任制以来的变化，把首钢的全部管理工作做比较完整的介绍。它是我国工业企业管理在80年代初的现实情况的历史记录。然而，也难免会有不全面不准确之处，有待于今后修改和提高。我希望工业经济研究所同志再选一些不同类型的企业，做类似的考察。有了这样一批比较系统的典型考察材料，对于我们从我国企业管理的现状出发，探索具有中国特色的社会主义工业企业管理的道路，将有很大的理论和实践意义。

[①]　"三项建设"、"六好企业"的具体内容见本书第三卷《工业企业要全面整顿，综合治理》一文。

马克思主义和中国的社会主义经济建设[*]

——为纪念马克思逝世一百周年而作

　　100 年前的 3 月 14 日，历史上最伟大的思想家卡尔·马克思停止了呼吸。马克思虽然离开了人世，但他为全世界无产者和劳动人民留下了不朽的思想。马克思逝世以来的 100 年，是他的伟大思想在全世界广泛传播并取得伟大胜利的历史，也是后来马克思主义的理论种子在中国这块土地上萌芽、生根、开花、结果的历史。

　　中国是一个文明古国，但它在近代却由于没落的地主阶级的统治和帝国主义的侵略，沦为半封建半殖民地的国家。贫穷落后，灾祸频仍。1840 年第一次鸦片战争以后，无数仁人志士，为了振兴中华奔走呼号，牺牲奋斗，然而由于没有正确的思想指导，中国人民的解放事业在相当长的时期内成就很小。自从十月革命的一声炮响，为我们送来了马克思主义，局面立即改观。在马克思主义的指导下，中国共产党领导我国人民取得了民主革命和社会主义改造的一系列胜利，把旧中国改造成了强大的社会主义新中国。前不久闭幕的党的第十二次代表大会，根据马克思主义的普遍原理，总结了过去几年拨乱反正、实现历史性转变的经验，确定了继续前进的正确道路，制定了有科学根据的战略目标、战略重点、战略步骤和一系列方针政策。这将保证我们党在全面开创社会主义现代化建设新局面的斗

*　本文原载《中国社会科学》（双月刊）1983 年第 2 期。

争中不断取得新的胜利。

马克思主义是人类智慧的结晶，是放之四海而皆准的普遍真理。然而正像马克思的亲密战友恩格斯所指出：马克思的整个世界观不是教义，而是方法。它提供的不是现成的教条，而是进一步研究的出发点和供这种研究而使用的方法[①]。各国共产党人在实现革命和建设任务的过程中，决不能把马克思的著作当做教条，照抄照搬它的现成结论，而只能依据马克思主义的基本原理和方法，针对本国的具体情况，总结自己的实践经验，找出前进的正确道路。所以，真正掌握马克思主义，并不在于熟读和背诵马克思著作中的个别结论，而在于熟练地运用马克思主义的立场、观点和方法，善于把马克思主义的普遍原理和本国革命的具体实践相结合，正确地解决革命和建设中的问题。中国的马克思主义者过去这样做，取得了革命和建设的伟大胜利；今后也必须这样做，才能取得社会主义现代化建设的圆满成功。正如邓小平同志在党的十二大开幕词中指出的："把马克思主义的普遍真理同我国的具体实际结合起来，走自己的道路，建设有中国特色的社会主义，这就是我们总结长期历史经验得出的基本结论。"

在民主革命的前期，我们党还处在幼年时期，由于马克思主义理论水平不高，我们还不善于正确解决在中国这样一个经济落后的半封建半殖民地的大国里进行革命遇到的许多特殊的复杂问题，党的路线、方针和政策曾经发生过严重的"左"的和右的错误，使革命遭受过重大的挫折。特别是在 20 年代后期和 30 年代前期，由于国际共产主义运动中和我们党内存在的把共产国际决议和苏联经验神圣化的错误倾向，使我国革命事业几乎遭到失败。党内许多同志，特别是毛泽东同志同这种错误倾向进行了坚决的、卓有成效的斗争，并在总结实践经验的过程中逐渐形成了马克思列宁主义普遍原理和中国革命具体实践相结合的毛泽东思想，才使我国革命发生了转折，走上了不断胜利的道路。

以毛泽东同志为主要代表的中国马克思主义者从中国的历史状况和社会现状出发，深刻研究中国革命的特点和中国革命的规律，既批判了右倾

[①]《马克思恩格斯全集》第 39 卷，人民出版社 1974 年版，第 406 页。

机会主义者把民主革命和社会主义革命截然分割开来，放弃无产阶级在民主革命中的领导权的错误倾向，又批判了"左"倾机会主义者混淆民主革命和社会主义革命的界限、要求在一个早上消灭资产阶级和实现社会主义的错误倾向；创立了无产阶级领导的，工农联盟为基础的，人民大众的，反对帝国主义、封建主义和官僚资本主义的新民主主义革命的理论。中国共产党人发展了马克思列宁主义关于无产阶级在民主革命中争取领导权的思想，提出在人口中占绝大多数的农民是无产阶级可靠的同盟军，无产阶级有可能和有必要通过自己的先锋队，用先进思想、组织性和纪律性来提高农民群众的觉悟水平，并对无产阶级先锋队本身的建设做出了创造性的贡献。中国共产党人认为，中国资产阶级，有依附于帝国主义的大资产阶级（买办资产阶级）和既有革命要求又有动摇性的民族资产阶级两个部分。无产阶级领导的统一战线要争取民族资产阶级，在特殊条件下还要把一部分大资产阶级包括在争取的范围以内，以求最大限度地孤立最主要的敌人，并为实现这一革命的统一战线规定了一整套政策和策略原则。特别需要指出的是：中国共产党人发展了中国革命只能以长期的武装斗争为主要形式的思想，创造了一条以农村包围城市，最后夺取全国胜利的道路，并且系统地提出了人民革命战争中军队建设和军事战略策略的思想，把党的建设、统一战线和武装斗争作为中国革命的"三个法宝"，这样才保证我国人民在较短的时间里，推翻了蒋介石国民党的反动统治，取得了新民主主义革命的伟大胜利。

我国新民主主义革命的胜利，是马克思主义在世界人口最多的、经济落后的东方国家的伟大胜利，是马克思主义具有无限生命力的光辉范例。它不仅在实践上而且在理论上发展了马克思主义。它的巨大的国际意义，是世界上每个头脑清醒的人都看得很清楚的。

新民主主义革命在我国的胜利，为向社会主义过渡提供了政治和经济条件。为了实现这一过渡，以毛泽东同志为主要代表的中国共产党人，制定了社会主义工业化和社会主义改造同时并举的路线、方针和政策，从理论和实践上解决了在中国这样一个占世界人口近1/4，经济文化落后的大国中建立社会主义制度的艰难任务。中国共产党人采取的在自愿互利的基础上通过多种形式的互助合作组织，逐步实现农业集体化的方针；通过加工订货、统购包销、经销代销、公私合营等国家资本主义形式，逐步对资本主义工商业进行社会主义改造的方针，以及对民族资产阶级又联合、又斗争的政策，等等，都是马克思主义在中国的胜利和发展，是对于马克思主义思想宝库的创造性贡献。

由于对农业和资本主义工商业的社会主义改造采取了这种适合于中国特点的马克思主义的方针，不仅减少了改造的阻力，而且增加了助力，使这一革命的过渡进行得比较顺利。我国农业在互助合作过程中，没有发生像有些国家曾经发生过的生产严重下降的情况，农业生产增长较快。由于有条件地利用资本主义经济成分为社会主义服务，对安定团结和改善人民生活也起了积极作用。所有这一切，使我们在比较短的时间里，顺利地基本上实现了生产资料私有制的社会主义改造，在中国的辽阔土地上建立起社会主义制度。

在社会主义改造基本完成以后，我国面临着社会主义建设的新的历史使命。在社会主义建设的道路上如何把马克思主义的普遍原理和中国革命的具体实践结合起来，我们也经历了不少的曲折。毛泽东同志和中央其他领导同志，在总结社会主义现代化建设实践的基础上提出了许多正确的思想。例如，毛泽东同志在《论十大关系》、《关于正确处理人民内部矛盾的问题》、《在扩大的中央工作会议上的讲话》等著作中提出的调动一切积极因素，对全国城乡各阶层人民统筹安排，兼顾国家、集体、个人三者利益；以农业为基础，正确处理重工业和轻工业、农业的关系，走出一条适合我国国情的工业化道路；正确处理沿海工业和内地工业，经济建设和国防建设，国家、生产单位和生产者个人，中央和地方，汉族和少数民族，自力更生和学习外国的关系；工人是企业的主人，实行干部参加劳动、工人参加管理、改革不合理规章制度和技术人员、工人、干部"三结合"；以及正确处理两类不同性质的矛盾，化消极因素为积极因素，团结全国各族人民建设社会主义现代化强国的战略思想，等等，都丰富和发展了马克思主义。但是，社会主义建设对于中国共产党人来说，毕竟是一项新的事业，社会主义社会的发展规律有许多还有待于继续探索，而我们党过去长期处于战争和激烈阶级斗争的环境中，对于领导全国规模的社会主义建设事业思想准备不足，科学研究不够。尤其是在党面临着工作重心转向社会主义建设这一新任务，因而需要特别谨慎的时候，作为党的主要领导人的毛泽东同志却逐渐骄傲起来，逐渐脱离实际和脱离群众，主观主义和个人专断作风日益严重，日益凌驾于党中央之上，使党和国家政治生活中的民主集中制不断受到削弱以至破坏。这种情况导致很多正确的意见得不到采纳，导致毛泽东同志在理论工作中和实际工作中部分地离开了马克思主义的轨道，提出了一些"左"倾观点，而这些"左"倾观点的发展，终于导致1958年的冒进和"文化大革命"的发生，给社会主义建设事业造成了重大损失。

错误和挫折教育了群众，教育了党。粉碎"四人帮"以后，特别是在党的十一届三中全会重新确立了马克思主义的思想路线、政治路线和组织路线以后，党从各方面深入总结历史经验，清理"左"倾错误，拨乱反正，科学地阐述了许多从实践中提出的有关建设社会主义的理论和政策问题，马克思主义在中国的社会主义建设事业中又得到巨大的发展。我们的社会主义建设事业重新在马克思主义的正确轨道上胜利前进了。

五年来，我们党把马克思主义的一般原理和中国社会主义建设的具体实践结合起来所取得的成就是多方面的。就社会主义经济建设问题来说，我认为，最重要的有以下几点：

第一，关于社会主义社会的主要矛盾。马克思主义认为，人类认识事物，必须认识事物内部包含着的特殊矛盾。对社会主义社会的认识也是这样。我们在社会主义建设中采取的路线、方针、政策是否正确，从根本上说，取决于我们对于社会主义社会的矛盾尤其是主要矛盾的认识是否正确，以及处理矛盾的方法是否恰当。

社会主义社会是否存在矛盾？马克思主义认为一切事物都存在矛盾，社会主义社会也不例外，而且马克思和列宁早就对于社会主义制度下存在的矛盾作过原则性的说明。但是，在国际共产主义运动中长期存在着社会主义社会"无矛盾论"的错误观点，认为社会主义条件下生产关系与生产力、上层建筑与经济基础"完全适合"。而在现实生活中遇到矛盾时，又往往由于缺乏思想准备而举止失措，甚至混淆不同性质的矛盾，做出"阶级斗争越来越尖锐"等错误判断。

1957 年毛泽东同志批评了斯大林离开辩证唯物主义和历史唯物主义的错误，指出社会主义社会的基本矛盾仍然是生产关系和生产力之间，上层建筑和经济基础之间的矛盾。他还根据我国当时的情况正确地指出：革命时期大规模的急风暴雨式的群众阶级斗争已经基本结束，我们要团结全国各族人民进行一场新的战争——向自然界开战，发展我们的经济，发展我们的文化。毛泽东同志的这些思想是党的第八次代表大会精神的反映。八大关于政治报告的决议指出：社会主义制度在我国建立以后，"我们国内的主要矛盾，已经是人民对于建立先进的工业国的要求同落后的农业国的现实之间的矛盾。已经是人民对于经济文化迅速发展的需要同当前经济文化不能满足人民需要的状况之间的矛盾。""党和全国人民的当前的主要任务，就是要集中力量来解决这个矛盾，把我国尽快地从落后的农业国变为先进的工业国。"后来，党又明确提出建立农业现代化、工业现代化、国防现代化和科学技术现代化的社会主义强国的要求。可是，1958年以后，党的指导思想日益脱离马克思主义的正确轨道，把许多已经不属于阶级斗争的现象仍然看做阶级斗争，并且错误地提出"以阶级斗争为纲"的口号，用进行大规模的急风暴雨式的群众性阶级斗争的旧方法和旧经验去处理政治、经济、文化等方面的新矛盾和新问题，结果导致阶级斗争的严重扩大化，使社会主义建设事业遭受到莫大损害。我们过去所犯的错误，就对社会主义社会的认识而言，归根到底是由于对社会主义社会的主要矛盾缺乏深刻认识，做出了错误的判断，因而未能坚定地实现向社会主义现代化建设的战略转移。

1978 年底召开的党的十一届三中全会以后，党中央总结了过去 30 年的经验教训，重新研究我们所面临的主要矛盾和解决矛盾的方法，果断地停止使用"以阶级斗争为纲"这个不适用于社会主义社会的口号，做出了并坚定地实现了把工作重点转移到社会主义现代化建设上来的战略转变。正如 1981 年 6 月举行的党的十一届六中全会《关于建国以来党的若干历史问题的决议》所指出的："在社会主义改造基本完成以后，我国所要解决的主要矛盾，是人民日益增长的物质文化需要同落后的社会生产之间的矛盾。党和国家工作的重点必须转移到以经济建设为中心的社会主义现代化建设上来，大大发展社会生产力，并在这个基础上逐步改善人民的物质文化生活。"在这一思想指导下，这几年我们坚定地贯彻执行"调整、改革、整顿、提高"的方针，以及其他一系列正确的方针和政策，才使我国国民经济走上了稳定发展的健康轨道。

为了正确处理社会主义社会的矛盾，要求我们在建设高度物质文明的同时，十分重视和努力建设高度的社会主义精神文明。历史的经验表明，忽视社会主义精神文明建设，我们的现代化建设就不能保证社会主义的方向，人们就会失去理想和目标，失去精神的动力和战斗的意志，社会主义社会甚至会走上畸形发展和变质的邪路。党的十二大总结了经验教训，指出：社会主义精神文明是社会主义的重要特征，社会主义的精神文明的建设大体可以分为文化建设和思想建设两个方面，共产主义思想是社会主义精神文明的核心；并提出了建设社会主义精神文明的主要任务和方法。这些也是中国共产党人在我国社会主义建设实践中对于马克思主义的重大发展。

第二，关于我国社会主义现阶段的所有制结构和国民经济管理体制。对于生产资料公有制、按劳分配等社会主义经济形态的根本制度，马克思、恩格斯、列宁、斯大林等马克思主义经典作家早已做过科学的论说，这是我们建设社会主义的指导思想。但是，正如马克思、恩格斯一再指出的，他们不可能对社会主义的细节描画详尽的蓝图，这个问题只能由实践来解决。而且，由于各国的具体情况不同，经济发展水平不同，各国进行社会主义建设的具体做法也必然有所区别，因而会出现社会主义的不同模式。在斯大林逝世以前的很长时期中，在社会主义各国占支配地位的理论，是把苏联20年代末期30年代初期形成的所有制结构和经济管理体制看做社会主义条件下唯一可行的模式。毛泽东同志1957年在《关于正确处理人民内部矛盾的问题》中指出："在各经济部门中的生产和交换的相互关系，还在按照社会主义的原则逐步建立，逐步找寻比较适当的形式。"这个重要论点是对以上传统观念的一个突破。但是，由于"左"的指导思想的影响，我国在以后的 20 年间不仅没有解决这个问题，而且发生了许多严重失误，给国民经济的发展带来了消极后果。

党的十一届三中全会以来，我们党根据马克思主义关于生产关系一定要适合生产力状况的原理，对我国所有制结构和经济管理体制的改革，采取了一切从实际出发，充分尊重和发挥群众的首创精神，通过调查研究、总结群众经验而进行探索的方针。党中央明确指出，社会主义生产关系的发展并不存在一套固定的模式，我们的任务是要根据我国生产力发展的要求，在每一阶段上创造出与之相适应和能够促进生产力持续发展的生产关系的具体形式。为了适应我国生产力状况，有利于生产的发展，我们要在以全民所有制和集体所有制为基本经济形式的同时，在一定范围内允许劳动者个体经济存在和发展，作为公有制经济的必要补充。对于各种经济成分，要采取适合于它们具体情况的具体经营管理制度和分配制度。在整个国民经济的范围内，要在社会主义公有制的基础上实行计划经济，通过经济计划的综合平衡和市场调节的辅助作用，保证国民经济按比例地协调发展。由于我们党有了一条马克思主义的方针，四年来，我国的经济改革，特别是农业的改革，已经取得重大的进展。

党的十一届三中全会首先抓住农业这一重要环节，着重克服过去指导思想上长期存在的"左"倾错误，尊重生产队的自主权，恢复自留地、家庭副业和集市贸易，逐步实行多种形式的生产责任制，同时提高了粮食和其他部分农产品的收购价格，随后又解决了多种经营的方针问题，从而使我国农业的面貌很快发生了显著变化，由原来的停滞不前变得欣欣向荣，带动了整个经济形势以至政治形势的好转。

在党对农业采取的一系列卓有成效的措施中，居于关键地位的是联产承包责任制。这种制度采取了统一经营与分散经营相结合的原则，使承包者的个人积极性和集体经济的优越性同时得到发挥。充分肯定并真正尊重亿万劳动农民既是劳动者又是经营者的地位，这样就极大地提高了他们生产经营的积极性和主人翁的责任感，克服了长期以来存在的吃"大锅饭"和"大呼隆"的痼疾，保证生产能够健康迅速地发展。联产承包责任制的进一步完善和发展，将使我们找到适合生产力发展水平的集体所有制形式，使农业社会主义合作化的具体道路更加符合我国的实际。

马克思主义的创始人在 100 多年前就已经预言，无产阶级掌握政权以后，"绝不会用暴力去剥夺小农"，而只能把小农的"私人生产和私人占有变为合作社的生产和占有"。[①] 列宁进一步发展了马克思主义的这一原理，他在论述合作制时指出："找到了私人利益、私人买卖的利益与国家对这种利益的检查监督相结合的尺度，找到了使私人利益服从共同利益的尺度，而这是过去许多社会主义者解决不了的难题。"合作制、私人买卖的利益找到了这种尺度。[②] 可是，列宁的这一思想在我国并没有得到很好的贯彻。过去我国的农业生产合作社和人民公社生产队实行的经营管理制度和分配制度，并不能保证列宁上述思想的贯彻。联产承包责任制的出现和广泛推广，意味着我们找到了实现马克思主义合作制思想的一种良好的组织形式。这是对马克思主义的一个具有重大意义的发展。

目前，我国农村经济正在联产承包责任制的基础上向社会化的方向发展。随着承包责任制的进一步推行，专业户、重点户大量涌现，农村商品生产日益发展。这就迫切需要生产前和生产后的服务，如供销产品、加工产品、推广技术、储存运输、提供信息，等等。这类经济活动将从家庭（或小组）承包中逐步分离出来，而实行联合经营，扩大合作的形式，并充实其内容。吸取过去的经验教训，这种在分工分业、专业承包基础上的经济合作，不是重新回到原来生产队、大队、公社的框框里的联合，而是围绕着发展商品生产和商品交换的需要，进行专业化、社会化的联合。联合的形式将是多种多样的。例如，或者是从农民中间、从专业户中间发展起来的小型联合；或者是自上而下地由国营商业系统、供销社系统、农牧部门等搭起架子，与农民建立联系，开展服务工作，在服务中发展联合。通过各种形式，将使农民家庭（或小组）承包的经济同国营经济结合起来，并通过合同制等办法，把他们的主要经济活动，纳入国家计划的轨道。实行联产承包责任制，不仅为社会主义农业的发展开辟了一条马克思

[①]　参见恩格斯《法德农民问题》，《马克思恩格斯选集》第四卷，人民出版社 1972 年版，第 310 页。

[②]　参见列宁《论合作制》，《列宁选集》第四卷，人民出版社 1972 年版，第 682 页。

主义的正确道路，而且给国营工商企业建立多种形式的经营责任制提供了十分有益的启示和宝贵的经验。

第三，关于社会主义工业化道路和经济发展战略。社会主义工业化道路和社会主义经济发展战略，也是社会主义现代化建设中一个必须解决而又长期没有很好解决的一个重大的理论问题和政策问题。马克思主义为我们解决这个问题提供了指导思想，但是马克思没有而且不可能给我们留下现成的答案；特别是在中国这样人口众多、土地辽阔、原来经济十分落后的国家里如何进行社会主义现代化建设，更有待于我们自己在实践中努力探索。

斯大林在本世纪二三十年代十分严峻的国际和国内形势下，提出了以工业总产值增长为主要目标、优先发展重工业为主要手段的工业化道路。这种经济发展战略使苏联得以集中人力、物力、财力，迅速发展某些选定的工业部门，以保证增强国力、巩固国防的需要。尽管实行这种经济发展战略取得了很大成就，但是往往不利于国民经济的平衡发展，特别是不利于迅速发展农业和轻工业，并且给社会再生产带来阻碍，不能使人民生活在生产发展的基础上得到应有的改善。后来由于把这种战略思想绝对化，把斯大林提出的工业化道路看做是社会主义建设特别是社会主义工业化唯一正确的道路，给一些国家的经济发展带来了消极后果。

我国"一五"时期虽然也存在着某些照抄照搬苏联做法的缺点，但是总的来看，社会主义工业化的进程是比较健康的。我国在制订"一五"计划时，在马克思主义理论指导下，研究了社会主义基本经济规律和国民经济有计划按比例发展规律的要求，同时认真考虑了我国的实际情况。我国的社会主义建设事业，是以社会主义工业化为主体的。根据当时的情况，"一五"计划把优先发展重工业作为社会主义工业化的中心环节。同时明确规定：在优先发展重工业的条件下力求使各个经济部门——特别是工业和农业、重工业和轻工业——之间的发展保持适当的比例，避免彼此脱节。鉴于大规模建设需要大量资金，而社会主义生产又必须以满足人民需要为目的，"一五"计划还规定：应该照顾到积累资金和改善人民生活两个方面，既要注意扩大资金积累保证国家建设，为不断提高人民的生活水平建立物质基础；同时在发展生产和提高劳动生产率的基础上逐步地提高人民的物质文化生活水平，减少失业现象。由于计划合理和贯彻得力，"一五"时期经济发展很快，职工和农民也得到了实惠。

毛泽东同志总结了我国"一五"时期和其他社会主义国家经济建设的经验教训，对斯大林提出的工业化道路和经济发展战略提出了中肯的批评，提出：苏联和一些东欧国家片面地注重重工业，忽视农业和轻工业，因而市场上货物不够，货币不稳定。他指出：苏联的办法把农民搞得很苦。他们采取所谓义务交售制等项办法，把农民生产的东西拿走太多，给的代价又极低。这样来积累资金，使农民的生产积极性受到极大损害。毛泽东同志在《论十大关系》中说："我们现在发展重工业可以有两种办法，一种是少发展一些农业轻工业，一种是多发展一些农业轻工业。"从长远观点来看，前一种办法会使重工业发展得少些和慢些，后一种办法会使重工业发展得多些和快些。他还提出："国家和工厂，国家和工人，工厂和工人，国家和合作社，国家和农民，合作社和农民，都必须兼顾，不能只顾一头。无论只顾哪一头，都是不利于社会主义。"党的八大的决议也体现了这种精神。现在看来，这些观点是完全正确的。

但是，在"左"的指导思想的影响下，从1958年开始，我国经济发展战略发生了向错误方向的转变。"一五"时期的一些好经验没有继续坚持，党的八大的决议和毛泽东同志的上述正确观点没有付之实行，相反地，提出了不符合中国实际情况的战略目标和战略措施。"大跃进"中实行了所谓的"赶超"战略，盲目追求不切合实际的经济发展速度，尤其是追求过高的重工业发展速度，要求"以钢为纲"，钢产量一年翻番。结果导致国民经济比例严重失调，工农业生产大幅度下降，经济效益严重恶化，人民生活发生极大困难。1960年冬党中央决定调整国民经济，贯彻"调整、巩固、充实、提高"的方针，经过全党全国人民的努力，于1965年基本上完成了调整任务。但是，"左"倾指导思想并未得到彻底纠正，在10年"文化大革命"中又继续发展。这方面的错误加上其他错误，使得我国国民经济又受到一次而且是更为严重的损害。事实一再表明，我国经济发展战略必须以马克思主义为指导，背离马克思主义的战略目标和战略措施，必将给社会主义经济建设事业带来重大损失。

我国进行社会主义经济建设的经验教训是很多的，特别值得重视的是：（1）生产建设必须以满足人民需要为目的。社会主义生产的目的是直接满足人民日益增长的物质和文化的需要，这是马克思主义的基本原则，必须按照这个原则办事，才能处理好生产和生活的关系，也才能实现经济结构的合理化。过去长时期内存在着某种为生产而生产的倾向，对经济建设和人民生活造成损害。今后必须从一切为人民的思想出发，统筹安排生产建设和人民生活。（2）正确处理速度和比例的关系。马克思主义再生产理论告诉我们，为了使社会再生产顺利进行，必须在两大部类之间、各个部类内部以及积累和消费之间建立协调的、合理的比例关系。但是，一个长时期内我们在速度和比例问题上片面强调速度而忽视比例，认为比例应该服从速度，事实证明这种观点是错误的。按比例是国民经济高速度发展的前提条件，在实现工业化的过程中，在一定条件下优先发展重工业是必要的，但是不能把优先发展重工业绝对化，不能认为在任何条件下都要优先发展重工业。即使在优先发展重工业的时候，也要重视农业和轻工业的发展，把它们放到重要地位，使重工业努力为农业和轻工业服务。（3）正确处理速度和效益的关系。过去，我们片面追求工农业总产值的高速度，忽视经济效益，虽然工农业总产值增长速度并不很慢，但由于经济效益差，既影响到积累的增长，也影响到人民生活的改善。今后我们决不能再把经济增长速度放在第一位，而应该像胡耀邦同志在党的十二大报告中所指出的那样："把全部经济工作转到以提高经济效益为中心的轨道上来"，速度必须建立在提高效益的基础上。

总结我国社会主义建设的经验，还有一点是极为重要的，就是工人阶级取得国家政权之后，为有计划地进行社会主义建设创造了一个非常有利的条件，如何科学地运用这个条件来进行建设，是取得革命胜利的马克思主义者及其政党所必须冷静地、客观地、正确地处理的一个大问题。由革命胜利而鼓舞起来的广大干部和亿万群众的高度革命热情，感染了各级领导者，大家都想把经济迅速发展起来，为人民群众谋取更多的幸福。特别是在像我们这样经济落后的国家，这种要求更为迫切，因而常常容易提出远远超过客观可能的发展计划。而某些同志却以为政权已掌握在工人阶级和其他劳动人民手中，即使是再高的指标也能够办到。但是，经济建设毕竟不同于社会革命。社会革命，通过必要的阶级斗争，蓄积力量，在革命形势成熟的时候，可以一举而打倒反动统治，取得成功。而生产的发展、社会主义经济建设则是向自然开战，它只能循序渐进，按客观规律办事，决不可能在几年之内、十几年之内，更不可能在很短的时间，由一个经济落后的国家一举而变为经济发达的国家。这个道理是很清楚的。

经济发展战略脱离我国的国情，是我国经济发展一再遭受挫折的一个重要原因。而从本国的情况出发进行革命和建设则是马克思主义的一个基本原则。陈云同志说："我们搞四个现代化，建设社会主义强国，是在什么情况下进行的，讲实事求是，先要把'实事'搞清楚，这个问题不搞清楚，什么事情也搞不好。"这话讲得很深刻。我们是在一个 10 亿人口、8 亿农民的国家中进行建设的，现在生产力水平还很低，尤其是农业劳动生产率和农产品的商品率很低。我们的基本国情决定了经济建设中的"持久战"战略思想是正确的，而"速成论"的战略思想则是错误的。过去已经不止一次吃过"速成论"战略的亏，这是"左"倾指导思想的一种表现形式，今后还要注意肃清其影响。与此同时，当然也必须注意克服经济建设中的"悲观论"思想。

党的十一届三中全会以来，我国经济发展战略发生了一次新的转变，即彻底清除"左"倾指导思想，坚持在马克思主义指导下制定一条适合我国国情的、有科学根据的、切实可行的经济发展战略。1979 年 4 月党中央提出对整个国民经济实行"调整、改革、整顿、提高"的方针。1981 年 11 月底 12 月初召开的五届四次人代会上的《政府工作报告》中，提出要围绕着提高经济效益，走出一条经济建设的新路子，并提出了 10 条方针。1982 年 9 月召开的党的十二次代表大会上，胡耀邦同志提出了今后 20 年我国经济发展的战略目标、战略重点和战略步骤。现在，我国已经有了比较完整的马克思主义的经济发展战略和实现这一战略的一系列重要方针政策，它将保证我国社会主义现代化建设事业能够比较顺利地实现。

回顾我国社会主义经济建设的历程，可以清楚地看到：只有马克思主义才能指引我国社会主义经济建设取得胜利。今后，只要我们坚持把马克思主义的普遍真理同我国的具体实际相结合，走自己的道路，就一定能够取得更大的胜利，把我国早日建成具有中国特色的社会主义现代化强国，并且通过这一伟大的实践，进一步发展马克思主义。

世界经济形势与中国经济的发展[*]

一　世界经济发展趋势

1983 年以来，一些发达资本主义国家的工业生产开始回升，通货膨胀有所缓和，利息率下降，油价下跌，出现了经济复苏的某些迹象。美国经济的回升较早、较快，西欧国家总的来说要慢一些。但是，应该看到，一些国家财政赤字问题仍旧严重，失业队伍依然庞大，贸易保护主义还在加剧，国际债务问题远未解决，货币金融市场继续动荡。

对当前的世界经济形势和发展趋势，国际上有各种不同的看法。

一部分人认为，近年来美国等一些国家的紧缩政策已开始见效，由于石油涨价等原因而进行必要的经济结构调整已基本完成，通货膨胀的趋势已大致扭转，发达资本主义国家正进入一个长期、稳定的经济发展时期。这种看法以美国官方为代表，他们认为，在经济地平线上已"出现了一片蓝天"。

较多的人对今后的经济发展持审慎的态度，认为当前的经济回升将是微弱和不稳的，严重的财政赤字问题将使通货膨胀再次恶化，"滞胀"的局面难以改变。有些人甚至认为，国际债务问题和油价暴跌，将导致激烈

＊　本文是作者 1983 年 5 月 6 日在日本"中日经济知识交流会"上的讲话。

的货币金融动荡，世界经济正走向类似 30 年代的经济、金融危机及长期萧条。

我国学者对世界经济形势及其前景看法大多持审慎的态度，认为当前发达资本主义国家的经济危机处于周期性的回升，整个世界经济形势也还不同于 30 年代，但是从较长远的趋势来看，前景并不容乐观。

（1）里根政府的经济政策，既没有从根本上解决通货膨胀的问题，也没有扭转长期以来美国经济地位相对衰落的趋势。战后贸易自由化和资本自由流动的趋势也还将进一步受到贸易壁垒、汇率波动和区域性集团等因素的干扰。

（2）当前原油供过于求，价格下降，这对发达资本主义国家目前的经济回升是有利的。但是，从长远来看，油价的下跌是暂时的。在今后若干年内，还会出现石油供不应求的局面。石油价格下跌越多，节约能源和开发新能源的研究和投资越是减少，石油供不应求的局面将会越早到来。如果石油价格暴跌，还有可能引发严重的货币金融危机。

（3）绝大多数发展中国家深受发达资本主义国家转嫁危机之害。它们遭到出口商品价格下跌和贸易保护主义的双重打击，贸易条件恶化，国际债务沉重。这种情况至今并没有好转的迹象。这就势必反过来对发达资本主义国家的经济发展不利，从而危及整个世界经济。如果这种情况长期延续，还必将使南北矛盾更加激化，严重影响世界政治局势。

（4）总起来看，在今后一二十年内，发达资本主义国家的经济发展仍将以走走停停、低速增长为其主要特点，而且不能完全排除产生更严重的金融和经济危机的可能。从各个地区来看，亚太地区在经济发展方面可能保持较为有利的地位。但如果整个世界经济恶化，世界政局严重动荡，这一地区也将难以幸免。

面对严重的世界经济形势，各类国家都在寻求新的对策。

在这次经济危机发生前后，一些发达资本主义国家实行了"供应学派"和"货币学派"的主张，想通过减税、削减政府开支、压缩财政赤字和严格控制货币供应，来刺激生产和解决严重的通货膨胀问题。里根政府甚至想通过实行高利率、高汇率等办法，来恢复与重建美国的经济霸权。但是，所有这些，不但收效不大，而且还加重和拖长了这次经济危机。现在，一些国家已不得不重新拾起凯恩斯主义的一些办法。看来，发达资本主义国家一时还很难找到能够完全取代凯恩斯主义的理论和政策。今后，这些国家仍将被迫交替使用"膨胀"和"紧缩"的政策，但它们的活动余地将进一步缩小。

发展中国家的经济情况差别很大，它们采取的经济政策也很不相同。现在它们大多已被迫缩小经济建设的规模，放慢经济发展的速度。一些国家鉴于当前严重的国外债务问题，正在吸取过去的经验教训，对今后如何利用外资采取更审慎的态度。许多发展中国家对西方国家转嫁危机，已引起了不满，因而对南南经济合作，一些国家已采取更为积极的态度。这对促进发展中国家的经济发展和相互团结，将起重要的作用。

当前，苏联和东欧一些国家的经济困难也不小。这在很大程度上是由于经济体制和经济结构等方面存在的问题造成的。现在，它们都在进行经济管理体制方面的不同程度的改革。东欧国家在这方面的进展稍快一些，苏联则遇到较大阻力，进展很慢，收效甚微。为了改变不合理的经济结构，苏联已增加农业和科学技术方面的投资。但为了与美国争霸世界，加紧对外扩张，苏联今后的经济发展仍将会是畸形的和低速的。

二　世界经济形势对中国经济发展的影响

近几年来，中国顺利地对国民经济进行调整，取得了显著的成效：农业生产持续地全面高涨；工业消费品生产迅速发展；重工业通过调整改进服务方向和产品结构，生产由下降转为上升；财政收入和国际收支也有较大改善；积累、消费的比例关系，农业、轻工业和重工业的比例关系，正逐步趋于协调。在世界经济普遍不景气的情况下，中国经济保持了不断向前发展的势头。今后我国还要进一步进行调整工作，并将采取积极而稳妥的步骤，对经济体制进行改革，使国民经济在稳定发展中大大提高经济效益。尽管在前进的道路上，还会有种种新的问题和新的困难，但我们在继续贯彻正确的路线和"调整、改革、整顿、提高"的方针下，中国正在全面开创社会主义现代化建设新局面，为在 90 年代出现一个新的经济振兴时期，积极创造各种必要的条件。

在独立自主、自力更生的基础上，实行对外开放，扩大对外经济技术交流，这是中国坚定不移的战略方针。随着对外经济交往的增长，世界经济形势的发展对中国经济可能产生更大的影响。我们也清醒地认识到，在当前不公正的国际经济秩序中，中国作为一个发展中国家，处于不利的地位。中国将本着一贯的平等互利原则，积极发展与世界各国的经济联系，同时努力避免世界经济形势发展对自己的不利影响，发挥有利因素的作用，争取在国际经济体系中取得真正的平等地位。

当前的世界经济形势，对中国的经济发展有有利的一面。发达资本主义国家的经济不景气，生产能力、资金、技术、商品过剩，需要市场，需要输出技术和设备，需要寻求商品和资金的出路。特别是，在世界经济发生严重困难的情况下，中国仍能继续稳步地发展经济建设，这就使许多国家对中国的市场感到越来越大的兴趣，为中国进行更为广泛的国际经济交往提供了可能性。我们可以借此引进较多的先进技术和设备，发展更多的中外合资项目和其他方式的合作，加速我国的经济发展。这种情况也有利于使中国的对外经济关系多元化，在进行对外经济技术合作时，有扩大选择的余地，从技术水平、产品质量、价格高低、贷款条件等等方面进行比较，择优采用。同时，在南南经济合作发展中，中国将进一步加强与其他发展中国家的多种形式的经济合作。

严峻的世界经济形势如果继续发展下去，可能对中国的经济发展带来种种不利影响。中国的出口将遇到较大的困难。石油价格的下跌直接减少了中国的出口收入。如果油价激烈下跌，也不利于中国引用外资开发石油、煤炭等资源。由于实际利息率长期居高不下，将继续限制中国对外资的利用。

城市企业改革应注意几个问题[*]

　　我们的经济体制改革是从党的十一届三中全会后开始的。胡耀邦同志在 1983 年 1 月做了关于改革问题的报告后，对全国的改革有很大的推动。

　　近五年来，农村生产队推行各种形式的联产计酬责任制，进行管理体制的改革，成效卓著。它的经验，对于城市特别是工业企业的管理体制的改革，已经起了并将继续起着极大的启示和推动作用。同时，也应当看到，城市与农村、工业企业与农业生产队毕竟有许多不同点，这是我们在城市和工业企业进行改革的时候应当注意的。

一　城市企业改革要适应城市的特点

　　城市与农村相比，有许多特点。

　　（一）　最显著的一个特点，是生产社会化的程度不同

　　在城市，除少数手工劳动的小规模生产之外，基本上是近代的大生产。生产的分工、专业化和协作，城市的工业企业远远地高于农村生产队。而且城市是经济中心，是商品生产和商品流通的枢纽，各方面的经济联系极为密切，比农村的情况要复杂得多。

---

　　*　本文原载《羊城晚报》1983 年 5 月 11 日。

（二）所有制方面有很大的不同

在农村，主要是集体经济。农业生产队历来是真正自负盈亏的集体经济组织，哪年丰收了，那年就多得；谁劳动多，谁就多得。过去由于吃"大锅饭"，搞平均主义，挫伤了群众的积极性。实行联产计酬责任制后，解决了吃"大锅饭"问题，农民的劳动积极性就调动起来了。

农业生产队管理制度的改革，虽然也要正确处理国家与集体的经济关系，但是，国家的财政收入，直接取之于农业的，不过是百分之几，其余均归农业生产队所有。因此，农业生产队管理体制的改革，主要是解决集体经济内部集体与个人以及人与人之间的经济关系。由于农业生产队是自负盈亏的经济单位，所以，它收入的多少，从根本上来说，取决于每个农业劳动者生产的多少，经营的好坏。农业劳动者要多收入，就要多生产，就要改善生产队的经营。

而在城市中，虽然也存在着集体所有制和某些个体经济，但是，它的主体是全民所有制的国营经济。国家的财政收入90%以上直接来自工、商、交通运输等企业，其中主要又是国营工业企业。因此，国营企业管理体制的改革，必须正确处理国家、集体、职工三者的关系。首先要确保国家财政收入的不断增长。这样，国家才能有计划地进行重点建设和保证其他必需的开支，适当满足整个社会的需要，为全体人民谋福利。企业要增加收入，职工要增加收入，必须依靠企业和职工自身的努力，增加生产，厉行节约，提高经济效益，而不应当从国家财政上打主意，不应当在基数的确定上与国家争利，挖国家的收入。在分配问题上出现长远利益与当前利益、国家的整体利益与企业和个人的局部利益发生矛盾时，我们一定要坚持当前利益服从长远利益，企业和个人的局部利益服从国家的整体利益的原则，正确处理国家、企业、个人三方面的关系，既不能损害国家利益，也不能坑害群众。

二　正确处理两个关系

（一）国家与企业的关系

当前全国国营企业实行的利改税，就是国家和企业在经济关系上的重大改革。过去国营工业企业采用上缴利润的办法，现在改为上缴所得税，利用税收这个经济杠杆来促进企业改善经营管理。过去企业是政企不分的。实行利改税的办法，不仅有利于保证国家收入的稳定增长，促进企业在增产增收的基础上增加本身的收入，而且也有利于使政企逐步分开，按经济规律办事。

在正确处理国家与企业的关系上，国家不仅要给企业以必要的活力，而且应当给予必要的压力，使权、责、利很好地结合起来。前段时间，强调搞活企业，这是对的，今后还应当继续这样做。但对企业没有提出严格要求。今后无论在产品质量、品种、劳动生产率、成本、给国家提供的积累等方面都要有严格要求，给企业一种压力。放宽是给企业活力，严格要求是给企业压力。内有活力，外有压力，两者正确地结合起来，才能促进企业进步，提高经济效益。让企业舒舒服服过日子，不但不能改善经营管理，提高经济效益，也不能培养出色的企业家。

（二）企业与职工的关系

主要是严格执行按劳分配制度。今后，要逐步创造条件，干部实行职务工资，工人实行岗位工资，这就能比较好地体现按劳分配。同时，要逐步地把奖金改为奖励有特殊贡献的人。我国是社会主义国家，职工的基本生活条件是要保证的，但不能吃"大锅饭"。要按照马克思在《哥达纲领批判》中提出的原则办事。劳动多、贡献大的，可以多得；劳动差的，应该少得；不劳动者不得食。坚持按劳分配，克服平均主义，正确处理企业与个人的关系，是促进人们搞好生产和工作的重要动力之一。

三　解决条块问题

城市企业的改革要解决政企分工问题，解决条条块块关系问题。我国实行社会主义的计划经济。在宏观上，积累、扩大再生产和人民的、社会的消费在国民收入中所占的比重，都需由国家计划来控制。但我们计划经济的优越性还远远没有充分发挥出来。其中一个重要原因，就是条块分割。

早在党的七届二中全会上，就决定全国胜利后，我们工作的重点，开始了由城市到乡村并由城市领导乡村的时期。但是，这个问题长期未能很好解决。条块分割就是其中的一个重要问题。这次改革是为本世纪的后10年经济振兴打基础的。30多年的实践告诉我们，只有解决条块分割问题，才能使国家集中力量把大项目建起来，办成几件大事。大的基础项目建起来了，企业进行现代化建设和进行技术改造才有必要的物质条件，才能保证国家兴旺发达。只有进行改革，才能解决条块问题。

城市企业改革要解决的问题很多，诸如税收、物价、劳动工资制度，等等，有许多工作要做。但所有改革都要经过调查研究和试点。利改税问题就在全国500多个企业，经过三年试点后才决定采取这种办法的。城市企业改革虽然比较复杂，但只要我们坚决执行中央的方针，全面系统地改，坚决而有秩序地改，有领导有步骤地改，就一定能够取得预期的成效。

开展"2000 年的中国"的研究*

由中国科学技术协会和国务院技术经济研究中心倡议,我们今天召开这样一个会议。会议要我讲一点意见。在这么多的前辈面前,在周培源、钱三强同志,还有许多著名的科学家面前,特别是在自然科学家的面前,作为一个仅仅是研究经济实际问题的社会科学工作者,在这么多的科学家面前来讲话,我感到很困难,真是有一种诚惶诚恐的感觉。大家要我来讲话,只好提一些问题来向专家们求教。

裴丽生同志刚才已经说过,今天有许多自然科学家和社会科学家在一起,讨论研究一个重要问题。这个重要问题是个什么问题呢?就是 2000 年的中国将是个什么样子,就是要对 2000 年的中国进行研究。为什么要研究这个问题呢?研究这个问题的目的是什么呢?这是我想要提出来讨论的第一个问题。因为,这个问题是每一个中国人所极为关心的问题,既包括自然科学家关心的问题,也包括社会科学家关心的问题,每一个中国的老百姓都关心这个问题。无论是青年人,无论是老年人,无论是男同志,无论是女同志,都关心这个问题。不仅仅这样,这也是世界上对中国友好的人,或不友好的人,甚至反对的人,都关心的一个大问题。

同志们都很清楚,党的十二大已经明确地规定了我们国家发展社会主

* 本文是作者 1983 年 5 月 25 日在国务院技术经济研究中心和中国科学技术协会联合召开的 "关于 '2000 年的中国' 的研究报告会" 上的讲话,原载《预测》1983 年第 3 期。

义经济的战略目标、战略重点和战略步骤。我们现在要讨论的问题，是在党的十二大精神指引下，我们的自然科学工作者和社会科学工作者，怎样通过对国际和国内、客观和主观条件的综合的分析，对本世纪末即2000年的中国社会主义的经济、文化、科学技术、人民生活，以及精神文明建设的发展，有一个总体的、综合的研究，描绘出一个比较清晰的具体的生动的图像来。同时，探索达到我们国家社会主义建设的战略目标的各种可供选择的途径，在几个途径中，我们择优选择最佳的途径。还要研究实现目标应进行的决策及其根据，需要制定的政策，并且对这些政策执行的结果，做出一些预见性的分析。根据这样一些研究，然后提出对当前国民经济工作的要求和采取的措施，以便更好地实现十二大提出的伟大的战略目标。再把这个问题重复地说一遍，就是我们进行2000年中国的研究，目的是为了实现十二大提出的战略目标，为国家、为党中央和国务院进行决策和制定政策，提供有科学根据的参考资料；为各地区、各行业、各项事业的发展规划的制定，提供有科学根据的参考资料；并且，经过对2000年的中国的具体图像的宣传，鼓舞我国人民，为实现党的宏伟纲领而努力奋斗。这就是我们研究这个问题的总的目的。

斯大林曾经说过这么一句话：为了领导，必须预见，没有预见，就谈不上领导。这个话，我认为是正确的。因为人们的行动，特别是党领导下的广大人民群众的行动，应当是自觉的行动，不是盲目的行动。而要自觉地行动，就要有远见，就要正确地预见未来的发展。而未来的发展是由多种因素决定的，而且这些因素又是经常处于不断的发展和变化之中的，所以，只有通过科学的分析才能变不可知为可知，才能有正确的预见性。正确的领导，就是建立在对现在的和未来的情况的正确估量的基础之上的。

目前，世界各国都在预测未来。比如，几年以前，罗马俱乐部就写了《增长的极限》这本书，它考虑到世界能源供应的情况，世界人口增长的情况以及世界生态破坏的情况，认为世界的发展已经到了一个极限的程度了，到本世纪末或下一个世纪初期，总的发展就会停下来，经济就会萎缩。它就是做出了这样的估计。以后，它又写了第二个报告、第三个报告，对这些东西有所修正。但总的讲起来，它对未来发展的估计是相当悲观的。两三年以后，当时美国总统卡特，曾组织了一个专门委员会，针对罗马俱乐部这样一种估计，也写了一个世界发展的预测报告。这个报告，被认为是对罗马俱乐部的报告的一种回答。但这个报告的估计，也是不很乐观的，只是比罗马俱乐部的分析要"光明"一点就是了。我们知道，在欧洲也写了未来的欧洲，即 2000 年的欧洲是个什么样子的报告。这本书在我们国内已经出版了。日本，去年在大来佐伍郎的主持下，组织了各方面的学者，以企划厅的名义，研究编制并出版了《二〇〇〇年的日本》。有一个总报告，还有九本分专题的报告。他们认为，2000 年的日本的特点将是国际化、成熟化和老龄化。针对这些情况，他们提出了一些相应的方针和发展战略。中曾根为七国首脑会议准备的报告，从其中的好多东西里，可以看出它的背景，就有《二〇〇〇年的日本》的预测的影子。苏联等东欧国家，也在研究这个问题。那么我们呢？我们就更应该研究这个问题。因为，我们党的十二大已经确定了本世纪末的战略目标、战略重点和战略步骤，所以我们更应该把 2000 年的中国发展的具体情况研究清楚。而且，由于我们的社会主义制度和计划经济，更有可能把这个事情搞得更好。社会主义制度和计划经济，给我们进行发展战略的研究和科学的预见，提供了比资本主义国家更为有利的条件。为什么这样说呢？这是因为我们有公有制和有计划的社会经济活动，这是资本主义制度所没有、也不可能有的。而我们有了这个制度，就便于我们在这方面进行科学研究的工作。同时，社会主义制度和计划经济本身，也需要科学的预测工作，需要有科学的预见，这样才能够作出更符合经济发展规律的计划来。因此，也可以这样说，在社会主义制度和计划经济条件下，才能更好地开展我们这个 2000 年中国的发展战略的研究工作。这就是我想和同志们讨论的第一个问题。

第二个问题，想和同志们谈谈我们这次对"2000 年的中国"研究的内容。2000 年的中国的研究，是一个庞大、复杂的经济、社会系统的研究。研究 2000 年的中国，是一项内容非常广泛的构思，它要总结过去、立足现在、面向未来，要特别重视经济和社会的协调的研究，大力促进社会主义的物质文明和精神文明的建设，建设具有中国特色的社会主义社会。描绘和论证本世纪末我国社会、经济、科技、文化等发展的轮廓图像，这种科学分析和预测的工作，既包括理论方法的研究，也包括实际应用的研究。这两个方面应以哪个为主呢？应该是以实际应用为主。整个的研究工作，可以包括些什么内容呢？我们设想，是不是可以包括下面这样一些内容：

1. 探索现代我国社会、经济、文化、科技等各方面的发展趋势和它的一般规律。这种规律的研究是带理论性的研究。

2. 分析国际上对世界前景的各种预测的方案，并对我国的国际环境的发展，进行综合性的分析。比如，日本对其 2000 年的研究，就不仅对日本未来 20 年国民生产总值，即 CNP 的增长做了一个预测；而且对其他发达国家也做了预测，对不发达国家也做了预测，对我们国家也做了预测。

3. 要探索发达国家、发达地区实现现代化所走过的道路，哪些是真正成功的，对我们是有益的；哪些是失败的，是我们不可取的，我们应避免重犯。国外的许多学者都向我们提出了这样一个问题。资本主义的现代化，有它好的方面，也有它不好的方面。我刚从日本回来。中曾根最近的讲演里面讲到，日本过去那种意义上的现代化已经完成了，而新的现代化开始了。什么叫过去意义上的现代化完成了呢？他指的是世界上资本主义国家已经发明创造出来的那些新技术它差不多都应用了。现在它要进一步发展，就需要自己开发新的技术。这样日本才能求得进一步发展。所以，他说日本现在正处于一个历史的转折点。这个转折点的标志就在这个方面。回顾这段历史，日本的学者，主要是官厅学派和民间学派，有很大的分歧。官厅学派认为，他们所走过的道路是完全正确的道路。非官厅学派则认为，他们所走过的道路既有成功，也有失败，而且认为失败是相当严重的。我一下飞机，就有一个日本有名的学者跟我谈了两个小时，主要讲日本现代化中间有哪些失败。所以，我们不能只看它好的方面，应该全面来观察它的问题才行。在美国也经常遇到这一类问题。有很多学者向我们提出一些问题，比如，现在发达国家基本上都成为所谓"汽车社会"，差不多每一个成年人都有一辆汽车，就像我们许多人都有一辆自行车一样。

我们城市里自行车多了，感到在交通上是个很困难的问题。但汽车多了，那个问题比自行车多的问题要严重得多。所以，"2000 年的欧洲"就估计，到本世纪末欧洲将是自行车的时代，而不是汽车的时代。好多美国学者给我们讲，你们是不是也要照我们这个模式去走，和我们一样搞那么多小汽车，搞那么多高速公路？那样，城市里连个放汽车的地方也没有，汽车排出的气对环境污染那么厉害，整个社会的组织都随着这个东西转，什么高速公路啊，超级市场啊，工厂和居民区的布局啊，学校啊，社会的组织啊，工作地方的距离啊，都是按照小汽车普遍化这样一个格局安排定下来的。一旦能源短缺，汽车不能开动的时候，整个社会生活就会发生相当大的混乱。所以，现代化中间，有成功的经验，也有失败的教训，这个我们要进行研究。

4. 要研究当前和未来我国社会主义建设的国际条件和国内的情况。中国的发展与国际条件是很有关系的，如果不考虑这一点，打起仗来，我们卷进去卷不进去，都与我们有很大的关系。如果未来 20 年国际还是没有战争的环境，那么又是另一种情况。世界经济发展景气，对我们的发展是一种影响；世界不景气，对我们又是一种影响。这个事情是根本不同的。我们国内对这个问题也有一种意见，认为世界经济越不景气，对我们国家越有利。也有人说，世界不景气，中国也是要跟着倒霉的。当然，这都是一种绝对的说法。不景气，对我们有有利的方面，也有不利的方面；景气，对我们有有利的方面，也有不利的方面。这都要进行具体的分析。但是，我们总不能孤立地研究中国，而不研究世界，这是不行的。比如世界不景气，我们买东西可以方便一点，可能有些东西价钱是便宜了。但是，我们卖出东西去，也没人买了，销路不畅了，另外，价格也要降低。这些都是相互作用的。不能只看到有利的这一方面，不看到不利的那一方面；也不能只看到不利的那一方面，不看到有利的这一方面，要两相分析、对比，才能知道总的结果。

5. 要研究国外在经济发展战略方面的理论和方法。过些天，我们还准备开一个这种问题的讨论会。

6. 要研究并且建立我国的经济、社会发展的目标体系，以及对经济发展的预测、经济发展的评价、社会发展的预测、社会发展的评价的理论和方法。

7. 研究在本世纪末我们国家的社会环境和生产系统、经济区域和城市系统、社会经济及信息系统，探讨上述这些系统的相互依存、相互补充和相互制约的机制和条件。

8. 要研究本世纪末我们国家科学技术的特点、水平和能力，以及科学技术进步对社会经济发展适应的程度和影响的程度，着重研究怎样发挥科学技术进步的作用，来加速我们的经济增长。那么，究竟怎么样发挥科学技术进步的作用，这要具体化。这次在日本进行学术讨论，日本人讲，他们在高速增长时期，依靠科学技术进步实现的增长占总增长量的一半以上。我问在以后呢？他们说，以后这个比例可能不到一半。我问为什么呢？他们说，因为以前那个时候我们引进的技术，是人家现成的技术，靠这个东西可以现得利。但是，未来就不能完全靠引进技术了，要靠自己开发、自己去研究，这就要费力得多。原来我设想，科学技术越进步，依靠科学技术发展经济的作用就更大了。从整个历史发展来看，是这样的。但是从一定的时期来看，不一定是这样的。我看日本人讲的这个事情，还是有他一定道理的。那么，从这个意义上来讲，可能我们今后一二十年内，我们的科学技术进步，在我们的经济成长中的作用，只要我们引进技术，消化国外已经成熟的技术这个工作做得有效的话，应该说这方面的作用就会是很大的。我看，做出这样一个估量是符合实际的。当然，这要依靠我们的工作了。

9. 要研究本世纪末我们国家的产业结构、科学技术结构、智力结构、就业结构、消费结构、人口结构等的最佳化和最优的集合，特别是要注意发挥我国人力资源丰富的这样一个优势。我们这个国家人多本来是一个好的事情，可是现在人多成了我们一个很大的负担。但是，人真正能够发挥起作用来的时候，这又是我们最大的财富。日本土地面积只有我国的1/26，人口是我们的1/10多一点，从人口密度来讲，它比我们的密度高得多。但它现在并不认为人多是它的一个负担，而成为他们发展经济的很重要的因素。它没有资源，国土也是那么狭小，其他条件也并不那么好，没有人多的因素，他们的经济是怎么发展起来的呢？所以，在这方面我们要很好地进行研究。

10. 要研究建设社会主义精神文明方面的措施和途径。我们古代的精神文明，有些不适合于现代了，但是有些对我们还是有用处的。我们要进行研究，发扬它的优良传统，为建设社会主义的现代精神文明服务。

11. 要研究本世纪末全国的、区域的、部门的以及中心城市的经济和社会形态，它的结构，它的组成，它的内部和外部的联系。

12. 要提出并且论证按照时间的顺序（比如说 1985 年第六个五年计划完成的时候，1990 年第七个五年计划完成的时候，2000 年第九个五年计划完成的时候）分阶段的，按层次（就是国家一个层次，区域一个层次，部门一个层次，行业一个层次）分级的具体的目标，以及实现这个方案的主要技术经济措施。

研究的内容，是不是包括这样一些方面。

第三个问题，想和同志们谈谈研究方法问题。从上面所说的情况可以看到，我们研究的对象是一个庞大的复杂的经济、社会的系统。我们既要研究发展的战略设想，又要求得比较具体的清晰的图像。这就决定了我们的研究工作的涉及面是很广的，我们的工作量是很大的，需要的研究人员是多方面的。就是说，不仅要有广大的自然科学家，而且应该有广大的社会科学家，以及许多做实际工作的人。我们采用的方法也是多种多样的。我们的研究工作也是分层次的、多层次的。我们所研究的内容，是由国民经济、社会发展中最主要的课题构成的，因此就需要用系统工程的方法，对这项研究工作进行一种科学的设计。在具体研究上面，提出以下几点，请同志们考虑。

远景的目标和现实的国情一定要结合起来，而要从现实的国情出发采用长远研究课题和近期研究课题相结合的方法，从实际情况出发，确定长远的目标和达到目标的途径。我们已经确定了发展战略的总目标。怎样从我们现实的这样一个情况出发，达到我们想要达到的目标。这是第一点。

长远的研究与近期的研究相结合，要从近期出发；要分析实现长远目标对当前决策的影响和对当前决策的要求；要实现长远目标，当前我们要采取一些什么政策，有些什么要求。这是第二点。

总体的概念的研究和具体的图像的研究相结合，要从具体的图像出发。既要有侧重于定性分析的战略的研究，又要描绘一个到 1990 年和 2000 年我们国家经济、社会发展的比较具体的图像。要把在提高经济效益的前提下，工农业年总产值翻两番这个要求具体化，要有各个部门、各个行业以及各个地区的具体的目标，要从不同的角度，分析研究这些目标，不能够笼笼统统地千篇一律地都是翻两番。实际上，有的要翻得多一点，有的翻不到两番，但是要把工农业各个部门、各个行业、各个地区不同的年增长率综合起来达到翻两番这个目标，而不是一刀切，都是翻两番。

刚才说过了，要重视技术进步对经济发展的作用，研究促进科学技术进步的政策和措施。在发展速度和经济效益统一的前提下，进行国民经济的综合平衡的分析，研究获得最好的经济效益的发展速度和速度分布。在一定的时期以内，比如我们在第六个五年计划时期，叫做"保四争五"；第七个五年计划时期，应该是保几争几？第八个五年计划时期、第九个五年计划时期，又是怎么样？这是一个总的要求。但是，在不同的部门、不同的地区，这个速度是不一样的；不能够要求上海的速度和青海的速度是一样的；不能要求现在最缺乏的能源，如石油、煤炭、电力这些方面的速度与其他行业的速度是一样的。每一个部门、每一个行业的最佳速度是什么，这需要我们进行研究。在搞清现有经济结构的条件下，参考国外的情况，探索到 1990 年的经济结构和 2000 年翻两番以后的经济结构，并且对能源、交通、科技、教育这些战略的重点，进行深入的研究。要探索在今后 20 年中，保证有中国特色的社会主义经济、社会稳定发展的因素和它的条件，进而研究怎样发挥有利的因素，克服不利的因素的方法和措施。要研究可能出现的不确定的因素。究竟在今后 20 年有哪些因素是不确定的，要分析这些因素和它可能产生的影响，并且根据这样一个分析，做出不同的方案、不同的图像分析，根据远景目标的要求，找出影响其实现的关键的因素，并且围绕着这个关键的因素，提出解决问题的适当的政策和措施。这是第三点。

总的来讲，研究方法中最重要的就是要把理论研究和实际的研究很好地结合起来。一定要从实际出发，一定要实事求是。在这个前提下，要正确地解决几个问题。

1. 要采取定性分析和定量分析相结合的方法。过去，我们偏重于定性的研究，这是对的，但是没有定量的研究，我们就不能搞出一个具体的东西，就无法进行深入的分析和比较。所以，定量的研究也是必要的。借助定量的模型，可使定性的研究更有基础。

2. 要处理好微观研究和宏观研究的关系，以及局部和全局研究的关系。因为我们都是分学科、分部门的，如果孤立地突出自己这个部门、这个学科，脱离了整体，我们就不会取得很好的效果。

3. 要把现代方法和常规方法结合起来。要重视运用常规的方法，同时，也要重视信息的作用和计算机这样一些现代手段的应用。我们可以把常规方法和现代方法相互结合起来，相互校正。

第四个问题，谈谈在 "2000 年的中国" 的研究中，各个学会的有利条件和对各个学会的一些希望。

前边已经谈过，进行 "2000 年的中国" 这一研究工作，必须动员各个领域的自然科学家、工程技术专家、社会科学家，以及有关的人员，组成一个优势的研究力量，深入地调查研究，密切地协作配合，才能取得预期的研究成果。这不仅是因为 "2000 年的中国" 是一个宏伟的、宏观的、综合的研究工作，课题的范围和技术的难度很大，涉及的专门学科和知识系统很广，不是任何一个单位或者少数专家所能够完成的；还因为，我们的社会主义现代化建设是一个十分光荣、极为艰巨的伟大历史任务，有许多亟须解决的复杂的新情况、新问题摆在我们面前，它既包括了非常复杂的自然科学、工程技术方面的问题，又包括了非常复杂的社会科学方面的问题。而我们现有的知识是很不够的。新中国成立 30 多年来的实践经验反复证明了，社会主义现代化建设中的许多重大问题，单纯从自然科学、工程技术方面，或者单纯从社会科学方面考察，都不可能得到正确的解决，而需要自然科学和社会科学两个方面的理论指导，需要自然科学家、工程技术专家与社会科学家的亲密合作，才能获得正确的解决。自然科学家、工程技术专家与社会科学家的亲密合作，共同探讨、研究和解决社会主义现代化建设向我们提出的许多重大理论问题和实践问题，是我们时代的一个特征，也是为了胜利完成党的十二大确定的历史任务而对我们提出的一个新的要求。"科协"所组织的各个学会，集中了我国各个方面的学者和专家，可以说是一个人才荟萃的所在，是我们智力的宝库、思想的宝库。现在外国不是有"脑库"的说法吗？我们这些学会可以说是一种智力库、思想库，也可以说是外国通常所说的"脑库"。这是实现社会主义现代化的一个重要的方面军。

我们的各个学会对于国际、国内科学技术发展的状况和趋势，是比较了解的，对新的事物是敏感的。这些都有利于贯彻经济发展依靠科学技术进步，科学技术面向经济建设这样一个方针。我们的学会，研究工作比较超脱，既不受部门也不受地区要求的限制。这就有利于保证我们研究的科学性和客观性，因而也有利于发挥我们各个方面学者的创造性。与有关机构的研究和规划工作相比，这是学会的一个重要特点。

有的同志讲，"2000 年的中国"这个长期规划，应由计划委员会负责做。当然，计划委员会是做这个工作的。但是，还要不要我们这些学者、我们这些学会来参加这个工作呢？我看很需要，需要互相补充。我们研究的成果，可以在国家计划中反映出来，这是计委不能够代替的。我们这方面工作做得越多，做得越好，对计委的帮助就越大。计委是很欢迎我们做这个工作的。

我们学会的体系比较全面，而且包括一些边缘的学科。这就便于进行横向的协调和综合的分析。这也是我们的一个优点。我们的学会是广泛联系各方面科学家的纽带。所以，我认为，学会在这个方面是大有可为的。

那么，学会在进行"2000 年的中国"这个经济、社会发展战略目标的研究方面，能做些什么事情呢？我们对各个学会提出一些什么希望呢？有下面几点，请同志们考虑一下。希望学会对本行业或者本学科的以下几个问题，经过系统的调查研究之后，能够得出一些结论性的意见来。

1. 本行业、本学科当前世界的情况和发展的趋势，包括生产的情况、开发的情况以及其他重要的情况。

2. 本行业、本学科我国的现状与世界的现状的对比分析研究。也就是说，我们这个行业，这个学科和世界来比，有多大的距离，怎样解决这个问题。

3. 本行业、本学科发展的战略和发展之后它的地位将会发生的变化。也就是说，这个行业产品的数量、质量、品种、技术水平对经济、社会的总体会发生什么影响。比如资本主义社会的汽车业，还有房屋建筑业、电子工业等，曾是支持它经济发展的一些主要行业。但是，50 年前、60 年前，汽车工业在一些国家，如在美国经济中的地位和影响与后来是不同的。将来，情况还会发生变化。又如，日本在经济高速发展的时期，它的钢铁工业是很吃香的。因为发展汽车业，重、化工业和其他工业，都需要钢铁。现在这些工业部门都达到了饱和程度。目前搞的什么机械手啊，集成电路啊，加上世界不景气的影响，不需要那么多钢铁了。所以，钢铁工业大大萎缩了。现在日本有一些人就评论说，是不是原来就不应该发展那么多钢铁呢？其实，这也是一种片面性。日本当时高速度发展，就需要那么多钢铁；现在它低速发展，不需要那么多钢铁了。那么现在这些钢铁厂怎么办呢？对他们来说，这是一个很苦恼的问题。我讲这些是为了说明，我们每个行业的发展，在不同时期，它在社会经济中所占的战略地位是不同的，对于社会经济发展的影响也是不同的。我们要研究这方面的问题。

4. 对 2000 年的中国的发展前景，要做出几种预计来，至少要有上、中、下三种预计，还要按时间序列加以安排。比如说，2000 年我们国家总产值要翻两番，能源翻一番。能源现在是 6 亿吨标准燃料，到本世纪末就是 12 亿吨了。12 亿吨这是一个方案，比它高一点的方案是什么？比它低一点的方案又是什么？最近在山西搞的能源开发规划，就是要落实这方面的问题。山西煤炭本世纪末究竟要开多少，就有几个方案，一个是 3 亿吨，一个是 3.5 亿吨，一个是 4 亿吨。到 1985 年，到 1990 年，到 2000 年都是三个方案。要有几种方案，以便进行比较。考虑这些方案时，要考虑需求是多少。需求也是高的需求是多少，中等需求是多少，低的需求是多少。需求里还包括向国外的出口。向国外出口与我们的竞争能力有关系。我们现在内销的东西，5 年以后，能不能打入国际市场？这就要看有没有竞争能力了。你有竞争能力，就可以打入国际市场，没有竞争能力，就打入不了国际市场。打入国际市场以后，还需要研究国际市场的容量有多大，如果还是现在这个容量，就必须打倒对方，这就看你的产品量多大，产品质量好到什么程度，价格便宜到什么程度。当然，总的讲，资本主义世界是不景气的，日本也是不景气的。我前几年去过几次日本，这一次去了，特别感觉到了这个不景气。所有人碰见我的时候，总是讲它这个经济还是不好的。但是，日本这个经济不好，比起美国，比起西欧，还是好一些的，它在国际市场上是有竞争能力的。另外，在考虑我们2000年的发展时，还要考虑到产量，考虑到质量，考虑到品种，考虑发展到这样规模，我们要投入多少人力、多少物力、多少财力，能够投入的可能性有多大，还要看到技术进步的作用。

5. 要研究一下制约因素。就是说，分析还有哪些限制我们达到目标的因素，怎样克服这些制约因素。解决这些问题，要通过几种途径来进行选择，看哪一种是最佳途径。要研究本行业技术改造的进程和到2000年时的技术结构。比如，我们现在有些行业里的机械化、自动化程度比较高，有些行业手工操作占相当大的比重。那么到2000年，这种机械化、自动化、半机械化、半自动化和手工劳动的具体结构，又是什么样的呢？有人讲，它是个菱形结构。而现在，是个金字塔形结构，就是最上面的是自动化，接下来是半自动化，机械化，半机械化，最下面是手工劳动。到本世纪末，就要变成菱形结构，中间粗，上面和下面是尖的。我们这个金字塔形结构到本世纪末就会变成菱形结构？会有那么大的变化？我看也不一定。当然也可以有几种预计。

6. 本行业的技术经济指标的分析和提高技术经济效益的途径。最后，还要研究本行业进行战略研究的方法、预测的方法和我们选择这种方法的依据。

上面说的这些希望，是以工程技术性学会为例的。对一些基础性的学科、学会的要求和这些要求就不完全一样。这些基础性的学科、学会，主要应该研究本学科发展的动向和技术开发的前景，以及这一学科对我国社会经济发展怎样才能够发挥更大的影响。对于一些综合性的学科，要研究经济方面的各个因素怎样结合，特别是经济和社会的结合；要研究自然科学和社会科学怎样很好地结合，以及物质文明和精神文明怎样很好地结合的问题。我们一些综合性的学会，像系统工程学会、未来学研究会，研究的范围就更广了。比如经济、社会发展目标的设计，国民经济体系这一类课题，我们都应很好地进行研究。这一类综合性学会，还可以进行一些综合性问题和理论方法的研究。未来学会现在组织了 2000 年中国的研究，这个做法很好。有些学会，比如科普学会、教育学会，对精神文明的建设有很大作用，它们的工作，对我们整个的研究也是很有意义的。

　　总之，我们进行 "2000 年的中国" 的研究，就是为了实现党的十二大提出的战略目标、战略重点、战略步骤，建设具有中国特色的社会主义。这是摆在我们全体自然科学家和社会科学家面前的一个紧迫的任务，也是一个非常光荣的任务。这个任务，必须要自然科学家和社会科学家结合起来，全面地合作，亲密地合作，才能胜利地完成。这不仅是国内的经验，国内建设事业的发展给我们提出了这样的问题，而且国外的成功的经验也证明了这一点。在我们组织和动员这么多同志进行这个工作之前，有些部门和单位，已经开始做这方面的工作了。许多自然科学家，有些学会，也在研究本世纪末自己这个部门、这个单位、这个学科的发展方向，做了很多富有成效的工作。一些社会科学工作者和单位也在进行这方面的工作。国务院技术经济研究中心不久前出了一些有关的参考资料，以后还准备继续出一些这方面的资料，发给同志们看。我们要在研究的基础上，写出一些有价值的研究报告和书籍来。既然罗马俱乐部能够写出《增长的极限》的报告，美国人、欧洲人、日本人都可以写出这一类的东西来，我们中国这么多优秀的科学家为什么不能写出这样一种东西来呢？我认为是一定可以写得出来的。当然，问题还不在于我们写出书来，最重要的还在于我们能够为党和国家进行科学的决策，提出有学术价值、有科学价值的研究成果，使我们的长远计划、中期计划能够编制得更好。

　　今天我们集合了这么多的自然科学家和社会科学家在一起开这个会，正如裴丽生同志所讲的，这是一个良好的开端。但今天还是个序幕，高潮还在后面。如何加速这个高潮的到来，取决于我们大家的共同努力。一定要拿出高质量的成果来。只有高质量的成果，才能够真正为党和国家的决策，提供有科学价值的参考资料。希望大家努力，为实现我们社会主义的现代化，建设一个具有社会主义特色的中国，做出我们科学家应该做出的贡献。今天，我就想提出这几点希望，提出这些很不成熟的看法，供同志们讨论。

调整、改革、整顿、提高方针的执行与中国经济情况的变化[*]

这次我们代表团来到贵国，能够与日本经济界知名人士和社会科学工作者见面，感到十分高兴。希望通过这次访问，进一步发展中日两国社会科学工作者之间的友好交往，加强两国人民的友好关系。日本朋友们很关心中国经济发展的状况。我愿意借此机会向朋友们作一简要介绍。如果这个介绍能增进朋友们对中国当前经济形势的了解，我将感到荣幸。

新中国成立后的 30 多年来，我们的国民经济有了很大的发展。从1952—1982 年，我国工农业总产值增长了 9.3 倍，平均每年递增 8.1%；国民收入增长了 4.6 倍，平均每年递增 5.9%。我们在一个半封建半殖民地的贫穷落后国家的基础上，建立起一个独立的比较完整的工业体系和国民经济体系，同时，培养了一大批经济文化建设的力量，这就为我们今后进一步建设一个现代化的社会主义国家奠定了一定的物质技术基础。

当然，30 多年来，我们的建设事业也走了不少弯路，发生过两次大的挫折。一次是 1958 年，由于我们在经济建设中急于求成，盲目追求超过实际可能的高速度；同时，在经济制度的变革中，脱离生产发展的客观条件，急于提高公有化水平，结果吃了苦头。另一次是 1966—1976 年发生的"文化大革命"，使国民经济受到巨大损失。可以肯定，如果没有这

---

* 本文是作者 1983 年 5 月在日本"中日经济知识交流会"上的讲话。

两次重大挫折，我们取得的成绩肯定比现在要大得多。

在 1978 年年底举行的中国共产党十一届三中全会上，我们全面地总结了新中国成立以来社会主义建设中的经验和教训，开始纠正过去的错误，制定并执行了正确的政策。党和政府决定，把全国的工作重点和人民的注意力，从过去连续搞政治运动转移到社会主义现代化建设上来。这是一次重要的战略重点的转变。1979 年 4 月，党和政府又提出了对国民经济进行调整、改革、整顿、提高的方针。4 年来，由于我们实现了战略重点的转移和坚定地执行了调整、改革、整顿、提高的方针，使我国经济发生了可喜的变化。

一

这 4 年中，我国经济发生了怎样的变化呢？

（一）经济结构有了明显的改善

过去，由于我们追求不切实际的高速度，超过国家财力、物力的实际可能，来扩大基本建设的规模；同时，又片面地强调发展重工业，忽视农业、轻工业、商业、服务业等部门的发展，结果不仅降低了投资效果，而且形成了很不合理的经济结构。

（1）农业落后，不能适应工业和城市发展的需要。从 1956—1976 年的 20 年间，粮食产量平均每年递增只有 2%，棉花、糖料虽有发展，但远不能满足需要。油料作物大体停留在 1959 年的水平。农业成为国民经济中的薄弱环节。

（2）轻工业的发展不能满足人民生活的需要。许多重要产品品种不多、数量不足、质量不高、市场供应紧张。

（3）能源、交通运输十分紧张。1976 年，由于电力不足，全国约有30% 的工业生产能力不能发挥作用。石油、煤炭的采储比例和采掘比例失调。交通运输设备陈旧，技术落后，远远不能满足经济发展的需要。

（4）商业、服务业落后的问题也很突出。1976 年比 1956 年全国人口增加48%，但商业、饮食和服务行业的网点以及服务人员，不但没有增加，反而有所减少，城乡物资流通渠道不畅，使人民生活很不方便。在这种情况下，有计划地对国民经济进行调整，改变经济结构的不合理状况，使国民经济内部比例趋向协调，就成为经济顺利发展的关键。

　　针对上述情况，1979年起，对国民经济开始进行全面调整。4年来，我们调整了积累和消费的比例关系，大力压缩了基本建设规模，端正了重工业的服务方向，加强了国民经济发展中的薄弱环节，取得了很大成效。

　　在农业方面，纠正了过去只重视粮食作物，忽视经济作物和林牧副渔的倾向。同时，在全国范围内有步骤地推行了多种形式的生产责任制，推广科学技术，提高了农副产品的收购价格，调动了广大农民的积极性，使农业的发展速度大大加快。1982年主要农产品产量都创造了历史最高纪录。粮食产量比1978年增长16%，平均每年递增3.8%；棉花增长66%，平均每年递增13.5%；油料作物增长126.5%，平均每年递增22.7%。林、牧、渔等各业获得了全面发展。农村中出现了一片欣欣向荣的景象。

　　在轻工业方面，我们在能源、运输、原材料、贷款、引进技术、投资上给予优先照顾，使轻工业在发展速度上超过了重工业。1982年与1978年相比，重工业产值增长14.3%，平均每年递增3.4%；轻工业产值则增长了56.5%，平均每年递增11.8%。工业消费品短缺状况大大缓和。产品质量提高，品种增多。在人民购买力显著提高的情况下，大多数商品供应比较充裕。这是我国自50年代后期以来未曾有过的好现象。

　　在重工业方面，适当改变服务方向和产品结构，使重工业从片面为重工业自身的基本建设需要服务转到为农业、轻工业、能源、交通等部门服务，为国民经济各部门的技术改造服务。能源在增产和节约两个方面都取得了一定成绩。1982年比1978年，原煤产量增长7.8%，发电量增长27.7%，原油年产量稳定在一亿吨水平。此外，还加强了交通运输建设。

　　经过调整，使我国经济结构不合理状况有所改变，国民经济各部门特别是农轻重的比例关系趋向协调，为我国经济建设顺利发展和提高社会经济效益创造了必要的条件。这对今后国民经济健康地稳定地发展具有重要意义。

（二）不合理的经济管理体制有了初步的改变

中国是一个发展中的社会主义国家，生产力水平不高，而且发展极不平衡。因此，我国在较长时间内，需要采取多种经济形式；在经营方式上，也必须灵活多样。但是，过去由于我们对于这一点认识得很不够，曾经采取过一些不适当的做法。一方面盲目追求公有化水平，不仅取消劳动者的个体经济，而且对集体经济又人为地进行"合并"、"升级"，侵犯集体经济单位的自主权，挫伤劳动者的积极性；另一方面，在经济管理体制上，过分地强调集中统一，片面强调指令性的计划，把企业管得太死。结果既束缚了企业和职工的主动性，又使企业缺乏应有的活力和进取精神。

从 1979 年开始，我国政府决定对经济管理体制进行改革。要求在保证国营经济占主导地位的前提下，大力发展各种集体所有制经济，允许城乡居民建立新的合作经济，鼓励劳动者个体经济在一定范围内适当发展，作为公有制经济的补充。在公有制经济的经营方式上，也采取多种灵活办法，使企业拥有不同程度的经营自主权，并对自己经营的好坏承担经济责任，使企业成为能够主动经营的生机勃勃的经济实体。与此同时，计划管理体制也相应地进行改革。过分集中、主要依靠行政办法的计划方法在逐步改变。除必要的指令性计划以外，对很多产品实行指导性计划（即主要靠经济杠杆来保证其实现的计划），并且对一部分产品的生产和流通不作计划，由市场调节。整个经济的管理实行以计划经济为主、市场调节为辅的原则。

1979 年，我们在调整国民经济的同时，进行了体制改革的试验工作。在农村普遍实行了以家庭承包为主的各种形式的联产计酬责任制。生产队内部的土地、大型生产资料以及社队工业企业等，仍然属于集体所有。在生产队统一领导下，各户和生产队签订承包合同，有的承包土地耕种，有的除承包土地耕种外还承包牧业、渔业、林业、副业生产，有的户专门承包某种专业生产（如养鸡、牛、羊、鱼、蜂，果树、林工、竹工，等等）。他们的产品在完成国家征购任务以后，由他们自行支配；其收入在上交集体的公积金、公益金后，归他们个人所有。这种家庭承包责任制把集体经济内部统一领导、统一经营和分工劳动、分户经营结合起来，使集体积极性和个人积极性同时得到发挥，打破了我国农业长期停滞的局面，促使农业从自给半自给经济向着专业化商品化生产转化。这是我国农业集体经济经营方式的一个重大改革。它使社会主义农业合作化的道路更加符合我国实际情况。

在推行家庭承包联产计酬责任制过程中，有些农户通过家庭副业的发展，变成自营专业户，成为个体经济。对于这种现象，我们并不禁止。我国农村以合作经济为主，并不排斥一定范围的劳动者个体经济。

到1982年年底，全国农村已有92%的生产队实行了各种形式的联产计酬责任制，其中家庭承包责任制已占87.7%。各种专业户的数量，据不完全统计，约占农户的10%左右，并在继续发展。随着专业户的发展，农村出现新的联合趋势，有的是生产的联合，有的是供销的联合，有的是产供销的联合，也有技术、资金、设备的联合。各种形式的联合，在各级政府的支持和鼓励下，正在稳步发展。

在城市中，多种经济形式和经营方式也开始发展。城镇集体企业就业职工，4年内共增加了603万人，达到2650万人。集体工业企业产值4年内增加了50%。城镇个体劳动者从1978年的15万人增加到1982年的147万人。国营企业的经营方式也有了初步改革。从1979年起逐步推行了我们称为"经济责任制"的企业经营管理制度。企业有了一定的经营自主权，并根据经营好坏把实现利润的一部分留给企业，用作生产发展基金、集体福利基金和奖励基金。到1982年年底，实行经济责任制的国营工业企业已占80%以上。从1983年开始，国营企业向国家上交利润要逐步改为上交所得税。这是一项重大的改革，其他改革措施，要服从这项改革。小型工、商、服务企业，由职工集体或个人承包经营。这些正在进一步试验中。

4年来的改革，对于搞活经济、促进调整起了良好作用。但总的说来，改革还是初步的。企业管理制度的改革要求国民经济各个方面如计划、价格、劳动工资、税收、信贷等管理体制也相应配合，同步进行。这方面问题比较农村的改革更为复杂。我们正在不断总结经验，逐步创造条件，加快改革的步伐。

（三）人民生活有了显著改善

为了逐步提高人民的生活水平，从 1979 年起，我们除了采取各种措施发展生产以外，还适当地降低了积累率。1978 年的积累率为 36.5%，1982 年降到 29%，相应地提高了消费基金的比重。4 年来按人口平均的居民消费基金平均每年增长 7% 左右。由于农业生产发展迅速，农民生活的提高更快些。据 2.2 万多户农民的家计调查，1982 年平均每人的纯收入达到 270 元，比 1978 年的 134 元提高一倍。在城镇共安排了 3000 万人就业。根据 9000 户职工的家计调查，1982 年每一就业者所赡养的人口已由 1978 年的 1.6 人降为 0.7 人。同时，通过调整工资和增发奖金，职工收入有了增加。1982 年职工家庭平均每人可用于生活消费的收入为 500元，比 1978 年 316 元增长 58%，扣除物价上涨因素，实际增长 38%。此外，还享受房租补贴、粮油副食的物价补贴、交通费补贴等。4 年来，共新建城市职工住宅 3.4 亿平方米，农村建房 22 亿多平方米。城乡居民的居住条件也有了初步的改善。目前，我国人民生活水平总的说还是低的，但比过去有了较大的改善，从而提高了广大人民积极投身社会主义现代化建设的热情。

（四）对外经济关系有了新的发展

1979 年起，我们在坚持独立自主、自力更生的同时，坚定不移地实行对外开放政策，按照平等互利原则，广泛开展对外经济合作。目前，我国已同世界上 174 个国家和地区建立了贸易关系，其中有 89 个国家以及欧洲经济共同体同我们签订了政府间的贸易、经济技术合作的协议和议定书。1982 年进出口总额比 1978 年增长 1 倍多，达到 418 亿美元。其中对日本的进出口总额居第一位。为了加快我国现代化建设，这几年我们积极引进外资和先进技术。到 1982 年年底，我国同外国签订协议利用外资金额为 201亿美元，其中和日本签订的达 53.09 亿美元。技术的引进也在逐渐扩大。在第六个五年计划期间（1981—1985 年），我们要加强能源、交通等领域的重大工程建设，并且要对现有企业进行技术改造。今后 3 年（1983—1985 年）计划引进 3000 项左右先进技术。可以预见，今后我国对外经济关系将会有进一步的发展。

4 年来，由于执行了调整、改革、整顿、提高的方针，使我国国民经济走上了健康发展的轨道。国外舆论说：世界经济处在严重的衰退之中，而中国经济却呈现一派兴旺景象。这对我们是一种鼓励和鞭策。我们当然清醒地认识到，我国的情况虽然比以往是好得多了，但我们仍然存在不少困难和问题。我国的产业结构、工业组织结构、产品结构还需要进一步调整，解决能源交通紧张问题尚需花很大力气，经济体制的改革还只是刚刚开始，企业的整顿和经济管理水平还有待于提高，提高经济效益的问题还远没有很好解决。所以，在整个第六个五年计划期间，我们都要坚定不移地贯彻执行调整、改革、整顿、提高的方针，把全部经济工作转到以提高经济效益为中心的轨道上来。我们决心谨慎从事，牢记过去"欲速则不达"的教训，严格控制基本建设规模，求得速度和效益的统一，扎扎实实地为新的经济振兴打好基础。

二

我们的战略目标，是要力争使工农业的年总产值，到 2000 年比 1980 年增长 3 倍，使人民生活达到小康水平。为了实现这个目标，在 1990 年之前的头 10 年，我们的工作重点是为后 10 年的经济振兴打好基础，准备条件。当前主要是要抓好三个方面的工作：

（一）要加强能源、交通和原材料工业等的重点项目的建设

首先要把第六个五年计划已经确定的重点项目安排好，加快进行。列入"六五"计划的 614 个在建工程项目，必须保质保量按期竣工投产。同时，提出 279 个重要的准备项目，抓紧做好建设前期工作。我们要适当集中人力、财力、物力，建设一批专项重点工程。如五个大的露天煤矿，2—3 个大的原子能发电站，以及长江三峡的大型水力发电站和"南水北调工程"，等等。这些重点建设项目，对我国经济今后的发展具有决定性的作用。我们将组织各方面的力量，对这些重大建设项目所需要的技术设备，进行研究、设计和试制。我们要充分发挥我国机械工业的制造能力，积极引进国外先进技术，结合自己的科研工作，努力加以消化、发展和提

高。对于成套设备的引进要有所控制。进口关键设备和仪器，要同时引进技术，购买专利，合作设计，合作制造设备，聘请外国专家，以加快我国技术进步的步伐。

（二）要有计划、有步骤地对现有企业进行技术改造

我国现有工交企业近 40 万个，其中国营工业企业 8 万多个。我们要紧紧抓住技术改造这个环节，用新技术、新工艺、新设备改造现有企业，逐步改变目前多数企业设备陈旧、技术落后的状况。

在第六个五年计划期间，用于现有企业设备更新和技术改造的资金为 1300 亿元，占全部固定资产投资总额的 36%。同 1953—1980 年所占比重仅为 20% 左右相比，是大大增加了。1983 年我国计划用于更新改造的投资总规模为 240 亿元，选定技术改造项目近 3800 个。为了搞好技术改造，我们正在组织编制全国性的行业技术改造规划，以指导现有企业的技术改造有条不紊地前进。

（三）为了促进生产的发展，进一步完善我们的社会主义制度，我们还要有计划、有步骤地进行各项改革工作

1982 年我们在前几年进行经济体制改革试验的基础上，又开始了对政府机构的改革。这是整个改革的一个重要的组成部分。这一改革是分两步来进行的。第一步是进行中央一级政府机构的改革，第二步是进行各级地方政府机构的改革。

经过一年多来的努力，中央一级的政府机构的改革工作基本上告一段落。中央一级的政府机构，已由原来的 100 个裁并为 60 个，人员编制缩减了将近 1/3。省、市、自治区一级政府机构的改革，目前正在进行，估计到 1983 年年底可以告一段落。县以下政府机构的改革，将在 1984 年全面铺开。经过改革，不仅原来存在的机构臃肿、部门林立、层次繁多、效率不高的情况有了明显的改变，而且过去各级领导班子人员过多、老化、文化程度较低的情况，也有了很大的改变。这对我们今后现代化事业的建设，必将产生深远的影响。

我们的改革，不只是经济体制的改革，也不只是政府机构的改革。我们所说的改革，是社会主义制度依靠本身的力量，来进行自我改造，改变

那些不利于发展生产力和不利于完善社会主义制度的各方面的具体制度、管理体制和管理方法。换句话说，就是要把马克思主义的普遍真理同我国的具体实际结合起来，走自己的道路，建设有中国特色的社会主义。它既要符合科学社会主义理论的基本方向，又要符合我国的具体国情。改革的内容非常广泛，涉及各个方面。我们的方针是，要全面系统地改，坚决而有秩序地改，有领导有步骤地改。随着改革工作的不断深入，必将对我国社会主义现代化建设，对社会主义制度的不断巩固和完善，产生越来越大的促进作用。

关于中国经济最近发展情况，就介绍到这里。下面我想简要地谈谈加强中日经济合作的问题。

面临着严峻的世界经济形势，一衣带水的中日两国更有必要加强经济合作。不久前，我国提出了"和平友好、平等互利、长期稳定"的三原则，得到日本方面的积极响应。确立一个长期的、稳定的中日经济合作体制，将不仅有利于中日两国的经济发展，也将有利于整个世界经济和世界和平。现在，日本不少人士提出，过去日本面向西方，现在要回到亚洲。这种想法是好的。问题在于今后如何具体实施，并有利于加强中日两国的经济合作。最近，中国的对外经济政策已进一步放宽，这对加强中日两国经济合作，是一个新的有利条件。

进一步发展中日两国的贸易往来是密切双方经济关系的重要方面。在双方贸易中，日本过去有较大的顺差。在今后中国更多进口日本的技术和设备以加速建设步伐的情况下，很有可能重新出现这种情况。双方贸易的完全平衡并没有必要，但双方贸易差额过大毕竟是不可取的。因为这会影响和限制双方长期稳定的贸易发展。在这方面，有必要促进日本进口更多的中国商品，特别要防止出现对中国出口商品采取贸易保护主义的倾向。贸易保护主义在世界范围的蔓延，对日本这样的国家更为不利。

石油、煤炭等能源产品是中日贸易中的重要项目。相对稳定的价格和长期的、有保证的供应，有利于两国经济繁荣，也有利于密切两国的经济关系。对此中日双方都不应急功近利，而要有长期的、战略的眼光。在这方面，确定中日长期合作的方针，制定可行的实施方案，加快两国合作开发中国能源的进度看来很有必要。

中国为实现现代化，需要引进先进的科学和技术，日本则有大量技术和设备需要出口。因此，中日两国在这方面的合作有着广阔的前途。战后日本从国外大量引进先进的科学技术，促进了经济的较快发展，这方面的经验值得重视和借鉴。当前，中国正致力于现有企业的技术改造，特别着重在节约能源、原材料和提高产品的质量，促使产品的升级换代。如何把这方面的互利合作积极开展起来，值得进一步研究。

中日之间的经济合作，除了传统的方式和途径以外，今后还可以创造一些新的内容和形式，开拓更加广阔的领域。例如，在中国建立合资企业，在经济合作中有效地进行技术转让以及合作生产等问题，都有待研究和起步。此外，如何把两国的经济合作扩大到第三国，如何在南北矛盾趋于激化的形势下，共同努力，维护和推进亚洲和太平洋地区的经济发展，等等，也都值得双方进一步探讨，以期做出应有的贡献。

为了实现社会主义现代化，我们要坚持在独立自主、自力更生的基础上，实行对外开放，扩大对外经济技术交流的方针。我们相信友好国家是乐意同我们发展相互间的经济技术合作的。这种合作，对双方都是有利的。中日两国的友好合作，按照"和平友好、平等互利、长期稳定"的原则办事，必将得到更大的发展！

关于山西能源重化工基地建设
综合规划的几个问题[*]

我们这一个规划是根据党中央和国务院关于把山西建成强大能源重化工基地的指示精神进行工作的。一年来，在中共山西省委和山西省政府的领导下，国家有关部委、省内外的有关研究单位和大专院校以及山西省各厅局等 200 多个单位、400 多位领导、专家和做实际工作的同志，参加了这项工作。经过大家的共同努力，这个综合规划已经取得了阶段性的成果。我们正在召开综合规划论证的会议。这个阶段性的成果，除了综合规划和综合规划说明以外，还有 459 份部门和行业的规划草案和课题研究报告，总共有 780 万字，还有各种规划图表 171 幅，29 个数学模型。看了这些东西以后，我有这样的感觉，真是洋洋大观、图文并茂。成绩确实是很大的。我对同志们在这个方面所做的努力和取得的成绩表示热烈的祝贺。

我们这个规划对 2000 年的山西发展前景初步描绘出一个比较清晰的图像。这个图像，不仅反映在我们这些书面材料中，更重要的是，它已经反映到我们山西省领导经济工作和做实际工作同志的头脑里了。我们过去经济工作失误的教训之一就是缺乏战略观点。有时虽然有一定的战略目标，但也由于对于重大的决策，缺乏充分的调查研究，缺乏吸收各方面的

* 本文是作者 1983 年 6 月 23 日在"山西能源重化工基地建设综合规划论证会"上的讲话，原载《经济问题》1984 年第 2 期。

专家论证，仓促决定，仓促行事，造成的损失是很大的。这个经过反复讨论、论证的规划，就是党的十二大确定的 2000 年的战略目标在山西省的具体化。如果我们每一个同志头脑里，都有了这个比较具体的战略目标，都能把日常的工作和战略目标结合起来，我们的经济工作就一定能够更有成效。

编制这一规划是一件具有重大意义的工作，它是贯彻落实党的十二大提出的我国经济社会发展战略任务的一个具体行动。本世纪末实现翻两番以后，中国是个什么样子？各省、市、自治区是个什么样子？各部门、行业是个什么样子？这些问题不仅各级领导应该心中有数，广大人民群众也应该心中有数。这个规划把 2000 年山西的生动的、具体的图像展现在大家面前，将会更大地激发广大干部和群众为实现十二大提出的战略任务而积极奋斗。同时，这个规划，也为编制长期计划做了很好的前期准备工作，使计划工作更加科学，使计划经济的优越性能够更充分地发挥，从而加速社会主义四个现代化的进程。这次规划工作，还有重大的理论意义。现在国际上许多人在探讨未来。1974 年"罗马俱乐部"——国际上一个学术组织写了一份报告叫"增长的极限"。他们指出了世界的人口膨胀、耕地减少、粮食不足、环境破坏等重要问题，对世界发展前景表示悲观。美国前总统卡特不同意这个结论，组织了一班学者，写了另外一个报告，对罗马俱乐部的观点做了一些否定，但是，也认为世界前景并不光明。苏联人、日本人、欧洲人也分别写了对 2000 年的预测。现在中央不是组织有关同志写当代中国么！当代中国是总结过去 30 年我国社会主义建设的成就，同时中央负责同志也要我们研究 2000 年的中国是个什么样子。我们这个规划实际上就是 2000 年的山西。经过进一步科学论证后，很可能写出一部书来。现在在全国 29 个省市还没有一个省市像山西现在这样做出全面的经济、社会发展规划。山西规划工作在全国各省市还是一个首创，所以，这个工作为我们全国提供了很有益的经验。认真总结这些经验，我们有可能对未来学、预测学在理论和方法上有所突破，把预测未来的工作做得更好。当然，我们这个工作还是初创，难免有粗糙、不精确，以及错误的地方。由于它是阶段性的成果，今后我们可以不断地完善和加以充实。

下面我准备讲三个问题。第一个问题是这个综合规划的特点。第二个问题是对综合论证的几点意见。第三个问题就是下一步的工作。

一　这个综合规划的特点

这个综合规划的内容在广度和深度上都比过去的规划和计划有了大的发展。它不仅包括了原来做规划所要求的主要内容，而且增添了许多新内容。这些新内容有下面几点：

（一）这个规划初步体现了条条和块块的结合

我们条条和块块的分离是个很大弊病。体制改革的一个重大题目，就是要解决条条和块块的矛盾。我们这个规划是把条块结合起来考虑的。过去一般的规划工作仅仅局限于部门的规划，最后形成的总规划，仅是把部门的规划形成拼盘就是了，没有形成有机的综合。为了改变这种情况，山西省计委 1982 年 5 月 15—21 日就要各地、市根据各自的特点和条件，认真搞好本地区的区域规划。由于综合规划工作量很大，而各地、市的力量有限，因此，省内各分区的规划现在还没有全部完成。但是，中国科学院地理研究所在山西省城建局和山西财经学院的配合下，已经完成了《山西综合经济区划初步方案》。这个方案按照山西省的自然条件、生产专业化、中心城市及历史条件，等等，把山西划分成晋北、晋中、晋南、晋东南 4 个一级的经济区。又将这些一级经济区进一步划分为 11 个二级经济区。此外，南京大学地理系也完成了《山西省晋东南地区经济区域发展方向调研成果和资料汇编》，基本上阐述了晋东南地区的发展方向。在这次课题研究报告中，还有《平朔矿区区域规划》和《山西省城镇工矿区发展条件，评价性质规律及布局的设想》等。这些材料构成了区域布局的初步体系。它可以作为进一步搞好分区区域规划的基础。总之，这个综合规划中，既有大量的行业规划材料，也有初步的区域规划材料，这种条块结合的规划工作是一种新的尝试。有了区域规划就可以改进我们行业规划工作，有利于全面规划工农业生产的布局、交通和城市的布局，以及做好经济、社会发展的全面考虑，等等。这对于条块分割的规划方法也是一种突破。

（二）初步体现了科学规划和经济社会发展规划的结合

近代科学技术的急剧发展和经济的增长，有十分密切的联系。党的十一届三中全会以来，为了振兴经济，党和国家十分重视科学技术进步的作用。1982年9月召开的党的第十二次全国代表大会决定，教育和科学是实现经济发展战略目标的重点之一。胡耀邦同志在党的十二大报告中强调指出，四个现代化的关键是科学技术的现代化。为了贯彻十二大的精神，1982年10月24日，国务院领导同志在全国科技奖励大会上的讲话，进一步阐述了科学技术和经济发展的关系，把它提到了振兴经济的战略高度。这次规划工作中，注意了科技方面的规划工作，考虑了科学技术的开发周期，分析了不同课题的复杂程度，并和生产环节衔接起来，以充分发挥科学技术在经济发展中的作用，这是做好规划工作的一项新的内容。国外的规划都非常重视这方面的工作。如苏联制定1976—1980年的计划中，就有一节专门论述社会、自然和科学技术的重要研究课题和它们的发展趋势。在我们这个规划中，中国科学院经过半年多的准备，提出了94个研究项目，归纳为7大课题，此外还有29个课题近期就能应用，形成了和经济建设实际紧密相联系的科研规划。在各个行业的课题报告中，有的行业也列了重点的科研项目规划。比如山西省机械工业厅的规划报告的附件中，就列出了14项科技攻关项目。这些都是这次规划的新内容。如果在今后的规划工作中，我们能把中国科学院的规划和各行业的科技规划项目做好进一步的分工和层次间的衔接，我们就有可能更好地发挥科技对生产发展的作用。

（三）在这次规划中，初步体现了社会科学和自然科学的结合

这次规划工作安排了131项专题研究，其中10%属于自然科学领域，40%是自然科学和社会科学的交叉领域，50%是属于社会科学领域。但是如果要把这些属于社会科学的课题定量化，用数学模型表示社会科学领域里各种因素的关系，还必须要有自然科学工作者参加。在规划中，我们第一次采取了这样大规模组织攻关的方式，把自然科学家和社会科学家组织在一起来进行规划工作，取得了初步的经验。

（四）加强了总政策和一些行业的技术经济政策的研究，并提出相应的建议

经济社会和科技协调发展的综合规划，不是做出来就万事大吉了，而是要有步骤地加以实施的。为此，除了要摸清我们的经济情况，确定生产发展和人民生活的需要，提出经济发展的目标和分期实施的方案外，还需要研究制定恰当的经济政策和技术经济政策，以指导人们的行动。因此，国外把这种学科叫做政策科学。要使我们的综合规划能够实施，就需要研究不同层次的有关政策。在这次规划方案中，就包括了有关的政策内容。比如，要使山西规划能够付诸实施，能源重化工基地的建设能够顺利进行，煤炭管理体制是一个重要的政策问题。统配煤矿、地方煤矿和社队煤矿三者之间，怎样区别对待、综合管理，必须考虑；煤炭价格问题也必须解决。这些都是大的政策问题。在这次综合规划中，各个方面对这样一些大的政策问题，提出了各种建议。特别是对统配煤矿、地方煤矿和社队煤矿的产量比例就有不同的建议，是 2：1：1，还是 4：3：3，不同的比例就体现不同的政策。当然，这些政策需要慎重研究。而通过这次规划工作，将为今后技术经济政策研究的体系化和科学化创造了一些有利条件。

（五）探索了运用一些现代化的方法，来研究宏观经济问题

近代科学技术的发展，学科间的相互渗透，数学和计算机的应用，进入了经济学和社会学的领域。现在，国外在规划和计划中，广泛地应用了经济数学模型，使各项工作定量化。在国外宏观经济研究中，应用了不同的数学模型来反映经济变化和西方资本主义市场机制的特点。在计划与规划工作中也广泛应用了宏观和微观经济模型。最近我去日本考察时，日本有个综合研究机构，它就运用了宏观经济模型做预测、政策模拟，并能迅速地印制出动态曲线。在我国，数量经济学的研究已有了初步的开展，在近四五年中，各方面也在尝试编制各种数学模型。但在实际规划过程中，大量地、广泛地使用数学模型做定量分析还是极少的。在这次规划中，所做数学模型的应用研究是开拓性的试探。在这方面，山西省统计局早于1979 年在全国首先编制了 88 种产品的投入产出表。这次又应用了各种数学手段编制数学模型，对规划的综合平衡工作起到了校核的作用。参加和主持这一工作的实际工作者和科学工作者都从这次实践中体会到编制宏观经济模型的必要性，认识到它是现代规划工作中不可缺少的手段。经济模型在我国实际规划中的应用，现在还是刚刚起步。我们要在马克思主义的指导下，认真总结这次的经验，并把实践的经验进一步系统化。在今后的规划中，要逐步地让宏观经济模型真正进入到实用的阶段，使它成为综合平衡的有力工具与有效手段，并不断地扩大它的应用范围。

（六）通过这次规划初步锻炼和培养了一支综合规划的队伍

在我国，规划工作过去历来被认为是计划部门的事情，理论工作者不太重视联系国民经济的实际，实际工作者也不太重视现代的规划方法，这次的综合规划工作改变了计划部门一家搞计划的老框框。在规划的领导工作中注意吸收了自然科学工作者与社会科学工作者参加，在规划的组织工作中，通过聘请顾问的方式组成了一支理论工作者与实际工作者相结合，自然科学工作者与社会科学工作者相结合的规划工作队伍。这支队伍在规划中取长补短，相互学习，不仅完成了规划工作，而且各自学到过去所不懂的东西。通过规划工作的实践，实际工作者深刻体会到，要搞好这样大范围的、长时期的规划工作，仅仅靠 30 年来的老方法是不行的，必须吸收现代的科学方法、利用现代的科学手段；同时，他们通过规划工作，从自然科学、社会科学工作者所初步运用的现代科学方法和手段中学到了东西，受到了启发。如这次规划中的 29 个数学模型中就有一部分是实际部门的同志所作的，效果较好。利用数学模型搞规划，进行政策分析，对实际部门来说已经不像以往那样神秘了，这是可喜的现象。我们要实现党的十二大提出的战略目标，必须充分发挥科学技术进步的作用，其中包括发挥科学技术进步在国民经济管理部门（如计委和各厅局）的作用。这次综合规划工作是现代科学方法向实际工作部门传播的过程，也是理论工作者联系实际的过程。通过这一过程，使实际工作者和理论工作者都扩大了视野，开阔了思路。一位搞了 30 多年计划工作的同志在领导了这次规划工作后，深有感触地说：计划和规划工作是一门科学，有必要把山西规划工作的经验加以总结，提升到理论高度。这样的想法很好，可以有助于计划工作科学化，对提高国民经济的宏观效益，有重要作用。在规划工作中理论工作者也学到很多实际的知识和工作经验，大家的知识受到了一次实际的检验，国外的、书本上的方法能否在我国应用，如何应用，在山西规划工作中进行了一次尝试，并得到检验。一位搞经济模型的同志，经过三个月的实践，终于放弃了一种不适应于我国特点的方法，而采取了另一种与我国统计资料更为协调的方法。理论工作者通过这次规划积累了如何协助实际工作部门搞好规划工作的经验，摸索出规划工作自身的特点和规律，这将为今后全国的长期规划工作提供有益的经验。

（七）最重要的一点，是通过这次综合规划工作摸清了发展国民经济的一些基本情况，积累了大量的基础资料

在这次工作中，通过各方面和各系统的调查研究，收集了300多万个数据，34500份资料，完成了459个课题报告，对各行业和大部分地区的基本情况已了解得比较清楚。如果我们对现有的资料进行归纳、分类、整理、归档，并且根据新的情况不断加以充实、修正，这不仅对这次规划工作有用，而且将为山西长远的经济社会发展战略的研究提供宝贵的基础资料。

过去我们常说，领导的责任在于了解情况，制定政策。只有弄清情况，才能正确地决定政策，而过去有些政策的失误，多数是由于情况不明。这次综合规划工作系统地收集整理与分析了各种基础资料。山西省计委对新中国成立以来的基建投资统计资料进行了分析整理。山西省建委、建设银行分析了1949—1980年32年来，投资总额、增长速度、分行业产量的增加，每百元投资增加的国民收入，各时期固定资产交付使用率，并与国内外有关情况进行了对比分析，从而对1981—2000年山西投资规模做出了预测。在水资源评价方面，则对气象、降雨量、地表径流、地下水及三水转化的各种数据与规律，都做了详细的研究，在1982年7月形成了第一次水资源评价的基础材料。像上述这样规模庞大的收集资料，分析情况，在我国的规划工作中是很少见的。

二　对综合论证的几点意见

山西规划开过了多次行业论证会，这次是综合性的论证会。我想就综合性论证提出几点不成熟的看法，求教于同志们。

（一）关于规划的指导思想

党的十二大系统地确定我国经济、社会发展的战略目标、战略重点和战略步骤，是这次综合规划的总的指导思想。我们这次规划之所以能顺利进行，正是因为十二大给了我们正确的指导思想。

建设山西能源重化工基地，这是贯彻党的十二大提出的经济发展战略重点的重要措施。完成这次规划所确定的任务，如实现年产 4 亿吨煤的目标，就是山西人民对全国人民的重大贡献，也是全国人民对山西的最大希望。南方一些省，煤的问题都很突出，例如浙江、江苏等省。显然，山西省能生产更多、更好的煤，则更符合全国人民和整个国家的最高利益。因此，可以说，全国人民利益和山西人民利益的一致性，是这次综合规划重要的指导思想。

把山西建设成为能源重化工基地，也符合山西人民的当前利益和长远利益。这是因为，山西的最大优势是煤炭生产，全国其他省都没有这一优势。充分发挥这一优势可以促进山西省经济的全面发展。而山西省经济的全面发展，当然符合山西省人民的当前利益和长远利益。可以说，把山西建设成为能源重化工基地，是发展山西经济和提高人民生活水平的必由之路。

现用一些数字来说明这个论点。例如，1981 年山西煤炭资金利税率是 27%，全国是 3% 多一些。这就是说，全国许多地方搞煤炭生产是亏损的，而山西省是盈利的。在山西省内部，煤炭行业的资金利税率也高于省内和国内其他行业，例如，省内工业各部门平均利税率只有 15.5%，全国各行业平均利税率是 23.8%，而山西煤炭行业的资金利税率，则高于这个平均利税率。所以，在山西发展煤炭是最有利的，是得天独厚的。

为了支援山西能源重化工基地的建设，国家要提供必要的投资、物力和人力，按照计划调进必要的生产资料和生活资料。所以，山西经济要和整个国民经济协调发展。规划中最重要的课题之一，就是要处理好全局和局部的关系，全国规划和山西规划的关系。有的同志谈到，为了把山西4亿吨煤运出来，国家给铁道部投资中的70%要用于山西煤炭输运。现在计算山西规划总投资额有1250亿元、1060亿元与960亿元三个方案。这是只就山西省内部而言，实际上还应包括全国的有关投资。当然，即使1250亿元，也不能由山西省自己承担，要根据国家财政情况合理解决。

（二）目标体系和经济结构

（1）山西能源重化工基地综合规划的目标不是单一的，而应是一个目标体系，或者是一个目标系统。

像其他目标体系一样，这个目标体系中也包括一系列的分目标。其中，煤及与煤紧密相关的电、化、运、水的综合平衡，是主要的分目标。同时，还应包括物质生产的其他方面，如农业、轻工业；包括人民消费；包括科技、教育和精神文明建设等。

这些分目标之间是有机联系、相互影响的。在这里所以强调目标体系问题，是为了避免发生这样的模糊认识：似乎建设能源重化工基地，抓住煤的发展就行了，以煤为"纲"，挤掉其他；或者只抓生产建设，不重视人民生活，或者是只讲物质文明建设，不讲精神文明建设。

因此，建议同志们根据论证提出的意见，对目标体系问题做进一步的深入研究。

（2）上述目标体系，最终要由相应的经济结构来体现。山西能源重化工基地综合规划的目标体系，要求山西最终要形成这样的经济结构：以煤炭开发为中心，同时相应地发展电力、煤化工、交通运输、金属工业、机械工业、农业、轻工业以及各种服务业，形成相互协调的、有较好经济效益的经济结构，使山西省的国民经济在良性循环的轨道中发展。

（3）合理的经济结构不是一下子形成的。建立山西的合理经济结构，要分几步走。随着山西省煤炭基地建设的进行，山西省的国民经济结构要发生相应的变化，应该深入研究山西省年产2亿吨、3亿吨、4亿吨煤时的不同的经济结构。

（4）山西省的经济结构，既包括行业、部门的结构，也包括山西省各个地区的结构。各个地区也应该根据山西能源重化工基地建设综合规划的目标体系，根据山西省国民经济结构的整体要求，确定各自的经济结构。它们应当是开放型的，而不能是封闭型的。这样不仅有利于山西省整个经济的协调发展，而且有利于全国经济的协调发展。

（5）山西省的经济结构，是全国国民经济结构的组成部分。因此，山西省的经济结构一定要与全国的经济结构调整、发展方向相适应。把山西建设成能源重化工基地，是调整全国国民经济结构的需要。但这绝不是说，山西省经济结构不需要有自己的特征。从全国范围来说，要按农、轻、重顺序来调整国民经济结构，而就山西来说就不一定按这个顺序来调整全省的经济结构。山西的首要任务是开发煤炭资源。怎样在适应全国国民经济结构调整和发展需要的同时，使山西省的经济结构保持自己的优势和特征，这是一个很值得研究的问题。

（三）经济效益和科技进步

党的十二大提出，要以提高经济效益为中心来实现翻两番的任务。胡耀邦同志的报告又提出各个经济部门的工作都要转到以提高经济效益为中心的轨道上来。毫无疑问，提高经济效益是我们这次规划必须遵循的最重要的原则，而经济效益则包括了生产和基本建设两个方面。

首先，从生产方面的经济效益看，我们前面讲到山西煤炭资金利税率从全国来看是较高的。但是否山西煤炭的经营管理的经济效益就不能再提高了呢？还不能这样说。就是按全员效率和劳动生产率这些指标来算，我们有些地方还赶不上全国其他一些煤矿。而且山西的各煤矿先进和落后之间也还有很大的差别。从其他方面来讲，生产各方面的经济效益的问题也还很多。例如，提高产品质量和降低原材料的消耗方面就存在问题。全国万元产值能源消耗最高的是山西。大概因为山西有煤，而没有煤的地区自然地会迫使他们去想办法了。像浙江用煤真是一两一两来计算的。我看了我们的规划，到本世纪末每一度电的煤耗还达不到宝钢现在我们从日本进口机组的煤耗。那里每一度电是340克。而我们到本世纪末定的平均煤耗还是350克。同志们要知道，一般火电厂的成本里，燃料通常占成本的

50%以上，加上辅助燃料，比重达60%—70%。把燃料、材料的成本降下来后，成本才能真正降下来。当然，降低成本还要注意提高劳动生产率。只有成本下降才能增加国民收入，才能增加税收，改善职工生活也才有物质基础。

质量方面要解决的问题就更多了。因为出了废品，那就是把原料、材料、工资费用都变为无效。比如一个电灯泡，国外先进产品可用1万小时，而我们1000小时，甚至800小时就坏了，而所费的人工、材料则是一样的。我们企业经营面临一场革命。一个企业如果经营得不好，就要亏损，甚至于生存不下去。如果不讲提高质量，不讲究降低消耗，不讲究提高劳动生产率，企业就没有出路，当然也更谈不上给国家提供积累。在经济效益方面，在规划中还需再做深入的研究。

从基本建设方面来讲，如项目的选择（即哪一个项目先上，哪一个项目后上或不上），地区分布（即哪一个地区项目先上，哪一个地区项目后上或不上），工程的排队，工期的控制，这些都大有文章可做。做得好我们可以拿同样的投资收到更大的效果，做得不好那就会得到相反的效果。建一个大的矿井，要八年或者十年，能不能不等到八年就投产，三年四年就可以出煤，分期建设、分期投产。资本家讲究不积压资金，压了资金就要多付利息。我们往往不考虑这一点，所以资金周转很慢，经济效果也就差了。如果我们精打细算，可能就是另外一个样子。这些方面我们还需要做些工作。

搞好综合利用也是提高经济效益的重要方面。山西既然是以煤炭为中心，那么煤系资源的综合开发、资源的综合利用、环境的治理，我们都要进行研究。现在在这些方面确实存在着不少问题，其中包括体制方面的问题，搞煤的就只管搞煤，搞电的就只管搞电，搞化工的就只管搞化工。比如建筑材料，发电厂出了那么多煤灰，矿山出了那么多煤矸石，这本来是很好的建筑材料的原料，可是煤矿和发电厂都感到是祸害。而我们搞建筑材料的，还要另外搞建筑材料的矿山。煤矿和发电厂都需要水泥，可他们不愿搞水泥，因为这不是他们的任务。如果能够综合考虑，就可以真正提高经济效益。外国有些煤电联营企业什么都搞，只要经济合理。它也不管是石油公司还是煤炭公司，而是什么都搞，因此我们这种体制需要很好地研究改进。

关于科学技术进步问题，国务院领导同志讲过，要翻两番，一半要靠科学技术进步。我们要把科学技术进步体现在规划中，不仅老企业改造要靠科学技术进步，也包括新的企业建设采用新的科学技术。科学技术进步既包括新技术、新工艺、新设备、新材料的采用，也包括管理等软件科学的应用。也就是管理的科学化。现在都要用新工艺、新设备、新材料，有些有条件，有些没有条件。如果我们管理得科学一点，就可能不需要增加多少投资，也不要增加多少设备，就能够取得很大的效果。这方面我们要多出点主意，想点办法。另外，扩大再生产要重视技术改造，要搞内涵式的扩大再生产。在山西综合规划里，外延式的扩大再生产和内涵式的扩大再生产是个什么比例？比如老矿区的改造和新矿区的建设是个什么关系？这方面我们也需要做些探讨。唐山煤矿开采了那么多年，不是越开越大吗？山西的阳泉煤矿有近 100 年的历史了，规模比过去大得多，还有相当大的生命力。恐怕大同煤矿的生命力就更强了。依靠这些现有的煤矿，发挥他们的潜力，可能比我们开辟新点经济得多。当然，要搞 4 亿吨煤不搞一些新点也不行，但是利用老点和开辟新点要安排得合适。马克思在《资本论》里讲，基本建设摆多少比较合适，是个很大问题，因为"有些事业在较长时间内取走劳动力和生产资料，而在这个时间内不提供任何有用的产品"[①]。那么究竟把多少投到基本建设里面去，多少不投到里面去，这是个很大的学问。我们总是要想办法使投入尽可能少，产出尽可能多，这样经济效益就会好。

长期规划应该更多地反映科学技术发展对经济发展的作用。规划要为科技发展指引方向，要给科学技术工作以压力和动力，为科技的发展起动员和组织的作用。参加这一规划的科学家有人向我反映说：我们这个规划里还没有给科学家施加压力或压力不大。在这个方面，科学家也向我们挑战了。这是很好的挑战。我们应在经济建设方面提出一些硬的任务来，让

---

① 《马克思恩格斯全集》第 24 卷，人民出版社 1972 年版，第 396 页。

科学家来帮助解决，这样我们的经济发展就更快些。规划要起这个作用，因为还有十七年半哩！这是很长的时间。有些科学研究并不是一年两年就能完成，需要长期研究才能有结果的。我们在规划里面提出这些任务来，这是有必要的。要定性地、定量地分析科学技术进步对提高经济效益的作用。50％要靠科学技术进步，不仅仅是规划的前提，而且是要通过规划来落实的，我们究竟能够落实多少，要根据实际情况来定。此外，还要引进先进技术。黑龙江的大豆、奶牛等取得了很好的成效，就是采取这种办法搞的。除了从国外引进先进技术外，像上海、天津、北京等地区的先进技术我们也要引进。

（四）人民要得到实惠

山西能源基地建设和提高人民生活水平应当密切联系起来。随着能源基地的建设，随着生产的发展，劳动生产率的提高和经济效益的提高，山西人民生活水平必将有所提高。这是山西能源基地建设问题上山西人民的利益和全国人民利益一致的重要体现。作为能源基地的山西如果按规划的要求，对国家做出那么大的贡献，那么人民生活水平略高于全国平均水平，是理所当然的。这是符合社会主义按劳分配原则的，我想一定会得到全国人民的同意。

衡量人民生活水平要考虑多方面的因素，既包括物质生活方面，也包括精神生活方面。衡量物质生活的重要指标，是人均消费水平。要保证山西人民的生活水平略高于全国人民的生活水平，就不仅要研究山西，而且要研究全国人民的消费水平，然后才能得出一个合适的消费水平目标。不然，我们很难明确说略高于全国平均水平的内容。因而要具体化。这就是说，要真正使山西人民的生活水平略高于全国人民，我们不仅要考虑用货币表示的人均消费水平，而且要考虑消费的具体内容。物质生活的具体内容应该考虑些什么东西呢？比如，食物的发热量究竟有多高，蛋白质含量有多高。我看山西有这么多煤矿工人，食物的发热量应该高一点才好。又如，居住条件，矿工的居住条件应该比其他工种人员好一些。矿工大半辈子都在没有阳光的地下生活，到地面上来生活得更好一些也完全应该。我到大同看了一下，矿工居住的条件不是很好，需要改善。又如，卫生保健条件也应好一点（这当然包括劳动制度有所改变，要考虑实行轮换制度），环境污染应少一点。同时还要有一个比较完善的社会服务系统，包括商店、副食店、邮政局、银行、电影院、浴室，以及文化教育设施，等等。现在有的矿区好些，有的就比较差些。

　　人民生活水平的提高不仅表现在消费量的增加，而且还应该表现在消费内容的改变和消费质量的提高。要真正使山西人民生活水平提高，需要在规划中进一步考虑人民需要和可能之间的协调，考虑消费品的内容和消费结构变化的趋势，从而确定山西的轻工业、纺织工业及服务系统、文教设施的合理发展。在考虑这些问题的时候，需要从社会主义的商品生产、商品流通现实出发，从开放的、系统的角度来看待和分析问题，而不能采用那种自成体系，自给自足的自然经济、半自然经济观点分析和解决问题。山西经济必须是开放式的，而不是封闭式的。这个基地的建设还要把矿区的建设规划搞好，实行生产和生活、物质文明和精神文明同步建设的方针。不要煤已经挖出来，住的地方还没有，连个医院也没有，出了事故还没有人去救护，这样不行。我们从煤炭工业布局图上，可以看出山西将来矿区星罗棋布的特点，这是和全国不同的。一个矿井就是一个村镇。我们要根据这个特点来考虑问题。在每一个矿区周围，农民可以搞为矿区服务的专业户，养鸡、种菜、养猪，那些农民肯定不会比矿工收入少的。以后山西农民的收入不一定会比全国低。这是我们搞城市规划时需要考虑到的一个很大的问题。安排的原则应按照星罗棋布的矿区点，发展为煤矿职工和山西城乡人民需要的消费品生产和服务行业。

　　生活水平的提高还反映在精神生活方面。比如，我们的教育、文化、艺术等社会主义精神文明建设，矿区的学校、电影院、图书馆、文化馆，等等，都应该搞起来。这样，我们随着物质生活的提高，精神文明也会不断提高。

　　（五）关于政策和管理体制

　　这一次规划不同于以往规划，其重要的特点就是在规划中强调了政策的研究。比如，我们对资源的综合开发、综合利用政策进行了研究，对保证山西多调煤炭、多增加收入的政策做了研究。原则上，应该是外调煤炭越多，山西就越富，而不是外调煤炭越多，山西就越穷。当然这个问题将来也可能采取提高煤价的办法，在这个问题没有解决以前，可以继续采取补贴的办法。总之，要考虑到调动地方的积极性。另外，还专门讨论了扶持社队煤矿发展的政策及调入粮食的政策。如调出一吨煤补贴 8 斤或 12 斤粮食等。这等于商品交换，我给你煤，你给我粮食。这也体现出山西能源重化工基地是个开放经济体系。同时，还研究了超前安排基础设施。比如，抓紧安排交通运输。山西煤、电、运、水各种问题相比，交通运输的问题更为突出。现在山西积压的煤炭就有 2000 多万吨，这个问题不解决是不行的。

同时还研究了煤矿管理体制的改革。煤矿管理体制的改革，应该从有利于调动统配煤矿、地方煤矿和社队煤矿三个方面的积极性，有利于合理开发煤炭资源，有利于安全生产，有利于大力提高经济效益的原则来考虑问题。用这些原则来妥善解决现在煤炭资源的划分、运力的分配、销售市场的分配等的矛盾。如何搞好综合勘探、综合开发、综合使用资源，怎样办能源工厂，怎样合理利用非本部门经营的各种自然资源，如硫黄、化工原料、粉煤灰和其他建筑材料，这些问题有些也需要从管理体制上来加以解决。

三　下阶段的工作

最后，讲讲下阶段还有哪些工作。前面说过，这次综合规划的工作已经取得了很大成绩，但是现在取得的仅仅是个阶段成果。规划草案还需要进一步修改完善。还有些问题讨论得不够深透，或者还没有讨论到。比如，这次规划，只是山西省的一个规划，不可能把山西省和能源基地其他地区（豫西、渭北、蒙南）的能源开发与经济的发展联系起来作整体考虑。就山西省内来讲，现在虽有了一份初步的区域规划报告，但 11 个地区的区域规划还没有系统地完成。又如这一次规划中间，虽有 29 个数学模型，但是这些模型还没有形成一个体系，和规划工作的程序还不能同步进行，仅仅在综合平衡阶段做了些校核性的计算，要使它真正成为规划的有机部分，还有待于总结提高。

如何使这次规划工作善始善终，做得更好，我想提出下面几点意见，供大家参考。

第一，根据这次会议上大家所提的意见，进行修改，对目标体系的各部分进一步进行综合平衡。例如煤炭产量这次论证会倾向于四亿吨。本来还有 4.4 亿、4 亿、3.6 亿、3.3 亿吨等几个方案，这次推荐了 4 亿吨。4 亿吨和运输、电力、水是否能够平衡。有的同志提出，把煤产量的目标定在 4 亿吨，弦绷得太紧了。究竟多大的规模比较合理，还需要考虑财力、物力、人力的可能，特别是要从投资以及木材、钢材、煤矿设备的供应和人才的培养各个方面进行综合平衡，才能得出一个比较切合实际的结论。在规划中提出了几种意见，究竟赞成哪一种意见，也应明确一下，需要进行综合平衡，提出一个倾向性意见。综合平衡，当然，要从全国着眼，只从山西考虑是无法解决的，但是有些问题从全国考虑也不容易解决。例如，山西年产 4 亿吨煤，要从外边调进 600 万立方米木材，我看就有相当大的困难。那么有没有别的出路呢？我们现在就应当未雨绸缪，究竟搞 4 亿吨煤要多少坑木，能不能给各矿一个任务，现在就要种树，到 1990 年能提供多少坑木，到 2000 年能提供多少坑木，这样还可以把绿化问题也连带解决了。煤矿有这个钱，也有人力，认真搞都可以搞起来。到本世纪末，树林也长起来了，也能提供相当数量的坑木，好多国家都是采取这个办法。我们国家给煤矿发了育林费，可是用它搞别的去了。当然，仅靠这个办法还不能完全解决，还可以考虑太钢及其他钢厂搞一些金属支柱代替坑木。能不能把山西各个方面的力量都调动起来，组织起来，为煤炭的开发贡献力量。如果说要我开发 4 亿吨煤，你给我调入 600 万立方米的木材，这样就把人给吓住了。有些事情就得从现在开始着手准备，树木 17 年是可以长成林的，可以搞些速生林。

第二，要把规划和制订第七个五年计划结合起来。在规划工作中，我们分了"六五"、"七五"、后 10 年三个阶段，对"七五"期间的工作做得比较粗糙，这次会议后要抓好"七五"计划的工作，长期规划不可能马上就审批，但是第七个五年计划内必须搞的，看准了的项目，要及早上报，及早定案，及早动手。比如，不论高、中、低哪个方案，铁路建设的项目，都是要上马的，这要早点定下来才能赶得上。不然的话，20年很快就过去了。

第三，要抓好重大项目的前期工作，对于一些大的建设项目，要做好可行性研究。如引黄入晋这个项目，要好好论证。还有很多重大项目都要进行论证，有些重大项目如能源工厂，还要组织技术攻关，中国科学院准备在山西建立一个中间试验基地，国家计委已经批准了。这对山西能源重化工基地是一个很大的支持。有些项目的中间试验工作，如水煤浆也要抓紧进行。

第四，认真做好各项科研成果的鉴定工作。这次综合规划是在科研成果的基础上进行的。科研成果，应该组织一个由省的党政领导同志和业务部门的领导同志、国务院技术经济研究中心和有关单位的领导同志及专家组成的鉴定委员会，对成果进行鉴定。另外，对一年多的工作也应该进行一次总结。这不仅对提高和完善这个规划，提高规划工作的水平，具有重要的作用，而且，这种经验对于其他省、市进行规划也是有益的。

略论社会科学知识更新的若干问题*

　　党的十二大提出了全面开创社会主义现代化建设新局面的伟大历史任务。这个任务是十分光荣而又极为艰巨的，许多复杂的新情况、新问题摆在我们面前，亟须解决。而我们现有的知识是很不够的。在社会主义现代化建设中，既包括了非常复杂的自然科学、工程技术方面的问题，又包括了非常复杂的社会科学方面的问题。新中国成立30多年来的实践反复证明：社会主义现代化建设中的许多重大问题，如果单纯从自然科学、工程技术方面，或者单纯从社会科学方面考察，都不可能得到正确的解决；有了自然科学和社会科学两个方面的理论指导，有了社会科学工作者与自然科学工作者的亲密合作，才能得到正确的解决。这是开创社会主义建设新局面时期的一个特征，也是党的十二大确定的历史任务对我们提出的一个新的要求。

　　新的历史条件赋予我们以新的任务，很自然地也提出这样一个问题：我们社会科学工作者需不需要学一点有关的自然科学和技术科学知识，并同自然科学、工程技术工作者亲密合作，共同探讨社会主义现代化建设向我们提出的许多重大理论问题和实践问题，以便更好地研究新情况，解决新问题，为全面开创社会主义现代化建设的新局面做出自己的贡献。

　　围绕着这个问题，我提出以下几点意见，请大家讨论。

---

　　* 本文原载《中国社会科学》（双月刊）1983 年第 3 期。

一　实践要求社会科学工作者同自然科学工作者加强联系和合作；社会科学工作者要努力向自然科学工作者学习

全面开创社会主义现代化建设的新局面，实现四个现代化的伟大历史任务，要求社会科学工作者、自然科学工作者、工程技术人员全面合作，要求他们与广大工人群众、农民群众密切结合起来，共同奋斗。否则这个任务就不能很好地完成。

社会主义建设的实践告诉我们：社会主义建设的许多理论问题和实际问题决不是一两个人可以解决的，也不是一两个学科可以解决的。因为现实世界的许多问题是很复杂的，决不像我们划分学科范围那么简单。这里可以举一个例子：像建设上海宝山钢铁公司的可行性研究，哪一位同志，哪一个学科能包揽得下来？当 1980 年论证这个项目是继续建设，还是停建或分期建设的时候，就组织了全国各方面的近 200 名专家参加，其中有研究金融货币、外贸、工业经济、基本建设、冶金、机械、交通运输、电力、水文地质等等许多方面的专家学者和工程技术人员。因为建设那样大的一个钢铁基地，需要解决的问题是很多的。不讲炼铁、炼钢、轧钢本身，只就宝钢用水一项来说，没有研究各种冶金生产技术的，你就不知道要什么水质的水；没有研究水文的，你就不知道水从哪里引来才好；没有研究工程的，你就不知道水应该怎么个引法；没有研究经济的，你就不知道各种引水方案的经济效果如何；至于宝钢那样大量的用水和废水处理，对周围地区的环境，对上海工农业生产和人民生活的影响，则需要征询更多学科的专家的意见。这些不同学科的专家，从不同角度研究同一个问题，离开哪一个方面的专家都不成。在解决实际问题过程中，研究社会科学、自然科学、技术科学的同志们，自然而然地走到一起来了。

既然研究社会科学和自然科学的同志们要经常合作，就有一个相互学习的问题。社会科学和自然科学各有自己的研究对象、体系、概念和专业知识，如果社会科学工作者和自然科学工作者坐到一起，你谈的问题我不懂，我谈的问题你一无所知，那么合作就是一句空话。各方面专家一起解决实际问题，并不是把大家研究的东西简单地拼接在一起，而是相互有机融合，是在工作中你中有我，我中有你，你考虑你的问题时，同时顾及我的问题，我考虑我的问题时，也同时顾及你的问题。我们在进行山西煤炭重化工基地开发规划的论证时，就是这样做的。这个开发规划共有 11 个方面，133 项研究课题，其中既有自然科学的问题，也有社会科学的问题，而更多的则是两者结合的问题。例如，研究煤炭开采布局的同志，要同时考虑运输的布局，其他工业的布局，劳动力的来源，农副产品生产和消费品供应的布局，水源的分配，城市建设的规划，区域生态的平衡等一系列问题。只考虑某一方面的情况，凭片面的情况确定方案，就会造成损失。

各方面专家要合作得好，就要相互学习，各自学一些和自己学科有关的知识。你只有对那一个学科的知识有了一些了解，你才能做到与那一个学科的专家有共同语言。比方说，有的同志提出采用管道运输的方式外运山西的煤炭，管道运输煤炭我国现在还没有，很多同志从未见过。但有的专家出国考察过这种技术，具有这方面的知识，他是内行，我就要向他们学习，请他参加论证。经过一段学习，我们就知道了管道运输煤炭在技术上是怎么一回事，好处在哪里，问题在哪里。我们就可以结合自己已有的知识，从经济上，从国情条件上，从国家发展的整体规划上，对这个方案做一个基本的评价。这样，我们就可以与技术专家一起讨论某些技术问题，大家也就有了共同的语言。

各类专家互相学习，还有助于我们从一个学科的知识内行，转变为解决与自己学科有关的实际问题的内行。就以管道运输煤炭这个问题来说，哪一个学科的专家是解决实际问题的内行呢？管道输煤的技术专家当然是内行。但是，他又是又不是。因为他即使懂得了管道输煤系统的一系列技术问题，还是不知道究竟是建设管道好，还是建设铁路好。管道运输的技术专家，就他的专业来说，当然是有学问的，是内行；但他就不一定知道在山西建设一条铁路对山西的工农业发展会带来怎样的促进作用，也不一定知道建设管线不建设铁路节省的耕地对农业发展的具体影响。如果他对这些问题都清楚了，他就可以成为更优秀的解决实际问题的内行，对国家建设做出更大的贡献。我们研究经济问题的同志也只有懂得有关的技术知识，越出自己专业的狭窄界限，才能成为解决社会主义建设中实际问题的内行；同时，也只有在解决实际问题的过程中，才能把感性认识上升到理性认识，提高自己认识世界、改造世界的能力。

现在，自然科学工作者，工程技术人员，社会科学工作者相互学习的风气开始逐渐形成。自然科学工作者、工程技术人员在这方面比我们社会科学工作者做得更好些。有的自然科学家、工程技术专家研究经济管理和企业管理很积极，也很有成效。比较来说，社会科学工作者对有关的自然科学和工程技术更缺乏知识，而且社会科学工作者在学习有关的自然科学和技术科学方面，不如自然科学工作者、工程技术人员在学习有关的社会科学方面做得好。因此，目前社会科学工作者尤其要注意向自然科学工作者和工程技术人员学习。

二　当代科学技术的迅猛发展也提出了社会科学工作者扩大知识范围的问题

马克思说："自然科学是一切知识的基础。"[①]在科学史上，最初，自然科学和社会科学并没有十分明显的界限。在很长时期内，社会科学和自然科学内部也只分为很少几个学科。后来，随着社会和经济的发展，出现了所谓"科学革命"，才开创了近代科学的新纪元。新的知识领域不断开拓，新的学科不断产生，科学的分类也就越来越细，越来越复杂。由于深入研究的需要，不仅社会科学与自然科学的界限日益鲜明，社会科学和自然科学内部的划分也越来越细。整个科学发展的潮流趋于学科种类日益增多。与此同时，自然科学和社会科学之间也有一种相互渗透和相互结合的趋势。马克思曾经说过：历史本身是自然史的即自然界成为人这一过程的一个现实部分。自然科学往后将包括关于人的科学，正像关于人的科学包

[①]　马克思：《机器。自然力和科学的应用》，人民出版社 1978 年版，第 208 页。

括自然科学一样：这将是一门科学①。列宁在 1914 年又说：从自然科学奔向社会科学的强大潮流，不仅在配第时代存在，在马克思时代也是存在的。在 20 世纪，这个潮流是同样强大，甚至可说更加强大了②。当代自然科学与社会科学以及它们内部各学科的接近和相互渗透，表现在以下一些方面：

首先，表现在社会科学和自然科学的共同的研究方法的发展。社会科学与自然科学的划分，是以其研究的对象是自然界还是人类社会为依据的。而科学研究的方法（这也是一种科学）所研究的既不是自然界，也不是人类社会，而是达到科学认识的途径。这种研究方法是为社会科学和自然科学双方服务的。当代发展起来的信息论、控制论、系统论等新学科，不仅促进了社会科学、自然科学、技术科学的发展，也揭示了它们在研究方法上存在着的共同方面。数学是一门发展较早的方法科学，从前主要是为自然科学和技术科学服务的，后来越来越多地为社会科学所利用。马克思和恩格斯就很重视数学。在《资本论》中，我们可以看到马克思如何利用数学研究社会再生产问题；在《自然辩证法》中，有恩格斯的数学论文和数学应用。现在社会科学的许多领域更大量地使用了数学以及统计的方法。社会科学和自然科学可以共同使用的科学研究方法的发展，使社会科学和自然科学二者之间的关系日益密切。

其次，表现在一些社会科学的学科与一些自然科学的学科内容上的相互渗透，从而产生了一系列新的学科，特别是边缘学科。这些学科的研究对象，已经不像从前那样，或者只是自然界，或者只是人类社会，而是二者兼而有之。如环境学就是这样一门边缘性的综合科学。人类赖以生存的环境，既是自然的，又是社会的，环境学不能不研究大气、土壤、水文、生物圈等自然现象的发展变化，也不能不研究生产方式、消费方式、社会组织形式等社会现象的发展变化。这样的学科，很难把它简单地划归社会科学或自然科学。不仅在社会科学与自然科学之间有这种现象，社会科学

---

① 《马克思恩格斯全集》第 42 卷，人民出版社 1979 年版，第 128 页。
② 《列宁全集》第 20 卷，人民出版社 1958 年版，第 189 页。

和自然科学内部也因互相渗透产生一些新的学科。如社会学与心理学结合产生社会心理学，生物学与化学结合产生生物化学。这些新的边缘科学的形成表明：一方面是科学的分工更加精细；另一方面，社会科学与自然科学之间，以及社会科学内部和自然科学内部，都有几个学科结合起来解决某些问题的要求。

最后，表现为某一学科的发展，日益以其他学科的发展为先决条件，日益受其他学科技术发展的制约。举个简单的例子，现在我们研究人口问题，搞人口普查，如果没有高效率的电子计算机，就无法处理浩如烟海的数据和资料，人口问题研究就不能达到十分精确的程度。而人口问题研究所利用的计算机硬件和软件，都是其他科学技术提供的。况且人口问题的研究还涉及许多社会、经济和政治因素。也就是说，只有有关的科学技术发展到今天这个水平，人口问题的研究也才能达到今天这样的水平。

马克思主义是发展的学说，是随着时代的发展而不断发展的，它有强大的生命力。早在上一个世纪的末期，恩格斯就说过："随着自然科学领域中每一个划时代的发现，唯物主义也必然要改变自己的形式；而自从历史也被唯物主义地解释的时候起，一条新的发展道路也在这里开辟出来了。"① 人类认识自然，改造自然，认识社会，改造社会的历史，特别是近100年来的历史，充分地证明了恩格斯所反复阐明的这个马克思主义的真理。从这个意义上来说，我们社会科学工作者也有一个通常所说的"知识更新"的问题。如果我们不努力学习新的知识，扩大知识范围，我们头脑中的知识就赶不上科学发展的要求，就赶不上社会、经济发展的需要，而且有成为时代落伍者的危险。当然，这不是说，所有的科学工作者都要成为科学的全才，也不是说原有的知识统统无用了。但是，适应科学发展的趋势和要求，根据需要和可能，我们社会科学工作者努力学习一点有关的自然科学和技术科学知识，特别是这方面的新知识，是很必要的。社会科学工作者只有在广博深厚的知识基础上，才能在某些方面有重大的突破。也就是说，在当代，我们社会科学工作者的科学研究，想要取得重

---

① 《马克思恩格斯选集》第四卷，人民出版社1972年版，第224页。

大的突破，往往要求越出传统学科的范围，广泛吸收其他学科的知识。这样做，决不会妨碍本学科的发展，相反地还能更好地发展本学科的研究事业。

三　社会科学工作者要争取有一个比较完善的知识结构

社会科学工作者应当具有怎样的知识结构，这是一个值得探讨的问题。由于各个学科的情况不一样，它们对于知识结构的要求当然也不一样。但是，马克思主义这一门科学是社会科学工作者必须掌握的。它是我们认识和改造社会、认识和改造世界的理论基础，是我们社会科学工作的指导思想。无论我们研究社会科学的哪一个学科，我们都能够从马克思主义的立场、观点、方法中汲取无穷无尽的智慧。在马克思主义的指导下，我们的社会科学工作者，是否应当具备以下三个层次的知识：

第一个层次，是本学科的专业知识。包括掌握本学科的概念体系，理论体系，研究方法，研究工具，基础资料，以及了解本学科的历史演变，研究本学科的现状和它的发展前景，等等。

第二个层次，是相关学科的知识。对经济学来讲，如哲学、政治学、法学、历史、数学和有关的技术科学等都是相关学科。在一个学科中，研究的问题不同，相关学科也会不同，如经济学中，研究生产力布局的，一定要掌握经济地理的知识，而研究货币的，就不一定。

第三个层次，是一般知识。人的时间和精力有限，因此对一般知识的要求过多，也未必合适。但必要的一般知识是应该具备的，如，我们所有研究人员，都应该学一点语法修辞和逻辑学知识。有的同志有精辟的见解，但缺乏概括、表达能力，这也是一种缺陷。

这三类知识中，专业知识是从事科学研究工作的基础。我们通常所说的基础牢不牢，主要是指专业知识是否扎实。相关知识是专业知识必要的延伸，它直接有助于专业知识的发挥。我们所说的扩大知识范围，主要是指扩大相关学科的知识。一般知识决定一个人的知识圈。我们的科学家，应该是具有现代知识和现代精神文明的人，知识圈越大，说明对人类知识了解得越多。一般知识会给研究工作一种潜移默化的影响，它能开阔思路，能启发思维，能引发思想火花。

在知识结构中，有一个如何解决专和博的关系的问题。知识的范围局限于本专业，其他方面的知识不够，往往会限制思路和眼界。我们社会科学工作者，往往由于缺乏其他方面的必要的知识，不能把自己的专业知识很好地运用到实践中去。而且，一旦本学科在其他学科发展的推动下，发生了某些重大的发展和变革时，就会由于缺少其他学科的知识而赶不上科学进步的步伐。只有不断探求新的知识，才能赶上时代的步伐。例如，马克思在写作《资本论》的过程中，就研究了数学、力学、天文学、物理学、农业化学、植物生理学、土壤学、机械学等多门自然科学的新成就，在《资本论》的《机器和大工业》一章中，凝聚了他的科学技术观。当然，如果一个人对很多方面的知识都知道一点，但本专业的知识不牢靠，样样事情似懂非懂，这样做研究工作当然是不行的。科学家都在搞科学竞赛，哪一个专业都不能独家包揽，你不专，有人专，不专的人是很难做出超过深钻的人的成就的。科学产品不像其他产品——其他产品一等质量有一等质量的价值，二等质量有二等质量的价值；在科学方面，同样一个问题，如果别人有了较好的研究成果，我的研究成果不如别人，在一定条件下，我的研究成果可能就没有什么价值。比方说，很多人对同一个项目进行经济效果测算，我测算的不如人家的准确，我的研究成果的价值就很小。自然科学和技术科学也是这样，人家设计出某个项目，一切方面都比我的好，我的设计可能就没有用处。因而只专不博和只博不专都是不好的。我们科学工作者要很好地处理这一对矛盾。每个人专要专到什么程度，博要博到什么程度，这要具体情况具体分析。各个学科的情况不同，各个人的情况也不同，不能一概而论，搞"一刀切"。像搞科学普及工作的同志就要相对地博一些；研究社会科学的同志相对于研究自然科学的同志来说，是不是也要博一些？我这里只是提出这个问题，是否正确，如何去做，还要请同志们研究。

四　社会科学工作者要根据需要和可能学一点数学

把学一点数学这个问题专门提出来，一方面是考虑到数学对社会科学发展的意义，另一方面是考虑到我国社会科学工作者在这方面基础薄弱的现状。我这几年在工作中感到做经济研究工作的同志一般数学基础较差。这很不利于经济科学的发展，也影响我们更好地为社会主义建设服务。

我们知道，科学研究可以分为质的研究和量的研究。质的研究是十分重要的，因为它是对事物本质和属性的认识。尤其我们从事社会科学研究，不能离开质的研究。但是，在质的研究的基础上还需要有量的分析和研究，甚至要通过定量来定质。心中有数，对事物的性质的认识，才能更加准确，更有把握。因此，我们既不能忽视质的研究，也不能忽视量的分析和研究。

在很长时期内，社会科学偏重于对事物性质的研究。到了现代，随着社会科学的发展，量的研究越来越受到重视。美国有两位科学家统计了1900—1965年的62项社会科学的重大进展，发现其中量的研究占2/3。如果从1930年算起，5/6的重大进展属于量的研究。当然，资产阶级经济学家有重视量、忽视质的癖好，上述统计未必准确，但多少也显示出量的研究在社会科学研究中的重要性。

为了解决社会主义建设中的实际问题，在加强质的研究的同时，加强量的分析和研究是很必要的。例如，我国当前基本建设投资规模究竟是大了？小了？还是适当？质的研究可以给我们一个基本判断，同时，也需要作细致的数量研究。通过量的研究，才能知道在当前国情条件下，多大的基本建设投资规模才是大致合理的。这样才能为我们制定基本建设方案提供科学的依据。

所谓量的分析和研究，就是揭示事物与事物之间以及事物内部的数量关系。这就需要数学工具。越是复杂的问题，它的数学表达形式也越复杂，用的数学知识也越多。现在我们有些社会科学工作者和管理部门的同志，由于数学基础较差，往往不善于做量的分析研究工作。不久前，国务院领导同志曾经讲过，今后经济部门送到国务院讨论的文件，如果只有定性的概念，没有定量的概念，就不讨论。我认为这种要求是很正确的，是很合理的，这不仅是对做实际工作的同志的要求，而且也是对做理论研究工作的同志的要求。对理论研究工作来说，也不仅是对经济科学的要求，对于其他许多学科也是适用的。我们对资产阶级经济学有一个批判和借鉴的任务。现在西方经济学著作中往往大量地应用高等数学。如果我们不懂高等数学，又如何说得上批判和借鉴呢！提倡社会科学工作者根据需要和可能学一点数学，经济科学工作者是否可以根据条件先走一步呢！

五　社会科学工作者懂得一点自然科学和技术科学是可能的

社会、经济和科学技术的发展，要求有一批既懂得社会科学的某一学科，又懂得自然科学的某一学科那样的跨学科的专家和人才。当然，不可能对所有的科研人员都提出这种要求。但是一个人既懂得自然科学或工程技术的某一专业，又懂得社会科学的某一专业，则是可能的。这样的人才，在一些经济技术发达的国家，已经在成批地培养。美国的哈佛大学、麻省理工学院、斯坦福大学等院校的管理学院，有很多学生同时读自然科学或工程技术的某一学科和社会科学的某一学科，即同时争取得到两种学位。美国社会上把这种人看做拿着"金色护照"的人。有相当一部分人认为，这种人才对社会最有用，因而他们的待遇也最高。看来，我们也有必要培养一批既懂得社会科学又懂得自然科学的人才，有条件时也可以试行这种双学位的办法。这种人才对实现四个现代化是有益的。例如，我们大学的工业经济系、农业经济系、管理工程系等专业，就可以考虑让一部分学生在学习经济和管理知识的同时，学一门自然科学或工程技术的专业知识；或者先掌握了一个专业再学习另一个专业。已经毕业工作的同志，当然不一定都要回到学校读书，可以在工作岗位上自学。现在已经有自修大学考试制度，经考试通过，承认你的文化程度和专业知识就是了。当然，学习不能操之过急，要一步步来。而且，这种要求主要是对一部分年轻同志和中年同志提的，是从培养和提高研究工作者的学术水平和解决问题能力的角度提的。有些同志年龄大了，又有较高水平的专业知识，那主要是把自己的专业知识充分发挥出来的问题。

我认为社会科学工作者学点自然科学和技术科学知识，并不难。在座的有些同志就有这种特长。但一定要下工夫学，才能学得到。

最后我还想补充两点意见：一是社会科学工作者在学习自然科学的同时，要学习自然科学工作者的治学方法。一般来说，自然科学家对宏观现象和微观现象的观察是相当细密精深的，这一点很值得我们社会科学工作者学习。为了更好地研究和解决新问题，我们要进一步树立密切联系实际，深入调查研究，实事求是的学风。这是我们应抓的一件大事。二是搞社会科学工作的同志应努力学习外语。这方面自然科学家比我们做得好。学习外语是学习新知识的有力工具。马克思和恩格斯都懂得多种语言。马克思晚年，为研究俄国革命的问题，还学会俄语。这种精神很值得我们学习。

刊办管理大学[*]

——一种培训在职干部的新型办学形式

　　《经济管理》杂志，与有关大专院校、科研单位、厂矿企业以及经济领导单位协同努力，创建刊办大学，正规化地培训在职干部，这是一件很有意义的创举。

　　党的十二大制定了我国社会主义现代化建设的宏伟纲领，全国各族人民在党的领导下，正在为实现这一宏伟纲领而奋斗。实现四个现代化离不开管理。胡耀邦同志在党的十二大的报告中指出："必须加强经济科学和管理科学的研究和应用，不断提高国民经济的计划、管理水平和企业事业的经营管理水平。"这是一个重大的战略任务。

　　目前我国经济水平还不高，企业的经济效益较差，除了生产技术落后是一个重要原因之外，一个关键的问题是经营管理工作的水平低。在同等的生产技术条件下，如果善于经营、善于管理，经济效益是很不一样的。因此，世界上经济比较发达的国家都把提高科学技术和改进经营管理看成是推动经济发展的不可缺少的两个车轮。目前，我国由于经济比较落后，国力也有限，从物质上改变生产技术的面貌，需要一定的资金，需要一个较长的时期，因此，通过提高经营管理水平来提高社会经济效益，就有更现实、更迫切的意义。

---
　　* 本文原载《经济管理》1983 年第 7 期。

要提高经营管理水平，首先必须有一支具有管理科学知识的干部。拿全民所有制工业企业来说，目前全国职工人数有 3500 多万人，其中担任各项管理工作的干部约 350 多万人。多年来，由于"左"的错误影响，管理人才的培养没有受到应有的重视，现在担任管理工作的干部，受过系统的管理科学教育的是极少数。他们有的是从生产第一线有经验的职工中提拔上来的，有的是从其他部门转业的，有的虽然受过普通大专院校的教育，但却没有受过管理的专业教育，还有少数同志虽然受过理工科的高等教育，但是也缺乏管理科学的系统知识。这些干部的绝大多数，工作是积极努力的，在实际的管理工作中，也积累了不少可贵的经验，但由于缺少系统学习管理科学知识的机会，要全面提高企业的经营管理水平，实现企业管理现代化，大大提高经济效益，不能不受到很大的限制。要从根本上改变这种状况，一方面需要大力发展管理教育事业，力争逐步使今后新增的管理干部都受过系统的管理教育；另一方面，也是更为现实、更为急迫的方面，是有计划地培训和提高现有的在职干部的水平。胡耀邦同志在党的十二大的报告中指出：为了造就社会主义现代化建设的大批专门人才，必须大力加强干部的教育和训练工作。今后使用和提拔干部必须把学历、学习成绩同工作经历、工作成绩一样作为重要依据。并要求各种学校按照需要和各自的分工，修订教学计划，担负起对干部进行正规化培训的任务。

采取正规化的办法有计划地培训现有的在职干部，是我国教育事业的一项十分重大而又艰巨的任务。实现这一任务，需要对教育体制进行必要的改革，广泛动员教育部门和社会各方面的力量，在保证教学质量的前提下，采取各种形式办学。《经济管理》杂志创办刊授联合大学，就是适应这种客观形势的需要，响应党的号召而出现的一种新型的办学形式。

这所刊办管理大学所以叫做联合大学，是因为它是由许多高等院校、经济研究单位、各地经委以及部分大型工业公司的教育部门联合举办的。经过将近一年的酝酿筹备，现在，开始试办第一个专业——工业企业管理专业学科。这个专业学科的设置，是以工业企业中层以上在职干部为培养对象，认真分析了这些干部在实际工作中需要掌握的管理知识，制订了比较切合实际的教育计划和各门课程的教学内容，组织了一批优秀的学者、专家参加教材的编写，采取注册学员与非注册学员两种方式，为广大企业干部提供了系统学习管理知识的有利条件。

采取刊授形式培训在职干部，是一个新兴办学形式的尝试。它的成效如何，当然还有待于实践来证明。但根据筹备工作和有关方面的反映看来，完全有理由相信这将是一种能够适应在职干部，特别是中层以上的领导干部学习特点的多快好省的办学形式。

创建刊办大学的消息传出以后，受到广大企业干部的热烈欢迎。为什么会受到欢迎？这是同刊办大学所具有的一些特点有关的，这些特点是：

1. 刊办大学以自学为主，自学的时间可以由学员自行灵活掌握，这对于工作繁忙、无法完全由自己支配时间的领导干部来说，是一个很有利的条件。

2. 刊办大学的课程，是根据干部实际需要而设置的。不但课程设置与教材内容强调联系实际，而且在教学方法上也强调理论联系实际。例如，每门课程结束，要求搞课程设计，把学到的知识运用到改进本企业的有关工作中去；全部课程学完，还要求作出毕业设计，对改进本企业本单位的经营管理工作提出系统的建议，做到学以致用。

3. 刊办大学的教材既有正文，又有大量辅导材料，由《经济管理》杂志分期发表。有实践经验又有理解能力的领导干部，有了这些学习材料，是完全可以靠自学而学到应有的知识。注册学员每周还有一次面授辅导的机会，更有条件达到学习的要求。

把以上特点概括起来，就是便于自学，理论与实践相结合，学以致用，因此，它特别适合在职干部的要求。

刊办大学采取注册学员与非注册学员两种教学形式。注册学员由批准设立的分校正式招考，按招考的标准，经过严格考试，录取入学后，可以听辅导报告，要按规定完成各项作业，要进行分科的结业考试和全部课程结束后的毕业考试。这些学员完成学业后必须达到大专毕业的水平。目前限于力量，分校不可能在各地普遍设立，注册学员的人数也不可能一下子招收很多。但是，这并不妨碍有志进修的广大在职干部利用刊物发表的教材与辅导材料进行自学；也不妨碍有关机关和工矿企业利用这些便于自学的教材，自行举办培训班。因此，刊办大学这种办学形式既有重点培养对象，又能起普及管理教育的作用。它不要国家的投资建设校舍，也不要另行聘请师资，而仅仅利用现有的大专院校、经济研究单位或厂矿企业的有关设施，动员一部分教师和专家、学者的力量，三年以后，每年就可以为国家培训出数以万计的在职干部。这难道不是一种多快好省的培训干部的好办法吗？

陈云同志曾指出："刊授大学，前途远大。"《经济管理》杂志刊办大学为企业在职干部正规化培训，为发展我国的成人教育开辟了一条新路。我相信，这朵教育战线上的新花，在教育部门和有关领导机关的支持和关怀下，在各大专院校的领导同志、教师和其他专家、学者的努力下，依靠广大参加学习的在职干部充分发挥学习的积极性和主动性，坚持理论联系实际、学用结合的方针，必将以优异的教学成果，证明它具有强大的生命力，为普及管理教育，提高我国经济管理水平而作出应有贡献。

在刊办大学工业企业管理专科即将开学之际，让我向刊办大学的全体教师、学员和工作人员表示热忱的祝贺和敬意！祝愿这一试验取得成功！

怎样认识提高企业素质的问题*

一　为什么现在要提出提高企业素质的问题

我国工业面临着一场严重的挑战，面临着一个提高企业素质的转变。现在从以下几个方面来谈谈这个问题。

（一）国内、国际经济发展向我国企业提出严重的挑战

国内农产品原料已经提价，职工工资在逐步提高，这种趋势还将继续发展。靠廉价原材料的价值转移和较低的工资支出过日子的时代已经结束了。这就逼着企业必须提高自己的素质，才能存在和发展。还应当看到，实行对外开放政策之后，我国同国外的经济联系越来越密切。现在一部分原材料由国外进口，差价靠国家补贴，不少工业品出口换汇率很低，亏损严重。这就是说，除了国内的情况变化之外，还面临着国际竞争的严重挑战。不管是轻工业企业，还是重工业企业，不管是内地工业企业，还是沿海地区工业企业，都面临着严重的挑战。这不仅是对某个部门、某个地区工业企业的挑战，而且是对所有工业企业的挑战。这种挑战将越来越严峻。这是一种长期的趋势，对此应当有清醒的认识，并在这种认识的基础上，使我们工业企业的全部工作有一个根本的改变。

---

* 本文是作者 1983 年 8 月 16 日"在提高企业素质座谈会"上的发言。

（二）我国工业企业的现状远远不能适应实现党的十二大提出的历史任务的要求

党的十二大提出到 2000 年，在提高经济效益的前提下，工农业年总产值翻两番。完成这一任务，极大部分要依靠现有的 40 万个工业交通企业。如果我们现有企业的素质不能在最近几年之内有很大的提高，怎么能够实现翻两番的任务呢？举例来说，能源供应翻一番，要使产值翻两番，如果不从各方面提高企业的素质能够做得到吗？

（三）对这一关系我国现代化前途命运的大事，要提到应有的高度上来认识

从党的十一届三中全会以来，在指导思想和实际工作上完成了拨乱反正的任务。现在提出提高企业素质，既是经济进一步大发展的需要，又是目前正在进行的各项工作的继续和发展。应当看到，过去虽然采取了许多措施来改进工业企业的工作，但对提高企业素质这个根本问题，还没有系统地、全面地、从整体上来解决。我们应当总结过去、立足现在、面向未来，采取强有力的措施，解决这个问题。要认真总结经验，特别是党的十一届三中全会以来的经验，如贯彻"调整、改革、整顿、提高"的方针，扩大企业自主权，实行经济责任制，全面整顿企业、综合治理，贯彻"四个条例"①的经验，等等。有关这些方面的文件和总结都要学习，还要学习"工业七十条"、"三十条"，特别是要学好《邓小平文选》。小平同志的文选总结了党的历史经验，针对现实存在的问题，把马克思主义的普遍真理与中国社会主义建设的具体实践结合起来，是指导我们建设有中国特色的社会主义的纲领性文件，也是指导我们提高企业素质的重要的纲领性文件。学好这些文件，经过系统的调查研究，在理论和实践结合的基础上，才能制定好提高企业素质的大纲。

---

① 这里是指《国营工业企业职工代表大会暂行条例》、《国营工厂厂长工作暂行条例》、《中国共产党工业企业基层组织工作暂行条例》和《国营工业企业暂行条例》。

二　关于提高企业素质的含义

要提高企业的素质，首先应当弄清楚企业素质的含义。现在有各种说法，归纳起来，主要是两种说法：一为要素说，二为活力说。我认为应把两者结合起来。现在通行的是要素说，认为企业的素质包括职工素质、技术素质、劳动对象素质、管理素质，等等。这种说法基本上是根据生产力三要素来讲的，再加上对三要素的组织管理。应该说，这些要素在任何企业都是具有的，否则就不成其为企业了。而这些要素的作用如何，则取决于它的素质，即它的能量和活力。素质是一种质的表现，是指整个企业系统的、综合的、整体的特性或能力，它的体现就是现在通常所说的企业的活力。这种活力一般来说，表现为以下五种能力：（1）满足社会需要的能力；（2）有效利用企业内部人力、物力资源的能力；（3）革新求进的能力；（4）扩大自身生产的能力；（5）竞争与协作的能力。

企业素质是质与量的统一。要从微观经济与宏观经济的统一、局部效益与全局效益的统一、近期效益与长远效益的统一上来研究提高企业素质的问题。

三　要研究影响企业素质提高的原因

就企业内部来说，要研究领导班子、职工队伍、技术设备、原料、材料、燃料、动力以及人力消耗、产品的品种质量、销路、成本以及上交利税等方面的状况，这样才能找到影响企业素质提高的症结所在。就企业外部来说，要研究有关经济体制（主要是国家与企业的关系），领导制度（对外主要是企业的主管上级应当是一个"婆婆"，而不是多头领导，对内主要是如何更好地解决党委领导和厂长负责制的问题），以及计划、原材料供应、产品销售、交通运输、物价、劳动工资、协作关系等问题。

四 提高企业素质，要进行综合治理，全面提高

分类指导，稳步进行。不能只从眼前看，要看得远一点，近期与远期要统一，经济手段与行政手段要结合。要有一个提高企业素质的总的标准。要勾画出 1990 年、2000 年我国企业素质要达到的要求，使现有企业逐步实现现代化，以适应整个国家四个现代化的需要。要使每个企业都有这样的紧迫感；或者是尽一切可能千方百计地提高本身的素质，使自己能够获得生存和发展的机会；或者是因循守旧，不求进步，那就不可避免地会被淘汰。

从经济角度看中国现代化的道路和前景[*]

一个多世纪以来，每一个具有爱国心的中国人，都在期望着如何把我们的祖国由一个贫弱的文明古国，变为一个富强的现代化国家。无数的志士仁人，曾为此奋斗终生。但是，在半封建半殖民地的旧中国，无论是在晚清年代或者民国时期，现代化始终是一场可望而不可即的幻影。这是已经为中国的近代史所证明了的。

1949 年中华人民共和国的成立，使我们这个文明古国获得了新生，开始了新的纪元。当前，我国的生产技术和经济发展水平，同世界上的发达国家相比，虽然还是落后的，但是我们毕竟建立了一个独立的比较完整的工业体系和国民经济体系，为实现我国的现代化奠定了可靠的基础。经济发达的国家在以往的发展过程中，达到我国现在的水平，用了近百年甚至更长的时间，而我们只用了 30 年稍多一点的时间。实践清楚地告诉人们：建设一个社会主义的现代化的富强的中国，已经不再是一种幻影，而是既可望又可即的现实的奋斗目标了。中国人民在共产党的正确领导下满怀信心地面对着伟大的未来。

---

* 本文是作者 1983 年 9 月 28 日在"香港中文大学二十周年纪念会"上的讲话。

一　中国实现现代化要走自己的道路

我国实现社会主义现代化的一条根本方针是，要从中国的实际出发，走出一条适合国情的现代化道路。这个根本方针是从总结历史经验教训得出来的，是我们研究中国现代化的出发点。

中国的民主革命经历了曲折的过程。中国共产党领导的新民主主义革命也有一段时间由于照抄照搬别国的经验，使革命遭受到巨大的损失。后来，以毛泽东同志为代表的中国共产党人总结了经验教训，认真分析了中国的社会经济情况，制定了农村包围城市的战略，才使新民主主义革命得以顺利进行，最终取得了胜利。

进入社会主义革命时期以后，我们在三大改造中十分重视中国的实际情况。在学习别国经验时，注意从本国的国情出发，因而在对资本主义工商业的社会主义改造和农业互助合作化的过程中有很多成功的独创性，促进了革命和生产的发展。但后来在"大跃进"和人民公社化运动中，很多做法都违背了实事求是的原则，不是从实际情况出发，而是从主观愿望出发，犯了严重的错误。

在过去的社会主义建设中，我们也有很多这方面的经验教训。例如，在第一个五年计划时期，我们从当时情况出发，注意处理好农业、轻工业和重工业的关系，提出的计划指标既是积极的又留有余地，因而是可以实现的。因此，这个时期不仅经济发展速度较快，经济效益也是相当好的。但在以后很长一段时期，忽视了基本的国情，违背了一切从实际情况出发的要求，搞高指标、瞎指挥，使生产建设和现代化事业受到了损害。

1978 年冬季召开的中国共产党十一届三中全会以来，经过认真总结经验，逐步明确了实现现代化为什么要走自己的道路和如何走自己的道路。邓小平同志 1978 年 12 月 13 日所作的《解放思想，实事求是，团结一致向前看》的讲话中指出：必须"根据我国的实际情况，确定实现四个现代化的具体道路、方针、方法和措施"①。以后，他在《坚持四项基本原则》的讲话中又指出："过去搞民主革命，要适合中国情况，走毛泽东同志开辟的农村包围城市的道路。现在搞建设，也要适合中国情况，走出一条中国式的现代化道路。"② 在党的十二大开幕词中，邓小平同志又指出：我们的现代化建设，必须从中国的实际出发。无论是革命还是建设，都要注意学习和借鉴外国经验。但是，照抄照搬别国经验、别国模式，从来不能得到成功。这个为我国历史反复证明了的真理，已经成了我们实现现代化的指导思想。

从中国实际出发搞现代化建设的思想，也是符合现代化发展的一般规律的。为了说明这个问题，有必要谈谈什么是现代化，以及各个国家、各个地区现代化的共性和特性的问题。

现代化是一个历史的、发展的概念。现代化的标志不是绝对的、一成不变的，不同的历史时期有不同的具体标志。从狭义理解，现代化是指技术的发展水平，机械化、电气化、化学化、自动化等标志着不同历史时期的现代化。从广义理解，现代化不仅是指技术发展水平，也不仅是指生产力的发展水平，而是指整个国民经济和社会生活各个方面的发展水平，它的含义极为广泛，不能用某种产品或某项技术的发展水平作为标志，而必须用一系列指标，也就是用一个指标体系来反映。

现代化又是世界性的概念。因此，在一定时期内，在全世界范围内，现代化是应该有一个客观标志的。而我们的目标是要进入世界现代化国家的行列，选择这个目标，首先要明确怎样才算是现代化，当代世界公认的现代化国家有哪些共同点。

一般地说，经济发达的现代化国家生产力的发展水平都比较高。表现在劳动手段上，用当代的先进技术装备国民经济各部门，社会生产开始进入自动化和电子时代，简单劳动、体力劳动大大减少，复杂劳动、脑力劳动大大增加。表现在劳动对象上，是有效地利用各种物质资源，广泛使用

① 《邓小平文选》第二卷，人民出版社1983年版，第141页。
② 同上书，第163页。

效益高的新型能源、新型材料，单位能源和原材料所提供的国民财富越来越高。表现在劳动力上，是就业人员有比较高的素质，主要是文化普及，各种科学技术知识和管理知识得到普遍提高，以及农业劳动力显著减少，工业尤其是服务行业的劳动力显著增加。这些经济发达的现代化国家主要有以下一些共同点：

（一）技术先进，劳动生产率高

发达国家的科学技术处于世界领先的地位，他们不仅建立了一大批对经济发展起促进和推动作用的新兴工业，而且利用先进的科学技术，对传统工业部门的装备进行了更新改造。进入 80 年代以来，这些国家都集中了一大批科研力量，致力于微电子技术，机器人、激光技术、遗传工程、空间技术以及新能源、新材料和信息传输等方面的技术革命。由于这些国家掌握先进的科学技术，所以他们的生产效率高，技术装备的自动化程度高，从而劳动生产率也高。与此相联系，他们的经营管理水平也高。

（二）教育普及，人民的文化程度高

以美国、日本、联邦德国、法国、英国、苏联为例，这些国家在 70 年代末，科学工作者和技术人员占全国人口的比重大致在 20%—30%。中小学生的入学率在 80%—100%，高校学生的入学率在 20%—30%（美国为 55.5%），成人识字率都在 98% 左右。

（三）国家经济实力强

目前，美国、日本、联邦德国、法国、英国和苏联的国民生产总值和国民收入都位于世界的前列。如以钢、煤、油、发电量、小汽车、载重汽车、水泥、合成纤维、电视机等几种主要的工业产品产量来比较，上述国家除日本、联邦德国和法国因资源缺少，油、煤等产品产量在世界各国的排位名次较后外，其他各项都在世界的前 10 名以内。

这些国家的经济实力强还表现在产品出口上。1979 年美国的出口贸易总额在世界上为第 1 位，第 2—5 位分别是联邦德国、日本、法国和英国，苏联是第 7 位。出口贸易的商品构成中，机电产品所占的比重较大，一般都在 50% 左右。

（四）人民生活水平高

同世界其他各国相比，这些经济发达国家人民的平均生活水平较高。如在饮食的营养方面，全国平均每人每天从食物中所摄取的热量一般都在3300大卡以上。在医疗卫生设施条件方面，医院每张病床平均负担的人数，除美国为155人、英国为117人外，其他为80—90人。每名医师平均负担的人口数，都在500—800人。彩色电视机、电冰箱、洗衣机等耐用消费品的普及率，都在90%左右。这些国家的人均预期寿命也比较高，男性为69—73岁（苏联为65岁），女性为74—78岁。

从上面的分析，可以看出经济发达的现代化国家的若干共同点。但同时也要看到，各个国家的现代化还有各自的特点。例如，同是发达国家，由于国情不同，在某些方面也有较大的差别。某个国家在某几个方面水平较高，而在另几个方面则水平较低，这并不是罕见的现象。但这并不妨碍这些国家进入现代化国家的行列，因为它们具备了上面说的那些现代化的共同点。下面谈谈经济发达国家在现代化方面的某些特点。

以新兴工业部门和新技术的发展为例，各国发展的重点不同，因此不同领域的发展水平差距很大。这些国家都普遍重视机械工业、电子工业和化学工业，而美国、苏联则把国防工业、宇航工业放在首位。近些年，英国大力发展石油开采；法国则重视核能发电。从电子工业的发展来看，美国是以军品开路，以军带民，而日本则首先发展日用电子产品，然后再扩大到其他投资类产品。所以他们的产品构成有很大不同。美国的电子工业产品中，投资类产品、消费类产品和元器件产品分别占69%、10%和21%，而日本则是各占33%。目前世界使用电子计算机的总量约为40万台，而美国为22万台，超过总量的一半；其次为日本，约为41900台；联邦德国、法国、英国、苏联等国则在6000—7000台之间。工业机器人的使用，日本占目前世界使用量的一半以上，美国仅为日本的1/3。

以劳动生产率为例，经济发达国家之间的差距也比较大。在汽车工业、钢铁工业中，日本的劳动生产率比美国高得多。而农业的劳动生产率则美国比日本高得多。1979年每个农业劳动力平均负担的可耕地面积美国为日本的110倍；每个农业劳动力平均生产的谷物，美国为日本的60

倍；每个农业劳动力平均生产的肉类，美国为日本的 30 倍。

以人均产出水平为例，1980 年人均国民生产总值的世界名次排列中，人口较少的联邦德国和法国分别为第 6 位和第 12 位。而人口较多的美国、日本、苏联则位次较后，分别位于第 14 位、第 21 位、第 42 位。再以人均主要产品产量来看，1979 年人均原油产量苏联是日本的 550 倍，人均煤产量联邦德国是日本的 30 倍，人均糖产量法国是日本的 11 倍，人均奶产量法国是日本的 12 倍，人均动物油脂产量法国是日本的 25 倍。

以人民生活水平为例，经济发达国家之间的差别也很大。如每人每天平均在食物中所能摄取的热量，1980 年日本为 2800 大卡，而其他国家都在 3300 大卡以上。1978 年美国职工家庭平均每人的消费支出为苏联的 4 倍，农业工人的平均月工资为苏联的 2 倍多。1972—1974 年间，美国职工家庭伙食费占生活费支出的比重为 29.7%，苏联为 52.1%。居民每人平均用电量美国约为苏联的 6 倍。

以上只是举例而言，远不能说明各个国家、各个地区现代化的全部特点。即使就上述经济发达国家而言，它们的现代化也还有各自的特点。

为什么各个国家、各个地区的现代化会有自己的特点呢？我认为有以下一些原因：

1. 人口多少不同

人口多少对人均国民生产总值有很大关系。1980 年人均国民生产总值排在世界前 10 位的国家是：阿拉伯联合酋长国、卡塔尔、科威特、瑞士、卢森堡、联邦德国、瑞典、丹麦、挪威、比利时。其中前 3 个国家虽然人均国民生产总值很高，但还不能说是现代化的国家。这 10 个国家中人口最多的是联邦德国，为 5900 万人，其他的国家都没有超过 1000 万人口的。处于第一位的阿拉伯联合酋长国只有 75 万人，第二位的卡塔尔只有 21 万人。一些人口少的小国，由于某些得天独厚的资源条件使得某些产品的人均产量特别高。如卡塔尔的人均石油产量为 116.4 吨，卢森堡的人均钢产量为 14 吨。这样高的人均产量水平，是人口众多的国家往往难以达到的。

2. 国土面积大小不同

各国国土面积特别是可耕地面积大小和自然条件不同，直接影响农业劳动生产率水平，从而也影响到其他生产建设事业。如日本的可耕地面积只有美国的 2.6%，并且不适合大机器耕作，这是日本农业劳动生产率比美国低得多的重要原因。又如英国森林面积只有 210 万公顷，而人口为它 4 倍左右的苏联，森林面积却是英国的 438 倍，所以英国成为木材和纸浆制品的进口国，而苏联则是木材和纸浆制品的出口国。

3. 资源条件不同

如日本是个缺乏自然资源的岛国，这给它的现代化打上很深的烙印。日本有一半的粮食，大部分煤炭，几乎全部石油和金属矿石都要靠进口，因而这一类的人均产量就比苏联、美国这些资源大国的人均产量少得多。法国国内的水能资源有限，到 1980 年利用程度已达到 95%，同时煤、油又很稀缺，1978 年矿物燃料的进口已占整个进口额的 19.5%，所以就大力发展核电技术，发电量中的核电比重居世界首位。苏联的西伯利亚地区蕴藏着丰富的煤、油和天然气，全国水能资源也较多，这是它在一定时期内解决能源问题的有利条件。

4. 国际形势和国际地位不同

国际形势对现代化的影响绝不能低估。在国内具备必要条件的情况下，有利的国际环境可以促进一个国家的现代化进程。有国外先进技术可以引进，有外国资本可以利用，这都是实现现代化的有利条件，也会给现代化带来某些特点。国际地位也会影响现代化。如美国和苏联为了争霸世界，在军备竞赛和宇航研究中唯恐落后，因此都把发展宇航工业和国防工业放在首要地位，军费开支占国民生产总值和财政开支的比重很高。而联邦德国和日本是第二次世界大战中的战败国，发展军事力量受到国际条件和本国宪法的限制，军费开支就比较少，因此能集中力量加强自己的经济地位。

其他如原有的生产力基础、科学技术状况、文化教育和经营管理水平，等等，也会给现代化带来重大的影响。而社会制度对现代化的影响尤其应当重视。

我们知道，在落后的封建制度下，是不可能实现现代化的。资本主义制度在历史上曾起过促进现代化的作用，但是，资本主义社会固有的对抗性矛盾又阻碍着现代化的健康发展。各个资本主义国家社会制度上的特点都会在它们的现代化事业上有所反映。社会主义制度由于消灭了剥削和压迫，为实现现代化提供了最有利的社会条件和最广阔的道路，现代化成了全体人民的事业，是人民的根本利益和长远利益所在。

总之，由于情况不同，每一个国家实现现代化过程中，都会有自己的特点。我们的任务是要根据我国的具体情况，找到实现现代化的正确道路。一些资本主义国家通过经验的积累，也逐步找到了比较适合本国情况的现代化道路。中国是社会主义国家，在生产资料公有制的基础上，能够自觉地有计划地完成现代化的宏伟事业。因此，我们完全有必要和有可能走出一条中国式的社会主义现代化道路来。

二　认真研究中国的国情

为了走出一条中国式的社会主义现代化道路，必须认真研究中国的国情。我们过去有一段时期，对国情重视和研究得不够。针对这种情况，陈云同志1979年3月在一次会议上指出："我们搞四个现代化，建设社会主义强国，是在什么情况下进行的。讲实事求是，先要把'实事'，搞清楚。这个问题不搞清楚，什么事情也搞不好。"

现在我们已经在认真研究中国的国情，对于一些基本国情有了比较深刻的认识。但是，需要研究的问题还很多。国情包括多方面的内容。诸如，社会经济制度、生产力状况、科技文化水平、自然环境、资源条件以及历史沿革、文化渊源、民族传统、国际交往，等等，都是国情的重要内容。我们进行社会主义现代化建设，无疑要研究所有这些方面的情况，力求全面地掌握国情。当然，首先要注意掌握最基本的、最主要的国情。这是指那些对社会主义建设经常起决定作用的因素，即严重影响和制约社会主义建设的因素，要把它们作为重点进行研究。只有抓住重点，深入研究一些问题，才能掌握国情的各个方面之间的内在联系和相互制约作用，真正做到全面深刻地掌握国情。而且，国情也是不断变化的，各方面的情况都在不断地变化，我们必须及时了解这些变化，从动态中掌握国情。做好这方面的研究工作，既是非常重要，又是十分艰巨的。

实现我国社会主义现代化，首先要看到我们已经建立了社会主义制度。社会主义制度从总体上来说，无疑是优越的。在政治上，我们建立了工人阶级领导的、以工农联盟为基础的人民民主专政的政治制度；在经济上，我们建立了以生产资料公有制为基础的社会主义经济制度。这是我国实现现代化的最有利的政治、经济条件和最根本的保证。从 1949—1982 年，我国工农业总产值增长了 17.3 倍，平均每年递增 9.2%，其中工业增长了 50.9 倍，平均每年递增 12.7%；农业增长了 3.6 倍，平均每年递增 4.7%。这个速度从全世界来看是很快的；同时我国现代化建设也取得了很大进展。这是社会主义制度优越性的一个重要的表现。根据美国海外发展委员会发表的 1980 年的资料，我国平均每人国民生产总值和生活质量指数在世界各国、各地区所占的位次，按国民生产总值计算，由过去近乎世界的末位进到了第 151 位；而按"生活质量指数"（包括婴儿死亡率、平均期望寿命、成人识字率三个指标综合而成）计算，则由过去的近乎末位，进入了第 73 位。这说明，我们的经济虽然比较落后，但确实尽了极大的努力为人民谋福利。这是社会主义制度优越性的又一个重要表现。这种史无前例的辉煌成就，在旧中国是根本做不到的；在资本主义国家，也是经历了漫长的时间才做得到的。历史充分说明：只有社会主义才能救中国，只有社会主义才能使中国实现现代化。我们必须坚持社会主义的现代化道路，而绝不能走资本主义的现代化道路。

研究中国国情，特别是为实现现代化而研究国情，应当十分注意研究生产力方面的情况，包括它的历史、现状和发展趋势。这不仅是因为生产力的发展有继承性，现有生产力是它进一步发展的基础，生产力的现状对现代化的目标、重点、方法、步骤等有很重要的制约作用；而且是因为生产力的状况最终决定着生产关系，我们必须使生产关系适应生产力的性质和水平。马克思主义告诉我们：各个人借以进行生产的社会关系，即社会生产关系，是随着物质生产资料、生产力的变化和发展而变化和改变的[①]。随着新的生产力的获得，人们便改变自己的生产方式，而随着生产方式的改变，他们便改变所有不过是这一特定生产方式的必然关系的经济关系[②]。在建设社会主义的过程中，必须始终注意使生产关系与生产力相适应，促进生产力的发展。

关于我国生产力的状况，有很多问题需要进一步探索。下面我谈谈我国生产力现状的一些主要特征：

经过30多年的建设，我国生产力已经有了巨大的发展，为社会主义制度奠定了牢靠的物质技术基础。在工业方面，已经建立了独立的、门类比较齐全的工业体系。工业在工农业总产值中的比重，已由1949年的30%提高到1982年的66%。1982年，全国工业企业38.86万个，其中大型企业1600个、中型企业3800个、小型企业38.32万个。1982年全民所有制独立核算工业企业拥有固定资产4375亿元，定额流动资金1232亿元，分别比1952年增长28.3倍和25.8倍。在现有企业中，有一批是具有先进技术水平、社会化程度较高的骨干企业，能够提供大量的优质原材料、能源、先进技术装备和尖端技术产品，也能提供大量的积累。在农业方面，农业社会化程度有了相当的发展，农业现代化也有了一定的基础。1982年，全国农业机械总动力已达2.26亿马力，机耕面积占耕地面积35.6%；农村用电量397亿度，平均每亩耕地用电26.8度；农用化肥1513万吨，平均每亩耕地21斤；灌溉面积占耕地面积45%。交通运输业和邮电业及其现代化水平也有了较大发展。科学、教育、文化事业的成就也很显著。33年来高等学校和中等专业学校培养出1062万名专门人才，建立了一支具有一定水平的管理干部和科技人才队伍；核技术、人造卫星和运载火箭等方面的成就集中地表现出我国搞现代化已经不是从零开始起步，而是已经有了相当可观的基础。这也是我们进一步搞现代化极为有利的条件。

---

① 马克思：《雇佣劳动与资本》，《马克思恩格斯选集》第一卷，人民出版社1972年版，第363页。

② 马克思：《致巴·瓦·安年柯夫（1846年12月28日）》，《马克思恩格斯选集》第四卷，人民出版社1972年版，第322页。

但是，总的说来，我国生产力还不发达，生产水平还比较低。1982年，我国按人口平均的国民收入为421元，折合美元219元，和世界上其他国家相比是很低的。即使是经济发达地区，手工劳动也还占很大比重。如我国工业最发达地区之一的辽宁省，虽然有一批技术装备比较先进的大型骨干企业，但大量地方工业、街道企业、社队企业的设备和技术水平仍然十分落后，手工劳动相当普遍；占全省人口2/3的农村，生产仍以手工劳动为主。再如我国经济最发达的上海市，生产力发展水平也很不平衡，有自动化、机械化程度很高的现代化企业，也有生产技术水平中等的一般企业，还有大量设备陈旧、技术落后、主要依靠手工劳动的工厂。我国已建立的物质技术基础还存在着不少缺陷，如农轻重之间关系不协调，能源交通运输紧张，不少企业是"大而全"、"小而全"，组织结构不合理，以及产品质量低、物资消耗高、经济效益差等。这些情况说明，我国现代化水平还是很低的。

当前我国生产力水平低的突出表现是，全国10亿人口中有8亿是农民。虽然农业生产有了很大发展，但是仍然相当落后。全国农业劳动生产率增长很慢，1958—1980年的22年中几乎没有什么增加。目前我国每个农业劳动者一年平均生产粮食2000多斤，不仅比经济发达国家低得多，比一般发展中国家也低很多。农业劳动生产率低，必然导致农产品商品率也低。1982年全国农村集体粮食分配的大体情况是，农民口粮占68%，种子饲料、集体储备占11%，国家征购议购21%，在国家征购粮食数量中扣除返销农村的部分，粮食净商品率为15.6%。按现在生产水平计算，农村每年只能提供约1000多亿斤净商品粮，这对整个国民经济的发展有极大的制约作用。邓小平同志曾说：要使中国实现现代化，至少有两个重要特点是必须看到的：一个是底子薄，第二个是人口多，耕地少。耕地少，人口多特别是农民多，这种情况不是很容易改变的。这就成为中国现代化建设必须考虑的特点。

从生产力要素看，我国劳动力比较充裕，而与劳动力相比较，资金则显得不足。如何充分利用劳动力，筹集更多的资金，同时控制人口增长，是一个在处理经济关系时需要十分重视的问题。实行计划生育，控制人口增长必须成为而且已经成为我们的基本国策。我们要求本世纪末人口不超过 12 亿。这就是说，在未来十几年内，我国至少将要新增两亿人口，即将近现在一个美国或者两个日本的人口总数。不管多么富裕的国家，在这样短的时间内增加这么多人口，都不能不认为是一个极大的问题。何况我们还要加上原有的 10 亿人口，使大家都能过有吃有穿、有较高物质文明和精神文明的小康生活，其任务之艰巨，就可想而知了。人口和劳动力多对生产虽有有利的方面，但也带来很多困难。特别是在经济基础薄弱的条件下，人多必然消费多，因而使得国家经济负担重，劳动力多也会增加安排就业的困难。

我国素称地大物博。不能否认，我国国土面积很大，不少自然资源也很丰富，这些都是实现现代化的有利条件。但是也要看到，如果按人口平均，我国拥有的资源，相对于很多国家来说，是比较少的。例如，我国平均每人占有土地 14 亩，只有世界平均数 49.5 亩的 28%，其中耕地 1.5 亩，仅为世界平均数 5.5 亩的 27%；林地 1.8 亩，仅为世界平均数 15.5 亩的 12%；草原 4.7 亩，仅为世界平均数 11.4 亩的 41%。我国很多矿产资源按人口平均也不多。同时，不少资源目前还没有勘探清楚；有些资源如铁矿等，虽然探明的储量不少，但质量次、品位低；有的资源（如水力）虽然丰足，但开发利用的难度大。同时，开发资源还将长期遇到资金和技术问题。如何有效地节约地利用资源，也是我国在现代化建设中要注意的一个重要问题。

我国科学技术水平和文化教育水平也比较低。我国一些主要科学技术领域，比世界先进水平大约落后二三十年。全国人口中具有大学水平的只占总人口的 0.6%，具有中学文化水平的只占 24%。在现有职工中，文化水平在小学程度以下的占 40% 左右，初中程度的占 40% 左右，受过高等教育的只占 3%。在现有的工人中，技术等级在 1—3 级的占 70%，4—5 级的占 23%，7—8 级的仅占 2%。技术人员占职工总数的比重，一些发达国家一般在 30% 以上，而我国仅占 3% 左右。至于广大农村的 8 亿农民，科学文化水平就更低了。要实现现代化不能不考虑到这种情况。

长期以来，我国经济效益比较差，原因很多。一个重要原因是宏观经济管理和企业经营管理差，这同现行经济管理体制的缺陷有关，也同经济管理人才少、水平低有关。据典型调查，我国大中型企业的领导干部，熟悉业务懂得管理的不到 1/3。黑龙江省厂级以上领导干部中，受过大专教育的只有 4.1%；铁道部系统各级领导干部中，懂得科学管理的只占 15%—20%。这几年，在培养经济管理人才和提高经济管理、经营管理水平方面取得了一定的成绩，但仍面临着严重的任务。

还要看到我国地区之间、部门之间经济发展不平衡状况。例如，按 1980 年不变价格计算，1982 年全国平均每人工农业总产值为 812 元，而上海市为 5719 元，贵州省为 354 元。又如工业方面，1982 年全民所有制每百元固定资金（原值）实现的产值，全国平均为 94.5 元，上海市为 242.7 元，青海省只有 37.5 元。每百元固定资金（原值）实现的利润税金，全国平均为 22 元，上海市为 77.1 元，青海省只有 4.7 元。再如农业，1982 年机耕面积占耕地面积的比重，全国平均为 35.6%，上海市、天津市分别为 90.8% 和 82.7%，而云南省、贵州省分别只有 5.4% 和 0.5%。再如平均每人社会商品零售额，1982 年全国平均为 253 元，而上海市为 824 元，贵州省为 134 元。即使在同一地区同一部门内部，经济发展也不平衡。以上情况，说明在现代化过程中我们的经济工作必须因地制宜，注意灵活性，切忌"一刀切"。

我们还要注意研究历史传统的影响。我国是一个具有悠久历史、灿烂文化的文明古国，我们中华民族是吃苦耐劳、勤俭朴素、互助互济、发愤图强的民族，是富有革命精神、高尚道德和爱国主义传统的民族。经过长期实践的教育，我国人民热爱社会主义，迫切要求现代化。这些都是实现现代化的有利条件。而由于长期的封建统治，封建主义的遗毒，小生产思想不可能在短期内彻底扫除干净，社会生活还存在某些封建残余现象。同时，一百多年半封建半殖民地社会的历史遗留下来的资本主义思想和殖民地奴化思想，在一部分人中也尚未完全肃清。这些都是不利于社会主义现代化建设的。研究这方面的问题，发扬我们的优良传统，克服存在的弱点，在建设社会主义物质文明的同时，建设社会主义的精神文明是很重要的。

三　要求不断完善社会主义生产关系

为了顺利实现社会主义现代化，我们必须不断地完善社会主义生产关系。因此，党和政府决定，要坚决地、有步骤地改革现行的经济体制，建立适合于中国国情的经济体制。邓小平同志曾说，经济体制改革是我们坚持社会主义道路，集中力量进行现代化建设的重要保证。通过改革，建立中国式的社会主义经济体制，这不仅是实现社会主义现代化的一个重要条件，而且也是建设有中国特色的社会主义的重要任务。

我们强调建设有中国特色的社会主义是有针对性的。我国过去一个相当长的时期内，经济工作中存在的"左"倾指导思想的重要特征之一就是忽视中国国情，离开实际情况搞建设。例如，在生产关系方面，脱离生产力的实际状况，盲目追求"一大二公"。又如，在生产建设方面，不顾财力、物力、人力的客观情况和可能性，盲目追求高速度、"大跃进"。这种"左"倾错误思想现在还有影响。可以说，提出建设有中国特色的社会主义，首先是针对背离中国国情的"左"倾错误思想，是为了彻底清除这种错误思想。

建设有中国特色的社会主义，也是针对那种认为建设社会主义只有一种模式的理论和实践而提出来的。国际共产主义运动中长期流行一种看法，把斯大林领导下形成的苏联社会主义模式说成是唯一正确的模式。这种看法也长期影响了我国社会主义建设的实践。我国经济管理体制有很多内容就是来自苏联模式，我们绝不能一概否认这种模式的积极作用，但是从我国经验看，它确实存在着严重缺陷，妨碍着国民经济的健康发展和经济效益的迅速提高。我国进行农业社会主义改造有很多创造，但某些方面也照搬了苏联的一些做法，如农村人民公社生产队不顾条件地实行单一的统一经营和集体劳动，就不利于生产的发展。近几年，我国实行包括双包责任制在内的多种农业生产责任制，才纠正了这方面的错误，促进了农业生产迅速发展。

国外也有人至今仍认为社会主义只有一种模式，否认社会主义可以有各种各样的模式。这种说法既不符合当前国际共产主义运动和社会主义各国建设的客观事实，也不符合马克思、恩格斯、列宁的理论。马克思和恩格斯总是要求人们把他们的理论当做科学看待，要注意结合各国工人运动的不同条件去应用革命的理论。恩格斯曾说过：马克思的历史理论是每一个始终一贯和前后一致的革命策略的基本条件；为了找到这种策略，所必需的只是把这一理论应用到本国的经济和政治条件中去①。列宁也一再说过：我们决不把马克思的理论看做某种一成不变的和神圣不可侵犯的东西。对于俄国社会主义者来说，尤其需要独立地探讨马克思的理论，因为它所提供的只是一般的指导原理，而这些原理的应用具体地说，在英国不同于法国，在法国不同于德国，在德国又不同于俄国②。由于各国国情不同，建设社会主义总是要把马克思主义的普遍真理和各国的国情结合起来。因此，社会主义必然会有多种模式。我们党的十一届六中全会决议中说：社会主义生产关系的发展并不存在一套固定的模式。这是一个完全符合客观事实和社会发展规律的科学论断。现在我们对于照搬苏联的模式带来的消极后果，已经有了比较深刻的体会。但是，在近几年探讨经济管理体制改革的过程中，也有人主张照搬其他社会主义国家的经济管理体制模式。这种主张也是不对的。邓小平同志说：无论是革命还是建设，都要注意学习和借鉴外国经验。但是，照抄照搬别国经验、别国模式，从来不能得到成功。这个论点是有深刻含义的。

由上可知，建设有中国特色的社会主义经济，关键是要把马克思主义的普遍真理同中国的具体情况结合起来。也就是说，一方面，我们把马克思主义关于科学社会主义的普遍适用的原理付诸实践，诸如以生产资料公有制为基础，坚持计划经济，实行按劳分配等社会主义经济的基本原则，无疑都是应该坚持的；另一方面，在建立和发展生产资料公有制、计划经济、按劳分配的过程中，又要根据中国的国情，找到恰当的合适的具体形式，使社会主义具有中国的特色，在中国的国土上生根开花。因此，有中

---

①　《致维·伊·查苏利奇（1885 年 4 月 23 日）》，《马克思恩格斯书信选集》，人民出版社 1962 年版，第 427 页。

②　《我们的纲领》，《列宁选集》第 1 卷，人民出版社 1972 年版，第 203 页。

国特色的社会主义经济包括两项主要内容：（1）它是社会主义的；（2）它是有中国特色的。两者都是这种纲领性命题应有的内容，对此要有全面的认识。

下面着重谈谈体现生产关系的经济体制问题。什么是有中国特色的社会主义经济体制呢？对于这个问题，由于现在我们还处于改革的开始阶段，很多问题正在研究探索，因此还难以作出很全面、很具体的回答。当然，根据这几年改革的实践，根据对我国国情的分析，以及根据其他社会主义国家改革的经验，我们还是可以看到或预见到中国式社会主义经济体制的某些重要特征。我个人认为，中国在今后相当长的一个时期，要通过改革，建立具有如下特征的社会主义经济体制：

（一）在所有制结构方面，是在国营经济领导下，多种经济成分和多种经营方式同时并存

我国宪法规定："国营经济是社会主义全民所有制经济，是国民经济中的主导力量。国家保障国营经济的巩固和发展。"农村人民公社、农业生产合作社和其他生产、供销、信用、消费等各种形式的合作经济，以及城镇中的工业、手工业、建筑业、运输业、商业、服务业等行业的各种形式的合作经济，都是社会主义劳动群众集体所有制经济。"国家保护城乡集体经济组织的合法的权利和利益，鼓励、指导和帮助集体经济的发展。""在法律规定范围内的城乡劳动者个体经济，是社会主义公有制经济的补充。"国家通过行政管理，指导、帮助和监督个体经济。

我国宪法还规定："中华人民共和国允许外国的企业和其他经济组织或者个人依照中华人民共和国法律的规定在中国投资，同中国的企业或者其他经济组织进行各种形式的经济合作。"

为什么要国营经济领导呢？这是因为，国营经济掌握着关系国计民生的经济命脉，它是保证劳动群众集体所有制经济沿着社会主义方向前进，保证个体经济为社会主义服务，保证整个国民经济发展符合人民群众整体利益和长远利益的物质基础。如果没有国营经济的绝对优势和主导作用，集体经济和个体经济就会迷失方向。因此，忽视国营经济的主导作用是错误的。我们当前和今后长时期的任务是要更好地发展国营经济并发挥它的主导作用。

为什么要多种经济成分和多种经营方式并存呢？这是因为，如前所述，我国生产力总的发展水平不高，各个地区、各个部门的经济发展很不平衡。这种不同层次的生产力，需要有与其相适应的多种所有制形式和多种经营方式。与此相联系，为了广开就业门路，解决劳动力多的问题，为了满足生产建设和人民生活的多种多样的需要，也不能由国营经济包揽一切，而必须同时发展集体经济和个体经济，发挥它们灵活多样的特点，以吸收更多的人就业，并为社会提供丰富多彩的商品和各种服务。这样做，还可以使许多为社会和人民生活所需要的事业，靠动员集体和个人集资来办，国家则集中资金保证重点建设。所以，允许多种经济成分在国营经济领导下同时并存，是有利于社会主义建设的。在我国，劳动群众集体所有制在农村是主要的经济形式。在城镇集体经济也要有一个大的发展。当前还要发挥个体经济的积极作用，提高个体劳动者的社会地位，适当发展个体经济。有人认为我国社会主义现阶段的个体经济必然不断产生资本主义，这样的顾虑是不必要的。我们当然也要看到个体经济有一定的盲目性，要对它加强管理、帮助和监督。

为什么要吸收外资进行各种形式的经济合作呢？这是因为采取这种办法，可以解决我国现代化过程中所遇到的资金不足、技术不足的一部分困难，以加速现代化的进程。这样做，对于国外的合作者，也是有利的，因为他们在遵守我国法律的条件下，可以获得正当的甚至是相当优惠的收益。

我们实行对内搞活、对外开放的方针是坚定不移的。同时，我们也要防止资本主义腐朽思想的侵蚀，坚决打击各种犯罪活动。

（二）在计划和市场的关系方面，是坚持以计划经济为主、市场调节为辅

在公有制基础上实行计划经济，是我国社会主义经济的基本制度。正确处理计划经济与市场调节的关系，是经济管理体制的一个根本性问题。从我国现阶段社会经济的特点出发，对经济活动的管理将分为两个部分：对主要部分、主体部分实行计划管理；对次要部分与从属部分实行市场调

节。我国宪法已明确规定："国家在社会主义公有制基础上实行计划经济。国家通过经济计划的综合平衡和市场调节的辅助作用，保证国民经济按比例地协调发展。""禁止任何组织或者个人扰乱社会经济秩序，破坏国家经济计划。"

我们将建立和健全以五年计划为主体，中、长、短期计划相结合，经济、科技、社会发展计划相结合的计划体系。国家计划工作的重点，是对一定时期经济发展的战略目标、战略重点、规模、速度、地区分布、重大比例关系等，作出正确的决策；对固定资金投资方向和规模、重大建设项目、工资总额、工资水平、价格水平等有效地进行控制，对财政、信贷、外汇、物资、市场、劳动力等搞好综合平衡。在这个前提下，划出一定的范围进行市场调节。

国家将根据不同时期的具体情况，根据需要和可能，采取多种形式，明确划分指令性计划、指导性计划和市场调节的范围，并使三者有机地结合起来。对于固定资产投资总规模和基本建设项目，对于关系国计民生的重要产品、重要任务，对于关系经济全局的骨干企业，实行指令性计划。指令性计划也不是单纯依靠行政命令，而是同时运用价格、税收、信贷等经济杠杆。对于品种规格复杂，使用面广，要求多变，又比较重要的产品的生产和流通，对于中小型国营企业和较大的集体企业，以实行指导性计划为主。指导性计划也下达计划指标，但指标不具有强制性，允许企业根据自身条件和市场情况，较灵活地安排生产经营活动。国家主要通过利用经济杠杆和及时发布产需信息来促进其实现。对于大量小商品的生产和流通，对于大量的分散的城乡集体企业和个体经营者，以市场调节为主，国家一般不下达计划指标，而由生产经营单位根据市场供求情况的变化灵活地自行安排。但国家也进行政策指导和行政干预，也不排除由国家下达少数指令性指标，如对粮食和其他重要农副产品进行征购派购。

实行上面说的市场调节会不会妨碍计划经济呢？有的人担心这种市场调节会破坏计划经济，这是不会的。在国营经济占主导、多种经济形式并存的情况下，我们有必要也有可能坚持以计划经济为主、市场调节为辅。由于我国现阶段生产力发展很不平衡，社会需要又极其复杂，只有把品种规格繁杂的小商品划入市场调节的范围，由价值规律自发地调节供求，才有利于实现产需衔接，使国家集中主要精力，搞好计划管理，这样才能活跃经济生活，保证国民经济按比例发展。所以，实行上述市场调节，是有利于实现和发展计划经济的。当然，实行这种市场调节必须坚持以计划经济为前提。我国社会主义条件下的市场调节不同于资本主义的市场经济，国家有必要也有可能运用经济的、法律的、行政的多种办法加以引导，使之纳入国民经济有计划按比例发展的轨道。有的人抹煞计划经济的优越性，主张我国实行资本主义的市场经济，这也是违背我国国情的，因而是不正确的。

（三）在中央与地方的关系方面，是要正确划分它们各自的职责权限，实行政企合理分工，充分发挥城市在现代化过程中的作用

正确处理中央与地方、条条（部门）与块块（地方）之间的关系问题，按照经济的内在联系组织经济活动，是我国体制改革中重要问题之一。总结过去的经验，必须适度地划分中央与地方的职责权限。由于我国是实行计划经济的国家，又是经济比较落后的国家，因此在处理中央与地方的关系上，必须坚持集中统一领导，坚持"全国一盘棋"的原则。关系国民经济全局的经济决策大权必须集中于中央，中央与地方财力、物力的分配，也应该贯彻"大集中，小分散"的原则。计划经济的优越性之一，就是能够适当地集中人力、物力，进行有计划的建设。全国要集中力量支援重点建设。集中力量才能办成大事，力量过分分散，就什么也办不成。同时我国又是一个有 10 亿人口的大国，各地经济发展很不平衡，各项经济活动不应该也不可能都集中到中央管理，必须实行"统一领导，分散管理"和"大权集中，小权分散"的原则。要在中央统一计划下，给地方一定的因地制宜权限。地方应该有权对本地区内地方性的生产和建设、人民生活和社会服务设施等，进行全面规划；对地方的财力、物力等进行综合平衡，统筹安排，并组织好产、供、销的衔接和生产协作等工作。

在条条与块块的关系上，既不能片面强调条条管理，也不能片面强调块块管理，而应该趋利避害，使条条与块块结合起来。就是说，要在行业指导下，以中心城市为依托，组织经济活动，通过扩大企业产、供、销的权力，密切企业间的经济联系，大力发展社会主义商品生产和商品交换，使企业从条条和块块的束缚下解脱出来。

我国的工业集中在大中城市。据 1982 年全国 232 个城市的统计，人口占全国的 14.2%，工业固定资产原值、职工人数都占全国的 2/3 左右，而工业产值占全国 68%，利税占全国的 73%。同时，先进的科学技术，基本上也是集中在城市。这就是说，抓住城市，就抓住了工业的主要部分。从城市抓起，发挥城市的作用，特别是要发挥大中城市在组织经济和实现现代化方面的作用。为此，必须实行行政管理和经济管理的合理分工，改革行政管理体制。

（四）在国家和企业的关系上，是在国家统一政策、统一计划指导下，使国营企业成为拥有生产经营所必需的责、权、利的相对独立的经济实体，实行盈亏责任制

毛泽东同志在《论十大关系》中就说过工厂在统一指导下的独立性问题。他指出：把什么东西统统都集中在中央或省市，不给工厂一点权力，一点机动的余地，一点利益，恐怕不妥。各个生产单位都要有一个与统一性相联系的独立性，才会发展得更加活泼。长期以来，国营企业缺乏生产经营所必需的自主权，经营成果与经济利益相脱离，多次经济体制改革局限于调整中央与地方管理权限，很少涉及国家与企业之间的关系。党的十一届三中全会以来的改革，从扩大企业自主权开始，建立和健全经营责任制和经济责任制，将责权利三者有机地结合起来，为正确处理国家与企业的关系，摸索出一些有益的经验。

实践经验表明，国家与企业的责权利关系中，责是主导方面。为了使企业更好地履行对国家承担的经济责任，要根据不同情况给予一定的生产经营自主权，使企业拥有部分或全部的产供销、人财物的决策权。扩大企业自主权要有利于提高社会经济效益，有利于促进发展国民经济和实现现代化，应该有区别地逐步地进行。

为了使企业在履行其经济责任方面既有内在的动力，又有外在的压力，并且有必要的经济力量保证，还需要正确处理国家和企业之间的经济利益关系。现在我们正在完善税制，实行"利改税"的制度，即企业按照国家的规定缴纳各种税款之后，其余的利润归企业支配，实行盈亏责任制，以保证国家得"大头"。企业所得，只能根据生产的增长和经济效益的提高，而相应地增加，绝不能不经努力，只图轻轻松松从国家财政上挖一块；也不能偷工减料，降低质量，随便涨价，从消费者身上打主意，以增加企业的收益。这两种倾向都要反对。当然，国家得的"大头"也并非越大越好，过大了，挫伤了企业的积极性，则国家也就得不到"大头"。我们正进行的税制改革，就是要更好地处理好国家与企业之间，中央与地方之间的经济利益关系，使企业真正做到盈亏负责制。

（五）在劳动工资制度方面，是采取多种适当的形式，贯彻各尽所能、按劳分配的原则，同时加强共产主义思想教育

在正确处理国家与企业关系的同时，还必须正确处理企业和职工之间的关系。农业生产责任制的推行，为在农村正确处理集体经济内部集体和劳动者个人之间的经济关系，提高农民的积极性提供了成功的经验。城市工商企业的改革主要是处理全民所有制经济内部的关系，首先要处理好国家与企业的经济关系，然后在这个基础上处理好企业与职工的经济关系，改进劳动、工资和奖励制度，而不能照搬农村的做法，因为城市和农村情况不同，而且这是两种不同的所有制。

我国宪法规定："社会主义公有制消灭人剥削人的制度，实行各尽所能、按劳分配的原则。"目前我国劳动工资制度存在不少缺陷，主要的弊端是通常说的"铁饭碗"和"大锅饭"。在改革劳动工资制度方面，有如下的设想：

第一，在国家统一领导下，企业有必要的劳动工资管理权限。劳动工资管理中涉及全局的大政方针和规章制度，由中央统一规定，但在不突破国家计划指标的条件下，逐步扩大企业的用人权，允许企业在国家计划和方针政策许可的范围内，有权根据自身生产经营的需要，精简职工，调配人员，有权根据国家的规定和企业的特点，采取具体的工资形式和奖励制度。

第二，改变劳动就业由国家统包统配的办法，开辟多种就业渠道。缩小国家统包统配的范围，坚持实行劳动部门介绍就业、自行组织起来就业和自谋职业相结合的方针。

第三，实行多种用工形式，打破"铁饭碗"。采用临时工、合同工和固定工等多种形式，代替目前实行的单一的固定工形式。广泛实行合同工、临时工。合同期满，可根据企业需要和本人志愿，决定续订或辞退。固定工也不实行"终身制"。

第四，全面贯彻按劳分配原则，取消"大锅饭"。一是克服企业吃国家的"大锅饭"，使企业职工的劳动报酬同企业的生产经营成果联系起来，经营管理好，对国家贡献大的企业，职工劳动报酬水平也可以根据国家的规定高一些。二是克服企业内部职工吃企业的"大锅饭"。根据职工劳动的复杂性、繁重性、劳动强度、劳动条件、本人的业务技术水平和工作能力，以及实际劳动成果来确定每个职工的劳动报酬。由于存在多种经济成分和多种经营方式，劳动报酬的形式也必然多种多样。

第五，建立社会保障制度，保障人民生活和社会秩序的安定。社会保障机构除了负责管理被企业辞退职工外，还要把退休金和退休职工的工作管起来。社会主义社会是要使每个人的生活有保障的，这是社会主义的优越性之一，将现在由企业"包"改变为由社会"包"，就可以既使每个人的生活继续有保障，又使企业有条件实行严格的经济核算制，克服社会主义企业中人浮于事、劳动效率低等弊端。

第六，贯彻按劳分配原则和加强共产主义思想教育相结合。为了充分调动劳动者的积极性，首先必须加强职工队伍的精神文明建设，使广大职工树立起主人翁的劳动态度。现在我们正在不断地加强以共产主义思想教育为核心的社会主义精神文明建设，这是顺利地实现现代化的一项根本保证。

中国式的社会主义经济体制当然不只是具有上面一些重要特征，其他如在独立自主、自力更生的前提下坚持对外开放，积极开展对外经济技术交流活动，等等，也都是很重要的特征。

四　中国现代化的前景

有的人说，中国现代化是幻想，意思是说中国是不能实现现代化的。这种看法，即使不是出于偏见，也完全背离事实，因而是不正确的。在旧中国，确实是不能实现现代化的，这不是由于中国缺少资源等条件，而是由于半封建半殖民地的制度阻碍实现现代化。历史表明：中国不可能走资本主义现代化的道路，但在建立了社会主义制度后，中国就完全有可能依靠社会主义制度的优越性，加快现代化的步伐，最终进入经济发达的现代化国家的行列。西方经济学者常用"经济起飞"这个概念，探讨中国经济什么时候可以"起飞"。如果我们也使用这个概念，那么应该说，新中国在成立以后，确切地说，从第一个五年计划时期就开始"起飞"了。我国第一个五年计划时期工农业总产值平均每年增长10.9%，其中重工业增长为25.4%，轻工业增长为12.9%，农业增长为4.5%；国民收入平均每年增长8.9%。这个时期一些主要工业品的年平均递增速度是：原煤为14.7%，发电量为21.5%，生铁为25.2%，钢为31.7%，水泥为19.1%，金属切削机床为15.4%，内燃机（商品量）为76.7%。这样高的经济增长速度，并且伴随着现代化工业和现代技术的发展，难道还不是"经济起飞"吗？当然，这个"起飞"过程后来由于指导思想上的失误受到了阻碍，在"文化大革命"中甚至中断了。而在粉碎"四人帮"之后，尤其是在党的十一届三中全会以后，我们就开始纠正"左"倾指导思想，把工作重点放到经济上来，并坚决贯彻执行调整、改革、整顿、提高的方针，努力走出一条具有中国特色的社会主义现代化建设的新路子来。这几年我们取得了比预想要好得多的成绩，我们的现代化事业正在阔步前进。因此，我们是一定能够实现社会主义现代化的。

我们实现现代化的过程中无疑还会遇到很多困难，对此我们也有足够的思想准备。我们强调研究国情，强调从国情出发搞现代化建设，一方面是为了看到有利条件，充分调动积极因素；另一方面是为了正视困难，看到不利条件，化消极因素为积极因素，找到克服困难的途径和办法。陈云同志曾经深刻地指出：中国是有 10 亿人口，其中 8 亿是农民的国家，我们是在这样一个国家中进行建设。新加坡、韩国等地区没有 8 亿农民这个大问题。欧美、日本各国也没有 8 亿农民这个大问题。我们必须认识这一点，看到这种困难。过去有一段时期我们对这种困难认识不够，估计不足，提出了一些不切实际的指标和预言，犯了建设上的"速成论"的错误，这是"左"倾指导思想的一个重要方面。现在我们还要继续清除这种"速成论"思想的影响。根据我国的国情，我们对现代化建设也必须树立"持久战"的思想，实现中国式的社会主义现代化将是一个长时期的历史任务，估计要用 50 年甚至更多的时间来完成这个任务，争取在下个世纪中叶以前接近当时经济发达国家的水平。我们不能脱离客观条件提出过高的速度要求，也不能不切实际地要求样样都赶超世界先进水平，而必须实事求是地分阶段地、有计划有步骤地实现现代化。

邓小平同志曾说过：我们进行社会主义现代化建设是要在经济上赶上发达的资本主义国家，在政治上创造比资本主义国家的民主更高，更切实的民主，并且造就比这些国家更多更优秀的人才。中国共产党第十二次代表大会已确定了本世纪末我国经济建设的宏伟目标，这也就是这一阶段现代化建设所要完成的任务。目前，我国科学界，包括自然科学家、工程技术专家和社会科学家正在开展"2000 年的中国"的研究。其目的，就是在党的十二大精神的指引下，总结过去，立足现在，面向未来，通过对国内外、主客观条件的综合分析，对 2000 年中国的经济、文化、科学技术、人民生活以及精神文明描绘出一个比较清晰、具体的图像，并探索达到目标的最佳途径和必须采取的政策措施，为国家制定发展战略和各部门、各地区、各行业编制发展规划提供科学根据。这项研究工作还在进行中，下面我对本世纪末中国现代化的情景谈一些轮廓性的预测。

（一）在提高经济效益的基础上，工农业总产值比 1980 年翻两番

胡耀邦同志在党的十二大报告中指出：从 1981 年到本世纪末的 20 年，我国经济建设总的奋斗目标是，在不断提高经济效益的前提下，力争使全国工农业的年总产值翻两番，即由 1980 年的 7100 亿元增加到 2000 年的 28000 亿元左右。

提高经济效益的实质就是用较少的劳动消耗取得最大的经济效果。这是发展经济的一般规律，而我国由于人口多、底子薄，提高经济效益就更为重要。目前我国经济效益比较差，经过进一步贯彻调整、改革、整顿、提高的方针，经济效益将逐步提高。从长远看，经过努力我国一定会有比较好的经济效益。主要理由是：（1）经过调整，产业结构、行业结构、产品结构以及企业组织结构等日趋合理，将为提高经济效益提供客观经济条件。（2）经过改革，企业有了必要的经营管理自主权，更多地贯彻按劳分配，实行民主管理，将充分调动职工改善经营管理，提高经济效益的积极性、创造性。整顿也将促进企业改善经营管理，提高经济效益。（3）我们正在有重点有步骤地对现有企业进行技术改造，这也是提高经济效益的重要因素。（4）最根本的，是我们已在指导思想上明确了把提高经济效益放在第一位，正在围绕提高经济效益，走出一条经济建设的新路子。

我国的国情也决定了我国有必要也有可能取得比较快的经济发展速度。党的十二大确定从1981—2000年工农业总产值每年平均递增7.2%，这是有科学根据的，是能够实现的。按照20年划分为两个阶段的战略部署，前10年工业增长速度将达到6%—7%，后10年将达到8%—9%；农业增长速度20年平均达到5%—6%。从90年代起我国经济将进入一个新的经济振兴时期，国民经济将有可能持续地以比较快的速度发展。

有的人要求前10年有更快的经济发展速度，这是不切实际的。因为当前能源交通紧张，同时调整改革等方面的任务十分繁重，相当地抑制着经济发展速度，而且前10年必须集中必要的财力、物力，进行重点建设，为后10年的经济振兴打好基础。要求前10年有更高的速度就可能会重犯过去盲目追求高速度的错误。即使到90年代进入新的经济振兴时期以后，我们也要防止和克服"速成论"思想，避免提出不切合实际的高速度，妥善处理好速度和效益的关系。

有的人提出基数大了速度必然降低的看法，认为我们不可能达到党的十二大提出的速度要求。这种看法也是不正确的。从一些经济发达的国家长时期的历史看，战后的经济发展速度都快于战前的经济发展速度，可见基数大了并不必然导致速度下降。再从我国当前情况来看，从自然资源、物质技术基础、劳动力、资金、市场等各种因素分析，都看不到基数大了速度就要降低的必然性。特别是，随着科学技术不断进步，必将克服基数增大对速度带来的困难。过去我们经过几次严重挫折，30 年来平均增长速度也高于 7.2%，现在有了正确的指导思想和一系列正确的方针政策，有了更好的政治经济条件和物质技术基础，经过努力，党的十二大提出的目标是能够实现的。

（二）产业结构日趋合理，农业、轻工业和重工业生产比例协调地发展

农业是国民经济发展的基础，在中国，农业的地位尤为重要。从国情出发，党和政府已确定把农业作为经济发展的一个战略重点，并制定了发展农业的一系列方针政策。包括：继续稳定和完善多种形式的家庭联产承包责任制；严格控制人口增长；坚决保护各种农业资源；保持生态平衡；决不放松粮食生产，积极开展多种经营；适应商品生产的需要，发展专业户、重点户以及多种多样的合作经济；打破城乡分割和地区封锁，广辟流通渠道；逐步增加对农业的投资；加强农业基本建设，继续进行农业技术改造，加强农业科学技术的研究和应用，改善农业的生产技术条件；各行各业都要支援农业，等等。坚决实行这些正确的政策，可以保证农林牧副渔全面发展，使农业持续地以较快的速度发展。

轻工业在我国国民经济中也有特别重要的地位。加快轻工业的发展，可以适应人民生活改善的需要，可以稳定市场物价，可以安排更多的人就业，可以增加国家财政收入和外汇收入，因而有利于整个经济结构的合理化。我国轻工业生产的发展具有广阔的领域和很大的潜力。党和政府决定，在今后相当长的时期内，把发展轻工业放在重要地位，继续在能源、运输、原材料、贷款、引进技术、投资等方面给予优先照顾。随着农业的加快发展，重工业支援轻工业能力的增强，人民收入的增加，以及随着轻工业企业经营管理的改善和物质技术基础的加强，我国轻工业也将有较快的发展。据预测，今后 20 年我国轻工业的年平均增长速度将在 7.5% 以上，其中，前 10 年接近 8%，后 10 年约为 7.5%。

过去一段时期内,我国存在片面强调发展重工业的倾向,我们要避免重犯这种错误。但是这绝不是说重工业是不重要的。今后我们坚持围绕发展消费品生产来安排国民经济部门间的比例关系,重工业将更好地为农业和轻工业服务,为国民经济的技术改造服务,为出口服务,为国防现代化建设服务,当然也要为本身的现代化服务。现在重工业还要调整内部结构,而且它的发展受到多方面的限制,尤其受能源、交通等条件的限制,不能要求有过快的发展速度。而从较长的时期看,重工业则还是要优先发展的。当然,这不是说任何年代,任何条件下重工业都要优先发展。现阶段我国仍处于由手工劳动向机械化劳动过渡的过程中。今后 20 年,我们要进行重点建设,要全面实现现有企业的技术改造,要继续改善农业的生产条件和技术面貌,这些都要求在具备条件时使重工业发展得比轻工业快一点。即使为了加快轻工业的发展,加快群众迫切需要的住宅建设,也要求重工业优先发展。预测今后 20 年我国重工业的年平均增长速度接近 8%。前 10 年轻工业的速度快于重工业,后 10 年重工业的速度快于轻工业,从整个 20 年来看,重工业的速度比轻工业稍快一些。

由于我国实行计划经济,因而有可能根据国情,合理安排农业、轻工业、重工业的关系和它们内部的关系,使之比较协调地发展。同时也有可能合理安排它们和国民经济其他部门的关系,建立起比较合理的日趋现代化的产业结构。党的十二大提出,把解决农业问题,能源、交通问题和教育、科学问题作为战略重点,将保证产业结构日趋合理。

(三) 国民生产总值和主要工农业产品的产量将居于世界前列

中国通常不计算国民生产总值而计算国民收入。但是,世界其他国家普遍采用前一种计算方法。将后者折算为前者,我国的国民生产总值,1980 年大体上为 2833 亿美元,而同一年,美国为 25825 亿美元,苏联为 12120 亿美元,日本为 11529 亿美元,联邦德国为 8278 亿美元,法国为 6277 亿美元,英国为 4428 亿美元,意大利为 3687 亿美元,我国居世界第 8 位。到本世纪末,我国实现了工农业总产值翻两番的目标,估计国民生产总值相当于现值 11400 亿美元,有可能居世界第 5 位,即居于世界前列。按人口平均的国民生产总值,我国在世界上的位次将从现在的第 151

位左右，上升到第 75 位左右。这个位次虽然仍比较落后，但是从整个国家的经济实力来看，却大大增强了。

就主要工农业产品产量来看，1980 年我国谷物产量居世界第 2 位，棉花产量居世界第 3 位，原煤产量居世界第 3 位，钢产量居世界第 5 位，发电量居世界第 6 位，原油产量居世界第 6 位，棉布、自行车产量居世界第 1 位。到本世纪末，估计谷物可以居世界第 1 位，肉类有可能争取到第 1 位，原煤、钢、发电量、原油等的名次可以提前一二位，棉布、自行车仍可保持第 1 位。

（四）经济发达国家 70 年代或 80 年代初的先进技术在我国将得到普及

要实现本世纪末工农业年总产值翻两番的宏伟目标，进而向更高的水平迈进，需要充分发挥科学技术的巨大作用。同时，科学技术发展水平也是现代化的主要标志之一。因此，党和政府确定，到本世纪末我国国民经济各部门要普遍采用经济发达国家在 70 年代或 80 年代初已经普及了的适用于我国的先进技术，并形成具有中国特色的技术体系。这是一个总的要求，具体来说，可以分为以下五类情况：（1）对于化工、机械、电力、煤炭、建材、冶金等大多数部门来说，经过努力，应该达到经济发达国家 70 年代或 80 年代初的先进水平。（2）有一些领域，还需要达到或接近经济发达国家 90 年代甚至本世纪末的先进水平。如对于电子产品、仪器仪表、纺织产品、石油产品、新型合成塑料、农药等，就要提出这种要求。在这些方面，从技术基础和投资能力来看，也是可能做到的。（3）经济发达国家有些技术虽然先进，但不适合我国国情，就不需要学。（4）经济发达国家有些五六十年代甚至更早就普及了的技术，但对我国仍然很重要、很需要的，也应该发展和普及。比如铁路，美国本世纪初已达几十万公里，我国现在还要加快发展。电话也是这种情况。（5）有一些方面，国外尚无可供我国采用的先进技术，我们必须从自己的实际需要出发，努力创造具有中国特色的新技术。

到本世纪末，我国的技术结构仍将是先进技术、中间技术和传统手工技术等多种技术并存的多元型结构。但是质的方面和量的方面都将同目前有很大不同。那时，自动化、半自动化、机械化、半机械化技术水平会有很大提高。不过手工劳动仍将大量存在。

为了改变我国经济、技术的落后面貌，我们必须集中力量搞好重点建设，尤其要重视能源、交通的建设。同时，也要大力推行技术改造，把现有近40万个企业，特别是重点行业、重点城市的骨干企业，按照技术进步的要求，以提高产品的性能和质量、降低能源和原材料的消耗为中心，加速进行改造。有计划地采用新技术、新工艺、新设备、新材料。这是提高经济效益和实现翻两番的重要措施。

（五）有一些尖端技术进入世界先进行列

目前，我国主要的科学技术，虽然比经济发达国家落后得多，但并不是所有方面都落后。在有些领域，如农业方面的杂交水稻技术、生物固氮技术、生物防治技术，沙漠治理技术，卫生方面的血吸虫病防治技术、针灸和针麻技术，能源方面的小水电技术、沼气制备技术，遗传工程方面的人工合成胰岛素、脱氧核糖核酸技术，国防方面的核弹、火箭、导弹、卫星技术等，都居于或接近于世界先进水平。现在我们明确了经济振兴要依靠科学技术，科学技术要面向经济建设的方针，经过全国人民的共同努力，我们今后一定会掌握比现在更多的新技术，特别是标志科学技术最新水平的某些尖端技术，有可能进入世界先进行列。对那些需要大规模投资和力量的登月和星际航行等宇航技术，我们不必急于同发达国家比高下。但是，对那些关系国民经济发展有重大意义的技术，如电子计算机技术、光纤通信技术、遗传工程技术，等等，则应该在具备条件时力争尽快进入世界先进行列。

（六）资源、能源的利用率和加工深度显著提高，出口产品结构有较大变化

我国经济、技术落后的主要表现之一是资源、能源利用率低，加工深度低。到本世纪末，资源利用率将有明显提高，能源的有效利用率将从现在的30%左右，提高到40%左右。同时加工深度也将显著提高。

现在，国际上把机电产品的出口额占本国机电工业总产值的比重和占本国出口额的比重，作为每个国家现代化程度的一个指标，并认为机电产品出口额占国家出口总额的比重，达不到 25%—30% 的国家不能算作现代化国家。1981 年我国机电产品出口额占机电工业总产值的比重只有 1.5% 左右，占国家出口总额的比重也不足 5%。随着我国现代化建设的不断发展，到本世纪末，我国机电产品的出口额占机电工业总产值的比重和占国家出口总额的比重，将会有很大的提高。

（七）人民的文化教育水平将显著提高

实现现代化，必须提高全民族的文化水平。这既是实现现代化的基本措施，也是体现现代化水平的一个标志。过去一个时期我国对教育不够重视，以致到目前为止，还有 7% 的学龄儿童不能上小学，34% 的适龄少年不能上初中，68% 的适龄青少年不能上高中，大专院校每年招收的学生也很有限。党的十一届三中全会以来，经过拨乱反正，克服了轻视教育的倾向，开始重视智力开发，把发展教育和科学技术放在重要的地位。目前，我国正努力普及初等教育，抓紧进行扫盲工作；努力进行中等教育结构的改革，有计划地发展职业技术教育；采取多种形式，加速发展高等教育。除加强正规大专院校外，还举办大量的广播电视大学、函授大学、夜大学、管理干部学院和教师进修学院。我们还从政策上、组织上采取措施，创造条件，鼓励自学成才，有计划地轮训中青年干部，壮大各方面的专家队伍。到 2000 年时，估计我国劳动年龄范围内人口的文化状况会有很大改变；文盲、半文盲将全部扫除；农村将普及初等教育，劳动者普遍达到高小水平；城市将普及高中教育，职工普遍达到初中水平。全国高中和大学文化程度的人显著增加。那时我们将有 1500 万至 2000 万受过高等教育的知识分子，这是建设现代化的一支主力军。

（八）人民生活将达到小康水平

社会主义生产和建设的目的是满足人民物质文化生活的需要，使全体劳动者过越来越美好、幸福的生活。但是，人民生活的改善必须建立在生产发展的基础上，生活改善的速度不能高于生产发展的速度和劳动生产率提高的速度。因此，我们将坚决贯彻"一要吃饭，二要建设"的方针，在发展生产的基础上逐步改善人民的生活。

党的十二大指出，实现了今后 20 年的战略目标，城乡人民的收入将成倍增长，人民的物质文化生活可以达到小康水平。1980 年我国居民的平均消费水平为 227 元，初步预测，到 2000 年将达到 616 元，为 1980 年的 2.71 倍，每年平均递增 5.1%。这个增长速度是相当快的。虽然到本世纪末，我国人民的消费水平同发达国家相比，还是比较低的，但是，由于我国是社会主义国家，消灭了剥削，没有悬殊的贫富差别，劳动者的工作有保障，生活必需品的价格既便宜又稳定，房租水电、医疗卫生、文化娱乐等收费低，集体福利事业搞得好，因而那时我们将基本消灭一些地方存在着的贫困现象，建立起有以下特点的消费模式：

第一，全国人民都过着丰衣足食、安居乐业的生活。恩格斯说的生活资料、享受资料、发展和表现一切体力和智力所需的资料[①]，都会越来越多地供给人民使用；平均每人享有的物质资料和各种服务，将有较大幅度的增加。

第二，消费结构将有显著的变化。目前我国国民消费需求的主要项目和顺序大致是：（1）食品，（2）衣着，（3）居住，（4）日常用品，（5）交通工具，（6）教育，（7）保健，（8）娱乐。随着收入的增加，消费结构将会改变，特别是随着物质生活水平的提高，随着社会主义精神文明建设的发展，教育、保健、娱乐等方面需求的比重将会增大。

第三，消费具有多样性。由于我国具有土地辽阔、民族众多等特点，我国社会主义消费水平、结构、内容、方式等方面都会具有多样性。

第四，人民生活比较舒适而又不浪费。我们不仅在生产上力求节约，在消费上也力求实惠。有些资本主义经济发达国家实行“高消费、高浪费”，过度耗费资源和社会财富，而且并不能给人民大众真正的幸福，我们不能采用也不应该采用这种消费模式。我们将力求在不很高的收入水平的条件下能够比较好地满足人民的需要，同时不断地逐步地增加人民的收入，改善人民的生活，引导人民建立中国小康式的社会主义消费模式，然后进一步发展为比较富裕的社会主义消费模式，使大家过幸福和愉快的生

---

① 《〈雇佣劳动与资本〉1891 年单行本导言》，《马克思恩格斯选集》第一卷，人民出版社 1972 年版，第 349 页。

活，培养共产主义的新人。

（九）生态环境将有很大的改善

那时我国的环境污染和生态破坏问题将得到相当程度的解决，使城乡人民的生产和生活环境达到比较清洁、优美的程度，各种自然生态环境逐步恢复到良好的状态，以基本适应人民物质、文化生活达到小康水平的要求。

（十）人民的社会主义—共产主义觉悟不断提高

我们不仅重视物质文明的建设，而且重视精神文明建设。在一些经济发达的资本主义国家里，虽然物质文明是发达的，但正如日本的一位著名经济学家所说：由于资本主义制度本身的特性，不仅"出现了历史上罕见的大规模自然环境的破坏，荒废了国土"，而更为严重的是劳动者的劳动力成了商品，使劳动者的"人格本身受到束缚"；加上其他原因，"给人们带来了难以估量的精神、文化的颓废"。在社会主义制度下，随着以共产主义思想为核心的社会主义精神文明建设的发展，劳动者的社会主义和共产主义觉悟将日益提高，将发展成为共产主义的新人。他们将成为有理想、有道德、有文化、守纪律，体力劳动和脑力劳动相结合的劳动者，把劳动看做是光荣的、豪迈的事业，自觉地建设新社会。

鉴于经济发达的资本主义国家实现现代化过程中的经验教训，我国在实现社会主义现代化建设中，不但要力争而且有可能避免资本主义物质文明建设中由于这个制度的本性所造成的自然公害，即对大气、水、土壤等的严重破坏而产生的对自然环境的污染，而且完全有可能避免由于资本主义的本性而造成的社会公害，即对人们的各种精神污染。这是具有中国特色的社会主义的一个重要特征。

以上是对于 2000 年我国现代化建设的一些轮廓设想，不够具体，这些数字都有待实践来检验其是否准确。但是，我们实现了这个目标，就有了一个新的起点，从而争取达到更高程度的现代化。所谓更高程度的现代化，就是在主要方面接近和赶上经济发达国家的水平，这一历史任务，大约在下个世纪 30—50 年代来完成。那时，我们整个国家的经济实力将居于世界领先地位；一些主要的基本的科学技术将居于世界前列；人民生活也将更加富裕，达到世界先进水平。现代化是一个不断发展的过程。那时候我们在现代化建设上，将以更大的步伐向前迈进。

毛泽东同志在 1956 年 11 月 12 日为纪念孙中山先生诞辰 90 周年而写的文章中，曾经说过："事物总是发展的。一九一一年的革命，即辛亥革命，到今年，不过四十五年，中国的面目完全变了。再过四十五年，就是二千零一年，也就是进到二十一世纪的时候，中国的面目更要大变。中国将变为一个强大的社会主义工业国。中国应当这样。因为中国是一个具有九百六十万平方公里土地和六万万人口的国家，中国应当对于人类有较大的贡献。"这个预言是有科学根据的，已经并且继续为历史所证明，因而是能够实现的。

我们对中国的现代化是充满信心和决心的。怀疑和悲观的论调是没有根据的。中国一定会作为一个具有自己特色的繁荣昌盛的社会主义现代化强国屹立于世界！在古代，我们的祖先曾对世界的物质文明和精神文明作出过举世公认的杰出贡献。在当代，在实现社会主义现代化建设的过程中，我国人民对世界人类进步事业，也必将作出无愧于前人的卓越贡献！

努力创造具有中国特色的
社会主义企业管理体系[*]

　　《邓小平文选》的出版是我国各族人民政治生活中的一件大事，它记录了在我国伟大历史转折时期邓小平同志为重新确立我们党的马克思主义政治路线、思想路线和组织路线所作的英勇斗争和重大贡献。这部光辉著作包含的内容极为丰富，但贯穿全书的主线是"把马克思主义的普遍真理同我国的具体实际结合起来，走自己的路，建设有中国特色的社会主义"。我们必须努力学习，领会邓小平同志给我们指出的这条道路的深刻内容，创造性地贯彻到实际工作中去，在各条战线上为探索"有中国特色的社会主义"而努力。创造具有中国特色的社会主义企业管理体系，就是我们面临的一项紧迫任务。

　　务实和讲求实效，是小平同志抓经济工作的突出的风格。在解决经济问题的时候，他不仅提出战略方针和重大政策，而且抓管理、抓具体的措施和制度保证，不见实效，决不放松。他认为"有章程才能体现党的方针政策"。这是小平同志一贯的指导思想，特别是当经济上出现波折的时候，小平同志总是从整顿入手，抓章程，完善规章制度，严格组织纪律，把重大方针政策贯彻到底，使整个经济形势迅速改观。过去他组织制定的《国营工业企业工作条例（草案）》（简称"工业七十条"），最充分地体

---

　　* 本文是作者 1983 年 9 月写的一篇文章。

现了他的这种求实精神。

在"文化大革命"中，"工业七十条"受到"四人帮"的批判，没有能够贯彻执行。1975年小平同志主持中央日常工作以后，明确指出，"工业七十条""基本上是好的，是修改的问题，不是要废除"。这是对"工业七十条"基本精神的肯定，也是对当时积极参加制定和执行"工业七十条"的广大企业职工的实践活动的肯定。我们研究一下"工业七十条"的形成背景和基本精神，对于改进和加强管理，建立有中国特色的工业企业管理体系，具有重大的现实意义。

新中国建立初期，我们在继续保持和发扬老革命根据地管理工业企业的优良传统的同时，全面地学习和采用了苏联的企业管理办法。这套办法，对于建立正常生产秩序，恢复和发展我国国民经济起了积极的促进作用。但是，随着经济的发展，它逐渐暴露出许多弊病，妨碍了群众积极性的发挥。50年代末期，我们开始探索适合我国情况的企业管理办法。但是，在"大跃进"中严重泛滥起来的"左"倾错误思想干扰了这一正确的步骤。在工业生产的组织和管理上，大搞群众运动的办法代替了科学管理的工作，导致工业生产陷于一片混乱。面对着这种混乱的局面，小平同志坚定地提出了必须整顿工业企业，改善和加强企业管理的观点和主张，并且亲自领导工业部门的同志，在广泛调查研究的基础上，总结正反两方面的经验，制定了"工业七十条"。这不但对"治乱"，对纠正"大跃进"时期的错误具有重大意义，而且对改善和加强企业管理也具有普遍的指导意义。

"工业七十条"是我国比较全面、比较系统探索自己的企业管理道路的第一个条例。它包含了小平同志所要求的改善和加强企业管理的一系列基本原则，这些基本原则至今仍是适用的。

第一，国营工业企业是独立的经济核算单位，它的根本任务是全面完成和超额完成国家计划，增加社会产品，扩大社会主义积累。在当时，这是针对两种偏向提出来的，一是越来越强调阶级斗争，越来越强调企业是无产阶级专政的基层单位而忽视企业作为生产经济单位必须抓好生产。二是在"共产风"影响下，不少部门、单位以至个人任意向企业分配任务，抽调人员、资金和物资，打乱了企业的生产安排。"工业七十条"明确规定国营工业企业的上述性质和任务，实际上起了拨乱反正的作用，为保证企业自主地组织生产经营活动确立了前提。

第二，坚持党委领导下的厂长负责制。当时许多企业中，党委包揽日常行政事务，放松了本身工作，以致削弱了思想政治工作，而生产行政系统又无法正常行使职权。"工业七十条"从这一情况出发，特别强调企业党委要把调查研究和思想政治工作放在第一位，不要去代替厂长，包办行政事务，而要积极维护以厂长为首的全厂统一的行政指挥系统。确立这一原则的目的是加强而不是削弱党委对企业的集体领导，是提高而不是降低企业党委的领导水平。

第三，建立和健全必要的责任制和各种规章制度。当时，许多企业责任制废弛，工作无人负责，有章不循或无章可循，瞎指挥、乱操作的现象十分严重，以致生产秩序混乱，设备严重损坏。为了改变这种局面，"工业七十条"要求一切企业都要建立以厂长责任制为核心的各级行政领导责任制、各专职机构和专职人员的责任制、各个工人的岗位责任制；同时要建立计划、技术、物资、财务、劳动等各项管理制度，使每个人都有明确的职责，每件事都有专人负责，企业活动井然有序。这是企业按照客观规律科学地组织生产经营活动的基础。对于"治乱"，对于建立正常生产秩序起了重要作用。

第四，贯彻按劳分配原则。鉴于在工业企业中平均主义倾向十分突出，"工业七十条"强调指出，在确定每个人的报酬时，只能按照每个人的技术熟练程度，按照每个人的劳动数量和质量，而不能按照其他标准。把按劳分配和思想政治教育结合起来，是充分调动职工群众积极性的正确而有效的方法。

第五，勤俭节约，讲究经济效果。当时在只算政治账、不算经济账的错误思想影响下，许多企业对经济活动不计成本，不计盈亏，造成极大的浪费。针对这种情况，明确规定每个企业都必须勤俭经营，精打细算，努力节约人力、物力、财力，不断降低成本，增加盈利。这是我国艰苦创业的革命传统，也是社会主义经营管理的一项根本原则。

第六，在整顿工业企业，改善和加强企业管理中，小平同志特别强调要建立和健全职工代表大会制度。这是继承革命根据地工业企业实行政治民主、经济技术民主、管理民主的传统，适应现代工业企业的实际情况创造出来的一种新型的民主管理制度。遵照小平同志的指示，在"工业七十条"中，规定了实行这一制度的各项具体要求，赋予职工代表大会和职工大会必要的权力，使它真正成为吸收广大职工群众参加企业管理和监督行政的重要制度。

"工业七十条"是总结正反两方面经验的产物，基本上符合我国工业企业的实际情况，因此，试行时间虽不长，效果却十分显著。在短短的三四年时间里，我国工业企业的面貌发生了根本的变化，工业总产值以平均每年18%的速度飞跃发展。

"文化大革命"的发动，中断了中国式的社会主义企业管理体系的探索，"工业七十条"被当做"修正主义的黑纲领"遭到批判，它所确定的一系列原则，都被否定了，工业领域又一次出现了企业管理混乱，生产秩序遭到严重破坏的局面。

粉碎"四人帮"后，特别是党的十一届三中全会确定把工作重点转移到社会主义现代化建设上来以后，遭受十年破坏的企业管理工作，已成为整个国民经济发展的严重障碍。企业管理工作，一方面亟须拨乱反正，彻底肃清"四人帮"破坏的影响，消除"左"倾错误的影响；另一方面也亟须充实新的内容，要有一个新的面貌。在这种新形势下，小平同志还是从整顿入手，抓管理，抓具体的措施和制度的保证。他几次讲话，一再重申"工业七十条"中所提出的一系列原则，并且根据新的情况，充实和发展了这些原则的具体含义，提出了一系列新的原则和要求。特别突出的有以下三条：首先，要在统一认识、统一政策下，扩大企业自主权，使工人能够千方百计地发挥主动精神。这是把国家利益、企业利益、职工利益比较好地结合起来的有效途径。其次，要建立一个革命化、年轻化、知识化、专业化的领导班子。第三，要建立高度的精神文明。不仅要有计划地对职工进行培训和教育，提高他们的政治水平、文化水平、技术水平、经营管理水平，而且要用共产主义思想、理想、信念、道德、纪律教育党员、干部、工人、培养革命的精神，树立革命的立场和原则，建立同志式的人与人的关系，等等。上述第二、第三项原则，普遍适用于各个领域，对于建立中国式的社会主义企业管理体系同样具有重大的意义和作用，而且是影响企业工作好坏的十分关键的因素。

最近几年，随着对外开放政策的实行，我们引进了许多西方企业管理方法，而过去我们也曾系统地学过苏联的经验，经过这么长时期的摸索，现在，按照小平同志提出的要求，全面总结过去的经验教训，形成具有中国特色的、中国式的企业管理体系，时机已经成熟，我们应当经过几年努力，实现上述目标。

从中国的实际出发，建立中国式的企业管理体系，必须解决学习国外先进经验并使它同我国传统经验正确结合的问题。目前，在这个问题上我们应当特别注意防止两种倾向。

一种是故步自封，拒绝接受新鲜事物的倾向。

我们知道，科学技术、管理方法在世界各国是相通的、可以借鉴的。过去那种闭关锁国政策使我们走了很多弯路。现在政策上有了大的突破，实行对外开放，这就要求我们的思想能够适应新形势的需要，认真解放思想，打破因循守旧、安于现状的思想僵化、半僵化状态。对各国的管理经验和管理方法，我们都要认真研究，虚心学习，凡是对我们有用的东西，都应拿来为我所用，为提高我国企业管理水平服务。

另一种是照抄照搬别国经验的倾向。

小平同志指出"无论是革命还是建设，都要注意学习和借鉴外国经验。但是照抄照搬别国经验、别国模式，从来不能得到成功"。对于学习国外先进的企业管理方面的经验，也同样要贯彻这个精神。回顾过去我们走过的路，在 50 年代，由于帝国主义实行封锁政策，我们没有条件学习美国、日本、西欧一些资本主义国家的管理经验，只有斯大林领导的苏联能够帮助我们，只能向苏联学习。现在，我们扩大了与资本主义国家的经济技术交往，创造了向资本主义国家学习管理经济的条件，但也应当看到，在这种形势下如果我们不注意防止照抄照搬别国经验的倾向，就会重复过去学习苏联时出现的毛病。我们绝不能一会儿觉得苏联的一套办法好，照搬过来；一会儿又觉得欧美、日本的一套办法好，也原封不动地搬来。如果这样搞，就没有不失败的。

目前我们在学习西方管理方法的过程中，已经出现了一些很值得注意的现象，特别是在宣传、教学和培训中，常常是原封不动地把西方企业管理的理论和方法搬来，既不考虑我国的实际情况，也不考虑读者和教学对象的接受能力，结果出现"讲不清、听不懂、用不上"的状况。应当看到，我们同资本主义国家的经济制度不同，它们实行的是资本主义市场经济，他们的办法，有些我们可以用，有些不能用。一定要加以分析，从中国的实际出发，选择那些可用的吸收过来并力求使它中国化。这里特别要提出的是，我们的眼界要开阔，任何时候都要博采众长。现在学习西方的东西比较多，但不要忘记对于东欧一些国家和苏联的管理经验也很值得我们认真研究。因为，我们和他们过去实行的都是高度集中的经济管理体制。他们已经和正在进行的改革中所遇到的问题，也正是我们现在需要解决的问题。他们在解决这些问题中的成功经验和失败教训都是我们应当借鉴的。

建立具有中国特色的企业管理体系，尤其要重视我们自己的传统经验。小平同志指出，中国在经济上、文化上落后，并不是一切都落后。一些外国在技术上、管理上先进，并不是一切都先进。我们的社会主义制度，总比弱肉强食、损人利己的资本主义制度好得多。我们也必须用这种精神来对待我们在企业管理方面的传统经验。必须把国外的管理与我国的传统经验很好地结合起来，这样才能创造出具有我们民族特色的管理体系。我们有很多很好的经验。比如，艰苦奋斗，自力更生的精神很强，实行经济民主、技术民主、管理民主的经验，重视做人的思想工作，把物质利益和思想教育结合起来的经验，广泛开展群众性技术革新和技术革命的经验，"两参一改三结合"的经验，开展劳动竞赛的经验，以及在质量管理上的自检、互检的经验，等等。这些经验，有些我们没有坚持下去，大部分是被"四人帮"破坏了。现在需要认真总结，并结合新的情况使之更加完善。在这里，特别提出应该重视日本的经验。日本对世界各国的经验都很重视，不光是学习美国、西欧的管理，对我国企业管理中的一些好的经验也十分重视，尤其值得注意的是他们吸收各国的长处并且和本民族的特点结合起来灵活运用，创造了具有独特风格的管理，这是他们经济发展比较快的一个重要原因。只要我们在学习别国经验的时候，时刻不忘我们的传统优势，一定能够创造出一套具有中国特色的企业管理体系。

改革也是革命[*]

——学习《邓小平文选》关于经济体制改革的论述

《邓小平文选》（以下简称《文选》）是我国伟大历史转折时期的产物，是我国人民在马列主义、毛泽东思想指引下进行社会主义建设的创造性实践经验的科学总结，是我党在新的历史时期，建设具有中国特色的社会主义的重要指导文献。

《文选》的内容十分丰富，涉及政治、经济和文化等各个方面。其中，关于经济体制改革的思想占有很重要的地位。本文拟就这方面谈点个人学习的体会。

一

邓小平同志说过：实现社会主义的四个现代化"是一场根本改变我国经济和技术落后面貌，进一步巩固无产阶级专政的伟大革命。这场革命既要大幅度地改变目前落后的生产力，就必然要多方面地改变生产关系，改变上层建筑，改变工农业企业的管理方式和国家对工农业企业的管理方

---

* 本文原载《红旗》1983 年第 20 期。

式，使之适应于现代化大经济的需要。"① 他还明确指出："精简机构是一场革命"，"当然，这不是对人的革命，而是对体制的革命。"② 邓小平同志这里提出的改革也是革命的思想，具有重大的理论意义和实践意义。

在中国共产党和毛泽东同志的领导下，中国人民经过几十年的艰苦奋斗，相继取得了民主革命和社会主义革命的胜利，在中国建立了社会主义制度。社会主义制度消除了资本主义制度本身无法克服的固有矛盾，在发展生产和提高人民生活等方面显示了巨大的优越性。但这并不是说，社会主义社会不存在矛盾了，不需要革命了。

历史唯物主义认为，一切社会革命的根本原因，是社会的生产关系与生产力之间的矛盾。恩格斯早在 1890 年曾经天才地预言：我认为，所谓'社会主义社会'不是一种一成不变的东西，而应当和任何其他社会制度一样，把它看成是经常变化和改革的社会③。1921 年，列宁依据俄国十月社会主义革命以后的实践经验指出：今后在发展生产力和文化方面，我们每前进和提高一步，都必定同时改善和改造我们的苏维埃制度。④ 毛泽东同志在《关于正确处理人民内部矛盾的问题》一文中说：在社会主义社会中，基本的矛盾仍然是生产关系和生产力之间的矛盾，上层建筑和经济基础之间的矛盾。这是对历史唯物主义的重大发展，邓小平同志在 1979 年就明确肯定：从二十多年的实践看来，这个提法比其他的一些提法妥当。当然，指出这些基本矛盾，并不就完全解决了问题，还需要就此作深入的具体的研究⑤。

《文选》正是从这一基本理论出发，阐明了改革也是革命这个纲领性命题的。实现四个现代化，要求大幅度地提高生产力，也必然要求改革生

---

① 《工人阶级要为实现四个现代化作出优异贡献》，《邓小平文选》第二卷，人民出版社 1983 年版，第 135—136 页。

② 《精简机构是一场革命》，《邓小平文选》第二卷，人民出版社 1983 年版，第 396、397 页。

③ 《致奥托·伯尼克（1890 年 8 月 21 日）》，《马克思恩格斯全集》第 37 卷，人民出版社 1971 年版，第 443 页。

④ 《论黄金在目前和在社会主义完全胜利后的作用》，《列宁全集》第 33 卷，人民出版社 1957 年版，第 89 页。

⑤ 《坚持四项基本原则》，《邓小平文选》第二卷，人民出版社 1983 年版。

产关系中不适合生产力发展的某些环节和上层建筑中不适合经济基础需要的某些环节。这种改革必然触及人们的切身利益。邓小平同志说："尤其是生产关系和上层建筑的改革，不会是一帆风顺的，它涉及的面很广，涉及一大批人的切身利益，一定会出现各种各样的复杂情况和问题，一定会遇到重重障碍。例如，企业的改组，就会发生人员的去留问题；国家机关的改革，相当一部分工作人员要转做别的工作，有些人就会有意见，等等。"①认真领会改革也是革命的理论，对于我们认识改革的重要性和复杂性，做好思想准备，是非常必要的。

社会主义制度下的改革也是革命，但它在性质上和推翻资本主义制度的革命是根本不同的。《文选》为我们正确认识社会主义经济体制改革的性质提供了科学的指导思想。

首先，这种革命的性质是社会主义制度的自我完善。资本主义制度下无产阶级革命产生的根源是资本主义制度与社会生产力之间的对抗性矛盾，这种革命是对资本主义制度的根本否定。社会主义经济体制改革不是对社会主义制度的否定，而是社会主义制度的自我改进，是为了进一步完善、巩固和发展社会主义制度。所以，邓小平同志提出，要彻底驳倒一些人散布的所谓社会主义不如资本主义的言论，并强调必须坚持社会主义制度。

其次，这种革命不再采取阶级对抗的形式。在资本主义制度下，无产阶级和人民大众推翻资产阶级统治的革命，必然采取一个阶级推翻另一个阶级的阶级对抗形式。而在我国现阶段，剥削阶级作为阶级已经消灭，我国社会存在的矛盾大多数已不再具有阶级斗争的性质，改革中所遇到的矛盾，基本上属于人民内部矛盾。这种革命当然不排除对封建主义和资本主义的思想残余的批判，也不排除一定范围内的阶级斗争，但就绝大多数的情况来看，这种批判和斗争是属于人民内部的问题，根本不是一个阶级推翻另一个阶级的革命。

① 《解放思想，实事求是，团结一致向前看》，《邓小平文选》第二卷，人民出版社1983年版，第152页。

最后，这种革命是在党和国家的领导下，在马列主义、毛泽东思想的指引下，依靠社会主义制度本身的力量，依靠亿万人民群众的实践自觉进行的。这场革命虽然会遇到人民内部利益上的矛盾，但由于广大人民群众的根本利益是一致的，所以经过思想政治工作和改革实践的教育，群众会自觉地参与和搞好这场革命。由于广大群众是在党和国家领导下进行改革的，而党又是由马列主义、毛泽东思想武装起来的，因而我们一定能够自觉地认识和运用客观经济规律进行改革，以促使社会主义制度不断地自我改进和自我完善。

改革的性质决定了它不宜于采取大规模的急风暴雨式的群众运动方式。我国进行改革的历史经验表明，用大搞政治运动、群众运动的办法，从来都是不成功的。因为在社会主义社会中解决群众思想问题和具体的组织制度、工作制度问题，同革命时期对反革命分子的打击和对反动制度的破坏，本来是原则上根本不同的两回事①。同时，经济改革是一件非常复杂、细致的事情，需要经过周密的调查，比较各种成功和失败的经验（包括外国的某些经验），反复论证，精心设计，提出切实可行的方案和措施，通过试点，有计划有步骤地实行。尤其应当看到，我国的经济体制改革是在继续调整经济，争取财政经济状况根本好转的情况下进行的。这就要求我们在进行改革时必须充分考虑经济的承受能力，态度要坚决，但又不能操之过急，要采取循序渐进的方式和方法。改革的每一个步骤和措施，必须有利于完成国家计划规定的各项任务；有利于国民经济协调发展；有利于各项经济活动取得较高的社会经济效益；有利于兼顾国家、企业、个人三者的利益，确保国家财政收入逐年有合理的增长。

总之，邓小平同志关于改革也是革命的思想，是建立在对我国现阶段社会主义基本矛盾精辟分析的基础上的。改革的宗旨是要使社会主义的基本制度日益完善、巩固和发展，使它的各项具体制度日益健全起来，充分发挥社会主义制度的优越性，推动社会生产力不断地向前发展。

---

① 《党和国家领导制度的改革》，《邓小平文选》第二卷，人民出版社1983年版。

二

邓小平同志不仅提出了改革也是革命的科学论断，而且精辟地分析了改革经济体制的必要性。我国原有的经济体制有自己的长处，在历史上也起过积极的作用。但是，不能否认，随着经济的发展，这种体制的缺陷越来越突出，诸如所有制结构不够合理，经营方式过于单一，吃"大锅饭"，政企不分，条块分割等等，严重地束缚了生产力的发展，必须进行改革。现在，这种经济体制的很多缺陷人们都看到了，但在着手进行体制改革以前，认识和指出这些缺陷并不是容易的事情。邓小平同志以无产阶级革命家的胆识，在《解放思想，实事求是，团结一致向前看》等讲话和文章中，尖锐地揭露了经济管理体制中的弊端，打开了人们的眼界，提高了人们进行改革的迫切感和自觉性，为改革的顺利进行提供了思想基础。

邓小平同志指出：现在我国的经济管理体制，权力过于集中，"各级领导机关，都管了很多不该管、管不好、管不了的事，这些事只要有一定的规章，放在下面，放在企业、事业、社会单位，让他们真正按民主集中制自行处理，本来可以很好办，但是统统拿到党政领导机关、拿到中央部门来，就很难办"[1]。他又指出："不讲多劳多得，不重视物质利益，对少数先进分子可以，对广大群众不行，一段时间可以，长期不行。革命精神是非常宝贵的，没有革命精神就没有革命行动。但是，革命是在物质利益的基础上产生的，如果只讲牺牲精神，不讲物质利益，那就是唯心论。"[2]他还指出："现在，各地的企业事业单位中，党和国家的各级机关中，一个很大的问题就是无人负责。名曰集体负责，实际上等于无人负责。"[3]"我们的经济管理工作，机构臃肿，层次重叠，手续繁杂，效率极低。"[4]

邓小平同志对经济体制的以上弊端必然带来的消极后果进行了分析，

---

[1] 《党和国家领导制度的改革》，《邓小平文选》第二卷，人民出版社1983年版。

[2] 同上。

[3] 同上。

[4] 同上。

概括说来有以下几点：

第一，不利于调动各方面的积极性。在社会主义条件下，对社会生产实行统一计划、统一管理是必要的。但是，单纯采取行政办法，过分的高度集权，否认企业的相对独立性，把企业的手脚束缚得死死的，既不利于充分发挥国家、地方、企业、劳动者个人四方面的积极性，也不利于实行现代化的经济管理和提高劳动生产率。

第二，不利于形成合理的经济比例关系。过去我国曾经多次出现国民经济比例严重失调，这固然主要是由于"左"的指导思想的影响，但是同经济体制存在着重大缺陷也有关系。原有经济管理体制的种种弊端，使得生产的发展很难经常与需要的变化相适应，无法保证国民经济有计划按比例地健康发展。

第三，易于产生官僚主义。官僚主义现象同我们经济、政治、文化、社会都实行中央高度集权的管理体制有密切关系。过分集中的管理体制，可以说是目前我们所特有的官僚主义的一个总病根。官僚主义同社会主义现代化大生产是根本不相容的。要搞四个现代化，非克服官僚主义不可，而克服官僚主义则必须改革经济体制。

本来，社会主义经济体制应该体现社会主义生产关系的本质特征，适应社会生产力发展的要求。而我国原有经济体制的种种弊端，既不能充分体现社会主义生产关系的本质特征，又妨碍社会主义现代化建设事业的发展。因此，"只有对这些弊端进行有计划、有步骤而又坚决彻底的改革，人民才会信任我们的领导，才会信任党和社会主义，我们的事业才有无限的希望"[①]。

三

我国是一个社会主义大国，改革经济体制的任务极为艰巨复杂。在决心改革之后，还要正确确定改革的方向和设计新的经济体制蓝图。只有这样，改革才可能扎扎实实、循序渐进地进行，才可能避免错误或少犯错

---

① 《党和国家领导制度的改革》，《邓小平文选》第二卷，人民出版社 1983 年版。

误。《文选》表明，邓小平同志正是经济体制改革的一个主要决策人和设计师。他不仅为我国经济体制改革指明了正确的方向，而且提出了改革的基本纲领。

邓小平同志早就指出："过去搞民主革命，要适合中国情况，走毛泽东同志开辟的农村包围城市的道路。现在搞建设，也要适合中国情况，走出一条中国式的现代化道路。"① 在党的十二大的开幕词中，他又指出："把马克思主义的普遍真理同我国的具体实际结合起来，走自己的道路，建设有中国特色的社会主义，这就是我们总结长期历史经验得出的基本结论。"② 这个基本结论也给改革经济体制指明了方向，就是建设有中国特色的社会主义经济体制。

所谓有中国特色的社会主义，要从两方面去认识，其一是社会主义，其二是中国特色。邓小平同志提出坚持四项基本原则，第一条就是坚持社会主义道路。同时，邓小平同志还多次提出，建设社会主义必须从中国的特点出发。例如，中国实现四个现代化，至少要注意"底子薄"和"人口多、耕地少"两个特点。进一步研究这方面的问题，真正建设起既坚持社会主义道路，又有中国特色的经济管理体制，是我们面临的重要任务。

为了建设具有中国特色的社会主义经济体制，依据我国 30 多年来，尤其是党的十一届三中全会以来的实践经验，需要正确处理的问题是很多的。例如，在经济形式问题上，要坚持以国营经济为主导的多种经济形式；在计划与市场的关系上，要以计划经济为主、市场调节为辅；在中央与地方、条条与块块的关系上，要正确划分中央与地方的职责权限，实行政企合理分工；在国家和国营企业的关系上，要让企业有相对的独立性和必要的自主权；在国家、集体和劳动者之间的关系上，要正确地推行经济责任制和贯彻按劳分配，等等。几乎在所有这些重要问题上，邓小平同志都提出了正确的指导思想，已成为党制定正确方针政策的依据。

通过实践，我们体会到，正确处理国家与国营工业企业的关系，是城

---

① 《坚持四项基本原则》，《邓小平文选》第二卷，人民出版社 1983 年版。
② 同上。

市经济改革的首要问题。现在，农村的经济改革已经收到很大的成效和取得宝贵的经验。城市的改革应当吸取农村改革成功的经验，但不能照搬农村的做法。城市和农村情况不同。农村改革主要是解决集体所有制经济内部的关系问题。城市主要是全民所有制经济。因此，城市改革首先要解决好国家和国营企业的关系问题，即解决企业吃国家的"大锅饭"的问题，然后才能解决好企业与职工之间的关系问题，即解决职工吃企业的"大锅饭"的问题。解决前者是解决后者的必要条件，没有这个条件，企业就会想方设法把负担转嫁到国家或消费者身上来。正如邓小平同志所说，正确解决国家与国营企业的关系，一是要给企业以自主权，二是要加强责任制。这就是说，一方面，必须使企业有改善经营管理、提高技术水平的权限和积极性；另一方面，要造成这样一种形势，使企业非改善经营管理和提高技术水平不可，否则就无法生存下去，就有被淘汰的危险。应当使所有企业领导者和全体职工明白，国家把企业交给我们管理，我们对国家和人民就负有庄严的责任，要有高度的责任心，出色地完成国家给予企业的各项任务。

在目前情况下，解决国家同国营企业的关系问题，应该抓住哪一个环节呢？这个问题很值得研究。看来，现在有必要抓住完善税制这个环节，通过进一步完善税制，使企业能够按照国家政策的规定，实行独立核算和不同程度的自负盈亏。要在做好当前"利改税"工作的同时，进一步完善我国的税制。其中一个重要问题是设计合理的税率。确定税率所依据的利润率，在行业之间、产品之间，大体应以目前我国的平均利润率为基准；在行业内部同一产品之间，则应以中等偏上的企业的利润水平为基准。这样，即使还不能立即对不合理的价格进行通盘的调整，但却可以通过税收这个杠杆以及其他必要的经济手段和行政手段，使国营企业的盈亏责任制得到加强，使它们在基本相同的条件下开展竞争，努力提高企业素质，为消费者提供更多物美价廉的产品和更好的服务，为国家提供更多的积累。

邓小平同志始终强调坚持四项基本原则。这是我们进行改革的前提，也是改革能够顺利进行的基本政治保证。他关于建设社会主义精神文明的论述，对保证改革的健康发展极为重要。邓小平同志曾经强调指出：我们要建设的社会主义国家，不但要有高度的物质文明，而且要有高度的精神文明。精神文明不但是指教育、科学、文化，而且是指共产主义的思想、理想、信念、道德、纪律、革命的原则，人与人的同志关系，等等。他告诫我们说，党和政府越是实行各项经济改革和对外开放的政策，党员尤其是党的高级负责干部，就越要高度重视、越要身体力行共产主义道德。

应该怎样检验改革的各项措施呢？这也是一个十分重要的问题，因此要提出切实可行的检验标准。邓小平同志指出：改革党和国家领导制度及其他制度，是为了充分发挥社会主义制度的优越性。为此，当前和今后一个时期，主要应当努力实现以下三个方面的要求：（1）经济上，迅速发展社会生产力，逐步改善人民的物质文化生活；（2）政治上，充分发扬人民民主；（3）组织上，要大量培养、发现、提拔、使用坚持四项基本原则的、比较年轻的、有专业知识的社会主义现代化建设人才。"党和国家的各种制度究竟好不好，完善不完善，必须用是否有利于实现这三条来检验。"① 这三条也为我们检验经济体制改革成效如何，是否建立了具有中国特色的社会主义经济体制，提供了科学的标准。

党的十一届三中全会以来的实践证明：邓小平同志关于经济体制改革的理论和主张是正确的。尽管这几年的经济改革还是局部的、探索性的，但已经有效地调动了地方、部门、企业和劳动者的积极性，使城乡经济生活空前活跃起来，对于促进经济的发展、社会财富的增加和人民生活的改善起了很好的作用。改革增强了全国人民对党的领导和社会主义事业的信心，显示出社会主义制度是有巨大的潜力和优越性的。

邓小平同志曾经预言：尽管现在我们的制度还不完善，但是"将一天天完善起来，它将吸收我们可以从世界各国吸收的进步因素，成为世界上最好的制度。"② 这是有充分根据的。我们坚信：只要我们努力，这个预言一定会成为现实。

---

① 《党和国家领导制度的改革》，《邓小平文选》第二卷，人民出版社1983年版。

② 同上。

抓住机会，迎接挑战[*]

今天召开这个会议，是邀请大家来一起研究国务院领导同志提出的"世界新的技术革命"和我们国家的对策这样一个问题。我们要研究出一个最佳方案，务必要拿出一个成果来，使我们国家在"世界新的技术革命"来临的时候，能够措施得当，获得一个良好发展的机会。这个任务是很繁重的，今天请大家来献计献策。当然，要拿出一个好的成果来，不仅仅限于今天到会的同志，还要组织和发动更多的同志参加这一工作。但是，最重要的还是要依靠在座的同志们。

"世界新的技术革命"对我国社会主义四个现代化建设来说，既是一个机会，也是一个挑战。我们怎样抓紧时机，迎接挑战；怎样根据我国的国情，利用国内外的有利条件，避免不利因素的影响，发挥我们自己的优势，克服我们自己的弱点，采取一系列的适当对策，特别是采取正确的经济发展的战略和技术政策，以实现党的十二大提出的宏伟战略目标，这就是我们必须要解决的问题，也是摆在我们面前的一个光荣而艰巨的任务。

一　对所谓新的技术革命的看法

目前，世界上出现了谈论所谓新的技术革命的热潮。关于这个方面，

---

[*]　本文是作者 1983 年 11 月 5 日，在"世界新的技术革命与我国的对策研究动员会"上的讲话。

有各种各样的说法，有的叫"第四次工业革命"、"第四次产业革命"、"第四次技术革命"，也有的叫"第三次技术革命"、"第三次浪潮"，还有的叫"向科技社会迈进"、"向信息社会过渡"，等等。虽说法不一，动机和目的各异，但其提到的一个共同特征是微电子技术、遗传工程、光导纤维、激光、新型材料、新的能源、海洋开发等新技术的广泛应用。这些情况，预示并已开始引起传统的生产方法和产业结构以及社会生活等方面的变化。

面对这种形势，资本主义世界的经济学家、社会学家、未来学家鼓吹美国社会出现了从工业社会转向信息社会，从集中转向分散，从国家经济转向世界经济等十大趋势；认为人类在经历了农业革命、工业革命两次文明的浪潮之后，现在依靠全新的技术、开发新的能源和新的材料的"第三次浪潮"，将冲击旧的生产方式和社会传统；还认为信息社会就是知识、智力社会，就是大量生产知识，并且"知识的生产力已成为决定生产力、竞争力、经济成就的关键因素"。

那么，用马克思主义的观点，怎样看待这些问题呢？

资产阶级学者鼓吹上述观点，有其政治上的原因。因为现在资本主义危机重重，他们企图找到一个药方来鼓舞人心，摆脱困境，幻想出现一个"奇妙的新时代"，妄图使资本主义永世长存。从根本上说，这些观点同马克思主义的基本原理是相违背的，其中有的就是以反对共产主义为目的而提出的。对此我们必须有一个清醒的认识，这是一方面，但是，从另一个角度看，却给我们提供了这样一种信息：在本世纪末下世纪初，现在已经和将要突破的新技术，运用于生产，将带来社会生产力的新的发展，相应地会带来社会生活的新的变化。这个动向，值得我们重视，需要认真加以研究，并且应当根据我国的实际情况，制定相应的政策。

从目前的实际情况来看，世界上确实出现了一些新兴的产业，出现了新的技术革命。它的发展，将对国民经济结构产生深刻的影响，使原有的一些产业部门衰落和使一些新兴的产业部门形成和发展起来，而且正在以更完善的技术结构向前迈进。我们对此是万万不能闭目塞听的。因为这些新的情况、新的变化，不能不影响我们国家，不能不影响我国的社会主义现代化建设。如果我们时机利用得好，抓紧应用新的科技成果，发展我们的经济，发展我们的技术，就可以使我们同发达国家在经济技术方面的差距缩小；相反地，如果我们漠然视之，坐失良机，就会使我们同世界先进水平的差距扩大。这是一个具有战略意义的大问题。我们一定要十分重视，认真地加以研究，提出相应的对策。

在这方面，现在值得注意的一种情况是：有些同志对世界上最新的科学知识、最新的先进技术、最近的科技动向，反应迟钝，没有每年、每月、每周询问、打听、跟踪的热情。这种状况，必须迅速改变。

二　抓住机会，迎接挑战

面对世界新的技术革命所引起的某些新的产业的兴起和发展，我们可能有几种不同的态度：一是认为那些新兴的技术离我们很遥远，因而漠不关心，不闻不问，闭目塞听，不了解也不想了解这方面的情况；二是觉得我们基础很差，无法与发达国家相比，望尘莫及，自暴自弃；三是急于追赶，恨不得一下子就采用所有最新的技术，不顾国情，脱离实际，欲速不达；四是正视现实，注视新的发展动向，知己知彼，找寻机会，加以利用，发展自己。我认为最后一种才是我们应该采取的马克思主义的态度，这个态度简明地说，就是：抓住机会，迎接挑战。

怎样抓住机会，迎接挑战呢？

抓住机遇，迎接挑战要从我国的实际情况出发，从我们的国情出发。什么是我们的基本国情呢？中国有一句老话，叫做"千里之行，始于足下"。我们这个足下是个什么状况呢？也就是说我们的起跑点在何处呢？这个问题是需要我们很好地考虑的。

大家知道，我国现在既不是处在自然经济的农业社会阶段，也没有进入高度工业化社会阶段，我们正在进行社会主义现代化建设，我们还是一个发展中的社会主义国家，我们的经济、技术还落后，生产力水平还低。在世界新的产业发展面前我们面临着严重的挑战。

在这种情况下，我们能否抓住机会，迎接挑战，有没有希望获得成功呢？

历史的发展告诉我们：人类社会、科学技术、产业经济和生产力的发展，总是不平衡的。先进未必总是先进，落后也未必总是落后；先进变成落后，落后变成先进，后来者居上，古今中外都有。这可以说是社会经济发展的一个规律。

在资本主义国家实现工业化的漫长过程中，在开始阶段领先的国家，未必就能在后来阶段领先。英国在产业革命中曾是处于领先地位的，但是在以后的发展中却落后了。不久，美国、德国就超过了英国。近些年来，日本又在某些方面，超过了美国。现在，英国和西欧一些国家在信息技术、电信工业和生物工程等新兴的尖端技术领域中，一般都落后于美国和日本，处于被动局面。原来比较落后的国家，如果实行了恰当的经济发展战略和产业政策，则可能在后来发展中处于领先地位。日本就是一个例子。这足以说明，原来落后的不一定总是落后。我国现在虽然还比较落后，决不意味着永远落后。

经济、技术目前都处在比较落后阶段的我国，在新的产业不断涌现、给我们提供了可资利用的机会的情况下，如果我们能够及时抓住这个机会，并且利用得好，就可以加快我们的发展，使我们在经济、技术方面同发达国家、世界先进水平的差距缩小，也可能以较快的速度赶上或超过发达国家的水平。比如，我们现在就可以在某些经济部门，同时采用世界新的工业发展的成果，在较先进的部门尤其要注意吸收这些成果。当然，我们要实事求是地对待我国的经济建设，不能违背历史发展的规律，不能任意超越那些必须经过的发展阶段；但也不能亦步亦趋，一切都照人家走过的路从头做起。我们在一些领域里，有可能不经过某些传统工业技术，直接采用比较先进的科技成果，如微处理机、遗传工程、激光、光导纤维等新技术。我们的目标是使我国经济，特别是工农业的生产技术水平，在本世纪末达到世界先进工业国 70 年代、80 年代初的水平，这是一般地说的。但是，为了做到这一点，就必须使某些部门和某些产品的技术和工艺达到当时（本世纪末）世界的最先进水平。这一点应是我们努力的方向。

现在我们实行对外开放的政策，能够引进技术，能够引进人才，这也给我们采用世界的先进技术，提供了比以往更多的机会，提供了比以往更为有利的条件。

世界新的工业的发展也向我们提供了另外一种机会，这就是，在西方经济长期处于"滞胀"状态，钢铁、纺织、造船、汽车等传统工业先后处于"夕阳西下"的衰落的情况下，各发达国家，包括一些新兴的半工业化国家和地区，都争先在发展新技术、建立新工业中找出路，把主要精力集中到搞最新的技术和产品上去了，而使大量传统的工业技术闲置起来。但是，其中有一些传统的工业产品并不是不需要了，它不仅对于我国，而且对于发达国家和发展中国家，都还是需要的，少不了的。那我们就要趁人家不搞或者少搞的时候，把它们搞得更好，增加品种，提高质量，降低成本，既满足国内需要，又争取占领世界市场。我们也应该很好地利用这个机会，增加我们的有利因素。

同时，新的技术的兴起、新的工业的发展，使发展中国家现在所具有的某些优势，如劳动力比较多，也比较便宜，初级资源比较丰富，等等，将会有不同程度的减弱。因为发达国家采用了微处理机等新技术，就会将劳动密集的工业用新的机器来代替，过去由于这些新技术没有采用，它就将劳动密集的东西转移到发展中国家去了。今后，采用了新技术，它自己国内就可解决一部分这样的问题了。另外，由于采用了新技术，资源的利用就会更合理化，就可以再生利用了。所以，它在资源方面对发展中国家的依赖程度，也要发生一些变化了。现在，我们在这些方面，是占有一定的优势的。但是，如果我们面对这一严重挑战，不抓紧时机，采取相应的措施，当我们的某些优势减弱以后，就会遇到更多的困难，甚至会更加落后，离世界先进水平更远。

因此，我们能否在目前现代化建设的前期阶段，适应新的产业发展的潮流，根据可能的条件，尽量吸收先进的科技成果，加快我们经济社会的健康发展，关键是要尽早制定适应新的工业发展的战略，确定正确的工业政策，包括主要对策和相关对策。

这里首要的问题是选择正确的发展生产力的道路。这方面，根据历史经验和现实的情况，可以考虑有这么几种选择：

1．"照抄"战略。人家怎么走，我们就怎么走，不管是苏联东欧国家走过的路，还是西方国家走过的路，照着走就是，照抄它们的发展战略。也就是像西方所说的在完成所谓"第三次工业革命"后，再开始所谓"第四次工业革命"，或者说，先经过传统工业的发展阶段，再进到新兴工业的发展阶段。

2．"赶超"战略。这也是我们曾经采用过的。就是要在比较短的时间内在一切方面赶上或超过发达国家的水平。甚至提出：人家有的我们要有，人家没有的我们也要有。

3．"封闭"战略。企求一切都立足于国内"自力更生"的战略，不积极采用或甚至排斥国外先进技术的利用。这种战略我们也采用过。

4．第四种叫什么战略，还可以考虑，是不是可以叫"创新"战略，既不走发达国家所走过的路子，也不是在一切方面都"迎头赶上"或者一切都"自力更生"。即既不是"照抄"战略，也不是"赶超"战略，也不是"封闭"战略，而是"创新"战略。就是根据我国国情，充分利用现在的有利时机和一切可能的条件，直接采用世界上各种新的、我们有条件采用的所谓世界新的工业发展的成果。也就是说，在我们目前条件下，根据可能，采用国外新的工业发展所产生的而又适合于我们需要的新技术。这一种选择是否恰当，就是需要我们研究的问题。

在选择我们的发展战略的时候，根据我国国情，需要考虑下述的这样一些重要的问题：

1．要考虑我国有 10 亿人口，占世界总人口的将近 1/4，其中 8 亿又是农民。要使 10 亿人各得其所，充分发挥其积极性、创造性，这样才能使 10 亿人民为国家、为社会创造更多的财富，而不再是一个社会的重负。这样，才能保持我们的经济繁荣和社会安定。所以，既要发展劳动密集的工业，也要发展知识密集的工业，创造出具有我国独特风格的，有竞争力的产品。

2．要考虑我国中小型企业多和大量企业分散在农村这样一个特点。我们全国现有工业、交通企业 40 万个。这还不包括农村的企业，加上农村的企业，就是 100 多万个了。这是一个很大的特点。所以，要发展有利于分散、普及的技术，即有利于中小企业、中小城镇、农村副业、农村的重点户、农村的专业户、以家庭为单位经营的农户能够采用的那种技术。这个事情是要很好地考虑的。我们不能走资本主义的那种道路，即把10亿人口中的5亿或多少亿城市化。我们要在农村中发展工业，把工业和农业结合起来，发展如恩格斯所说的兼有城乡优点的村镇，使农村城镇化。我们要走这样一条道路。

3. 要选择对实现党的十二大确定的战略目标最有效的部门和产业优先发展，要重点发展经济效益高、国家又急需的技术。因为经济效益高，才能解决我们发展新技术中资金不足的困难。我们要依靠发展新技术来积累，再来发展新技术，也就是自己养自己，以发展新技术来养发展新技术，不要国家很多投资。当然，国家是要投资的，但是完全靠国家投资也是不行的。

4. 要从国民经济现有条件出发，要能与现有的生产力和将要发展的生产力相适应。因为新技术的采用，如果脱离了现有的生产力的可能性那是不行的。当然也不能停留在现有的生产力上，我们将要发展的生产力，也要考虑到。

5. 要重视合理利用资源、节约能源、高度节省资金的技术。我们这个国家讲起来地大物博，总量讲起来是不少的。但按人口平均，我们的资源并不丰富，大多低于世界人均水平。所以，我们对资源，包括能源在内，更要很好地使用、爱惜，绝对不能浪费。

6. 面对世界工业新发展的前景，要着眼于向知识、向技术、向管理、向信息要经济效益的工作，并加强人才培养、智力开发和提高全民族的文化、科学水平的工作。

7. 要对在我国有一定科研基础的新兴技术，组织一条龙的技术攻关，尽快拿下对国民经济最有意义的世界若干新的工业发展的新技术。

8. 面对世界工业新发展的前景，我们要研究适应新形势的对外贸易战略，尽早规划和研制有竞争力的外贸出口商品，为国家筹集更多的资金，来发展新的技术。

世界工业新发展的成果中，有不少适合我们采用，而且经过努力可以掌握的技术，如我国有相当研究成果的遗传工程就是一例。大家都知道，大豆、花生等豆科作物，由于有根瘤菌固氮，少施化肥也能得到好收成。据不完全统计，全世界每年通过生物大约固定 17500 万吨氮，相当于全世界氮肥工业总产量的 2—3 倍。而我国大量种植的水稻、小麦、玉米等禾谷类粮食作物，根部没有根瘤菌和它共生，要想获得高产，必须施用大量氮肥。随着遗传工程技术的进展，目前有人正在研究把固氮微生物的固氮基因转移到小麦、水稻、玉米等禾谷类作物根际生长的细菌中去，使它获得固氮的功能，为这些作物提供氮肥；还有人正在研究把固氮基因直接转移到作物单细胞的基因组中，从而获得自身能够固氮的农作物新品种。最近国家科委邀请的美国前总统环境顾问巴尼博士讲，国外现在正通过重组遗传基因在玉米细胞核中增加染色体的办法，使 1 年生玉米变成多年生玉米的研究，再有 5 年左右时间，即可获得成功。

因此，遗传工程这项新技术，若能实际应用，对于发展农业、节约能源和保持水土、改善环境的事业，都具有重大的现实意义。所以，我们不能把这些事情看成是距我们很遥远的。就像我国的杂交水稻研制成功并推广以后，获得大面积高产一样，这些事情真正成功以后，也是可以大量推广的。

当然，我们也要看到遗传工程的复杂性和它也可能制造出有害于人类的生物体的可能性。这一点，我们也要加以研究，不要发生这方面的问题。

我们迎接挑战是存在许多困难的，比如，我们的经济基础薄弱，生产技术较之国外先进水平落后几十年，人民的科学文化水平也比较低，在进行新的产业和技术的开发中，还会受到资金、物资、技术的不足，以及管理体制上的缺陷等等制约。然而主要困难还是我们一大批经济管理、技术干部缺乏现代化的科学技术知识，有些同志又缺乏这方面的进取精神。但是，我们也有许多有利条件。

在经济技术方面，经过新中国成立 30 多年来全国人民的努力，我国已经建立起比较完整的工业体系和国民经济体系，科技队伍和生产技术都有了一定的基础。比如，在电子计算机、光纤通信、激光技术、遗传工程、新型材料、新的能源等领域，我们也并不都是空白，而且有了一定的研究和应用。这些，都是我们在某些部门采用新的工业发展所产生的新技术成果的有利条件。

这里，我们还必须看到一个更重要的条件，也是个根本的条件，这就是我们有优越的社会主义制度，有党的坚强领导和十一届三中全会以来的正确的方针、路线。我们能够最大限度地把全国人民的积极性和全国的物质、技术、财力充分调动组织起来，办成许多资本主义国家在比较短的时间内无法办到的大事情。

总之，我们要以积极的姿态，来迎接新的挑战；我们要抓紧时机，利用一切有利的机会，加快发展，加快我国的社会主义现代化建设。机不可失，时不再来。否则，我们将会坐失良机，更加落后。

历史上，失掉机会，导致落后的例子是很多的。

现在，世界工业的发展已经出现了新的苗头。新的机会已经来到我们面前。这一次，我们可千万不能再把机会失掉了！

我们伟大的中华民族，是勤劳勇敢智慧的民族，是有志气有能力立于世界民族之林的民族。我们有伟大的中国共产党的领导，有马克思列宁主义、毛泽东思想的理论指导，并且确立了建设有中国特色的社会主义现代化强国的方针和路线，全国人民都在一心一意用实际行动搞经济建设，所以我们完全有可能在世界新的工业发展的潮流中，抓住机会，迎接挑战，发展自己，早日实现党的十二大制定的我国长远发展的宏伟战略目标。

三　研究这项工作的几个问题

我们今后怎样做好这项工作？我这里只提出几个题目来，请同志们考虑。

第一个是关于建立合理的产业结构和三种类型的产业并存的问题。

目前在我国劳动密集、资金密集和知识技术密集三种类型的产业都有，但比例处于十分落后的状态。如何改变这种落后状态，是不能"一蹴而就"的。我们应当从我国的实际情况出发，以发达国家产业结构为借鉴，根据我国发展的需要，有步骤地改造现有的三种密集型产业结构，建立合理的结构。这是需要我们研究的一个问题。同时应当看到，中国的经济发展是不平衡的，三种密集型产业结构，这个地区、那个地区，这个城市、那个城市，也不一样。这是非常复杂的问题。这个问题究竟怎么解决好，需要我们进行认真的研究。

第二个问题是关于我国的技术结构。

同上述产业结构相联系，必须研究技术结构问题。我国的技术情况，到本世纪末，至少有这么五种：（1）一般来说，我们的技术到本世纪末应该达到发达国家 70 年代或 80 年代初的先进水平。（2）有一些领域，需要接近或达到经济发达国家本世纪末当时的先进水平。例如电子产品、纺织产品（如果我们要参加世界竞争，不达到那个水平也不行），还有一些新型合成材料等，是否可以达到这种要求？（3）经济发达国家有些五六十年代或更早就普及了的技术，现在还在沿用，以后也还要沿用的，这些技术我国是很需要的，也应有所发展。（4）有一些方面，我们创造了具有中国特色的新技术。（5）有一些新的尖端技术将进入世界先进行列。总之，我们的技术，有先进的，也有很先进的，也有中间的，也有落后的。现在大体是个宝塔式，尖端的真是像塔的尖端，比较先进的是少数，比较多的是中间技术，手工劳动占着极大的比例，所以，还是金字塔的形式。这个形式当然是要改变的，不能老是这样。但是，改变是个长期的过程。这个方面，人们也有很多设想，我们要把这个问题研究清楚。

再一个问题是微型电子计算机的应用与中小企业的技术改造，包括中小城镇的、农村的企业的技术改造，这些事情要进行深入的研究。

还有信息问题、人才培养问题，这些都要进行研究。

我们这次研究世界新的技术革命与我国的对策，这个课题具有三个明显的特点：一是技术新。这是说，标志新的工业发展的那些技术，都是最新的技术，是当前世界上知识和技术的精华，所以，我们一定要吸收一些懂得这些技术的同志参加我们这项研究工作。二是涉及的学科多。这是说，标志新工业发展所产生的技术，包括微电子技术、激光技术、光纤通信技术、遗传工程技术、新型材料技术、新的能源技术，等等，学科是很多的。我们应该把有关学科的同志都组织起来，进行这项研究。三是综合性的研究。这是说，上述各种新技术的研究与应用，都不是哪一个部门能承担得了的，都需要许多相关的部门共同努力，协同作战，才能取得预期的成果。因此，我们的研究工作，除了要坚持理论联系实际以外，还要强调这一学科的专家与那一学科的专家的结合，需要自然科学家、工程技术专家和社会科学家密切合作；要求理论工作者和实际工作者密切结合，协同作战；要求专家与群众结合，各方面专家与广大群众紧密合作，让大家都来为完成这个光荣而艰巨的任务献计献策。

我们这个国家过去有很多事情都是按部门、按地区来布置、来进行的。而这一次我们的研究工作是要进行跨部门、跨学科的研究。我们这一次就是采取横向的网状结构这么一种形式，来组织这个研究工作。参加我们这个研究工作的有计委、经委、科委，有中央的各个部门、各个研究单位，还有中国科学院、中国社会科学院，还有许多研究所，各个方面的专家。我们这一次不是以哪一个部门、哪一个专业为对象，而是以宏观的国民经济为对象。最后提出的对策，也是综合性、总体性的。当然，这些对策中要涉及发展某一个部门、某一个产业，但不是从某个部门的需要、某个产业的角度考虑的，而是从宏观的角度考虑的，是从整个发展的需要考虑的，是从国家的全局的需要考虑的。这个办法，实际上也是我们国家体制改革的一个重要的问题。这就是，要让广大的科学家、工程技术工作人员，都能参加决策的过程。我们要提出对策，要一边进行讨论研究分析，一边提出方案建议，务必拿出成果来，提出最佳的方案。要提出一个最佳的发展方案来，这就不仅要求各个方面、各个部门、各个单位的行政负责人来决策，而且还要发动广大的科研人员、技术人员、其他有关人员和实际工作者，一起来参加决策过程，提出建议来，最后由中央、国务院决策。这个过程，就是决策过程的民主化，这种决策过程的民主化，是我们决策的科学化、决策正确的一个重要的前提。它是能真正集思广益的。我们希望经过这一次的实践，能使我们在这方面探索出一些经验来。

对于国务院交办的这项研究任务，我谈了上述一些不成熟的意见，供同志们参考。这项工作，不是一项单纯的学术研究，它是和我们实现党的十二大确定的宏伟目标密切相关的，我们一定要努力完成。希望同志们支持这一工作，参加这一工作，还要发动自己单位、自己周围的同志，也都积极关心、参与这一工作。我相信，在大家的共同努力之下，一定能把国务院交给我们的这个光荣的研究任务完成好。

开创系统工程研究的新局面[*]

中国系统工程学会成立以来，在各方面做了大量的工作，对推动这门边缘学科在我国的发展，起到促进的作用。党的十二大提出了我国长远发展的战略目标，提出了要全面开创社会主义建设的新局面。当前，我国的社会主义建设事业正在沿着党的十二大所确定的目标，蓬勃地发展。在这样的新形势下，对我们的系统工程学会及系统工程工作者，提出了新的和更高的要求。我们应该怎样来开展我们研究工作的新局面呢？下面我准备就三个方面谈一些个人不成熟的看法，供同志们参考。

一 紧密联系社会主义现代化建设的实际，开展系统工程的研究工作

要实现我国的社会主义现代化，有许多课题需要研究。由于内容广泛和复杂，需要多学科、多方面的合作研究。参加这个合作的，既有自然科学工作者，也有社会科学工作者；既有实际工作者，也有理论工作者。让我们大家一起来研究如何更好地实现党的十二大提出的我国新的历史时期的总任务和发展的总目标。这个总任务和总目标就是建设具有中国特色的

* 本文是作者 1983 年 11 月 21 日在"中国系统工程学会第三届年会"上的书面发言，原载《系统工程》（季刊）1984 年第 1 期。

社会主义现代化强国。目标是由一个复杂庞大的目标体系构成的。总目标是整个目标体系的高度概括。目标体系包括经济、社会、科技、文化、环境等多种子目标体系，它们下面还有次一级的目标系统，形成一个多层次的结构。这是个很典型的系统工程课题。

为了实现这个总目标，怎样才能在不断提高经济效益的前提下，力争使全国工农业的年总产值翻两番。如何正确处理速度和经济效益的关系、宏观效益和微观效益的关系，也需要用系统工程的方法进行系统研究和综合分析工作。

怎样实现力争本世纪末把人口控制在 12 亿之内的目标，怎样培养、使用人才和提高人的素质。这是个人口战略问题，也是个综合性很强的问题，要与社会、经济、就业、劳动工资、人才培养等问题综合考虑，也是个跨部门、跨学科的大系统。

经济、社会、科技协调发展问题。经济、社会、科技的协调发展是一个规律。任何国家如果违反这个规律，不仅不能获得全面的、健康的发展，而且还会出现许多严重问题。资本主义社会的经济危机，政治、社会的动乱，以及精神、文化的颓废等，就充分地说明了这个问题。怎样做到经济、社会、科技的协调发展，也是一个重要的系统工程课题。

类似的课题还很多，以上举例也足以说明系统工程所面临任务的重要性和紧迫性。

系统工程可帮助我们总结过去，立足现在，面向未来。

二　建立中国式社会主义的系统工程学

我理解的系统工程学包括系统工程学的基本理论及其实际应用的各个方面。我曾听到过很多同志谈起和看到一些文章介绍系统工程的内容特点，了解到它是一门边缘的新兴学科，以及它应用的广泛性，考虑问题的整体性、综合性以及它的一整套方法的科学性，等等，给我以启迪。总之，以前我听到的都是关于国外系统工程优点和有用性的介绍。前些日子，在和一些同志研究发展战略问题时，提到关于系统范围的确定，谈到这涉及是用唯物的观点还是唯心的观点来分析系统的要素；也有因对系统的分析不客观而不成功的例子。所以我想，系统工程在国外发展的40多年的历史中，有各种理论、各种学说与各种流派，免不了受些资产阶级唯心主义的影响，这是不足为奇的。特别是国外系统工程从技术工程领域进入到经济、社会等领域之后，那些在资产阶级经济理论、资产阶级社会学理论指导下的系统工程的理论和方法，更需要我们进行分析，取其精华，去其糟粕。

在马克思主义的指导下，系统工程作为一门科学在我国必然会得到很大的发展。而且在我们的实际应用过程中一定会逐步形成中国式的社会主义的系统工程学。

我们用什么思想、什么世界观认识世界，对我们改造世界的成败会有决定的影响。客观世界是十分复杂的，无论是自然界或者社会，客观上是由一个完整的系统组成的，人们是否能如实地认识它，这同指导人们的思想理论基础有关。如果用唯心主义或者机械唯物论去观察事物，用这种思想指导系统工程，那就不可避免地会犯主观、片面的错误。而用马克思主义的辩证唯物主义作指导则可以帮助我们正确地认识事物，避免犯主观和片面的错误。因此，在马克思主义理论的指导下，系统工程才有可能得到很好的发展。像我国这样一个人口众多、经济比较落后的大国建设社会主义，是一个人类历史上从来没有过的伟大实践。它必然带有许多特色。我们在社会主义建设实践中，在马克思主义指导下，建设具有中国特色的社会主义系统工程学是所有从事这门学科的同志们的光荣任务。

三　要制定系统工程的研究与应用规划

从我国社会主义现代化的需要来看，系统工程的课题是非常多的，如何选择和安排课题，确定次序、层次和分析课题相互关系是很重要的。因此，用系统工程的方法来制定系统工程学科的研究与应用规划，并与国家的发展需要协调，这本身就是首先要考虑的系统工程课题。

要做好规划，需要总结一下我国系统工程的研究与应用工作，确定发展目标，选择重点骨干课题，把全国的系统工程力量调动起来，并做好推广普及工作。

我相信，在党的十二大正确路线的指引下，经过同志们的努力，一定会开创系统工程研究与应用的新局面。

税利要和产值同步增长[*]

　　税利要和产值同步增长，这是近年来我国社会经济生活中提出的一个重大问题。所谓同步增长，一般是指两者大致以相同的速度增长，比如说，产值每增长 1%，税利的增长，也大体能保持甚至略高于这个速度。党的十二大提出到本世纪末，要在不断提高经济效益的前提下，实现工农业年总产值翻两番的宏伟目标；并且要求"把全部经济工作转到以提高经济效益为中心的轨道上来"。但是，目前我们的经济工作还没有很好地做到以提高经济效益为中心。国民经济的重要部门，特别是工业部门的税利的增长，落后于产值的增长，就是一个突出的表现。1982 年，预算内国营工业企业总产值比上年增长 6.8%，而实现利润下降 0.5%，上交利润下降 4.4%；每百元工业总产值上交财政的利润和税金 21.09 元，比上年减少 1.39 元，即下降 6.1%。如果把利润转移的客观因素剔除，按可比口径计算，预算内国营工业企业利润和税金总额也仅比上年增长 3%，不及产值增长速度的一半。1983 年预算内国营工业企业总产值，1—10 月比上年同期增长 9.3%，而实现利税却只比上年同期增长 5.5%，虽然与上年相比有很大进步，但是，税利增长速度仍比产值增长速度低得多；而且每百元产值提供的利润和税金，比上年同期减少 0.85%。与此同时，亏损面和亏损额仍然很大。至 8 月底，亏损户虽然比上年同期减少了

---

　　* 本文是作者 1983 年 12 月写的一篇文章，原载《财贸经济》1984 年第 3 期。

2807 户，但还有 9047 户；亏损额虽然比上年减少 5.2 亿元，但还有 21.2 亿元。这是造成我国近年来财政收入增长缓慢，建设资金短缺，影响重点建设和现有企业更新改造的加速进行的一个重要原因。

在社会主义制度下，一定时期（比如一年）内，全部资金运用的结果，能够得到多少利润和税金，即资金利税率或资金盈利率（广义的资金利润率）的高低，是经济活动效益高低的综合反映。资金利税率不但能反映劳动消耗的效果（降低产品成本可以提高利税率），而且能反映资金占用的效果。社会主义国家的资金是劳动人民用辛勤劳动换来的，必须十分珍惜和合理使用，用尽可能少的资金取得尽可能多的剩余产品。可见，讲求经济效益，最终要表现为讲求资金的使用效果，保证一定的资金盈利水平，防止资金盈利水平不正常的下降。而实现税利和产值同步增长①，正是保证资金盈利水平的最重要条件。只要税利和产值能同步增长，同时，亏损企业和亏损额不再增加，而会减少，甚至扭亏增盈，资金利税率或资金盈利水平就不会下降，还有可能提高。这就说明，实现税利同产值同步增长，是落实党中央关于全力抓好扭亏增盈的现实需要，是经济工作转移到以提高经济效益为中心的轨道上来的重要标志，因而也是在工交等战线贯彻执行党的十二大精神的重要任务。

实现税利和产值同步增长，在今天更有其特别重要的意义。因为这有助于克服财政困难，迅速增加财政收入，更好地保证社会主义现代化建设的资金需要。正因为这样，实现税利和产值同步增长，其中的税利要特别重视上缴国家财政的税金和利润。

但是，有的同志对于税利能否和产值同步增长，在思想认识上，还没有完全得到解决。这些同志认为，随着技术的进步，资金有机构成的提高，盈利率下降是一种必然的趋势，并使盈利（包括税和利）的增长慢于产值的增长。其理论依据是，马克思在《资本论》中，曾经论述过，在资本主义社会，由于劳动的社会生产力不断发展，社会资本的平均有机

---

① 在这里，我们避开了税利在特殊情况下的某种经济杠杆作用。例如，国家在某一时期，为了集中力量进行基础设施建设（其利税水平是较低的），而有计划地降低某些行业、某些产品利税的增长率，以利于全社会经济的健康发展，或为以后的发展创造良好的条件。

构成的不断提高，一般利润率会逐渐下降。这种趋势，在资本主义社会是确实存在的，但是，马克思同时指出：必然有某些起反作用的影响在发生作用，来阻挠和抵消这个一般规律的作用，使它只有趋势的性质①。其中，由于劳动生产力的提高，会使不变资本各要素的价值减少②这一项，对于我们社会主义社会是应当特别值得重视的。而这一项，对于制止利润率下降将起越来越重要的作用。因为现代技术进步，已经主要不表现为用机器代替手工劳动，而是表现为生产资料的节约，包括"不变资本各要素的价值减少"。即使有些精密的机器设备比原来的机器设备价格高得多，但是由于它的效率比原来的机器设备高得更多，这样，每个产品分摊的折旧费仍然比以前小，仍然表现为生产资料的节约。第二次世界大战以来，一些经济发达的国家，由于上述原因，资本有机构成不再继续提高，就是证明。这种技术进步在我国也开始日益显示其重要性，从而制止和抵消着利润率的下降。

道理很清楚：就每个工业企业来说，使用同样的设备、原料、材料、燃料、劳动力和管理人员，生产更多的产品，就不仅能使企业净产值的增长高于总产值增长的速度，而且能使企业税利的增长高于产值增长的速度。随着我国经济工作逐步转移到以提高经济效益为中心的轨道上来，以及技术的日益进步，工业部门就没有什么不可能克服的困难，做到净产值增长速度快于总产值增长速度。这时，只要遵循工资的增长速度慢于劳动生产率增长速度的原则，就能保证税利增长速度等于和快于产值的增长速度。

实践证明，工业生产税利和产值同步增长，甚至税利增长速度超过产值增长速度是可以做到的。例如，1983 年以来，由于领导重视，要求严格，措施得力，已有山西、内蒙古、吉林、山东、湖南、广东、四川、贵州、云南、甘肃、青海、宁夏、新疆 13 个省、区，前 10 个月的工业产值比上年同期分别增长 6.7% —22%，而实现税利却分别增长 7% 到 59.7%。

---

① 《马克思恩格斯全集》第 25 卷，人民出版社 1974 年版。
② 同上。

从行业看，1983 年 1—11 月，国营机械工业企业累计完成工业总产值比上年同期增长 20.6%，而实现税利则比上年同期增长 28.8%。再从钢铁业来看，1982 年全国钢铁企业产值比上年增长 6.64%，利税增长 14.15%。1983 年 1—11 月全国大中型钢铁企业与上年同期相比，产值增长 9.93%，利税增长 14.67%。至于实现税利增长和产值增长同步的企业，那就更多了。

还有的同志认为，原来比较落后的企业、行业、地区潜力大，容易实现税利和产值同步增长；而比较先进的企业、行业、地区各项技术经济指标都比较先进，难以实现税利和产值同步增长。这也是没有充分根据的。从我国实际情况看，包括比较先进的企业、行业和地区都具有很大的潜力。只要我们充分认清客观存在的潜力，采取适当措施，就能使这些潜力发挥出来，实现同步增长。事实上，在一些比较先进的企业、行业和地区，也已经做到了税利和产值同步增长，甚至实现税利增长超过产值的增长。例如，首都钢铁公司是全国经营管理好、经济效益高的一个典型企业，这个企业 1982 年总产值比上年增长 9.5%，而实现利税则比上年增长 20.9%；1983 年与上年相比，产值预计增长 3.47%，利税预计增长 16.63%，大大高于产值增长的速度。又如，第二汽车厂 1983 年 1—10 月比上年同期产值增长 23.24%，利润增长 31.26%。类似的例子，还可以举出很多。所有这些都说明：即使是先进的企业，税利仍能大大高于产值的增长速度。上述的事例，以及机械、钢铁全行业税利增长的事例，同样说明，那种认为比较先进的行业难于实现税利和产值的同步增长，也是缺乏充分根据的。先进的企业、行业能够做到税利和产值的同步增长，那么，先进的地区怎么做不到呢？

但是，也要清醒地看到，从全国来看，距离税利和产值同步增长的要求还很远。这就要具体分析一下实现税利和产值同步增长的客观可能性和需要研究解决的问题，力争在短期内普遍做到税利和产值的同步增长，以至前者高于后者的增长。

二

当前，我国工业生产实现税利和产值同步增长是完全有可能的。我们的工业企业，具有实现税利和产值同步增长甚至税利增长超过产值增长的有利条件。

这是因为，所谓税利增长和产值增长同步，实质上是剩余产品增长和生产增长同步，即生产过程中 c（生产资料转移价值）＋v（必要劳动创造的价值）＋m（剩余劳动创造的价值）的增长和 m 的增长同步。在一般情况下，生产发展了，剩余产品率不变，就能使剩余产品量的增长同生产的增长同步。而在许多条件下，特别是在原有生产能力没有充分利用，原料、材料、燃料消耗很高，而生产发展的潜力很大的条件下，通过挖掘企业内部潜力来促进生产的发展就能够带来剩余产品率的提高，即做到剩余产品（表现为税利）的增长速度超过产值的增长速度。

影响税利同产值增长的因素很多，它们都综合表现在 c、v 和 m 即产品价值构成的三个部分的动态上面。因此，需要从 c、v、m 三个方面分析税利和产值同步增长的条件和动态。

先分析 c。c 是生产资料转移价值部分，主要包括固定资产折旧费和原料、材料、燃料、动力费用等。

我国当前工业生产的显著特点是：许多企业现有生产能力没有充分发挥。特别是加工工业，规模过大，开工不足，不少企业的设备利用率只达 50%—60%。如果我们能把设备利用率加以提高，同时，重视技术进步，采用先进技术，使能耗和原材料消耗降下来，我们就能在现有设备和能源、原料、材料消耗条件下，实现产值的增长，带来单位产品成本的下降，因为单位产品分摊的固定资产折旧费，原料、材料、燃料费用和其他固定费用将由于产量的增加而减少。马克思在《资本论》第三卷中说过：在不变资本的物质要素的量不变或增加时，不变资本的相对费用（指单个商品的相对费用——引者注）的每一次减少，都具有提高利润率的作用①。这种产品中物质消耗减少的情况，正是原来经济比较落后、经济效益比较低的地区，工业战线近年来能够比较突出地做到税利增长和产值增长同步，甚至税利增长得更快的一个重要原因。我们要看到，现有企业生产能力没有充分发挥，设备利用率低，能源利用率低，能耗和原料、材料消耗高，并不只是局部地区存在的现象，而是全国性的，包括经济比较发达、经济效益比较高的地区也不同程度地存在的现象，表明我们在这方面提高经济效益的潜力是很大的。

当前，许多企业占用流动资金过多，资金周转速度慢。国营工业企业每百元产值占有流动资金 1965 年为 28 元，而 1981 年则达到 32 元；流动资金周转天数，1965 年只有 75 天，而 1981 年则需 114 天。如果我们把流动资金周转速度加快，就能使税利的增长速度加快。因为，流动资金周转速度加快，意味着原材料得到更好的利用，产品销售状况改善，单位产品分摊的利息支出减少，管理费、仓库保管费等减少，这些都能使税利增加。

其次分析 v。v 主要指工人的工资和奖金。

在原有生产能力还没有得到充分利用的条件下，企业产值的增长，一般都是在劳动力不增加的情况下实现的。在当前，只要工人能比较充分地利用劳动时间就可以做到，而不必同步增加劳动力或使用超额劳动。这样，工资支出的增长速度就能慢于产值的增长速度，即做到单位产品成本中工资支出份额减少，从而提高盈利水平，实现税利增长和产值增长同步，以至前者超过后者。

在这方面，我们应当看到，目前相当普遍地存在着工资、奖金失控的现象，这是成本难以降低，阻碍税利增长的一个重要因素。1979 年以来，全民所有制工业企业职工工资的增长速度，超过了劳动生产率的增长。1981 年比 1978 年工资提高 24.7%，奖金增长的速度则更快，而同一时期劳动生产率只增长 1.5%。为了解决"十年动乱"中职工工资长期没有调整所造成的职工生活的困难，前几年使职工工资和奖金增长得快一点是必

---

① 《马克思恩格斯全集》第 25 卷，人民出版社 1974 年版。

要的，但不能长此下去。1983 年，工资和奖金特别是奖金支出仍然突破计划。这种势头如不采取切实有效的措施加以解决，势必影响税利和产值同步增长的实现。这个问题的妥善解决，就能为税利和产值同步增长创造条件。

最后分析 m。m 是劳动者的剩余劳动创造的价值，是税利的源泉。社会主义国营企业是全民所有制企业，这就决定着国营企业的剩余产品绝大部分（比如80% 以上）要用税利形式（这是目前的情况，实行利改税后，将主要是用税收的形式）上交国家，以满足社会的需要。如果企业实现的利润，很大部分都留在企业里，那就要影响国家集中必要的资金，不能保证社会主义现代化建设所需要的资金。因此，我们在进行经济体制改革时，每项重大改革如利改税，都要正确处理国家与企业的关系，都要注意创造条件，保证国家得"大头"，保证企业创造的剩余产品绝大部分上交给国家。这样，只要企业改善经营管理，提高劳动生产率，降低成本，就能做到企业上交的税利和产值同步增长。

长期以来，我国国营工商企业亏损面大，亏损金额高。企业的资金利润率也比较低。因此，扭亏增盈的潜力很大，增加剩余产品 m 的潜力也很大。1982 年，国营工业企业亏损额达 42 亿元，亏损户在整个预算内国营工业企业中的比重超过1/5。从各方面抓好扭亏增盈工作，一年减少几十亿元亏损，相对地增加几十亿元财政收入，是完全可能的。这就能有力地保证税利和产值同步增长。为此，党中央和国务院最近提出：从现在起，各地区、各部门的领导都要把扭亏增盈作为重要工作提到议事日程上，作为 1983 年、1984 年两年整顿企业的主要任务之一。与此同时，还制定了严格的措施。如对工业企业，1984 年的亏损额要求做到比 1983 年减少一半以上；到年底，所有经营性亏损都要基本上消灭；并要求盈利企业力求增加盈利，盈利企业中亏损产品的亏损额也要大幅度地降下来；还规定 1983 年 9 月 25 日财政部、国家经委下达扭转亏损指标通知后，新发生的亏损户和亏损额，一律不予补贴，等等。坚决贯彻党中央和国务院的上述决策，必定能收到很好的效果。事实上，1982 年以来，一些省、市、区比较认真地抓了扭亏增盈工作，已取得了明显的效果。吉林省在 1983

年上半年，对亏损企业约法三章，提出严格要求，对到期不能扭亏的企业，坚决实行关停并转，书记、厂长就地免职。由于措施得力，到9月止，全省亏损企业比1982年同期减少50.2%。江西省预算内工业企业1—9月亏损总额减少了32.5%。辽宁省也把扭亏增盈作为一场硬仗打，到9月末，全省有288户工业企业摘掉亏损帽子；与1982年同期相比，全省亏损户减少50.5%，亏损额下降了40%。

三

要使税利增长和产值增长同步甚至比产值增长更快的可能性变为现实，应当采取切实和有力的措施，解决妨碍税利和产值同步增长的种种实际困难和问题。

当务之急是提高企业的素质，包括提高企业领导班子和职工队伍的素质，提高企业技术素质（这是发展新产品和提高产品质量的关键），提高经营管理的素质，严格财经纪律，加强成本核算等。为此，需要对现有企业进行整顿，同时抓技术进步和经营管理的科学化。鉴于现有企业经营管理水平低，当前只要抓好企业整顿，改善经营管理，就能大大提高经济效益。而从长远来看，则非抓技术进步不可。技术进步能为经济效益的提高提供无穷无尽的力量和源泉。现在我们已有少数企业，把企业内部的组织机构改编成为三个系统，把技术开发独立出来，同生产经营和政治工作密切结合起来，以加强技术进步工作，这是很有远见的、大有前途的。

在整个国民经济范围内，也要加强和改善管理，以便为企业提高经济效益创造良好的外部条件。比如，要把生产计划与经济效益计划统一起来抓，不能总是部里管产品，省里管利润，市里管产值，三者提出的指标相互矛盾，使企业无所适从。国家在对企业下达计划指标时，要同时下达给主管部和省、市、区，让他们都担负起生产计划安排和财务计划考核的责任。再如，疏通流通环节，一方面要求企业按需生产；另一方面要经常向企业提供市场信息和预测，疏通各种流通渠道，反对地区封锁，使所有真正为社会需要而又价格合理的产品能够尽快地销售出去。为了让企业能够实现扭亏增盈，在近两年内，可以采取某些措施，把工业企业组织生产的外部条件理顺，并相对地稳定一下，以利于企业搞好扭亏增盈的工作。

对于当前影响税利和产值同步增长的一些实际问题，也要很好研究解决。

首先，要解决产品结构和企业组织结构合理化的问题。这几年，我们工业生产增长速度不慢，但税利增长很慢，重要原因之一，是产品结构和企业组织结构不够合理。例如，自行车是高税利产品，但这几年永久、凤凰、飞鸽等名牌产品（它们在本行业中税利水平最高）因厂房、设备、投资等的限制增长不够快，而那些生产杂牌产品（它们在本行业中税利水平很低甚至亏损）的企业，却大量扩充生产能力，大幅度增产，结果自行车产量虽然上得很快，相应的产值也增长很快，而税利的绝对量虽有增长，但相对水平却下降了，使税利的增长慢于产值的增长。其他一些高税利产品如烟、酒、纺织品等也有类似情况。所以，在宏观经济指导上，要下决心克服以小挤大、以落后挤先进的现象继续发展，否则还会使一些行业的税利水平下降，影响税利和产值同步增长的实现。同时，要对轻重工业的发展进行合理的安排。我国轻工业的资金利税率比重工业高 3 倍（1981 年数字）。

保持轻重工业的合理结构和适当比例，不让重工业像过去那样片面的增长，而挤轻工业，也是实现整个工业部门税利和产值同步增长的重要条件。

其次，生产资料乱涨价，使企业难以招架，给扭亏增盈带来很多困难。据辽宁省对占全省利润 80% 的 90 户大企业的调查，1983 年上半年实现利润 20.1 亿元，比上年同期减少了 9.9%，其中由于某些原料、材料、燃料涨价等财政上承认的因素，其减少利润 3.3 亿元，占应实现利润的 14%。1983 年 7 月 3 日，国务院和中纪委向各地发出关于坚决制止乱涨生产资料价格的紧急通知后，情况已迅速好转。现在的问题是，如果对基建投资和消费基金不加适当控制，财政收支不能实现基本平衡，银行搞财政发行，那么，生产资料涨价是难以完全阻止的，即使一时阻止了，也不能长期保持，因为实行财政性发行必然带来通货膨胀，首先是生产资料价格上涨。当然，企业可以通过改善经营管理来弥补生产资料涨价造成的损失，有的先进企业也确实做到了。但是，也要承认，要所有企业都通过改善经营管理来控制因生产资料大幅度涨价对产品成本带来的影响，是一件相当困难的工作。这也是需要在今后实践中很好地研究和解决的问题。

最后，关于产品的适销对路问题。产品是否适销对路，对于企业生产是否符合社会需要，以及能否实现税利，关系很大。过去搞统购包销，企业对产品是否适销对路，并不关心。现在不少产品实行订购、选购或在市场销售，产品是否适销对路，对产品价值能否实现，资金能否正常周转和加快周转，就非常重要。即使目前仍然实行统购包销的产品，它是否适销对路，也不是无关紧要的。因为如果不适销对路，必然造成积压和浪费，即使企业实现了价值和税利，但从社会来看，企业的这种收入实际上是一笔虚数。同时，如果产品总是不适销对路，物资部门或商业部门也不可能老是对它实行统购包销，因为物资部门和商业部门也要讲求经济效益。而现在的问题是，我们现在不少企业的产品，许多是几十年一贯制的老产品，产品落后状况很严重，随着生产和技术的发展，必然使不少产品不能适应社会和消费者的需要。据调查，天津市 9 个工业局的 8279 种产品中，达到国际标准的只占 3.1%；一机局系统的 2179 种产品中，处于衰退期的约占 40%。辽宁省在生产的 1.69 万个产品中，达到国际标准的只占 1.6%；沈阳市对 32 个企业 393 个产品的分析，其中没有竞争力和滞销积压需要淘汰的产品约占 47%。现在，比较先进的企业，都设置了产品开发系统，一种产品还没有完全进入衰退期，而后一种产品则已进入生长期，使企业始终有成熟期的产品应市，保持着较强的竞争力，做到产品适销对路。这个问题，从根本上说要通过重视技术进步，对现有企业进行技术改造来解决。

此外，还要切实制止各方面向企业乱摊派的歪风，以减轻企业的负担；改革劳动制度，进一步克服吃"大锅饭"和捧"铁饭碗"的现象，等等。这些，对于实现税利和产值的同步增长，也是有重要意义的。

总之，每一个企业、部门和地区，都要脚踏实地，努力创造各方面的条件，克服各种困难，尽快实现税利和产值的同步增长；已经实现这一要求的，则要进一步力求使税利增长超过产值的增长，因为同步增长只是一般的要求，按道理说，在基本的生产条件不变的情况下，税利率不变的条件下，税利要比产值有更高的增长速度，这样，才是真正的不断提高经济效益，把速度和效益统一起来。我们要奋发努力，为社会、为国家创造更多的财富，为社会主义现代化建设作出更大的贡献，出色地完成党的十二大提出的伟大历史任务！

对抚顺市发展战略的意见[*]

抚顺原来是以煤炭为主的重工业城市，素有"煤都"之称。凡是产业结构以煤炭为主的城市，到一定时期都存在着产业结构实现重大转化的问题。至于单一产煤的城市，这个问题就更突出了。因为煤的资源不可能再生，这是不可避免的，迟早要枯竭的。对此要有预见性，要早做准备。这是这种类型的城市研究发展战略的重大课题。从世界有些国家的经验看这类城市有的经济结构转化是成功的，有的是不成功的。这种转化是很困难的，有的还是很痛苦的。

30多年来，随着我国国民经济的发展，抚顺产业结构已经发生很大的变化。这几年你们的石油化工有很大的发展，不仅向石油化工转化，你们的电力、冶金、机械、电子、建材和纺织工业也都有很大的发展。抚顺正由以煤为主的单元型产业结构向以石油化工为主的多元型产业结构方向转变。但光搞石油化工也不行，要把它与密切相关的产业配起套来。

你们现在正在研究地区经济发展战略。这几年，全国各地区都在研究本地区的经济发展战略。我看过一些材料，有些材料大同小异。抚顺地区发展战略应当有抚顺的特色，不能千篇一律。一个是要有地区特色；另一个只注意经济发展不行，还要把科技、社会发展综合在一起，要有一个总体的发展；还有一点，你们研究抚顺发展战略不要仅从抚顺地区出发，要

* 本文是作者1983年写的一篇文章。

把抚顺在辽宁的作用、在东北的作用、在全国的作用搞清楚，要把眼界放开。现在是搞开放型经济，要注意抚顺的辐射力和吸引力，它不应受行政区域的限制。而现在研究战略往往受到行政区域和条块分割体制的束缚，在很大程度上限制了地区经济的发展。同时还要指出，在一个城市形成独立完整的经济体系是不可能的，就本市的某些主导产业形成适度的配套体系则是可能的，制定地区发展战略要考虑这些问题，力争搞出一个符合科学的和有实现可能的发展战略规划。

为做好我国的环境保护工作而努力*

　　我对于环境保护工作很少研究。但是，由于环境问题是当代国际上普遍面临的一个重大问题，无论在世界各国还是在我们中国，都遇到它的挑战，而且它与许多经济、科技、社会问题都有着密切的联系，所以，我在工作中和在与外国朋友的交往中，得到的关于环境保护问题的信息还是不少的。这些信息明确地告诉我们，环境保护是我国社会主义现代化建设中一个具有战略意义的大问题。这个问题解决得好不好，将直接关系到我们的未来，关系到我们建设有中国特色的社会主义现代化强国的宏伟目标能否顺利实现。因此，环境问题必须引起高度重视，认真对待。

　　大家知道，环境问题是个很复杂的问题。这里，只想就认识环境功能，自觉保护环境；注意历史经验，加强环境保护；明确环保目标，完善指标体系；切实采取措施，搞好环境保护这几个问题，谈一些自己粗浅的看法。

一　认识环境功能，自觉保护环境

　　我们通常所说的环境保护的"环境"，指的是广义的环境，它包括上至地面以上大约 10 公里的大气对流层的顶部，下至地下大约 5 公里地方

---

* 本文是作者 1984 年 1 月 3 日在"第二次全国环境保护会议"上的书面发言。

的整个地球的表层这样一个广阔的范围。它与生态学所讲的"环境",其含义是不同的。因为,"环境"指的是事物之间特定的相互关系,而不是事物本身。谈到"环境",必须有一个特定的事物作为中心,其周围的空间、条件和状况,就是它的环境。生态学所讲的"环境",是以生物为中心的。生物包括动物、植物和微生物,其周围的无生命的条件则为其环境,这指的是自然界的空气、水、热、光及各种有机和无机元素所构成的空间。也就是说,生态学所讲的环境,只是生物以外的无生命的物质因子,而不包括生物,且与生物相对立。而人类环境、环境科学、环境保护的"环境",则是指以人类为中心的,人类以外的,充满着各种有生命和无生命的物质的空间。为什么研究环境要以人类为中心呢?这不仅是因为人类是地球的主人,是地球表层最活跃、最能动的因素,而且是因为人类研究环境的目的是为了求得自己与环境的协调发展。可见,环境科学的"环境"不仅包括自然界无生命的物质,而且还包括人类以外的一切生物。

　　从系统工程的观点来看,人类环境是一个庞大复杂的系统。我们研究以人类为中心的环境,主要就是要研究这个系统中人类与其环境的各种关系及其规律,研究构成环境的物理系统、生物系统和社会经济系统之间,通过物质和能量的流动而相互作用的情况及其规律。具体来说,物理系统的所有环境成分的运动,都是独立于有机生命之外的,它包括岩石圈、大气圈、水圈和大陆冰川等;生物系统由所有自我更新的有机系统构成,它包括最小的微生物个体、生物群落和生态系统,所有这些构成生物圈;社会经济系统是由人类的经济系统、社会系统、政治系统和情报系统等组成的,不论规模大小,它的输入、输出和结构,都是由人类所控制的。这三大系统,各有自己内部的结构和功能,同时在系统之间又有物质、能量的交换,即相互作用。可否这样说,对所有环境系统的结构、功能和它们之间的相互作用的情况及其规律,以及如何运用这些规律进行研究的科学,就是我们所说的环境科学。

　　那么,人类与自然界,即上面所说的物理系统和生物系统,又是一种什么样的关系呢?这可以从人类社会的再生产过程看出来。马克思主义的经济科学告诉我们：经济的再生产过程……总是同一个自然的再生产过程交织在一起[①]的，劳动并不是它所生产的使用价值即物质财富的唯一源泉[②]，劳动和自然界一起才是一切财富的源泉，自然界为劳动提供材料，劳动把材料变为财富[③]。还指出：劳动首先是人和自然之间的过程，是人以自身的活动来引起、调整和控制人和自然之间的物质变换的过程。[④] 这就是说，包括经济再生产过程和自然再生产过程在内的人类社会的再生产全过程，是通过人与自然界的物质、能量变换，紧密地结合在一起，交织在一起，循环不已进行的。生态环境系统本身具有一个很重要的功能，就是能够自我调控，正常运转，并在人类及其生态环境之间维持相对稳定的动态平衡。但是，这种功能有一个限度，超过这个限度，该功能就不能正常发挥，从而导致系统破坏。因此，任何生态环境系统的因素，都不能无限制地增加或无限制地减少。

人类社会的经济再生产过程，一方面不断地从自然界中"取出"原料，"投入"到经济再生产过程中去，通过劳动，变为人们需要的产品；一方面又把生产、分配、流通、消费等经济再生产过程中的生产残余物和生活残余物，不断地排放到自然环境中去，参与自然界的物质、能量循环。要使经济再生产过程顺利进行，对于可再生资源来说，从自然界取出的原料，不能超过自然再生增殖能力，否则就会导致自然界物质、能量循环的破坏和资源枯竭；而排放到自然环境中去的废弃物也不能超过自然环境的容量，否则就会引起环境质量的恶化。这就说明，经济再生产过程同自然再生产过程密切相关，自然再生产过程是经济再生产过程的基础，经济再生产过程是影响自然再生产过程的主因。人类为了增进自己的物质文明和精神文明，大规模地发展经济，相应地对环境也大规模地"取出"和"投入"。不断地从自然界取出原料，投入经济再生产过程，又从经济再生产过程"产出"各种排泄物，"投入"自然界，这种复杂交互作用的

---

① 《马克思恩格斯全集》第 24 卷，人民出版社 1972 年版。

② 《马克思恩格斯全集》第 23 卷，人民出版社 1972 年版。

③ 恩格斯：《自然辩证法》，《马克思恩格斯选集》第三卷，人民出版社 1972 年版。

④ 《马克思恩格斯全集》第 23 卷，人民出版社 1972 年版。

规模、范围和深度，随着社会生产力的迅速发展和科学技术的巨大进步，而与日俱增。因此，经济再生产过程必须遵循经济规律和自然规律，也就是生态经济规律，才能顺利进行。否则，就会破坏自然界的生态平衡的结构和功能，使环境遭到摧毁，反过来又会损害经济发展。这就是环境保护与经济发展之间互相依存、互相制约，又互相促进的对立统一的辩证关系。我们要正确理解和处理这种关系，自觉地把环境保护工作搞好。

二　注意历史经验，加强环境保护

当代世界面临两类环境问题：一是工业和城市的环境污染，二是农业和农村的生态破坏。一般来说，发达国家以前者为多，发展中国家则以后者为主。我国是发展中国家，经济比较落后，生产力水平低，但这两类环境问题却兼而有之。

现在我国的环境污染情况，应当引起十分重视。1981 年我国排放的大气污染物达 4000 多万吨，其中二氧化硫 1800 多万吨，是世界上排放量最多的国家之一。城市大气中颗粒物浓度很高，北京比伦敦、东京要高，烟雾日逐年增多。1982 年我国排放废水 310 亿吨，使不少地方的淡水资源和城市地下水受到不同程度的污染。全国每年排放废渣 4.3 亿吨，历年积存废渣已达 54 亿吨，占地面积约 400 平方公里。大中城市的噪声污染也比较严重，北京、杭州与日本东京相比，汽车数量少得多，但噪声比它还高。环境污染不仅严重危害人民身体健康，而且造成了巨大的经济损失。

工业发达国家在环境问题方面最根本的教训是走了先污染后治理的弯路，遭受了严重的污染危害，付出了高昂的代价。我们过去在不少地方也差不多是先污染后治理，甚至有一些是污染还没有治理。周恩来同志早在十多年前就指示要避免走资本主义国家这条老路，但是，由于"十年动乱"等种种原因，这一重要指示未能很好地贯彻落实，以致造成目前这种局面，是应该深以为戒的。

工业发达国家环境污染的教训是值得我们借鉴的。他们的教训是：

第一，污染比工业化的发展增长得更快。

第二，污染危害及其治理效果，都有滞后现象。就是说，从宏观情况来看，自排放污染物质到它以有害的形式出现，有一个长长的时间；从控制那种污染物质，到它的有害影响最终减除，也有一个长长的时间。也就是说，只有当某些污染危害已经被察觉的时候，人们才开始加以控制，以此为基础的任何污染，很可能在控制污染的系统建造完好之前，会变得更糟。因此，事先不预防，事后再治理，就会步步被动，代价高昂。

第三，环境容量是有限度的。这是说，天然的生态系统吸收人类活动的排放物，并把它们处理成对其他形式的生命有用或至少无害的物质的能力是有限度的。当污染物质以足够大的规模排放时，天然的吸收机制可能饱和。因而，人类文明的废弃物，可以在环境中积聚，造成公害。虽然，人们不知道地球吸收任何一种污染物质的能力的确切上限，更不必说地球吸收各种结合在一起的污染物质的能力了。可是，人们确实知道有一个上限，有许多地区的环境污染已经超过了它。

第四，治理污染是颇费金钱的。要避免生态系统的破坏，必须要有制止污染的办法。当然，严格的污染控制，并不一定意味着完全消除污染。要消除一切污染是很困难的。因为，它既受技术的限制，也受经济的限制。在经济上，污染控制费用随着排污标准越来越严而急剧上升。据西方的计算，如果不允许一个工厂排放任何有机废物，则其费用要比允许它从排放物中除去30%的有机废物时大100倍。这个数字不一定可靠，但有一定的参考价值。

工业发达国家的实践证明，污染源一经造成，它就将在相当时间内制约经济发展，危害人们的生活和健康。看一看我国环境污染的实际情况，想一想上面这些问题，还是有一些启发的。

我国生态破坏的情况同样应当引起十分地重视。大家知道，生态破坏的突出表现，是资源的破坏。而资源的破坏，从根本上说来，是由于不合理的开发利用造成的。我国虽号称地大物博，资源总量不少，但由于人口多，按人平均起来，资源就不丰富，而且大多低于世界的平均水平。同时，我国资源的破坏和浪费情况又是相当严重的。现仅以自然资源为例，即可说明这一点。如我国森林资源新中国成立 30 多年来大幅度下降。现在，我国森林总面积只有 18 亿多亩，人均不足 2 亩；覆被率只有 12.5%，只及世界平均水平的一半稍多一点；人均蓄积量更不到世界人均值的17%。森林资源下降的原因，主要是过量采伐、乱砍滥伐、毁林开垦、刀耕火种和森林火灾等。应该特别指出的是，我国森林资源的现状与国民经济发展的需要很不适应，用材、薪柴、纸浆和其他一些林业经济产品的供需矛盾十分突出，致使森林资源年消耗量远远超出其年生长量。而我国木材供需的这种矛盾是在木材消费低水平上产生的。随着现代化建设的发展和人民生活水平的提高，对木材的需求肯定会大幅度增加。如不采取有效措施，供需矛盾将会更加尖锐。又如水资源的浪费现象也非常突出。在农业上，一方面是灌溉保证率不高；另一方面又由于工程不配套、渗漏严重和大水漫灌等原因，不少灌区进水量是实际需要量的好几倍。工业上，循环用水率很低，个别城市达到 50%，大多数城市只有 20%—30%，远低于世界先进水平。除了水量问题外，还有个水质问题。目前，我国工业废水和城市污水的年排放量为 300 余亿吨，而且绝大部分未经处理就直接排入水域，严重污染了水质，使本来就不丰裕的水资源的可利用率更为降低。又如土地资源的污染和破坏情况也很严重。全国因工业（包括社队企业）"三废"污染的耕地达 4000 多万亩，每年减产粮食约 100 亿斤，相当于我国新中国成立 30 多年来平均每年增产粮食的 2/3。由于不合理的开发利用，破坏森林、草原等植被，导致土地退化、沙化，水土流失面积 120 多万平方公里，每年流失土壤 50 多亿吨，占世界水土流失总量的 20%，是世界上水土流失量最大的国家之一。每年因土壤流失而损失的氮磷钾等植物营养物质，相当于全国一年的化肥生产总量，其经济损失是很大的。再如土地资源的浪费现象也很惊人。一般来说，在土地上盖了工厂、修了铁路机场，等等，其土地利用的经济效益是提高了，这是工业化的一个必由之路。但是，也应注意另一方面，即由于对土地缺乏统一管理，许多基建项目占地宽打宽用，多征少用，早征晚用，征而不用，可用次地而用好地等现象普遍存在。目前，我国人均耕地仅 1.5 亩，不及世界人均耕地的 1/3。随着基建规模的扩大，人口继续增长和部分陡坡地、沙化土地的退耕还林还牧，耕地面积还会继续减少，而继续垦荒扩耕却很有限。因此，严格控制耕地面积的减少已成为我们的当务之急。

目前，世界上经济发达的国家已经开始注意正确处理人口、资源、环境和发展这四者之间的相互关系，认为除了政治和社会因素之外，这是关系国民经济能否健康、持久地发展的一个极其重要的问题。

我国环境污染和生态破坏的根本原因，从认识上来讲，主要是在建设中只注意生产的发展，而忽视生态的平衡；注重眼前，忽视长远；未能正确解决好发展生产与保护环境的关系，因而做了污染环境，损害发展，以及诸如杀鸡取蛋、竭泽而渔等那样的不少蠢事。我们应该吸取这些教训，遵循生态经济发展的规律，并把它作为我国社会主义现代化建设中的一件大事来抓。

因此，我非常拥护国家把保护环境作为一项基本国策，也就是把防治环境污染，维护生态平衡，促进经济发展，造福世代人民，作为我国的一项基本国策，长期贯彻执行。

三　明确环保目标，完善指标体系

党的十二大为我国 2000 年的经济社会发展规定了明确的目标，即在不断提高经济效益的前提下，力争使工农业年总产值翻两番，把人民生活提高到小康水平，建设社会主义物质文明和社会主义精神文明。所有这些都与环境保护有关：经济效益与环境效益和社会效益是统一的，环境效益不好，就是环境遭到了污染或破坏，这肯定会损害经济发展，降低经济效益；如对环境污染和生态破坏不严加控制，"翻两番"就不会成功，勉强翻上去，会使污染成灾，人民不会答应；小康生活水平，既包括人民物质和文化生活水平的提高，也包括环境的改善；至于社会主义的物质文明和精神文明，应该包括清洁、优美、安静的环境，就更不待言了。正如李鹏同志报告中明确提出的，到本世纪末我国环境保护的目标是，力争全国环境污染基本得到解决，自然生态基本恢复良性循环，城乡生产生活环境清洁、优美、安静，全国环境状况基本上能够同国民经济的发展和人民物质文化生活的提高相适应。这就是说，为了实现党的十二大确定的宏伟战略目标，我们就必须搞好环境保护工作，力争到 2000 年，实现我国环境状况的根本好转，使我国的环境污染和生态破坏问题基本得到解决。这要求城市环境质量要有明显改善，大部分老企业的污染基本得到治理，重点水系和海域的污染严重情况得到根本改善，生态环境基本达到良好状态。实现了这些目标，就可基本适应国民经济和社会发展对自然资源的需要和人民物质文化生活达到小康水平的要求。

环境保护既与总的战略目标密切相关，其本身也是一个战略问题。我国的环境问题，主要是由于经济、科技、社会的发展不相协调造成的。因此，正确制定和执行经济、科技、社会总体发展战略，对于环境保护也是至关重要的。所以，我们应该把环境保护作为经济、科技、社会总体发展战略的一个重要组成部分来对待。在最近国务院技术经济研究中心召开的经济、科技、社会总体发展战略讨论会上，大家都很关心环境保护问题，不少同志提出了建设性意见。比如，有的同志就对应经济效益、社会效益和环境效益，提出了具有中国特色、坚持四项基本原则的经济、科技、社会三位一体协调发展的，社会生产、人民生活、环境生态"三生"统筹兼顾、综合平衡的发展战略模式。对这种发展模式，大家很感兴趣。因为仅有经济产值的增长，而没有人民生活水平的提高和环境的改善，不可能有真正的发展。而真正的发展，是包括国民经济持续增长、人民生活普遍提高和生态环境愈益改善这三方面内容的。

近年来，西方国家的一些学者对于只追求经济增长战略的、衡量发展水平的国民生产总值指标（GNP）提出了疑问。这是有一定道理的。国民生产总值指标，有其简单扼要，便于分类比较的优点，但是它未包括全部的社会劳动成果，未涉及环境污染因素和生态破坏的影响，也不考虑收入的分配是否合理，因而不能反映现代社会的要求。我国多年来采用工农业总产值指标。它反映工业和农业这两大生产部门的生产规模和增长速度，便于研究工、农业之间的物质联系和比例关系。但是，除了工农业之外，其他物质生产部门的劳动成果都未包括在内。而且，由于它采用工厂法计算，有许多重复的因素，不能确切地反映国民经济发展的实际规模。更重要的是，它缺乏效益指标和质量指标，也没有考虑环境污染和生态破坏的影响，因而不能很好地反映社会主义社会生产的根本目的。因此，无论国外，还是国内，人们都在探索研究，希望建立一套能够全面地综合地反映经济社会发展水平的、完整、科学的指标体系，以促进经济、社会健康地发展。最近云南经济研究所的同志在西双版纳国土资源开发利用战略研究中，提出了一个对应经济效益、社会效益、环境效益三者统一和对应社会生产、人民生活、环境生态三者结合模式的包括生产、生活、生态三类指标的指标体系，而且不需要复杂的数学计算，使用起来方便易行，比较好地克服了上面提到的国民生产总值指标和工农业总产值指标的一些缺点。

具体来说，这个指标体系，由生产指标指数、生活指标指数、生态指标指数这三类指标指数构成，其总的指标指数由三者加权组合而成，名为经济社会发展综合指标指数。这些指标指数可分别简称为综合指数、生产指数、生活指数和生态指数。生产、生活、生态三类指数也是由若干具体指标指数加权组合而成的。各项指标的权数是根据该项指标在国民经济和社会发展中的地位和作用，也就是根据它们的重要程度来确定的。现在我们假定某地某年的生产指数为 1.11，即实际完成了计划的 111%，或超额 11% 完成了计划；但生活指数和生态指数完成情况不好，它们分别是 0.8 和 0.7，即分别完成了计划的 80% 和 70%。假定我们根据生产、生活、生态三类指标的重要程度确定的权数分别为 0.4、0.3、0.3，则加权后的生产指数为 $1.11 \times 0.4 = 0.444$，生活指数为 $0.8 \times 0.3 = 0.24$，生态指数为 $0.7 \times 0.3 = 0.21$。所以，实际完成的经济社会发展综合指数则为其三数之和，等于 0.894。这就是说，虽然生产方面超额完成了任务，由于生活和生态方面计划完成得不好，所以经济社会发展综合指数只完成 89.4%，总的社会效果并不理想。这样一个思路，是给了我们一些启发的。当然，这样的指标体系能否成立，以及它是否有进一步充实、完善和推广应用的价值，建议有关方面继续加以研究。

四　切实采取措施，搞好环境保护

为搞好防治环境污染，维护生态平衡，促进经济发展，造福世代人民这一伟大事业，我们必须继续提高全社会，特别是各级领导对环境保护工作重要性的认识，以便其在实际工作中，正确理解和处理经济发展与环境保护的相互关系，按经济规律和生态规律办事；必须继续贯彻预防为主、防治结合、综合治理等重要方针和建设项目的"三同时"（生产、生活、生态）等重要原则；必须继续加强环境管理，实行排污收费等行之有效的环境责任制度，以及有关的方针政策法令，这是不言而喻的。这里只就环境保护要依靠科技进步；加强环境科学研究；将环境保护纳入计划，保证必要的资金和物资这三个问题，说一点意见。

（一）环境保护要依靠科学技术进步

我国的社会主义现代化经济建设要依靠科学技术进步。我们的环境保护，也必须依靠科学技术进步。我同意这样一种看法，即在今后我国环境保护的各种途径中，依靠科学技术进步，应该是最重要的途径之一。就是说，今后我国环境问题的解决，应以主要采用有关的新技术来实现。这是又好又省又快的办法。到本世纪末，我国工农业年总产值"翻两番"，科技进步的贡献要占一半。那么，科技进步在环境保护成就中的贡献占多大比例呢？这是我们应该考虑的问题。

环境保护要依靠科学技术进步，就要采取既有利于发展经济，又有利于保护环境的技术经济政策。无论是生产力的配置，还是产业结构的调整；无论是工农业的技术改造，还是新兴产业的形成和发展，都要注意这个问题，力求做到经济效益、社会效益和环境效益兼收并得。

在最近召开的有关会议上，曾讨论到选择我国生产力发展道路的四种战略。根据历史经验，我们不能采取步别国后尘的"照抄"战略；也不能再采用要求在较短时期内，在主要方面甚至一切方面，赶上或超过发达国家水平的"赶超"战略；也不能再采用企求一切都"自力更生"，不积极采用甚至排斥国外先进技术的"封闭"战略；而应采取一种根据我国国情和现实条件，充分利用一切有利时机，直接采用世界上各种新的适合我们需要的先进技术的"创新"战略。当前，国际上正在热烈谈论以微处理机、遗传工程、激光和光导纤维、新型材料、新的能源等项新技术为标志的世界产业的新发展。它带来了这样一个信息，就是在本世纪末下世纪初，现在已经突破和将要突破的新技术的广泛应用，将带来生产力的新飞跃，会相应地带来产业结构、社会结构和人们生活方式的新变化。我们应注意这个动向，认真加以研究，并且要抓住机会，迎接挑战，把我们的各项社会主义现代化建设事业搞得更好。当然，这里面也应该包括环境保护事业。为了适应世界技术和产业日新月异、迅猛发展的新形势，我们应该制定一项灵活反应的特殊政策，建立比较完善的管理体制，以便尽快拿下我国既需要又有条件采用的世界产业新发展中的新技术，把我们的经济建设搞好，把我国的环境保护搞好。

我们的环境保护工作，应该根据需要和可能，积极采用世界产业新发展中出现的新技术。比如，发达国家现正一方面把某些劳动密集和污染严重的产业逐步向发展中国家转移；另一方面对资本密集的钢铁、重化工、汽车等行业，进行以自动化、节能和不污染环境为中心的技术革新和技术改造，同时，还积极建立和发展技术和知识密集的不产生或少产生污染的新兴产业。面对这种趋势，我们就要结合老企业的技术改造，尽可能地积极采用微处理机等新技术，来加强企业管理，节约资源、能源，控制"三废"排放，减少环境污染。前些日子《解放日报》报道了上海一些里弄工厂应用微处理机进行技术改造，取得良好效果的事例。原来，这些设备陈旧的落后小厂，在关键地方一经安装上电脑，就可很快地提高产品质量，降低物资、能源消耗，减少废弃物排放，提高经济效益、社会效益和环境效益。因此，现在上海微处理机已经出现了供不应求的局面。再如，作为世界产业新发展另一标志的遗传工程技术，不仅可以使禾谷类作物通过其根际生长的细菌和作物本身，获得固氮功能，为作物提供氮肥，而且据说国外已有迹象表明，可使玉米由一年生植物变成多年生植物。如果此项技术获得成功并加以推广，对发展农业、节约能源和原料、保持水土、维护生态环境，将具有重大的现实意义。

（二）要加强环境保护的科学研究

目前，标志世界产业新发展的核聚变、激光、遗传工程等许多新技术，并不是来之于工业生产过程，而是来之于实验室。这种情况说明了科学研究的重要性。所以，我们各行各业，包括环境保护在内，必须重视并加强科学研究工作。

当代世界面临的许多重大问题，都是庞大而复杂的，而且与许多方面都有联系。在大多数情况下，要想解决这些问题，单靠哪一个单一的学科，单一的行业是不行的，只能采用跨学科的多学科结合的办法，才能找到比较正确的答案。环境保护可以说就是这样一个问题。因为，它既包括自然科学方面的内容，又包括工程技术方面的内容，也包括社会科学方面的内容。只有依靠这几个方面科学的理论指导和这几个方面科学家的密切合作，共同探讨、研究，才能顺利地解决我国社会主义现代化建设中出现的各种环境问题。因此，自然科学工作者、工程技术人员和社会科学工作者的密切结合、综合研究、共同攻关，就成了我们现时代的一个特征。我很同意李锡铭同志曾经说过的这样一个意见，就是环境管理科学作为整个环境科学的一个分支，在我国是一个薄弱环节。环境管理科学本身也是一个综合性的学科，它涉及经济、法律、社会等各个领域。现在的情况是，搞经济学、法律学、社会学研究的人员中，参与环境管理科学研究的人很少，而环境管理科学涉及这些方面的许多理论问题和实践问题尚未得到全面、深入的研究，因而还没有找出令人满意的答案。因此，我完全同意在积极组织自然科学工作者、工程技术人员和社会科学工作者协同作战，开展环境预测、规划和重要环境经济技术政策研究的同时，提倡各条战线环境保护部门中学理工科学的同志，下工夫学点有关的社会科学，即管理学、经济学、法律学和社会学等方面的知识。同样，从事社会科学研究和管理部门的同志，也要下工夫学点有关的自然科学和理工科学方面的知识。我相信，经过这样几个方面的共同努力，在不远的将来，一定会把我国的环境管理从理论和实践两方面，提高到一个新的水平。

"凡事预则立，不预则废。"为了建设有中国特色的社会主义现代化强国，必须掌握经济规律和自然规律，要有长远的战略眼光，通观全局，加强预见性，克服盲目性。我们正在根据中央和国务院领导同志的指示，组织开展"2000 年的中国"的预测研究工作。这一研究的目的，就是要在党的十二大精神的指引下，根据党的十二大确定的我国经济建设的战略目标、战略重点和战略步骤，通过对国内外、主客观条件的综合分析研究，描绘出"2000 年的中国"的经济、科技、社会、文化、环境生态和人民生活，以及精神文明发展的清晰、具体、生动的图像；探索达到我国社会主义现代化建设战略目标的各种可供选择的途径并选择最佳的途径；还要研究为实现目标应进行的决策及其根据，研究需要制定的政策，并对这些政策执行的结果，做出一些预见性的分析，以便提出对当前我国经济、科技、社会等综合发展的要求和需要采取的措施。总之，我们开展"2000 年的中国"的研究的目的，就是为了更好地实现党的十二大提出的战略目标，为党中央和国务院进行决策和制定政策，提供有科学根据的参考资料，为各地区、各行业、各项事业的发展规划，提供有科学根据的参考资料，并且，通过对"2000 年的中国"具体图像的宣传，鼓舞全国人民，为实现党的宏伟纲领而努力奋斗。"2000 年的中国环境"作为"2000 年的中国"总课题的一个子课题，在李锡铭同志亲自关怀和指导下，已经做了许多工作，有了相当的进展，并且取得了初步的成果。我希望参加这项研究工作的同志们，继续努力，争取尽快完成预测研究的任务，拿出有质量有水平的科学成果，为我国的环境保护事业作出贡献。

（三）要切实将环境保护纳入各级国民经济和社会发展计划，保证必要的资金和物资

我们是实行社会主义计划经济的国家。一方面，各项事业，特别是一些重要的项目，如果列不上计划，就不好办。另一方面，我们的计划经济制度具有高度的干预能力，如果计划符合经济规律和生态规律，则可能造成一个国民经济和社会发展的良性循环；反之，如果计划不符合经济、生态规律的要求，就会造成国民经济和社会发展的恶性循环，破坏生态环境，损害经济和社会的发展。所以，我们一定要重视把环境保护纳入计划的问题，并保证有其所需要的资金和物资。

由于过去我们对环境保护的认识和重视不够，许多工程项目没有同时建设环境保护设施。这是导致我国环境问题严重的一个重要原因。如果继续目前的做法，而要达到工农业总产值"翻两番"的目标，那么，到2000年，我国的废气、废水、废渣的排放量均将增长一倍多。环境状况将会更加恶化。从而对经济和社会的发展，以及对人民的生活和健康，产生更大的危害。显然，这是违背我国社会主义现代化建设是为人民造福这一根本目的的。当然，我们也不能不切实际地提出过高过急的要求。但是，如果我们从实际出发，尽可能地加强环境保护工作，有计划地控制环境的恶化趋势，并有重点地改善环境质量状况，则是可望做到的。我们可以设想，到2000年，在工业和城市环境方面：控制污染物排放量，再加上一些治理措施，可使大气、水质等主要环境污染问题有相当程度的减轻。在自然环境方面：森林覆被率从现在的12.5%提高到20%左右，水土流失和沙漠化基本得到控制，野生动植物特别是珍贵稀有动植物得到有效的保护和繁殖，资源的开发利用做到基本上适当、合理，使受到破坏的农业生态环境得到相当的恢复和发展，初步形成一个良性循环的农业生态系统。我想，经过努力，这是可以做到的。我们要遵循陈云同志关于"治理费要放在前边，否则，后患无穷"的指示，在编制计划、分配资金时，落实环境保护，保证必要的环境资金和使物资渠道能够畅通。

　　我的上述意见，有不妥之处，请大家指教。

必须尽快使干部知识化[*]

我国人民经过长期英勇奋斗，正在面向着光辉灿烂的前景。最近召开的党的十二大提出，党在新的历史时期的总任务是：团结全国各族人民，自力更生，艰苦奋斗，逐步实现工业、农业、国防和科学技术现代化，把我国建设成为高度文明、高度民主的社会主义国家。

要实现这个伟大的历史任务，关键在于全国人民在中国共产党的领导下自觉地积极奋斗。这就必须努力提高广大人民，特别是广大干部的思想政治水平和文化技术水平。正如党的十一届六中全会《关于建国以来党的若干历史问题的决议》中所指出的：要在全党大大加强对马克思主义理论的研究，对中外历史和现状的研究，对各门社会科学和自然科学的研究。要加强和改善思想政治工作，用马克思主义世界观和共产主义道德教育人民和青年。

在对广大人民进行教育的同时，要特别强调对广大干部的教育，因为人民要依靠干部去教育、团结和引导，而教育者首先需要受教育。因此，党中央把加强干部轮训教育，提高干部队伍素质提到了极为重要的地位，要求立即着手教育、训练干部，并把这个工作经常化、制度化、正规化，使干部能较快、较好地掌握马克思主义的理论武器和现代科学技术的知识，以便逐步实现干部队伍的革命化、年轻化、知识化、专业化，促使我

---

* 本文是作者 1984 年 5 月为中南五省（区）协作出版的《哲学社会科学基础知识丛书》写的序言。

们更好地实现我国人民的根本任务。同时，由于这个根本任务的实现需要长期的持续的努力，所以我们不但要对今天的干部加强教育，而且要对明天的干部——广大青年加强教育，提高他们的思想政治水平和文化技术水平，使他们能更好地继承我们伟大的革命事业。

广大干部和青年都要加强学习，要学习马克思主义理论，学习哲学社会科学和自然科学。马克思主义理论是我们的指导思想，是我们的事业取得胜利的根本保证。通过学习马克思主义理论，提高共产主义思想觉悟，坚持社会主义方向，抵制各种非无产阶级思想的侵蚀，自觉地贯彻执行党的路线、方针、政策，以提高分析新情况、解决新问题的能力，提高认识和改造客观世界的能力。

马克思主义所以能够起这种作用，是由于本身就是体系严密、内容丰富的科学。马克思主义的三个组成部分——马克思主义哲学、政治经济学和科学社会主义，是人类思想的宝库。马克思主义在其产生和发展的过程中广泛地吸收了人类先进思想的各种成果，可以说是集人类智慧之大成。马克思主义的三个来源——德国的古典哲学、英国的古典经济学和法国的空想社会主义就是当时哲学社会科学最杰出成就的汇集。马克思和恩格斯还吸收了当时自然科学方面的杰出成就。可以说，如果没有马克思主义创始人站在无产阶级立场上批判地吸收了当时哲学社会科学和自然科学的各种成果，就没有马克思主义。因此，马克思主义是人类智慧的结晶。在马克思和恩格斯创立了马克思主义以后，列宁、毛泽东和其他伟大的马克思主义者，都批判地吸收了他们各自时代的哲学社会科学和自然科学的成果，从而推动了马克思主义进一步向前发展。目前，广大干部和青年在新的历史条件下学习马克思主义理论，要了解新情况，解决新问题，并推动马克思主义继续向前发展，就必须在加强实践的同时，批判地吸收当代的哲学社会科学和自然科学的各种成果。

广大干部和青年，不论是从事什么工作或学习什么专业的，都要学习马克思主义理论，学习一些哲学社会科学的基础知识和自然科学的基础知识，并尽可能地把这两方面基础知识的学习结合起来。为什么要这样做呢？我认为至少有两方面的必要。

第一，随着社会的发展和科学技术的进步，各门学科之间的联系和渗透日益加强。目前，不但自然科学内部和社会科学内部各门学科相互渗透，产生了许多边缘学科，而且自然科学同社会科学之间也相互渗透，产生了一些边缘学科，如管理科学就是这样一门边缘学科。它既包含着经济学、会计学、社会学等社会科学的内容，又包含着机械学、电子计算技术等自然科学的内容。可以预见，这种边缘学科将会越来越多。同时，自然科学和社会科学又相互吸收了许多于己有用的东西。例如，社会科学引进了许多自然科学中的概念、术语、公式、计算方法等，而自然科学也引进了许多社会科学中的概念和方法。当然，有些引进是否恰当，还有待于历史发展的检验。但是，这种彼此影响和相互渗透的过程，看来是科学发展的一个必然趋势。

第二，当前社会主义现代化建设许多重大的问题的解决，往往不能单纯依靠哲学社会科学工作者或自然科学工作者单方面的努力，而必须两方面的学者和实际工作者同心同德，协力作战，才能获得比较圆满的结果。例如，大至人们探测太空，发射宇宙飞船，小至企业中技术改造以至改进操作方法，调动职工的积极性，提高劳动生产率，都必须运用哲学社会科学和自然科学两方面的专业知识，因而往往需要组成包括各种专业人才的组织来解决这些问题。所以，不论从事什么专业的人，学习马克思主义，了解一些本专业以外的有关学科的基础知识，对于正确地解决这些综合性的问题是大有好处的，是完全必要的。

学习的方式多种多样，总的来说，不外是集中讲授和自学两类。集中讲授固然要有好的教材，自学更需要有好的自学材料。马克思主义经典著作要努力学习，其他许多哲学社会科学和自然科学读物也要学习。在目前新的形势下，更需要大量出版这方面的好书，来对广大干部和青年进行教育，把他们培养成为有坚定的共产主义世界观、又红又专的社会主义建设者。

广东、广西、湖南、湖北、河南五省（区）的人民出版社正是适应这种需要，在协作编辑出版了《政治理论基础知识丛书》和《青年思想修养丛书》以后，又着手协作编辑出版《哲学社会科学基础知识丛书》。

这套丛书的主要读者是广大干部和知识青年，他们正是今天和明天同广大人民一起实现我国人民根本任务的中坚力量。我看了这套丛书的第一批选题，感到其中包括的哲学社会科学的许多重要学科，对广大干部和青年的学习是有益的。我希望这套丛书能做到提高质量、精益求精，在普及马克思主义理论，普及科学文化知识，促进社会主义精神文明和物质文明建设方面，作出自己的贡献。

加强社会主义工业建设重大
理论问题的研究[*]

—— 在中国工业经济学会第二次筹备会议上的讲话

今天，请了在工业经济方面有研究的同志，也请了在经济战线上长期进行了卓有成效的工作的，经验丰富的，而且把有些经验上升到理论高度的同志一起来开会，还有一些同志因为有别的事不能到会，我们还可以和这些同志继续联系。

党的十二大提出我们国家在本世纪末工农业年总产值要翻两番，这个翻两番是要在提高经济效益的基础上的翻两番。实现翻两番的任务，实际上工业是主要承当者。要让农业在 20 年内翻两番，那是有相当的困难的。当然，现在所说的农业没有包括乡镇工业，如果把乡镇工业包括在内，从现在的情况看，要翻两番是大有希望的。但这里就包括了工业的因素。我们今天酝酿成立工业经济学会，我们研究的对象应该包括乡镇工业在内，不应该只是城市工业、国营工业，应该包括正在兴起的，而且很有发展前途的这部分乡镇工业在内。中央要求，翻两番要建立在提高经济效益的基础上。应该说，我们工业的经济效益很不理想。虽然，这几年工业在数量、质量、品种等这几个方面有不同程度的进步，尤其发展速度比较快，但是在经济效益方面还是不能令人满意的。拿去年的情况看，预算内国营

---

* 本文原载《经济管理》1984 年第 5 期。

企业生产增长了 9.6%，而税利只增长 6.3%，每百元销售利润却比前年减少了 0.58 元。这说明经济效益没有什么大的提高，某些方面甚至有所降低。这是当前工业经济需要研究的一个大问题，即怎样在提高经济效益的前提下实现翻两番的任务。当然，翻两番不仅是量的概念，而且是质的概念，这就是要有相当程度的现代化。现在看，要在本世纪末普遍地达到世界先进水平是不可能的。但是我们的绝大多数企业在本世纪末达到发达国家 70 年代末和 80 年代初的水平，则是可以而且必须达到的。这是就一般情况说，也是最低限度的要求。有一些部门、有一些企业，还应该达到或者接近当前世界的先进水平，也许某些部门和产业会达到当时世界最先进的水平。这些毫无疑问是工业应该承当的任务，因为工业是发展国民经济的主导力量。以农业为基础、工业为主导的发展国民经济的总方针是 1961 年提出来的。开始毛主席提出以农业为基础的发展国民经济的总方针，周总理提出应加上以工业为主导的内容。加这么一条还是很重要的。因为只有基础，没有主导的力量，即没有工业，我们的社会主义四个现代化还是没有希望的。所以，工业对于实现党的十二大制定的我国国民经济发展的战略目标、战略重点是起重要的作用的。而要完成这样的任务，需要工业战线的广大干部、职工和科技人员的共同努力。但是，要使我们的工作更有效，更具有科学性，能够取得更好的效果，包括经济、技术、社会各方面的效果，就需要我们加强工业经济的理论研究。正像列宁所讲的，没有正确的理论指导的实践，是盲目的实践。在这方面，30 多年来我们吃过苦头。当然不能说过去的实践都没有理论的指导。也有理论的指导，不过有的时候的理论指导是脱离实际的，不能反映实际，或者违反实际的东西是错误的。我们今天所说的理论指导，应该是马克思列宁主义、毛泽东思想，是真正能够解决我们中国社会主义建设中提出的重大实际问题的理论。这种理论不是自然存在的，不是从天上掉下来，或者是人们头脑中所固有的，而是根据马克思主义的立场、观点、方法分析中国的具体情况，运用于中国的具体环境，不断总结经验，提高我们的认识，逐步形成的。这项任务当然离不开实践，但同我们一些同志所进行的具体业务工作又有区别。当然，我们做理论工作的同志一定要与做实际工作的同志亲密地结合在一起，这件事情才可能做得更好。因为30多年的经验证明，凡是又有理论又有实际经验的同志，无论做实际工作，还是进行理论研究，成效就大。反过来说，成效就小。然而，在现实生活中确实存在这样一个问题：一些做理论工作的同志缺乏实际经验；而做实际工作的一些同志因为时间和精力等条件的限制，则缺乏必要的理论的修养或者理论的研究。这个问题需要解决。解决得好，我们的工业一定会得到更健康的发展。这是没有疑问的。我想我们的学会应该在这方面尽到我们能够尽的力量。这也可能是自不量力，但是，只要大家奋发努力，会起到积极作用的。我们的工作做得越好，在这方面的贡献就会越大，对经济的发展越有利，这是可以肯定的。

工业经济面临的重要的课题很多，就我们经常接触到的重大问题是些什么呢？

第一个问题，中国的社会主义经济建设究竟具有什么特色？小平同志不是在党的十二大提出要建设有中国特色的社会主义吗？当然这里包括社会主义的政治、经济、文化，还有其他的方面，但是，经济是它的基础。要建设有中国特色的社会主义，中国社会主义的国民经济的特色究竟是什么，是需要我们认真研究的一个大问题。报刊已经发表了不少讨论的文章，还需要继续探讨。中央领导同志最近说，要回答什么是有中国特色的社会主义，现在还回答不了，还需要我们去创造。社会科学工作者，应该按照中央领导同志的指示，创造性地探讨这些重要问题，随着实践的发展，逐步从理论上搞清楚。所以，研究这个问题，是中国社会科学工作者义不容辞的责任。为什么我从这个问题讲起呢？因为国民经济是一个整体，工业是国民经济的一部分，而且是它主导的部分。研究工业经济，不能离开国民经济这个全局、这个整体。整体有什么特色，必然要反映到工业这方面来。比如，中国有10亿人口，这是中国的特点，在国民经济的特色上一定会反映出来，在工业上也会反映出来。我们现在有1亿多工薪劳动者，按真正需要，并不要这么多，大概多1/5—1/4。这些人怎样安排，是目前这样安排好，还是采取另外的办法安排好，就同整个国民经济有关系。大家都学了《邓小平文选》，小平同志讲中国至少有两个重要特点是必须看到的，一个是人口多、耕地少，一个是底子薄。这是就整个中国的情况讲的，对我们的国民经济、对工业都有影响。所以，首先要把中国社会主义经济究竟有什么特色研究清楚。

第二个问题，是同我们有直接关系的，中国社会主义的工业究竟有什么特色。工业是一个总的概念，各个国家都有工业，但是，每个国家的工业又总是有它自己的特色。中国工业有什么特色，就需要探讨。只有把中国的工业、农业和其他各个部门包括流通在内的特色都搞清楚了，概括起来才成为中国国民经济的特色。所以，小平同志提出的建设有中国特色的社会主义的问题，具体到我们这个领域，就要研究中国社会主义工业的特色。

第三个问题，需要研究中国社会主义工业发展的道路和它的前景。毛主席对中国工业发展的道路讲过很多，都是很重要的。斯大林也讲过苏联工业化的道路问题，一个时期曾经被认为是社会主义国家必须遵循的规律，即都必须从发展重工业开始。我们在一个时期里也是这样做的。后来毛主席感到斯大林的说法有些缺陷，提出工农业同时并举，要处理好工业同农业的关系。中国工业化的道路是不是就是这样，我们的认识能不能再前进一步呢？毛主席提出这个问题是在 1956 年《关于正确处理人民内部矛盾的问题》的报告里。不久以后发表的《论十大关系》，关于如何发展我国的工业，又有进一步的论述。从 1956 年到现在，又经过了将近 30 年。30 年的实践又有许多新的经验可以概括进来，使我们对这个问题认识更加深化，并由工业发展的道路预见到它的发展前景。我们现在正在研究 2000 年的中国，2000 年的中国工业究竟是什么样子、什么图景，那时候是否每一个产业部门都要翻两番；还是有的翻两番、三番，有的一番也翻不了，甚至也不需要它翻。总的概念是翻两番，并不是所有的部门都要翻两番，如果都翻两番，目前经济结构不合理的情况不但不可能改善，甚至会更加不合理。所以，关于工业的发展道路和前景的研究是很重要的。分解到每一个部门，钢铁工业应是什么样，能源、化工、机械、轻纺等部门应是怎么样，都需要研究。这就是工业发展战略问题。对于发展工业的指导思想、战略目标、战略重点、战略步骤、实现战略目标必须采取的政策和措施，都要研究。我们说现在的工业的产业结构不合理，到底是什么不合理，不合理到什么程度，什么才叫合理，都需要弄清楚。合理化，也只能是一定条件下的合理化，它本身也在不断发展变化，需要不断加以调整，向着更加合理化的目标前进。再就是技术结构。我们国家的技术结构，是多层次的，有最新的技术，自动化、半自动化的，也有机械化、半机械化的，还有手工劳动的，大体上是个金字塔的形式。最先进的就是那么一点，总的顶端就是了。手工劳动占了相当大的比重。将来是个什么形式？现在讲世界上正在发生"新的技术革命"，它对我们会有什么影响？还是按照传统的办法搞，还是采取别的办法，也需要研究。在迎接新的技术革命的对策问题上，实际上有两种意见。一种是从建立新的产业发展，把主要注意力放在建立新的产业部门上；再一种就是从改造我们的传统工业出发，在这个基础上，根据我们可能吸收的条件把世界上最新的技术吸收过来，实现现有产业的现代化，以此为前提相应地发展我们所必需的某些新的产业部门。我们千万不要头脑发热，再重复过去搞"超声波、管道化"和"农业机械化"那样的做法了。那种做法不行。如果又搞成一阵风，本来很好的事也会给弄坏。要真正吸收新技术，一定要提高我们的素质，把技术人员的素质提高了，工人的技术水平提高了，才能吸收消化新的技术。所以，要弄清我们在这方面的差距，说明我们应当向哪些方面奋发努力。不是开个动员会讲这个化、那个化、大轰大嗡一通。如果这样做，那就难免重犯过去的错误。还有人才智力结构、工业的地区结构、工业的组织结构，等等，都需要研究。拿工业企业来说，目前的概念就是相当混乱的。我们常常把工厂、企业、公司并称，这是不科学的。如果统称为企业可能好一些。企业可以是工厂，也可以是公司。

　　第四个问题，关于中国社会主义工业的管理体制，也需要好好研究。究竟是部门管理？地区管理？还是把它们结合起来，也是争论不休的问题。还有政企要不要分开，分开以后企业又怎样管法，也是很大的问题。这都与工业的组织结构有关系。进行工业的改组和企业的联合，搞专业化协作，里边的问题是很多的。就我接触到的，全国性的真正自愿地联合在一起的，是第二汽车厂。它从广东搞到黑龙江，从重庆到上海，一百多个左右的企业都同它联合起来。当然是互有所求。我看恐怕其他厂要更多地有求于"二汽"，这样很自然地就以第二汽车厂为中心联合起来了。另一个是地区性的比较成功的联合，就是首都钢铁公司，北京市把冶金局所属二十几个厂和首钢联合起来，成为它所属的厂，市冶金局取消了，联合之后各厂有了合理的分工，经济效益大为提高。这样，重复建设、盲目建设的问题也就好解决了。北京冶金企业没有同首钢联合以前，就存在盲目建设的问题，联合起来，就避免了。这种在一个市范围内的有效做法，如果根据可能的条件，推广到市与市之间，地区与地区之间也会取得好的效果。要提高现有企业的经济效益，有些是要靠技术改造挖潜力的；但绝大多数只要把组织结构、管理体制，加以合理调整，打破条块分割，不要什么投资，就能出效益。这是属于体制方面的问题。在体制方面，厂长负责制的问题需要解决，当然，这是企业内部的体制问题。

最后，我还想讲一个问题，就是在实现社会主义现代化过程中怎样保持和发扬中华民族优秀的历史文化传统。党的十二大提出加强社会主义精神文明建设的问题，这是很重要的问题。这方面要做的事情很多。我们要建设有中国特色的社会主义，离开我们民族的优秀的历史文化遗产和传统，是不行的。在实现社会主义现代化的新的历史时期，如何提高民族的自尊心和自信心，是一个很大的问题。抗日战争时期，毛主席代表我们党向全国人民提出提高民族自信心的问题，尽管日本很强大，我们还是把它打败了。抗美援朝时期，我们党又提出要蔑视美帝国主义，大大提高了我们民族的自信心，"雄赳赳，气昂昂，跨过鸭绿江"，结果取得了抗美援朝的伟大胜利。今天我们面临着实现现代化的新的历史任务，同那些经过200多年发展历史的西方发达国家相比，有人觉得我们这也不行，那也不行，有一种看不起自己的自卑思想。这是在社会主义精神文明建设中必须解决的一个重要问题。我们搞四化，一定要发扬爱国主义精神，提高民族自尊心、自信心。不久之前，我访问了印度，看到印度人民对他们的历史文化传统感到很自豪，在搞现代化的过程中，他们保持了本国的历史文化传统。无论是建筑艺术、内部装修、人民服饰，以及音乐、舞蹈、电影、广播等都是印度式的。当然，这并不妨碍他们重视吸收和消化国外的新技术。

在社会主义现代化建设中保持和发扬我们民族历史文化的优秀传统，这是建设社会主义的精神文明的一个极重要的内容。不能把现代化看成就是外国化，应该是中国式的现代化。我 1980 年访问西欧，法国人就讲战后吸收了美国的新技术，但是还是法兰西化。联邦德国也讲在接受战后马歇尔计划时不能改变日耳曼民族的传统。奥地利的企业家也讲他们是"传统加进步"。最近几年，在同日本朋友的接触中，一些有识之士都讲到现在他们的经济发展了，也比较先进，但是存在着某种精神危机，即有些人否定本民族的优秀传统，一味追求欧美的生活方式，特别是美国的生活方式。他们已经感到这是一个问题。所以，我们在社会主义现代化建设中如何保持和发扬我们民族优秀的历史文化传统，建设有中国特色的社会主义的精神文明，也是需要很好地研究的问题。当然，这不仅是经济方面要研究的问题，也是哲学、历史、文学及其他有关学科都应当研究的问题。

行政管理科学是大有发展前途的[*]

　　社会科学门类很多。行政管理这门学问是社会科学中很重要的一门学问，而这门学问牵涉到很多方面。国家的行政管理是行政管理中的主体，但行政管理的内容，要比国家的行政管理范围还要广一些。从社会生活实践中，我们可以看到几乎每一个单位都有行政干部在进行各种行政管理事宜，不仅在国家各个机关是这样，而且在党的机关，群众团体，以至于经济组织和各种事业单位都是这样。所以，从这个意义上说，行政管理这个概念，这个学科，可以划在国家行政管理这个范围里，也可以把它扩大一些范围。

　　行政管理是非常重要的，它牵涉到我们事业的各个方面。我们要进行社会主义现代化建设，要完成党的十二大提出的，到本世纪末，在提高经济效益的基础上，实现工农业年总产值翻两番的任务，要建设高度的社会主义物质文明和精神文明，要建设有中国特色的社会主义，要完成这些任务，离开管理是不行的。所有的事业都需要管理。我们过去有个习惯说法，叫"领导"。其实，"领导"在一定意义上就是"管理"。领导这个事业就是管理这个事业；领导这些事情就是管理这些事情。当然，领导和管理也还有不同含义。但是，我们常常觉得领导是很重要的，而一讲到管

　　* 本文是作者 1984 年 7 月在天津召开的"全国行政科学学术讨论会"上的讲话，原载《政治学研究》1985 年第 1 期。

理，就不认为那么重要。实际上，如果我们的领导离开了管理，那种领导很可能就是个空头领导。总之，管理的重要性还没有被我们很多同志所认识。用列宁的话来说，我们要解决国家行政管理这个任务，要有效地进行管理，就是"要用新的方式去建立千百万人生活上最深刻的经济基础"。这是"一个最崇高的任务"。从这里可以看到，在十月革命无产阶级取得政权以后，列宁就强调指出：管理国家的任务，是最重要的任务。在中华人民共和国成立前夕，毛主席在党的七届二中全会上也说过：我们不但善于破坏一个旧世界，我们还将善于建设一个新世界。如果你是无能的，是没有效率的，你怎样建设一个新世界？现在我们全国拿工资工作的大概有一亿多一点的人。在这些人中，不直接参加生产的工作人员（我们称做"脱产干部"）大概占 15%—17%。这是讲企业。至于国家机关，全部都是工作人员。一亿人里恐怕有一千几百万甚至两千多万是工作人员，他们中间的绝大多数在一定意义上都是做管理工作的。当然，有的是做国家行政管理工作的，有的是做经济管理工作的，有的是做文化管理工作的，有的是做卫生管理工作的，有的是做教育管理工作的，如此等等。这些做管理工作的同志，如果不懂得管理科学，肯定是搞不好工作的。我们天天在管理，天天讲管理，我们天天做的就是管理，可是我们在做工作的时候，指导我们工作的理论，我们的方法是不是科学的？这个问题，就可能是仁者见仁，智者见智了。有的人善于总结经验，不仅善于总结自己的经验，而且善于总结别人的和前人的经验，他就管理得好；有的人不善于总结自己的经验，也不善于总结和学习别人的和前人的经验，他的管理工作就做得不好。

在这方面，我们有一个缺点，就是对我们自己的和前人管理的经验，缺乏以马克思主义的观点加以科学地总结，使它理论化、系统化，使它成为一门科学、一门学问。这方面的书我见得不多。我们有些学校里开始建立政治学这个学科，有些行政干部学院、政法学院、行政干部学校建立了管理学科，但是这个学科的发展还远远不够，真正有系统的教材，也不是很多的。我们要很好地总结我们自己的经验，并学习前人的经验，为我所用。当然这样做还是有不少困难的。

我们成立这样一个行政学研究会，是非常必要的。我们这个研究会要能够推动这个学科的建设，能够使我们这个学科真正沿着马列主义、毛泽东思想的轨道把管理方面的经验加以科学的总结，使它理论化、系统化，变成教材。这样就能使更多的人掌握这方面的知识，更自觉地运用科学方法来改进自己的管理工作，提高管理能力和管理水平。这方面的任务是很大的。我自己就深深地感到：有一个怎样改进我们的科研管理工作，把我们社会科学院办好的问题。这里面确实有很多学问。有些同志的工作效率高，工作成果就好；另外一些同志的效率低，工作成果就差。为什么会有这种差别？怎样使大多数同志达到好的高的水平？使效率低、成果差的同志能够迅速赶上效率高、成果好的同志？这是大有学问的。我们天天讲提高工作效率，把我们的工作做好，怎样才能提高工作效率，把工作做好？工作做得好的人，往往是自觉不自觉地掌握了一定的科学管理方法。掌握了这种科学管理方法的人，工作就一定做得好一些，一定比没掌握这种科学管理方法的人做得好一些，他也不一定全部都做得好，但总是比没掌握这门科学管理方法的人做得好些。当然，也有一些人，他懂得了许多道理，但不结合实际，就像孔明在空城计中斩的马谡那样，读了很多书，但不会用，最后还是失败了，那是因为理论脱离实际，而不是由于他理论懂得过多。如果我们真正掌握了行政管理这门科学，又会运用它，那肯定是会把事情做好的。

现在越来越多的人认识到这门科学的重要，因为这是社会的实际生活需要这门科学。它既然是一门科学，我们就要学习它、掌握它、运用它，并且通过不断地总结实践的经验，而发展它、完善它。科学总是不断前进的，永远没有完备的时候，今天认为完备的，明天它又不完备了，又要发展了。因为它是科学，就不能永远停留在一个水平上。但是，光凭我们说它是一门科学，恐怕有的人相信，有的人还不大相信。这门科学不是讲空道理的，它是有基本理论的，同时还有很大的实用价值，所以我们不只是要有基本的理论和原则，没有理论和原则当然是不行的，但是这些理论和原则必须要和实际结合起来，要解决我们实际生活中提出的问题，解决我们管理工作中提出的问题。如果我们能写出一些课本，大家学了之后，能得到启发，不仅能掌握一些基本的原理原则，而且对这些原理原则能很好地运用，那么，就会有利于管理好我们的各项事业，管理好我们的国家。如果是这样，我看这种科学就站得住脚了，就不是伪科学，而是真正的科学了。这样它的重要性自然就会被人们所认识。我们成立这样一个研究会，要推动这个学科的发展，要真正按照马克思主义的立场、观点、方法，在理论和实践的结合上把各方面管理工作的经验加以系统化、理论化。要写出书来，首先是要写出一些教科书来。这些教科书当然是要不断完善的。但是，有了这些东西，更多的人就能掌握它，运用它，并在运用中不断完善它。

前面说过，行政管理涉及各个单位，比如，怎样办好一个大学、一个中学、一个小学，这里面有管理；怎样办好一个医院、一个剧团，也有管理；进而说到办好一个工厂、一个农场、一个工程、一个建筑公司、一个研究所、一个设计院、一个研究院、一个商店、一个银行，都有个管理问题。工厂就有工厂的管理问题，商店就有商店的管理问题。这些管理当然和政府管理有区别，但是也不能说它们之间没有共同的规律。有共性的东西，也有特性的东西，所以这方面我们要做些研究。

1979年我考察了美国的五个著名的大学的管理学院。这些管理学院，我原以为是经济管理学院，其实不是的，它就叫管理学院。研究生毕业以后，经过若干年工作，有的当了大学校长，有的当了医院院长，有的当了政府某个机关的首长，至于当各类公司经理、银行行长等职务的那就更多了。在美国的大学里，一个是名誉校长，是学者，另外一个是行政副校长。行政就是我们说的管理。医院也是这样。医院的院长可能是个外科大夫或者内科大夫，管理医院具体事情的副院长常常不是医科毕业的，也不是大夫，而是从管理学院毕业的。同样，他今天在学校里当个管理校长，他明天就可能到政府里当个部长，或者到哪个银行里当个行长。如麦克纳马拉，原是美国通用汽车公司经理，后来当了国防部长，后来又当了世界银行的行长。他的管理不是只会行政管理，只会当官。现在我们把学科分得太窄，学了这门，就不会干那门，这是不好的。所以我有这样的想法，哪一个方面都有管理问题，当然国家的行政管理是很重要的，但还有很多方面的管理，因为我们国家的重点是经济建设，国家的管理是要建设社会主义的物质文明和精神文明，而物质文明建设是基础，这方面的管理是最重要的管理。我们把眼界只简单地放到行政事务的管理上是不行的。一个能管理好大企业的经理，肯定能当一个好的部长，反过来说，如果连一个企业都管不好，怎么能当好一个部长呢？所以管理还是有它的共性的。当然，做哪个事情还要和哪个业务结合起来，不结合起来，事情也搞不好。比如说，管医院，对医院的业务一点也不懂；管学校，对教育的业务一点也不懂；管一个文化团体，对文化团体的业务一点也不了解；管一个工厂，对工厂的业务一点也不了解；管一个纺织厂，不懂纺织；管一个冶金厂，不懂冶金；管一个机器制造厂，不懂机器制造；管一个煤矿，不懂采煤，那当然是不行的。总是要懂得一些。所以这里有个跨学科的问题。据我所知，发达国家现在都提倡双学位制，提倡跨学科的方式。所谓跨学科，大部分都是跨着管理学科。学工程的要学点管理，学技术的也要学点管理，所以管理的适用范围是非常广泛的。过去我们的教育制度在不少方面，学了苏联，采煤的就只知道采煤，采煤怎样管理他不管。实际上，有好多采煤工程师最后当了矿长，而当矿长的这套学问他在学校里并没有学，而是从实践中学来的。1979年，我到美国麻省理工学院访问时，曾问主人，你们是理工学院，为什么还要在院内搞斯隆管理学院？主人回答：斯隆管理学院研究生都是既学工又学管理的，他们比只学理工的研究生更受聘任单位的欢迎，因为干了几年以后担任经理的多是这些人。斯隆管理学院的名字是从一个人的名字来的。这个人原是麻省理工学院学机械制造的，后来当了美国通用汽车公司的总经理。当经理后，他发现自己只学了专门技术，不懂管理，业务搞不好。他自己亲身感受到这一点后，说一定要在麻省理工学院里办一个管理学院。他是第一个创办这一学院的人，所以学院以他的名字命名，叫斯隆管理学院，以后就这样延续下来了。

国家行政管理和一般管理有共性的东西，但国家行政管理还有一些特性的东西。如司法的行政管理，这就是跨学科的，既要懂法律、懂政治、又要懂管理。业务部门的管理更是这样。纯粹的管理，抽象的脱离具体业务的管理，是不存在的。当然，我们这次讨论会，主要是讨论国家行政管理。国家也是具体的，有中央政府，有各个省的政府，县的政府，区、乡政府，等等。每一级政府，又有各自的行政业务部门，也要进行管理。我们讨论国家行政管理，要把一般的管理原则和国家行政管理的具体业务结合起来，这样我们的工作才更有成效。不然的话，只是空洞议论几条原则，不能解决有关方面管理的具体问题，那么，这些原理、原则的价值，就值得人们怀疑了。这也应当作为一个问题进行研究。

现在我们行政管理学院培养的干部都是做国家机关管理工作的，经济管理学院培养的人可能是到经济部门搞管理工作的。我们这个研究会将来可能会有多种研究会，国家行政管理这是一个研究会，会不会出现一个教育的行政管理研究会？卫生的管理会不会出现一个？文化的管理会不会出现一个？报纸、新闻、出版、商业、工业、交通运输等各行各业，都有一个管理问题，实际上我们需要很多方面的管理。管理形成一种科学，它的门类还可以再划得更细一些，使我们的研究范围能够更宽一些。

行政管理学以国家的行政管理作为主要研究对象，这是理所当然的事情。这个事情特别重要，因为我们党和国家的很多事情，比如，建设社会主义现代化的事业，都是由党和国家来领导的。现在行政管理的职能，主要是组织社会主义经济建设，这是我们中心的首要的任务，所以要把国家行政管理问题首先提出来研究。胡耀邦同志一年多前有一个批示，说我们成立研究会、学会有个毛病，就是徒务虚名的多，真干实事的少。我们成立研究会要执行耀邦同志的指示，要研究我们国家行政管理中比较重大的问题，在扎扎实实工作的基础上，使我们这个研究会真正成为理论和实践相结合的，真正推动我们学科发展的，能够帮助我们广大的国家工作人员掌握马克思列宁主义的国家行政管理科学的组织。能够完成这样的任务，就符合耀邦同志的要求了。

说到科研成果的质量问题，我想谈谈我们社会科学院在科研体制改革中，打算怎样评价社会科学的研究质量。这个问题关系到我们研究人员评定职称、工资待遇等一系列的问题。在拟订改革方案时，应该回顾一下历史，看看哪些是做得对的，哪些是做得不对的，从中总结经验教训。我们过去往往把研究人员是否写了几本书，是大部头的书，还是小部头的书，作为衡量他有无科研成果和科研成果大小的标准。至于这本书的社会效果怎样，则考虑得少。当然，社会科学的社会效果的评定和自然科学效果的评定不完全一样。自然科学的研究成果，可以在试验室里再做几遍试验，就能证明它是否成功。社会科学的科研成果，不论是写了一本书，或者写了一篇研究报告，有的在一年两年，三年五年中还不大容易看到社会效果。确实有这样的问题。也许这本书或这个报告一问世，就遭到反对，但过了若干年后，社会实践却证明它的观点是正确的；也许这本书很畅销，大家认为很好，但过了几年，实践却证明这本书的观点是错误的。所以，评定一个社会科学研究成果质量的高低，比评定自然科学成果要困难一些。这是客观存在。当然，自然科学有重大的发明和发现，有的也不是一下子就能证明是正确的。比如哥白尼的"日心说"的理论，也是经过若干年以后才证明他的观点是正确的。但一般来说，自然科学成果究竟是正确还是不正确的，取得一个结论，比社会科学要快。那么，社会科学是不是就不可能有评定科研成果的质量标准？应当说还是有的。社会科学研究成果的质量标准，不能只看书的部头大小，主要的应当看它的社会效果。既然如此，我们就不能简单地只以某人出了几本书、字数多少，来评定他学术水平的高低。如果一个人没有出书，他写了一个几千字或者几万字的研究报告或建议书（如，国家行政管理方面的，改进我们国家的行政管理制度或人事制度、或组织制度），如果这个建议被党和政府采纳，而真正取得了效果，而另外一个人也同样写了这方面的书，写了几十万字，但却下笔千言，离题万里，我们在评定科研成果谁有较高的学术水平时，是承认前者，还是承认后者？我们认为，还是应当承认前者，应当看他对社会贡献的大小，不能只看他写或没写出大部的书。如果他写了几千字，真正有价值，他的贡献就高于写了几十万字的；如果写了几十万字的人社会效果不如他，那么，在评定职称和工资待遇时，就应该把他列到前面来，作为一个重要的依据。这里，还有一个问题，那些人写了书有稿费，而他写了几千字的研究报告也许还不能发表（因为有些是给党和政府提的建议），对这些人应该给予相应的奖励。既然自然科学可发给一定的科研成果奖金，社会科学为什么就不能这样做呢？奖金的数额应该不低于写了和他同等水平书的那些人的稿费。

我讲这个问题绝不是为社会科学工作者争名、争利，主要是为了引导社会科学工作者精心研究社会主义现代化建设中重大的理论问题和实际问题，为实现党的十二大提出的伟大历史任务而奋斗。当然，要解决以上的问题，社会科学理论的研究、基础的研究是很重要的。没有基础理论的研究，我们的方向就会发生问题，应用研究也不会有很大成果。但如果仅仅在基础理论研究上下工夫，对应用研究不重视，对社会效果不重视，那么我们的研究是不会有前途的，不会有很大发展的；同时，基础理论的研究也一定搞不好。因为，社会主义现代化建设的伟大实践向我们提出了很多问题，它给基础理论研究出了题目，重视这些题目的研究，基础理论研究才能更深一步，才能有新的见解。两者不能偏废。但我们现在的毛病，正如邓小平同志所指出的，主要是理论研究脱离实际，对应用方面重视不够。国家行政管理这个学科是应用性很强的学科，不像一般文学、历史、哲学等人文科学。这个学科的社会实践性是很强的，既然应用性、实践性很强，就应该更重视这方面的研究。这样做，对我们学科发展有很大意义，通过应用，人们才会更加重视我们这个学科，扶持我们这个学科，再加上我们自己的努力，我们这个学科的发展就是大有前途的了。